Microsoft® Power BI

Para **leigos**

Microsoft® Power BI Para leigos

Jack Hyman

ALTA BOOKS
GRUPO EDITORIAL
Rio de Janeiro, 2023

Microsoft Power BI Para Leigos

Copyright © 2023 da Starlin Alta Editora e Consultoria Eireli.
ISBN: 978-85-508-2037-8

Translated from original Microsoft Power BI For Dummies. Copyright © 2022 by Wiley Publishing, Inc. ISBN 978-1-119-82487-9. This translation is published and sold by John Wiley, the owner of all rights to publish and sell the same. PORTUGUESE language edition published by Starlin Alta Editora e Consultoria Eireli, Copyright © 2023 by Starlin Alta Editora e Consultoria Eireli.

Impresso no Brasil – 1ª Edição, 2023 — Edição revisada conforme o Acordo Ortográfico da Língua Portuguesa de 2009.

Todos os direitos estão reservados e protegidos por Lei. Nenhuma parte deste livro, sem autorização prévia por escrito da editora, poderá ser reproduzida ou transmitida. A violação dos Direitos Autorais é crime estabelecido na Lei nº 9.610/98 e com punição de acordo com o artigo 184 do Código Penal.

A editora não se responsabiliza pelo conteúdo da obra, formulada exclusivamente pelo(s) autor(es).

Marcas Registradas: Todos os termos mencionados e reconhecidos como Marca Registrada e/ou Comercial são de responsabilidade de seus proprietários. A editora informa não estar associada a nenhum produto e/ou fornecedor apresentado no livro.

Erratas e arquivos de apoio: No site da editora relatamos, com a devida correção, qualquer erro encontrado em nossos livros, bem como disponibilizamos arquivos de apoio se aplicáveis à obra em questão.

Acesse o site **www.altabooks.com.br** e procure pelo título do livro desejado para ter acesso às erratas, aos arquivos de apoio e/ou a outros conteúdos aplicáveis à obra.

Suporte Técnico: A obra é comercializada na forma em que está, sem direito a suporte técnico ou orientação pessoal/exclusiva ao leitor.

A editora não se responsabiliza pela manutenção, atualização e idioma dos sites referidos pelos autores nesta obra.

Dados Internacionais de Catalogação na Publicação (CIP) de acordo com ISBD

H996m Hyman, Jack
Microsoft Power BI Para Leigos / Jack Hyman ; traduzido por Carolina Palha. - Rio de Janeiro : Alta Books, 2023.
416 p. : il. ; 16cm x 23cm.

Inclui índice.
ISBN: 978-85-508-2037-8

1. Ciência da Computação. 2. Programas de computador. 3. Fontes de dados. 4. Organização de dados. 5. Tabelas. 6. Gráficos e relatórios. 7. Linguagem DAX. 8. Visualizações. I. Palha, Carolina. II. Título.

2023-1473
CDD 005.3
CDU 004.42

Elaborado por Vagner Rodolfo da Silva - CRB-8/9410

Índice para catálogo sistemático:
1. Ciência da Computação: programas de computador 005.3
2. Ciência da Computação: programas de computador 004.42

Produção Editorial
Grupo Editorial Alta Books

Diretor Editorial
Anderson Vieira
anderson.vieira@altabooks.com.br

Editor
José Ruggeri
j.ruggeri@altabooks.com.br

Gerência Comercial
Claudio Lima
claudio@altabooks.com.br

Gerência Marketing
Andréa Guatiello
andrea@altabooks.com.br

Coordenação Comercial
Thiago Biaggi

Coordenação de Eventos
Viviane Paiva
comercial@altabooks.com.br

Coordenação ADM/Finc.
Solange Souza

Coordenação Logística
Waldir Rodrigues

Gestão de Pessoas
Jairo Araújo

Direitos Autorais
Raquel Porto
rights@altabooks.com.br

Produtor da Obra
Thiê Alves

Produtores Editoriais
Illysabelle Trajano
Maria de Lourdes Borges
Paulo Gomes
Thales Silva

Equipe Comercial
Adenir Gomes
Ana Claudia Lima
Andrea Riccelli
Daiana Costa
Everson Sete
Kaique Luiz
Luana Santos
Maira Conceição
Nathasha Sales
Pablo Frazão

Equipe Editorial
Ana Clara Tambasco
Andreza Moraes
Beatriz de Assis
Beatriz Frohe
Betânia Santos
Brenda Rodrigues

Caroline David
Erick Brandão
Elton Manhães
Gabriela Paiva
Gabriela Nataly
Henrique Waldez
Isabella Gibara
Karolayne Alves
Kelry Oliveira
Lorrahn Candido
Luana Maura
Marcelli Ferreira
Mariana Portugal
Marlon Souza
Matheus Mello
Milena Soares
Patricia Silvestre
Viviane Corrêa
Yasmin Sayonara

Marketing Editorial
Amanda Mucci
Ana Paula Ferreira
Beatriz Martins
Ellen Nascimento
Livia Carvalho
Guilherme Nunes
Thiago Brito

Atuaram na edição desta obra:

Tradução
Carolina Palha

Copidesque
Alessandro Thomé

Revisão Gramatical
Rafael Fontes
Thaís Pol

Revisão Técnica
Sidney Moraes
Especialista em
Microsoft Power BI

Diagramação
Lucia Quaresma

Editora afiliada à: ASSOCIAÇÃO BRASILEIRA DE DIREITOS REPROGRÁFICOS

ASSOCIADO CBL - Câmara Brasileira do Livro

ALTA BOOKS
GRUPO EDITORIAL

Rua Viúva Cláudio, 291 – Bairro Industrial do Jacaré
CEP: 20.970-031 – Rio de Janeiro (RJ)
Tels.: (21) 3278-8069 / 3278-8419

www.altabooks.com.br — altabooks@altabooks.com.br
Ouvidoria: ouvidoria@altabooks.com.br

Sobre o Autor

Jack Hyman é o fundador da HyerTek, uma empresa de serviços de consultoria e treinamento em tecnologia com sede em Washington, D.C., especializada em computação em nuvem, business intelligence, gestão de aprendizado e consultoria de aplicativos corporativos para organizações federais, estaduais e do setor privado nos EUA e no Canadá. Ele é especialista em tecnologia corporativa com mais de vinte anos de experiência em transformação digital e em nuvem, computação colaborativa, engenharia de usabilidade, blockchain e integração de sistemas. Durante sua extensa carreira em TI, Jack liderou agências do governo federal dos EUA e empresas globais por meio de projetos de transformação tecnológica de vários anos. Antes de fundar a HyerTek, Jack trabalhou para a Oracle e a IBM. Ele é autor de muitos livros, forneceu orientação de revisão por pares para periódicos acadêmicos e desenvolveu um material didático de treinamento com ênfase em tecnologias Microsoft. Desde 2004, atua como membro adjunto do corpo docente da George Washington University, da American University e da University of the Cumberlands. Hyman é doutor em Sistemas de Informação pela Nova Southeastern University.

Dedicatória

Aos meus filhos, Jeremy e Emily. Espero que sempre amem aprender, assim como eu.

Agradecimentos

Muitas pessoas estão envolvidas no desenvolvimento de *Microsoft Power BI Para Leigos*. Quero agradecer aos principais membros da equipe. Agradeço ao editor de aquisições, Steve Hayes, por me dar a oportunidade de escrever este livro (e tantos outros projetos da Para Leigos ao longo dos anos). Um grande obrigado ao editor sênior Paul Levesque, por me guiar ao longo deste projeto com suas sugestões excelentes para escrever um texto forte e garantir que o projeto permanecesse em sincronia. À editora de texto, Becky Whitney. Aprecio muito sua ajuda para garantir que este livro fosse bem escrito e cheio de estilo. Além disso, agradeço a Carole Jelen, da Waterside Productions, por me trazer mais um projeto empolgante para compartilhar com o mundo. E, finalmente, a minha esposa, Debbie, e a nossos filhos, Jeremy e Emily, por me permitirem assumir mais um trabalho movido pelo amor.

Sumário Resumido

Introdução 1

Parte 1: Resolve Teus BI 5
CAPÍTULO 1: Analisando Dados: O Power BI 7
CAPÍTULO 2: Luz, Câmera, Ação! 23
CAPÍTULO 3: Ah, as Escolhas: Versões do Power BI 35
CAPÍTULO 4: Power BI: Ó, Abre Alas 51

Parte 2: Que Rolem os Dados!. 69
CAPÍTULO 5: Direto da Fonte 71
CAPÍTULO 6: Obtendo Dados de Fontes Dinâmicas 87
CAPÍTULO 7: Limpar, Transformar e Carregar Dados 105

Parte 3 A Arte e a Ciência do Power BI 129
CAPÍTULO 8: Luz na Passarela: O Modelo de Dados 131
CAPÍTULO 9: Projetando e Implantando Modelos 147
CAPÍTULO 10: Aperfeiçoando o Modelo de Dados. 169
CAPÍTULO 11: Dados na Mira 185
CAPÍTULO 12: Relatórios a Rodo. 215
CAPÍTULO 13: Surfando no Dashboarding. 233

Parte 4: Ou DAX ou Desce! 247
CAPÍTULO 14: Toma Lá DAX Cá. 249
CAPÍTULO 15: Funcionando com DAX 265
CAPÍTULO 16: Quem DAX Mais? 291
CAPÍTULO 17: Por Aí: O Workspace do Power BI 307

Parte 5: Não É Ranger, mas Também É Power 327
CAPÍTULO 18: Soprando os Dados. 329
CAPÍTULO 19: Que o Power Esteja com Você! 345

Parte 6: A Parte dos Dez 369
CAPÍTULO 20: Dez Melhorias no DAX com o Power BI 371
CAPÍTULO 21: Dez Formas de Simplificar Relatórios 381

Índice 391

Sumário

INTRODUÇÃO 1
    Sobre Este Livro.. 2
    Penso que…... 3
    Ícones Usados Neste Livro 4
    Além Deste Livro... 4

PARTE 1: RESOLVE TEUS BI............................. 5

  CAPÍTULO 1: **Analisando Dados: O Power BI**................... 7
    O que São Dados, de Fato?.................................. 8
        Trabalhando com dados estruturados................... 8
        Observando dados não estruturados.................... 9
        Adicionando os semiestruturados...................... 9
    Olhando os Bastidores do Power BI 10
        Fazendo perguntas com o Power Query 11
        Modelando com o Power Pivot........................ 12
        Visualizando com o Power View...................... 12
        Mapeando com o Power Map........................... 12
        Interpretando com o Power Q&A 12
        Power BI Desktop 13
        Power BI Service 13
    Conhecendo a Terminologia................................ 13
        Capacidades.. 14
        Workspaces 14
        Relatórios 16
        Dashboards 18
        Painel de navegação................................ 19
    Business Intelligence (BI): O que É?...................... 20

  CAPÍTULO 2: **Luz, Câmera, Ação!**........................... 23
    Quem É Quem no Power BI.................................. 24
        Analista de negócios............................... 24
        Analista de dados 24
        Engenheiro de dados............................... 25
        Cientista de dados 26
        Administrador de bancos de dados 27
    Dando Vida aos Dados..................................... 27
        Preparação.. 28
        Modelagem 29
        Visualização...................................... 29
        Análise... 30
        Gerenciamento 31
    Os Vários Tipos de Análise de Dados 31
    Dando uma Olhada no Panorama............................. 33

CAPÍTULO 3: Ah, as Escolhas: Versões do Power BI 35
Por que Power BI versus Excel? 36
Produtos Power BI em Suma 37
    Opções de licença do Power BI 37
    Desktop versus Service 38
    Power BI Desktop versus Power BI Free. 40
Os Detalhes das Licenças 40
    Conteúdo e colaboração valem a licença? 41
    Começando com o Power BI Desktop. 43
    Adicionando a licença do Power BI Free. 44
    Atualizando para a licença do Power BI Pro. 44
    Indo fundo com a licença Premium. 45
Na Estrada com o Power BI Mobile 47
O Power BI Report Server 48
Vinculando Power BI e Azure 49

CAPÍTULO 4: Power BI: Ó, Abre Alas 51
Power BI Desktop: De Cima para Baixo. 51
    Ingestão de dados 53
    Arquivos ou bancos de dados?. 54
    Construindo modelos de dados. 55
    Análise de dados 57
    Criação e publicação de itens 58
Service: Onipresente. 59
    Visualização e edição de relatórios 60
    Trabalhando com dashboards 64
    Colaborando dentro do Power BI Service 65
    Atualização de dados 66

PARTE 2: QUE ROLEM OS DADOS!. 69

CAPÍTULO 5: Direto da Fonte 71
Obtendo Dados da Fonte 71
Configurando as Fontes de Dados. 76
Conjuntos de Dados Compartilhados versus Locais 77
Modos de Armazenamento. 79
    Dual mode 80
Considerando a Consulta. 81
    Abordar e corrigir o desempenho 82
    Diagnosticando consultas 83
Exportando Arquivos e Aproveitando o XMLA. 85

CAPÍTULO 6: Obtendo Dados de Fontes Dinâmicas 87
Obtendo Dados de Sistemas de
   Arquivos Baseados na Microsoft 88
Fontes de Dados Relacionais 89
    Importando dados de uma fonte relacional 92

A boa e velha consulta SQL. 93
Fontes de Dados Não Relacionais 93
Importando do Arquivo JSON 95
Importando Dados de Fontes Online .96
Criando Combos de Fonte de Dados .99
    Dados do Azure Analysis Services .99
    Acessando dados com o Connect Live 100
Modos para Dados Dinâmicos 101
Corrigindo Erros na Importação. 102
    "Time-out expired" 102
    "The data format is not valid" 102
    "Uh-oh — missing data files". 102
    "Transformation isn't always perfect". 103

CAPÍTULO 7: Limpar, Transformar e Carregar Dados. 105
Temos um Xeroque Rolmes Aqui! 105
    Verificando estruturas de dados e
      propriedades da coluna 106
    Usando as estatísticas de dados 107
Passando pelo Ciclo de Vida dos Dados 109
    Resolvendo inconsistências 109
Avaliando e Transformando Tipos de Dados de Colunas 112
    As chaves apropriadas para as associações 112
    Moldando os dados da coluna para atenderem
      aos requisitos do Power Query .116
    Combinando consultas 117
Ajustando o Código M no Power Query 122
Consultas para Carregamento de Dados 125
Resolvendo Erros na Importação. 127

PARTE 3: A ARTE E A CIÊNCIA DO POWER BI 129

CAPÍTULO 8: Luz na Passarela: O Modelo de Dados 131
Uma Introdução aos Modelos de Dados 131
    Trabalhando com esquemas de dados. 132
    Armazenando valores com medidas. 136
    Dimensões e fatos (de novo, de novo!). 138
    Achatando hierarquias. 139
Propriedades de Tabelas e Colunas .141
Gerenciando Cardinalidade e Direção. 143
    Cardinalidade. 144
    Direção do filtro cruzado 144
Granularidade de Dados 145

CAPÍTULO 9: **Projetando e Implantando Modelos** **147**
  Modelo ou Obra-prima? 147
    Trabalhando com Data View e Model View 148
    Importando consultas 150
    Definindo tipos de dados 152
    Manipulando propriedades de formatação e
      tipo de dados 153
    Gerenciando tabelas 155
    Modelos importados, DirectQuery e compostos 160
  Gerindo Relações 161
    Criando relações automáticas 161
    Criando relações manuais 161
    Excluindo relações 162
    Classificando e codificando em tabelas 163
  Organizando Dados 163
    Classificando e agrupando 164
    Ocultando dados 164
  Modelos de Dados Estendidos 165
    Conhecendo os tipos de cálculo 166
    Conteúdo de coluna e associações 166
  Modelos de Dados de Publicação 168

CAPÍTULO 10: **Aperfeiçoando o Modelo de Dados** **169**
  Consultas com Capacidade 170
    Excluindo colunas e linhas desnecessárias 170
    De números para métricas e variáveis 171
    Redução da cardinalidade 172
    Reduzindo consultas 174
    Convertendo para um modelo composto 175
    Criando e gerenciando agregações 176

CAPÍTULO 11: **Dados na Mira** **185**
  O Básico de Relatórios e Visualizações 185
    Criando visualizações 186
    Escolhendo uma visualização 187
    Filtrando dados 188
    Gráficos de barras e gráficos de colunas 190
    Gráficos básicos de linhas e de áreas 195
    Combinando gráficos de linhas e de barras 196
    Gráficos de faixa de opções 197
    Seguindo o fluxo com gráficos de cascata 197
    Afinando com gráficos de funil 198
    Dispersando com gráficos de dispersão 199
    Salivando com gráficos de pizza e de rosca 200
    Ramificando com mapas de árvores 201
    Mapeando com mapas 202

Indicando com indicadores...........................203
Visualizações Complexas e Tabelas......................206
    Cortando com slicers..............................206
    Visualizações de tabela...........................207
    Combinando dados com matrizes....................207
    Árvores de decomposição..........................208
    Ampliando os principais influenciadores..........209
A Afamada Ciência de Dados..............................209
Perguntas e Respostas...................................211

CAPÍTULO 12: Relatórios a Rodo......................... 215

Formatando e Configurando Visualizações de Relatórios.....215
    Configurações básicas de visualização................217
    Aplicando formatação condicional.....................221
Filtrando e Classificando Dados..........................222
Configurando a Página de Relatório.......................224
Atualizando Dados..226
    Trabalhando com relatórios...........................226
    Encontrando dados migrados...........................228
    Exportando relatórios................................229
    Aperfeiçoando relatórios para distribuição...........230

CAPÍTULO 13: Surfando no Dashboarding................... 233

Configurando Dashboards..................................234
Criando um Dashboard.....................................234
Contendo Conteúdo..236
Fixando Relatórios.......................................239
Personalizando com Temas.................................240
Layouts de Dashboard.....................................242
Integrando Q&A...243
Configurando Alertas.....................................244

PARTE 4: OU DAX OU DESCE!............................. 247

CAPÍTULO 14: Toma Lá DAX Cá............................ 249

Descobrindo o DAX..249
    Espreitando sob o capô do DAX........................250
    Trabalhando com cálculos.............................253
Lidando com Tipos de Dados...............................258
Operando com Operadores..................................260
    Operadores de ordem..................................261
    Parênteses e ordem...................................262
Você Vai Ouvir Minha Declaração..........................263
Garantindo a Compatibilidade.............................263

CAPÍTULO 15: Funcionando com DAX............... 265

Parâmetros e Nomenclatura........................265
    Prefixando nomes de parâmetros..............266
    Brincando com parâmetros...................267
Usando Fórmulas e Funções.......................267
    Funções agregadas..........................268
    Funções de data e hora......................270
    Funções de filtro...........................271
    Funções financeiras.........................272
    Funções de informação......................275
    Funções lógicas............................277
    Funções matemáticas e trigonométricas........278
    Outras funções............................280
    Funções pai-filho...........................281
    Funções de relação.........................281
    Funções estatísticas........................282
    Funções de manipulação de tabela............284
    Funções de texto..........................287
    Funções de inteligência de tempo.............288

CAPÍTULO 16: Quem DAX Mais?..................... 291

Trabalhando com Variáveis........................291
Escrevendo Fórmulas DAX........................292
    Indo fundo nas fórmulas DAX.................292
    Expandindo fórmulas com métricas............293
    Comparação de métricas e colunas............298
    Sintaxe e contexto.........................298
    A sintaxe de uma expressão..................299
Melhores Práticas para Codificação e Depuração
  DAX no Power BI.............................299
    Usando funções de erro corretamente..........300
    Tendo cuidado com os espaços em branco......301
    Distinguindo operadores e funções............302
    Sendo específico...........................303
    Sabendo o que COUNTa.....................304
    Relações importam........................305
    Atualizando-se com o contexto...............305
    Preferindo métricas, em vez de colunas........306
    Vendo que a estrutura importa...............306

CAPÍTULO 17: Por Aí: O Workspace do Power BI............ 307

Todos Juntos em um Workspace...................307
    Definindo os tipos de workspaces.............308
    As minúcias dos workspaces.................310
Criando e Configurando Aplicativos.................314

Esmiuçando os Dados 316
    Analisando no Excel 317
    Beneficiando-se de insights rápidos 318
    Usando relatórios de métrica de uso 318
    Trabalhando com relatórios paginados 319
Problemas de Linhagem de Dados 320
Conjuntos, Fluxos e Linhagem de Dados 323
Defendendo Seu Território de Dados 324

PARTE 5: NÃO É RANGER, MAS TAMBÉM É POWER 327

CAPÍTULO 18: Soprando os Dados 329
Estabelecendo um Cronograma.........................329
    Usando a atualização programada 330
    Atualizando dados no local 331
Protegendo a Fortaleza de Dados 333
    Configurando para membros do grupo 333
    Atribuindo funções no Power BI Service................334
Existe Amor no BI 335
Atualizando Pouco a Pouco............................337
    Parâmetros RangeStart e RangeEnd..................337
    Filtragem por RangeStart e RangeEnd 338
    A política de atualização incremental 340
Tratando os Dados como Ouro 341
Configurando para Big Data 343

CAPÍTULO 19: Que o Power Esteja com Você!................ 345
Vinculando Power Platform e Power BI....................345
Atualizando com o Power Apps 346
    Criando recursos visuais com o Power BI...............348
    Limitações de integração.........................352
    Apresentando o aplicativo móvel Power BI 352
Integrando o OneDrive e o Power BI......................354
Colaboração, SharePoint e Power BI......................356
    Experiência clássica versus moderna do SharePoint.......357
    Integrando o Power BI ao SharePoint 365..............357
    Visualizando relatórios no SharePoint 358
Automatizando Workflows............................360
    Configurando workflows pré-construídos
      para o Power BI..............................361
    Usando o Power Automate Visual com Power BI 364
    Desencadeando o Dynamics 365 para a Análise de Dados ...366

PARTE 6: A PARTE DOS DEZ 369

CAPÍTULO 20: **Dez Melhorias no DAX com o Power BI** 371
Focando a Lógica. 372
Formatando o Código. 372
Simplificando 374
Livrando-se de Algumas Funções. 374
Dando Sentido às Métricas 375
Filtrando com Propósito. 376
Transformando com Propósito. 377
Aquele Esconde-esconde. 377
Usando Funções Fabulosas. 378
Em Time que Está Ganhando…..........................379

CAPÍTULO 21: **Dez Formas de Simplificar Relatórios** 381
Navegando pelo Teclado 381
Considerando um Leitor de Tela 382
Contrastando 382
Quando Tamanho É Documento 383
Alternando entre Tabelas de Dados e Visualizações 384
Descrição com Discrição 384
Classificando e Tabulando. 385
Lidando com Títulos e Etiquetas. 386
Deixando Sua Marca. 388
Definindo o Tema 389

ÍNDICE 391

Introdução

Os dados estão em toda parte — não importa aonde você vá e não importa o que faça, alguém está coletando dados ao seu redor. As ferramentas e técnicas utilizadas para avaliá-los, sem dúvida, amadureceram ao longo das últimas décadas. Há menos de uma década, a simples planilha era considerada uma ferramenta adequada para coletar, medir e calcular resultados — mesmo para conjuntos de dados complexos. Não mais! Empresas modernas acumulam dados em um ritmo tão rápido que abordagens mais sofisticadas que planilhas se tornaram o novo normal. Alguns até chamam as planilhas de dinossauros!

Bem-vindo à geração do business intelligence. E o que ele exige, você pergunta? Considere consultar fontes de dados, relatórios, armazenar dados em cache e visualizá-los como a ponta do iceberg. Faça a si mesmo esta pergunta: se você tivesse que atender às necessidades de sua organização, quais seriam? Pegar dados estruturados, não estruturados e semiestruturados e dar sentido a eles faz parte de seus requisitos? Talvez desenvolver saídas robustas de análise de negócios para fins executivos? Ou o mandato da liderança é a entrega de relatórios complexos, visualizações, dashboards e KPIs? Se você está balançando a cabeça agora e sussurrando tudo isso, não está sozinho.

É isso o que as empresas de hoje, grandes e pequenas, esperam. E com o Microsoft Power BI, parte da Power Platform, você fornece um nível altamente sofisticado de business intelligence para sua organização, realizando cada um desses objetivos de negócios com pouco esforço.

O Power BI foi concebido como parte do SQL Server Reporting Team, em 2010. Então, o Power BI chegou ao pacote Office 365 em setembro de 2013 como um produto de análise avançada. O Power BI foi criado com base nos suplementos principais do Microsoft Excel: Power Query, Power Pivot e Power View. Ao longo do caminho, a Microsoft adicionou alguns recursos de inteligência artificial, como o Q&A Engine, conectores de dados de nível empresarial e opções de segurança por meio do Power BI Gateway. O produto se tornou tão popular entre a comunidade empresarial que, em julho de 2015, foi separado da família Office, tornando-se sua própria linha de produtos. Por fim, no final de 2019, o Power BI se fundiu com outros produtos da Microsoft para formar a família Power Platform, que consiste em Power Apps (aplicativos), Power Automate (fluxo de trabalho) e Power BI (business intelligence).

Independentemente de usar o Power BI como um aplicativo autônomo para transformar suas fontes de dados em insights interativos ou integrar a aplicativos como Power Apps, SharePoint ou Dynamics 365, ele permite que os usuários visualizem e descubram o que é realmente essencial em seus vastos recursos de dados. Os usuários podem compartilhar dados em escala com facilidade. Dependendo de sua função, você pode criar, exibir ou compartilhar dados usando o Power BI Desktop, o serviço baseado em nuvem ou o aplicativo móvel. A plataforma Power BI foi projetada para permitir que os usuários criem, compartilhem e consumam insights de negócios que atendem efetivamente a você e sua equipe.

Sobre Este Livro

Este livro se destina a qualquer pessoa interessada em análise de negócios, concentrando-se nos recursos gerais de toda a plataforma Power BI. Não importa se você é um novato ou um usuário avançado — definitivamente, se beneficiará lendo este livro. Penso especialmente nas seguintes funções de negócios:

» **Analista de negócios:** Como analista de negócios, você tem muitas responsabilidades. Talvez seja especialista em coleta de requisitos, guru da configuração, designer ou até mesmo quase desenvolvedor. Este livro será um recurso para muitas das tarefas críticas que encontrará na área.

» **Profissional de dados:** Os dados são complexos — não duvide. Este livro não o ajuda a lidar com as fórmulas dos bastidores e nem ensina a construir e codificar relatórios, dashboards, visualizações e KPIs sofisticados. No entanto, ele o ajuda a entender as atividades fundamentais em toda a plataforma Power BI, se este for seu primeiro contato no uso da plataforma de business intelligence (BI) da Microsoft. Você poderá obter dados rapidamente, analisá-los e criar relatórios relativamente sofisticados depois de ler este livro.

» **Desenvolvedor:** Este livro não é especificamente para você, mas há muitas dicas, truques e técnicas ao longo dele. O Power BI é uma coleção de produtos que exigem que os usuários entendam várias linguagens de programação fundamentais, incluindo DAX e SQL. Neste livro, damos uma pincelada nesses tópicos. Dê uma olhada nos capítulos sobre DAX, na Parte 4, se quiser uma introdução ou uma atualização no tema.

» **Profissional de TI:** Seja você um especialista em nuvem, engenheiro de sistemas, profissional de banco de dados ou tenha outro cargo de TI, este livro não fornece todas as respostas técnicas que procura. Em vez disso, é um ponto de partida se quiser dar um salto no mundo do business intelligence da Microsoft.

» **Gerente ou executivo:** Muitas vezes, as entregas criadas no Power BI são feitas para gerentes e executivos. O Power BI tem mais de setenta conectores de dados disponíveis para extrações deles, desenvolvimento de relatórios, suporte à visualização e à criação de dashboards. Sob sua orientação, essas entregas são criadas por analistas, desenvolvedores e profissionais de dados. Portanto, a leitura de *Microsoft Power BI Para Leigos* o ajudará a entender melhor a arte do possível.

Penso que...

O Power BI é um aplicativo bem grande, como você já deve saber. A Microsoft assume que suas interfaces são relativamente simples para os usuários criarem relatórios e dashboards. Eis a verdade: alguns usuários acham que, dependendo do produto, seu uso é tenebroso. É certo que há muitos recursos em cada plataforma. Como autor, escrevi o livro para usuários que desejam aprender sobre esses recursos críticos nas três plataformas do Power BI: Desktop, Service e Mobile. Este livro não pretende ser um curso intensivo para certificação ou um mergulho profundo na gestão ou codificação do Power BI. Há livros específicos para esses fins no mercado.

Ao longo deste livro, no entanto, direciono-o para o site do Microsoft Power BI, quando apropriado, no qual há recursos técnicos para você se aprofundar um pouco de vez em quando.

Como o Power BI tem muitos componentes, fiz algumas suposições sobre os recursos à sua disposição para realizar a jornada deste livro:

- » **Você baixou uma cópia do Power BI Desktop.** Algumas coisas na vida são gratuitas, e essa é uma delas. A Microsoft fornece o Power BI Desktop para seus usuários gratuitamente! O Power BI Desktop se destina a construir os modelos de dados do usuário final, relatórios e dashboards para consumo pessoal. No entanto, é aí que ele termina. Você precisa de uma conta online para compartilhar e colaborar. Cerca de metade das listas de etapas deste livro é concluída usando o cliente Desktop.

- » **Você tem, no mínimo, uma conta do Power BI Free Service, mas, preferencialmente, tem uma do Power BI Pro.** Se deseja compartilhar e colaborar com outras pessoas, precisa de uma conta Pro. Caso contrário, a conta online gratuita só servirá por enquanto. A finalidade da versão online é distribuir suas saídas em formato somente leitura. Suponha que você queira que outras pessoas editem e manipulem os dados. Nesse caso, não há como pagar pela versão Pro ou Premium por usuário. Além disso, quanto maior seu conjunto de dados, maior é a probabilidade de precisar da atualização.

- » **Você tem acesso à internet**: Isso soa um pouco óbvio. Mesmo com o Power BI Desktop, é necessária uma conexão com a internet para acessar conjuntos de dados online.

- » **Você tem um conjunto de dados significativo**: O que é significativo? Criei um conjunto de dados, em `www.dummies.com/go/mspowerbifd`, de exemplo, em inglês, para você acompanhar com este livro. No entanto, suponhamos que você queira usar seus próprios dados. Nesse caso, um conjunto de dados significativo inclui pelo menos de trezentos a quatrocentos registros contendo, no mínimo, cinco ou seis colunas de dados.

Ícones Usados Neste Livro

Nas margens de *Microsoft Power BI Para Leigos*, há alguns ícones. Aqui está o que eles significam:

DICA — As dicas apontam atalhos ou sugestões essenciais para fazer as coisas de forma mais rápida, aprimorada e eficiente no Power BI.

LEMBRE-SE — Se vir este ícone, preste uma atenção especial, porque essas pegadinhas podem tornar o Power BI um pouco difícil de entender. Mas não se preocupe — eu o ajudarei a encontrar uma solução alternativa.

PAPO DE ESPECIALISTA — Considere explorar o funcionamento interno do Power BI e, talvez, sua integração com outros aplicativos. Isso significa que pode haver uma configuração para uma fonte de dados que tenha uma nuance ou um recurso de relatório avançado para moldar seus dados. Esses itens são destacados para ajudá-lo caso a caso.

NA INTERNET — Quando este ícone aparece, ele aponta para um conteúdo útil que está disponível na internet.

CUIDADO — Não tome esses alertas como um sinal de pânico. Eles aparecem de vez em quando para alertá-lo sobre um problema comum ou desafio de produto que muitos usuários enfrentam. Novamente, não se preocupe!

Além Deste Livro

Além do conteúdo que está lendo neste livro, você tem acesso a uma Folha de Cola gratuita do Power BI que o ajudará na criação de dashboards atraentes, relatórios valiosos e código DAX estruturado. Você também tem acesso a um conjunto de dados completo, em inglês, que pode ser importado para sua instância do Power BI Desktop ou Service. O conjunto de dados é útil porque pode ser usado em todos os exercícios deste livro. Para a Folha de Cola, acesse www.altabooks.com.br e pesquise na caixa de busca pelo título ou ISBN do livro. Para o conjunto de dados, acesse: www.dummies.com/go/mspowerbifd.

1
Resolve Teus BI

NESTA PARTE...

Conheça os tipos de dados usados nas soluções corporativas de BI.

Identifique as funções, as responsabilidades e os produtos produzidos por profissionais de BI.

Descubra as opções de licenciamento e os principais recursos disponíveis com o Power BI.

> **NESTE CAPÍTULO**
>
> » Vendo os diferentes tipos de dados que o Power BI manipula
>
> » Entendendo as ferramentas de business intelligence
>
> » Familiarizando-se com a terminologia do Power BI

Capítulo 1
Analisando Dados: O Power BI

Os dados estão em toda parte — literalmente. Desde o momento em que você acorda até o momento em que dorme, algum sistema em algum lugar coleta dados em seu nome. Mesmo enquanto dorme, estão sendo gerados dados que se correlacionam com algum aspecto de sua vida. O que é feito com esses dados é muitas vezes a questão proverbial de milhões. Os dados fazem sentido? Têm algum tipo de estrutura? O conjunto de dados é tão volumoso que encontrar o que você está procurando é como encontrar uma agulha em um palheiro? Ou é mais como se você não conseguisse encontrar aquilo de que precisa, a menos que tenha uma ferramenta especial para ajudá-lo a navegar por eles?

Eu responderia essa última pergunta com um sim enfático, e é aí que a análise de dados e a business intelligence entram em cena. E convenhamos: a cena pode ser esmagadora se os dados estiverem gerando consistentemente algo em seu nome.

LEMBRE-SE

Lidar com dados nem sempre é uma tarefa árdua — também é divertido explorá-los. Às vezes é fácil descobrir exatamente o que é necessário para resolver um problema, mas em outras você precisa fazer o Sherlock Holmes. Por quê? Porque os dados em questão podem não ter estrutura nem significado. Claro, você é obrigado a pegar ferramentas para ajudá-lo a desempenhar os papéis de detetive, avaliador, designer e curador.

Neste capítulo, discuto os diferentes tipos de dados que você pode encontrar ao longo de sua jornada e reviso a terminologia-chave com a qual deverá se familiarizar antecipadamente. Não se preocupe: não é preciso memorizar o equivalente a um dicionário. Você aprenderá alguns conceitos-chave para lhe dar uma vantagem em Power BI e business intelligence. Pronto?

O que São Dados, de Fato?

Pergunte a cem pessoas em uma sala qual é a definição de dados e você receberá cem respostas diferentes. Por quê? Porque, no mundo dos negócios, dados significam coisas muito diferentes para pessoas diferentes. Então, busquemos uma resposta simplificada. Dados contêm fatos. Às vezes, os fatos fazem sentido; às vezes, não, a menos que se adicione contexto.

Às vezes, os fatos podem ser quantidades, caracteres, símbolos ou uma combinação de tipos que se unem ao coletar informações. A informação permite que as pessoas — e, mais importante, as empresas — nos signifiquem; a menos que, reunidos, eles não façam absolutamente nenhum sentido.

Quando há um sistema de informações cheio de dados de negócios, também deve haver um conjunto de identificadores exclusivos de dados para que, quando pesquisados, seja fácil entendê-los na forma de transação. Exemplos de transações incluem o número de trabalhos concluídos, consultas processadas, renda recebida e despesas incorridas.

A lista segue. Para obter insights sobre interações comerciais e realizar análises, seu sistema de informações deve ter dados relevantes e oportunos, da mais alta qualidade.

LEMBRE-SE Dados não são o mesmo que informações. Os *dados* são os fatos brutos. Isso significa que você deve pensar em dados em termos de campos individuais ou colunas em um banco de dados relacional ou, talvez, em um documento solto (marcado com descritores chamados de *metadados*), armazenados em um repositório de documentos. Por si só, é improvável que esses itens façam muito sentido para você ou para uma empresa. E tudo bem, às vezes. A *informação* é o corpo coletivo de todas essas partes de dados, que resulta no sentido lógico dos fatos.

Trabalhando com dados estruturados

Você já abriu um banco de dados ou planilha e notou que os dados estavam vinculados a colunas ou linhas específicas? Por exemplo, você encontraria letras em um CEP? Ou, talvez, ao pensar em um nome e sobrenome, sempre encontre letras nesses campos específicos. Outro exemplo é quando você está limitado ao número de caracteres que pode inserir em um campo. Pense em S como Sim; N como Não. Qualquer outra coisa é irrelevante.

O que estou descrevendo aqui é chamado de *dados estruturados*. Ao avaliar dados estruturados, você percebe que eles estão em conformidade com um formato tabular, o que significa que cada coluna e linha devem manter uma inter-relação. Como cada coluna tem um nome representativo que adere a um modelo de dados predefinido, sua capacidade de analisar os dados deve ser direta.

Se usar o Power BI, perceberá que os dados estruturados estão em conformidade com uma especificação formal de tabelas com linhas e colunas, comumente chamada de *esquema de dados*. Na Figura 1-1, há um exemplo de dados estruturados em uma planilha do Microsoft Excel.

FIGURA 1-1: Exemplo de dados estruturados.

	A	B	C	D	E	F	G	H
1	Employee ID	First Name	Last Name	Birth Date	Email Address	Mobile Number	Department	Office Location
2	123-45-453	Joe	Smith	1/3/2000	joe.smith@dataco.com	555.421.9051	Data Management	Seattle
3	123-45-459	Bob	Jones	2/14/1974	bob.jones@dataco.com	555.429.9082	Data Management	Seattle
4	123-49-907	Jane	Richards	3/15/1978	jane.richards@dataco.com	555.904.2852	Data Management	Seattle
5	190-90-223	Sally	Frank	2/28/1967	sally.frank@dataco.com	555.229.1804	Accounting	Atlanta
6	229-29-004	Emma	Donaldson	10/21/2002	emma.donaldson@dataco.com	555.867.5309	Marketing	San Francisco

LEMBRE-SE
Se você usa o Power BI para análise pessoal, fins educacionais ou suporte a negócios, as fontes de dados mais acessíveis para ferramentas de BI são estruturadas. As plataformas que oferecem opções de dados estruturados robustos incluem Microsoft SQL Server, Microsoft Azure SQL Server, Microsoft Access, Azure Table Storage, Oracle, IBM DB2, MySQL, PostgreSQL, Microsoft Excel e Google Sheets.

Observando dados não estruturados

Os dados não estruturados são ambíguos, não tendo nenhuma rima, razão ou consistência. Finja que está olhando um lote de fotos ou vídeos. Existem pontos de dados explícitos que se pode associar a um vídeo ou foto? Talvez, porque o próprio arquivo pode consistir em uma estrutura e ser feito de alguns metadados. No entanto, o subproduto em si — a representação — é único. Os dados não são replicáveis, portanto, não estão estruturados. É por isso que qualquer vídeo, áudio, foto ou arquivo de texto é considerado não estruturado.

Adicionando os semiestruturados

Os dados semiestruturados têm alguma formalidade, mas não são armazenados em um sistema relacional e não têm um formato definido. Os campos que os contêm não são, de forma alguma, organizados em tabelas, linhas ou colunas estrategicamente colocadas. Em vez disso, os dados semiestruturados contêm tags que facilitam sua organização em um tipo de hierarquia. Sistemas de dados não relacionais ou bancos de dados

NoSQL são mais bem associados a dados semiestruturados, dos quais o código programático, muitas vezes serializado, é orientado pelos requisitos técnicos. Não há uma prática de codificação rígida e rápida.

Para o desenvolvedor de business intelligence que utiliza linguagens semiestruturadas, as práticas de programação serializadas ajudam a escrever códigos sofisticados. Se o objetivo for gravar dados em um arquivo, enviar um snippet deles para outro sistema ou analisá-los para serem traduzíveis para consumo estruturado, os dados semiestruturados têm potencial para sistemas de business intelligence. Se a linguagem serializada conseguir comunicar, um conjunto de dados semiestruturado tem um grande potencial.

Olhando os Bastidores do Power BI

O Power BI é um produto que reúne muitos aplicativos e serviços menores e baseados em nuvem com um objetivo: organizar, coletar, gerenciar e analisar grandes conjuntos de dados. Big data é o conceito que prega que o analista de negócios e dados avaliará conjuntos de dados extremamente grandes, o que revelará padrões e tendências relacionados a comportamentos e interações humanas não identificáveis sem ferramentas específicas. Uma coleta típica de big data é frequentemente expressa em milhões de registros. Ao contrário de uma ferramenta como o Microsoft Excel, o Power BI pode avaliar muitas fontes de dados e milhões de registros simultaneamente. As fontes também não precisam ser estruturadas em planilha. Podem incluir dados não estruturados e semiestruturados.

Após reunir essas muitas fontes de dados e processá-las, o Power BI ajuda a criar saídas visualmente atraentes na forma de gráficos, relatórios, dashboards e KPIs.

Como você já leu, o Power BI não é apenas um aplicativo de origem única. Ele tem componentes de desktop, online e móveis.

Em todas as plataformas Power BI, há um (ou mais) dos seguintes produtos:

LEMBRE-SE

- » **Power Query**: Ferramenta de conexão de dados para transformar, combinar e aprimorar dados em várias fontes de dados.
- » **Power Pivot**: Ferramenta de modelagem de dados.
- » **Power View**: Ferramenta de visualização de dados para gerar gráficos, mapas e elementos visuais interativos.
- » **Power Map**: Ferramenta de visualização para criar renderizações de mapas 3D.

> **Power Q&A**: Mecanismo de inteligência artificial que permite fazer perguntas e receber respostas usando linguagem simples.

> **Power BI Desktop**: Solução completa e gratuita que reúne todos os aplicativos descritos nesta lista em uma única interface gráfica de usuário.

> **Power BI Service**: Experiência de usuário baseada em nuvem para colaborar e distribuir produtos, como relatórios, com outras pessoas.

Nas seções a seguir, ajudo-o a mergulhar mais fundo na funcionalidade principal de cada produto.

Fazendo perguntas com o Power Query

Por volta de 2010, antes de o Power BI se tornar sua própria linha de produtos, era um suplemento avançado de consulta e manipulação de dados para Excel. Foi só por volta de 2013 que a Microsoft começou a testá-lo como sua própria linha de produtos, com o lançamento formal do Power BI Desktop e do Service em julho de 2015. Uma das justificativas para a mudança para um produto dedicado foi a necessidade de um editor de consultas mais robusto. Com o editor do Excel, era uma única fonte de dados, enquanto, com o Power Query, você pode extrair dados de várias fontes de dados, bem como ler dados de fontes relacionais, como SQL Server Enterprise, Azure SQL Server, Oracle, MySQL, DB2 e de uma série de outras plataformas. Se estiver procurando extrair dados de fontes não estruturadas, semiestruturadas ou de aplicativos — como arquivos CSV, arquivos de texto, arquivos do Excel, documentos do Word, bibliotecas de documentos do SharePoint, Microsoft Exchange Server, Dynamics 365 ou Outlook —, também é possível. E, se você tiver acesso a serviços de API que mapeiam campos de dados específicos em plataformas como LinkedIn, Facebook ou Twitter, também poderá usar o Power Query para minerar essas plataformas.

O que quer que tenha que ser feito, o Power Query faz, e o procedimento é sempre o mesmo: ele transforma os dados especificados (usando uma interface gráfica do usuário, conforme necessário), adicionando colunas, linhas, tipos de dados, data e hora, campos de texto e operadores apropriados. O Power Query gerencia essa transformação usando um extenso conjunto de dados, que não é nada mais do que um monte de dados brutos (muitas vezes desorganizados e confusos para você, é claro), e, em seguida, cria uma ideia geral deles organizando o conjunto em tabelas, colunas e linhas para consumo. O produto produzido pela saída do Power Query no Editor pode então ser transferido para um arquivo portátil, como o Excel, ou algo mais robusto, como um modelo Power Pivot.

PAPO DE ESPECIALISTA

Nos bastidores do Power Query, está a linguagem de fórmula M. Embora M nunca mostre seu rosto como parte da interface gráfica do usuário, ela está lá fazendo seu trabalho. Abordo brevemente M em vários capítulos futuros, para você ver como a mecânica funciona à medida que transforma os dados em conjuntos de dados estruturados, semiestruturados e não estruturados no Power BI.

Modelando com o Power Pivot

A ferramenta de modelagem de dados do Power BI é o Power Pivot. Com ele, você cria modelos como esquemas em estrela, métricas calculadas e colunas, e constrói diagramas complexos. O Power Pivot aproveita outra linguagem de programação, o Data Analysis eXpression Language — ou DAX, para abreviar. O DAX é uma linguagem baseada em fórmulas para análise de dados. Você logo descobre que, como uma linguagem, ele está repleto de funções úteis, então fique atento.

Visualizando com o Power View

O mecanismo de visualização do Power BI é o Power View. A ideia é se conectar a fontes de dados, buscar e transformá-los para análise e, em seguida, fazer com que o Power View apresente a saída em uma de suas muitas opções de visualização. O Power View possibilita filtrar dados para variáveis individuais ou um relatório inteiro. Os usuários podem se aprofundar nos dados no nível da variável ou até separar elementos no Power View para se concentrar nos que podem ser anômalos.

Mapeando com o Power Map

Às vezes, a visualização de dados requer mais do que um gráfico de barras ou uma tabela. Talvez você precise de um mapa que integre coordenadas geoespaciais com requisitos 3D. Suponha que queira adicionar dimensionalidade aos dados — talvez com a ajuda de mapas de calor, medindo a altura e a largura de uma coluna ou baseando a cor em uma referência estatística. Nesse caso, considere o conjunto de recursos do Power BI. Outro recurso incorporado ao Power Map é o uso de recursos geoespaciais usando o Microsoft Bing, a tecnologia de mecanismo de pesquisa externa da Microsoft que inclui ferramentas para mapear locais. Um usuário pode destacar dados usando latitude geocoordenada e dados longitudinais tão granulares quanto um endereço ou tão globais quanto um país.

Interpretando com o Power Q&A

Um dos maiores desafios para muitos usuários é a interpretação de dados. Você construiu um modelo incrível de dados com o Power Pivot. E agora? Sua amostra geralmente é enorme, o que significa que é necessário, de alguma maneira, entender todos os dados do modelo. Por isso, a Microsoft criou um mecanismo de linguagem natural, uma forma de interpretar texto, números e até mesmo fala, para que os usuários possam consultar o modelo de dados diretamente.

O Power Q&A funciona diretamente em conjunto com o Power View.

LEMBRE-SE Um exemplo clássico de uma situação em que o Power Q&A é extremamente útil envolve determinar quantos usuários compraram um item específico em um determinado local da loja. Se quiser detalhar ainda mais, analise todo um conjunto de métricas — perguntando se o item vem em várias cores ou tamanhos, por exemplo, ou especificando em qual dia da semana a maioria dos itens foi vendida. As possibilidades são infinitas, desde que você tenha construído seu modelo de dados para acomodar tais perguntas.

Power BI Desktop

Todas essas plataformas são ótimas, mas a ideia genial foi agrupar o Power Query, o Power Pivot, o Power View e o Power Q&A no Power BI Desktop. Usando o Power BI Desktop, você pode concluir todas as atividades de business intelligence sob um único guarda-chuva, além de desenvolver atividades de BI e análise de dados com mais facilidade. Por fim, a Microsoft atualiza os recursos do Power BI Desktop mensalmente, para você sempre estar na vanguarda do BI.

Power BI Service

Com o tempo, o nome do Power BI Service evoluiu. Quando o produto estava em beta, era chamado de Power BI Website. Hoje em dia, você ouve Power BI Online e Power BI Service. Seja qual for o nome, ele é o Software as a Service do Power BI. Disponível em https://app.powerbi.com [conteúdo em inglês], o Power BI Service permite que os usuários colaborem e compartilhem com outros, em um único local, seus dashboards, relatórios e conjuntos de dados.

LEMBRE-SE A versão do Power BI que você licenciou dita sua capacidade de compartilhar e ingerir dados.

Conhecendo a Terminologia

Quer a Microsoft ou outro fornecedor a crie, cada produto tem sua própria terminologia. Pode parecer uma língua estrangeira, mas, se você visitar o site de um fornecedor e fizer uma pesquisa simples, certamente encontrará um glossário que explica o significado de todos esses termos misteriosos.

A Microsoft, sem surpresa, também tem seu glossário para o Power BI. (A terminologia também é entendida como *conceitos* pelo produtor, por motivos que só ele e Deus sabem.) Antes de prosseguir em sua jornada de Power BI, vamos estabelecer a configuração do terreno. No Microsoft Power BIês, alguns conceitos se mantêm para todos os fornecedores, não importa qual. Por exemplo, todos os fornecedores têm relatórios e dashboards como conceitos críticos. Agora, todos adotam a prática da Microsoft e chamam os fluxos de dados de um tipo de fluxo de trabalho? Não exatamente. Todos eles têm seus nomes para esses recursos específicos, embora todos esses recursos geralmente funcionem da mesma maneira.

DICA

A Microsoft fez um bom trabalho ao tentar manter os nomes convencionais para os conceitos críticos. No entanto, alguns dos recursos mais avançados específicos para IA/machine learning e segurança adotam a linguagem rarefeita de produtos da Microsoft, como Azure Active Directory ou Azure Machine Learning.

Capacidades

Qual é a primeira coisa em que você pensa quando se trata de dados? É no tipo ou é na quantidade? Ou você considera os dois? Com o Power BI, o primeiro conceito com que você deve estar familiarizado é com as *capacidades*, que são centrais para o Power BI. *Por quê?*, você pergunta. As capacidades são a soma total de recursos necessários para que se conclua qualquer projeto no Power BI. Os recursos incluem o armazenamento, o processador e a memória necessários para hospedar e entregar os projetos do Power BI.

Há dois tipos de capacidade: a compartilhada e a dedicada. Uma capacidade *compartilhada* permite compartilhar recursos com outros usuários finais da Microsoft. As *dedicadas* comprometem totalmente recursos apenas para você. Enquanto a capacidade compartilhada está disponível para usuários gratuitos e pagantes do Power BI, a dedicada requer uma assinatura premium do Power BI.

Workspaces

Os workspaces são um meio de colaboração e compartilhamento de conteúdo com os colegas. Seja pessoal, seja para colaboração, todo workspace é criado com base em capacidades. Pense em um workspace como um contêiner que permite gerenciar todo o ciclo de vida de dashboards, relatórios, workbooks, conjuntos de dados e fluxos de dados no ambiente do Power BI Service. (A Figura 1-2 mostra o My Workspace, um exemplo específico de workspace do Power BI.)

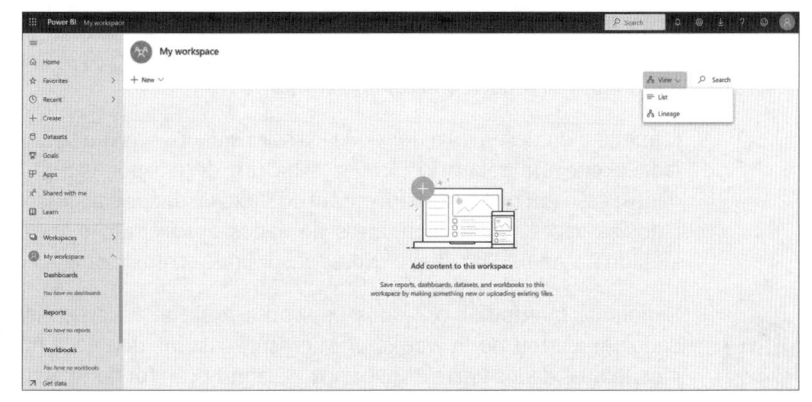

FIGURA 1-2: My Workspace no Power BI Service.

LEMBRE-SE O My Workspace não é o único tipo de workspace disponível. Há também a opção de colaborar. Se você quiser colaborar, não tem escolha a não ser atualizar para um plano Power BI Pro ou Premium. Os recursos que acompanham a colaboração incluem a capacidade de criar e publicar dashboards, relatórios, workbooks, conjuntos de dados e aplicativos baseados em Power BI com uma equipe.

LEMBRE-SE Quer fazer upload do trabalho criado com o Power BI Desktop? Ou precisa manipular um trabalho online sem colaborar com ninguém? Se a resposta a qualquer pergunta for sim, o My Workspace é tudo o que é necessário. Você só *precisa* do uso da licença online gratuita do Power BI. Assim que quiser colaborar com outras pessoas, precisa atualizar para uma assinatura paga Pro ou Premium.

Agora você sabe que seu trabalho está armazenado em um workspace. Próxima pergunta: o que acontece com os dados nesse workspace? A resposta é dupla: há o que você vê como usuário e o que acontece nos bastidores, como parte do processo de transformação de dados. Vamos começar pelos bastidores.

Um *fluxo de dados* é uma coleção de tabelas que coleta os conjuntos de dados importados para o Power BI. Depois que as tabelas forem criadas e gerenciadas em seu workspace como parte do Power BI Service, você poderá adicionar, editar e excluir dados em um fluxo de dados. A atualização de dados também pode ocorrer com uma programação predefinida. Lembre-se de que o Power BI usa o Azure Data Lake, uma forma de armazenar os enormes volumes de dados necessários para que o Power BI avalie, processe e analise dados rapidamente. O Azure Data Lake também ajuda a limpar e transformar dados rapidamente quando seus conjuntos são volumosos em tamanho.

Diferentemente de um fluxo de dados (que, você deve se lembrar, é uma coleção de tabelas), um conjunto de dados deve ser tratado como um único ativo em sua coleção de fontes de dados. Pense em um conjunto de dados como um subconjunto de dados. Quando usado com fluxos de dados, ele é

CAPÍTULO 1 **Analisando Dados: O Power BI** 15

mapeado para o Azure Data Lake. Provavelmente inclui alguns ou todos os dados do Azure Data Lake. A granularidade dos dados varia muito, dependendo da velocidade e escala do conjunto.

O analista ou desenvolvedor pode extrair os dados ao construir a saída desejada, como um relatório. Às vezes há um desejo por vários conjuntos de dados, caso em que a transformação do fluxo de dados é necessária. Por outro lado, às vezes, vários conjuntos de dados aproveitam o mesmo conjunto alojado no Azure Data Lake. Nesse caso, pouca transformação é necessária.

Depois de manipular os dados por conta própria, você precisa publicar os dados que criou no Power BI. A Microsoft assume que você pretende compartilhar os dados entre os usuários. Se a intenção for compartilhar um conjunto de dados, suponha que uma licença Pro ou Premium seja necessária.

Relatórios

Os dados podem ser armazenados em um sistema indefinidamente e permanecer ociosos. Mas de que adianta se não forem consultados de tempos em tempos para que usuários como você e eu entendam o que significam? Suponha que você trabalhe para um hospital. Você precisava consultar o banco de dados dos funcionários para descobrir quantos trabalham a menos de 8km, para emergências. É quando, rapidamente (tanto quanto a dobra espacial), você pode criar um resumo de seu conjunto de dados usando um relatório do Power BI. Claro, pode haver centenas de registros ou até milhares, todos únicos, é claro, mas são todos reunidos para ajudar o hospital em relação apenas a quem pode chegar rápido em caso de emergência, seja morando no final do quarteirão, seja a 10km, seja a 100km.

O Power BI Reports traduz esses dados em uma ou mais páginas de visualizações — gráficos de linha, gráficos de barras, rosca ou pizza, mapas de árvore —, você escolhe. Você pode avaliar seus dados em um nível alto ou se concentrar em um subconjunto de dados específico (se conseguiu consultar o conjunto de antemão). Você pode lidar com a criação de um relatório de várias maneiras, desde pegar um conjunto de dados usando uma única fonte e criar uma saída do zero até importar dados de muitas fontes. Um exemplo seria se conectar a uma planilha Excel ou a um documento do Google Sheets usando a interface do Power View. A partir daí, o Power BI pega os dados de toda a fonte e dá significado a eles. O resultado é um relatório (veja a Figura 1-3) com base nos dados importados usando configurações predefinidas estabelecidas pelo autor dele.

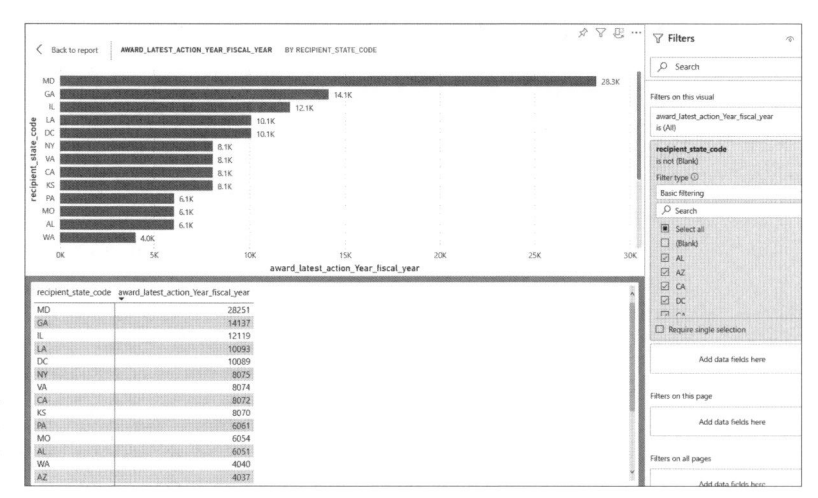

FIGURA 1-3
Exemplo de relatório do Power BI.

DICA

O Power BI oferece dois modos de visualização de relatório: de leitura e de edição. Quando um relatório é aberto, ele está no modo de exibição de leitura [Reading]. Se forem concedidas permissões para editá-lo, você pode fazê-lo. Quando um relatório está em um workspace, qualquer usuário com direitos administrativos, de membro ou de colaborador, pode editá-lo.

PAPO DE ESPECIALISTA

Direitos administrativos, de membros ou colaboradores, concedem acesso a recursos de exploração, design, construção e compartilhamento dentro do modo Edit. Os usuários que acessam os relatórios criados por esses usuários privilegiados podem interagir com os relatórios no modo somente leitura [Read-Only]. Isso significa que eles não podem editá-lo — só visualizar a saída. Os relatórios criados por usuários privilegiados ficam disponíveis na guia Reports do workspace, conforme mostrado na Figura 1-4. Cada relatório representa uma visualização de página única, o que significa que é baseado em apenas um conjunto de dados.

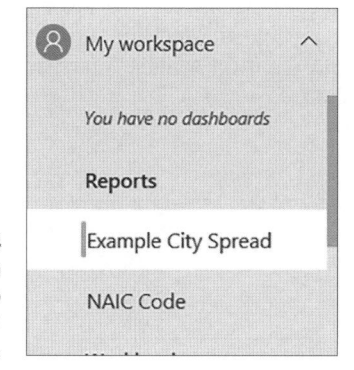

FIGURA 1-4
A guia Reports, no Power BI Desktop.

CAPÍTULO 1 **Analisando Dados: O Power BI** 17

Dashboards

Se já teve alguma experiência com o Power BI, sabe que ele é uma ferramenta altamente visual. Pela sua natureza, seu dashboard, também conhecido como Canvas, dá vida à história dos dados. Para juntar as peças do quebra-cabeça de dados e capturar um momento no tempo, use o dashboard. Pense nele como uma tela em branco. À medida que cria seus relatórios, widgets, blocos e KPIs, você fixa os de que gosta no dashboard para criar uma única visualização. O dashboard representa o grande conjunto de dados que resume bem seu tópico. Como tal, ele o ajuda a tomar decisões, apoia o monitoramento de dados e possibilita a análise detalhada do conjunto de dados, aplicando diferentes opções de visualização.

Para acessar um dashboard específico, primeiro abra um workspace. Basta clicar na guia Dashboards do aplicativo com o qual estiver trabalhando. Lembre-se de que cada dashboard representa uma exibição personalizada de um conjunto de dados subjacente. Para localizar seus dashboards pessoais, acesse a guia My Workspaces (veja a Figura 1-5) e escolha Dashboards para ver o que está disponível.

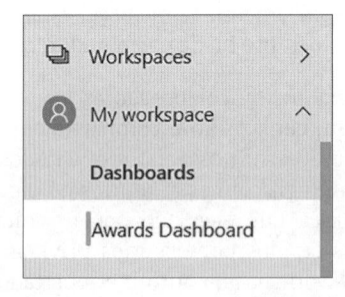

FIGURA 1-5
Localizando seus dashboards.

LEMBRE-SE

Se tem um dashboard, tem permissão para editá-lo. Caso contrário, o acesso é somente leitura. Você pode compartilhá-lo, mas as pessoas podem não conseguir salvar alterações. Assim, lembre-se de que, se quiser compartilhar um dashboard com um colega, precisará, no mínimo, de uma licença do Power BI Pro. (Veja no Capítulo 3 mais informações sobre os prós e contras do licenciamento.)

Painel de navegação

Neste capítulo, falo de muitos dos conceitos obrigatórios do Power BI, mas guardei o melhor — o painel de navegação — para o final. Por que o painel de navegação é o melhor? Simples. Todas as capacidades que discuto até este ponto do capítulo são etiquetas encontradas nele. (Veja a Figura 1-16.) Você, por exemplo, usaria o painel de navegação para concluir ações para localizar e se mover entre um workspace e os vários recursos do Power BI que deseja usar — dashboards, relatórios, pastas de trabalho, conjuntos de dados — o que for.

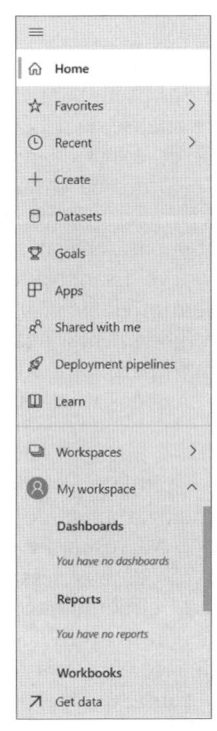

FIGURA 1-6. O painel de navegação.

As opções de painel de navegação são infinitas. Um usuário como você pode:

» Expandir e recolhê-lo.

» Abrir e gerenciar seu conteúdo favorito com a ajuda da opção Favorites.

» Visualizar e abrir a seção de conteúdo visitada mais recentemente.

Business Intelligence (BI): O que É?

As seções anteriores deste capítulo apresentam uma compreensão básica dos ingredientes que compõem o Power BI. Agora é hora de definir explicitamente um termo que foi discutido, mas ainda não explicado: business intelligence. Evitei esse tópico porque muitos fornecedores de TI definem o business intelligence de forma diferente. Eles injetam seus jargões particulares na definição. Por exemplo, se você for a um site da Microsoft, encontrará uma ou duas páginas com uma definição pura de business intelligence, mas também uma infinidade de páginas detalhando como aplicar as soluções da plataforma Power BI a todos os problemas de negócios possíveis.

Então evitaremos sites de fornecedores e manteremos uma definição simples de *business intelligence:* é o que as empresas usam para analisar dados atuais e históricos. Ao longo do processo de análise de dados, há a esperança de que uma organização seja capaz de descobrir os insights necessários para tomar as decisões certas para o futuro da empresa. Ao usar uma combinação de ferramentas disponíveis, uma organização processa grandes conjuntos de dados de várias fontes para chegar a descobertas que podem ser apresentadas à alta administração. Usando a ferramenta de BI empresarial, as partes interessadas podem produzir visualizações por meio de relatórios, dashboards e KPIs para fundamentar suas estratégias de crescimento com fatos. Muitas ferramentas permitem a colaboração e o compartilhamento entre grupos, porque os dados mudam ao longo do tempo.

LEMBRE-SE

Quase todos os conceitos que abordo neste capítulo fazem parte da definição, e é por isso que apresento a terminologia antes de apresentar a definição de BI. Esses termos específicos do Microsoft Power BI foram deliberadamente deixados de fora da definição de business intelligence. À medida que você continuar lendo este livro e mergulhando no uso do Power BI, saiba que algumas das lições que apresento são *agnósticas:* não importa a qual produto de business intelligence eu esteja me referindo. Em outros momentos, você saberá quando o conselho for específico para o Power BI, porque os comentários são instrutivos.

LEMBRE-SE

Há pouco tempo, as empresas tinham que fazer muitas tarefas manualmente. Ainda me lembro daqueles dias. As ferramentas de BI agora salvam o dia reduzindo o esforço para concluir tarefas banais. Você pode realizar quatro ações agora para transformar dados brutos em dados facilmente acessíveis:

» **Coletar e transformar os dados:** Ao usar várias fontes de dados, as ferramentas de BI permitem extrair, transformar e carregar dados (ETL) de fontes estruturadas e não estruturadas. Quando esse processo está concluído, você pode armazenar os dados em um repositório central para que um aplicativo os analise e consulte.

» **Analisar dados para descobrir tendências:** O termo *análise de dados* significa muitas coisas, desde a descoberta deles até a mineração. O objetivo do negócio, no entanto, é o mesmo: tudo se resume ao tamanho do conjunto de dados, ao processo de automação e ao objetivo da análise de padrões. O BI geralmente fornece aos usuários uma variedade de ferramentas de modelagem e análise. Alguns vêm equipados com opções de visualização, e outros têm soluções de modelagem e análise de avaliação exploratória, descritiva, preditiva, estatística e até cognitiva. Todas essas ferramentas ajudam os usuários a explorar dados — passados, presentes e futuros.

» **Usar as opções de visualização para fornecer clareza de dados:** Você pode ter muitos dados armazenados em um ou mais repositórios. Consultar os dados a serem compreendidos e compartilhados entre usuários e grupos é o valor real das ferramentas de business intelligence. As opções de visualização geralmente incluem relatórios, dashboards, gráficos, mapeamento, indicadores-chave de desempenho (KPIs) e — sim — conjuntos de dados.

» **Tomar medidas e tomar decisões:** O processo culmina com todos os dados ao seu alcance para tomar decisões acionáveis. As empresas atuam analisando insights em um conjunto de dados. Elas os analisam por partes, revisando pequenos subconjuntos e tomando decisões significativas com base neles. É por isso que as empresas adotam o business intelligence — porque, com sua ajuda, podem reduzir rapidamente a ineficiência, corrigir problemas e adaptar o negócio para corresponder às condições do mercado.

> **NESTE CAPÍTULO**
>
> » Identificando potenciais usuários corporativos do Power BI
>
> » Abordando o ciclo de vida esperado dos dados usando o Power BI
>
> » Distinguindo entre os tipos de produtos de análise produzidos pelo Power BI

Capítulo **2**

Luz, Câmera, Ação!

As soluções de business intelligence (BI) não são únicas, e é por isso que fornecedores como a Microsoft atendem a um público amplo em seu marketing e distribuição de produtos no nicho do Power BI. As partes interessadas envolvidas no ciclo de vida do business intelligence criam os modelos de dados para análise e planejamento, limpam os conjuntos de dados, transformam e validam tais conjuntos em modelos e gerenciam a infraestrutura para os modelos serem executados, dia após dia.

Vários anos atrás, você contava nos dedos quantas pessoas estavam envolvidas no gerenciamento de dados de uma organização global. Hoje em dia, até uma dúzia de equipes separadas podem ser responsáveis por ele, e uma dessas equipes pode facilmente se dedicar a apoiar os esforços do Power BI e os resultados analíticos, como os relatórios, dashboards e conjuntos de dados produzidos. Neste capítulo, você lê sobre os agentes poderosos típicos de uma organização que fazem uso do Power BI, como eles moldam os dados desde o início e que tipos de resultados analíticos produzem ao longo do caminho.

Quem É Quem no Power BI

Houve um tempo em que você apontaria para uma pessoa em uma empresa e diria: "Tag, você é *o cara!*" Você sabia que essa pessoa era responsável por executar os relatórios e contabilizar os dados de toda a empresa no disco rígido, então sabia a quem recorrer se tivesse um problema. Esses dias se foram.

A nova ordem mundial agora inclui departamentos cheios de pessoas que lidam com a gestão e a análise de dados. Não é segredo que mais dinheiro do que nunca está sendo gasto na economia do conhecimento, e muito desse dinheiro está sendo canalizado para departamentos que usam o Power BI. Neles, há vários atores importantes encarregados de gastá-lo com sabedoria. Atualmente, a maioria dos programas vitais de BI inclui analistas de negócios, analistas de dados, engenheiros de dados, cientistas de dados e administradores de banco de dados nas equipes. Juntos, esses especialistas em dados lidam com todo o processo de pegar dados brutos e usá-los para contar uma história convincente.

Analista de negócios

O analista de negócios se concentra nos dados de uma perspectiva qualitativa ou funcional. Quando você precisa de uma pessoa para interpretá-los e explicar o que significam em palavras, não números, pede ao analista de negócios para reunir e documentar os requisitos de dados de negócios ou para avaliá-los. Um analista de negócios é o membro mais próximo da equipe de Power BI envolvida no processo de tomada de decisão do dia a dia, porque atua como um elo de negócios com os tomadores de decisão e a equipe de dados. Quando se é necessário criar um novo relatório ou dashboard, o analista de negócios é o primeiro contato de uma parte interessada. A visão dessa pessoa é traduzível para um conjunto de dados viável, que acaba se tornando um modelo de dados.

Analista de dados

Diferentemente do analista de negócios, o analista de dados não aborda a análise com base em um usuário ou na necessidade do negócio, mas sim nos dados produzidos. Uma vez que os dados entram nos sistemas de informação da empresa, tornam-se o utilitário mais valioso do analista. O analista de dados procura entender o valor por meio de ferramentas de visualização e relatórios, como o Power BI. Para tal, acaba adotando várias funções, desde a criação de perfis, limpeza e transformação de dados brutos até a apresentação deles em sua forma finalizada às partes interessadas apropriadas.

LEMBRE-SE

Um analista de dados, além de gerenciar os dados nos bastidores, também tem um papel prático na gestão de ativos do Power BI. Quando um analista de negócios é encarregado de traduzir os requisitos em produtos reais, o analista de dados é a pessoa que atua como desenvolvedor. Essa pessoa atende aos requisitos de dados e relatórios, transformando dados brutos em insights relevantes e úteis.

Pense no analista de dados como um guardião. Essa pessoa é um intermediário entre o usuário final e a) o analista de negócios, b) o engenheiro de dados e c) os administradores do banco de dados para confirmar a validade operacional. Isso é muita negociação! A função requer que o analista de dados esteja familiarizado com a plataforma de dados e seus princípios de segurança, gerenciamento de processos e princípios gerais de gerenciamento. (Pense em um malabarismo...) As outras funções no ecossistema de BI exigem o mesmo comprometimento, portanto, o peso do mundo não recai exclusivamente sobre o analista de dados.

Engenheiro de dados

Como os dados não são uma coisa única, os indivíduos que os implementam precisam ter uma ideia geral sobre os diferentes tipos de entrega disponíveis para eles. Por exemplo, as pessoas que implementam soluções de BI devem ser capazes de abordar dados no local, bem como na nuvem. Além disso, os dados gerenciados e protegidos exigem uma avaliação de seu fluxo de fontes estruturadas e não estruturadas. Às vezes há apenas uma fonte, mas na maioria das vezes há muitas diferentes. As próprias plataformas executam essa gama, de um banco de dados relacional típico a bancos de dados não relacionais e até mesmo de fluxos de dados a armazenamentos de arquivos. Uma coisa é certa: os dados devem sempre ser seguros e perfeitamente integrados, não importa o serviço.

Assim como os analistas de dados, os engenheiros de dados adotam muitas funções — é que, enquanto as adotam, estão implementando ferramentas de dados, em vez de analisar processos. Isso significa que o engenheiro deve saber como usar ferramentas de serviço no local, bem como de serviço de dados em nuvem, para ingerir e transformar dados entre as fontes. Por fim, lembre-se de que você não pode planejar que as fontes fiquem vinculadas apenas à própria organização, porque elas geralmente vivem fora de suas quatro paredes.

PAPO DE ESPECIALISTA

Muitas vezes existem sinergias entre o engenheiro de dados e um administrador de banco de dados. E você pode se perguntar por que um engenheiro de dados também não é chamado de administrador de banco de dados. O fato é que um engenheiro de dados não fornece apenas serviços de consultoria, gerencia a infraestrutura hospedada ou suporta as necessidades operacionais de dados. Ele também é responsável por elaborar a agenda para iniciativas de business intelligence e ciência de dados. A função exige um controle sobre os dados em todas as formas e formatos. Como tal, o engenheiro de dados deve dominar a *transformação de dados*, usando a mais recente tecnologia para transformar e mapear dados de sua forma bruta para uma forma mais simplificada — um formato mais fácil para o BI ou a análise explorar, em outras palavras.

LEMBRE-SE

Organizações menores muitas vezes têm um faz-tudo que dá conta do maior número possível de tarefas. Como você perceberá rapidamente, os papéis ficam indefinidos. No mundo real, analistas de dados, engenheiros de dados e administradores de banco de dados trabalham juntos, muitas vezes compartilhando deveres e responsabilidades. Não é incomum ter uma função de supervisor com um único título — geralmente, engenheiro de dados. Um administrador de banco de dados, analista ou mesmo um profissional de BI pode facilmente fazer a transição para a função de engenheiro de dados, desde que compreenda os requisitos de pessoas, processos e tecnologias usados para filtrar os dados.

Cientista de dados

Os cientistas de dados raramente são responsáveis pela gestão da infraestrutura. A maioria deles também não instala softwares. Eles são focados em criar e executar análises avançadas para extrair os dados dos sistemas implementados pelos analistas de negócios, analistas de dados, engenheiros de dados e administradores de banco de dados. Como explico adiante neste capítulo, os cientistas de dados realizam rotinas de análise em dados descritivos, diagnósticos, prescritivos, preditivos e cognitivos. Se a análise é quantitativa e usa ferramentas estatísticas ou aprendizado de máquina para detectar padrões e anomalias, ou se os dados requerem avaliação qualitativa, o objetivo é o mesmo: criar um modelo bem construído.

Construir modelos de dados com funções analíticas é apenas parte da responsabilidade de um cientista de dados. À medida que o mundo do aprendizado de máquina e da inteligência artificial continua a prosperar, ele é encarregado de explorar o aprendizado profundo e realizar experimentos com problemas de dados complexos com várias linguagens de codificação e técnicas algorítmicas. Ele deve ser fortemente investido na compreensão de linguagens de programação que transformam dados obscuros ou, de outra forma, difíceis de explorar.

LEMBRE-SE

Não é segredo que a maior parte do tempo gasto por um cientista de dados é com questões relacionadas à fixação de dados, conhecida como transformação de dados. Com uma equipe, o cientista de dados acelera o processo. Melhor ainda, usando ferramentas, como o Power BI, que automatizam muitas das funções no ciclo de vida do business intelligence e da ciência de dados, ele pode abordar mais facilmente as perguntas que exigem respostas.

Administrador de bancos de dados

O administrador de banco de dados lida com a implementação e o gerenciamento da infraestrutura do banco de dados. Em algumas organizações, o banco de dados é totalmente habilitado para a nuvem. As organizações legadas, por outro lado, mantêm seu banco de dados no local ou em um estado de fluxo, resultando em uma implantação de plataforma híbrida. Ao usar o Power BI, você fará com que seu administrador de banco de dados crie soluções em cima dos serviços de dados baseados no Microsoft Azure, incluindo o Microsoft Azure SQL.

Considerando que o engenheiro ou analista de dados lida com a disponibilidade e o desempenho da solução de banco de dados, garantindo que as partes interessadas identifiquem e implementem as políticas e procedimentos de que precisam para apoiar o ambiente de dados adequadamente, o administrador tem um conjunto bastante diferente de responsabilidades. O administrador do banco de dados é como um médico: garante a saúde e o bem-estar do banco de dados, bem como da infraestrutura na qual são executados.

LEMBRE-SE

Ao resumir quem faz o que no ciclo de vida dos dados do Power BI, lembre-se destes dois pontos:

» **Seu analista de negócios, seu analista de dados e seu engenheiro de dados estão envolvidos na criação de dados e em sua capacidade de gerenciamento.** As palavras-chave aqui são *ingestão, transformação, validação, limpeza* e *criação*.

» **Seu administrador de banco de dados, por outro lado, lida com os sistemas que garantem que os dados permaneçam saudáveis.** A responsabilidade não se limita à confiabilidade dos dados, mas inclui a segurança.

Dando Vida aos Dados

Os dados levam tempo para ser cultivados. Trate o processo como se estivesse começando no centro de um alvo cujo foco é a preparação. À medida que você aprende mais sobre pessoas, processos e tecnologias da organização, seus requisitos de dados evoluem e acabam informando seu modelo de dados. À medida que os modelos amadurecem e o volume de dados prolifera, as visualizações disponíveis aumentam em detalhes, variedade e tamanho. Você está em posição de concluir muito mais análises, que podem variar de qualitativas a quantitativas e ocorrer esporadicamente ou em tempo real. Em última análise, o gerenciamento de dados é abrangente porque se sobrepõe a todas as fases do ciclo de vida deles. A Figura 2-1 ilustra o que os líderes de uma organização típica devem esperar quando cultivam dados usando uma solução corporativa de business intelligence como o Power BI.

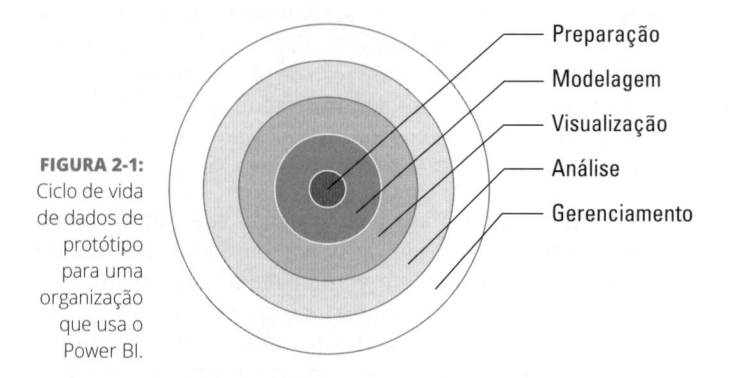

FIGURA 2-1: Ciclo de vida de dados de protótipo para uma organização que usa o Power BI.

- Preparação
- Modelagem
- Visualização
- Análise
- Gerenciamento

Preparação

Embora a fase de preparação seja a mais focada e tediosa, todo o ciclo de vida dos dados é influenciado por ela. Por quê?, você pergunta. Bem, o que acontece se começar com dados insuficientes? Relatórios ruins ou visualizações mal construídas levando a análises defeituosas com um impacto catastrófico na empresa.

LEMBRE-SE

A preparação requer um analista de negócios para avaliar as necessidades da empresa e um analista de dados para construir um perfil de dados apropriado para limpeza e transformação. Os dados podem vir de uma fonte ou de muitas.

Suponha que o analista de negócios ou de dados construa indevidamente o perfil esperado, mapeie mal a saída resultante ou transforme os dados em um resultado abaixo do padrão para que o modelo e a visualização os apresentem incorretamente. Nesse caso, a organização pode achar que o produto entregue pela ferramenta de BI tem pouco significado. É certo que o processo é complicado, uma vez que os dados podem ser provenientes de várias fontes ou que pode não ser clara a melhor forma de se conectar a elas — fatores, devo acrescentar, cujas implicações de desempenho são significativas. O truque é determinar o que é necessário para garantir que o desempenho não seja afetado negativamente e, em seguida, garantir que os modelos e relatórios atendam a esses requisitos predeterminados. (Os exemplos de requisitos aqui incluem o volume de dados e memória ou, talvez, o uso de CPU para processamento.)

DICA — Evite a tentação de economizar quando se trata de atender a esses requisitos. Tais processos incluem a coleta de dados, a procura de padrões e anomalias e a síntese dos dados em requisitos significativos. No entanto, saiba que algumas cargas de trabalho de dados são incapazes de lidar com habilidades de consulta ad hoc se o volume de memória ou o poder de processamento for insuficiente.

Modelagem

Ok, você diz que sua preparação de dados está completa. O escrutínio de dados está em um nível alto, então muitos olhos confirmaram que eles estão em seu estado adequado. E agora? As organizações aproveitam essa oportunidade para modelar os dados. Nesse contexto, a modelagem de dados é um processo em que todas essas peças brutas de dados foram formalizadas e estruturadas. O objetivo é decidir como os conjuntos de dados organizados podem se relacionar entre si. Depois de definir tais relações, você pode construir os modelos criando métricas, cálculos e conjuntos de regras.

LEMBRE-SE — O modelo é um componente crítico no ciclo de vida dos dados. Sem um modelo, o usuário final não pode produzir relatórios ou realizar análises para uma organização. Um modelo adequadamente projetado é a chave para fornecer resultados precisos e confiáveis, especialmente à medida que mais organizações começam a trabalhar com grandes conjuntos de dados.

DICA — Sempre que tiver problemas de desempenho com o Power BI, avalie o modelo. Exemplos que incorrem em problema de desempenho incluem taxas de atualização de relatórios que demoram mais do que deveriam, atraso no carregamento e preparação de dados ou renderização deles de um conjunto frequentemente acessado que está demorando para ser consultado.

Visualização

Visualizar dados ajuda as organizações a entender melhor os problemas de negócios de maneiras que um texto não o faz. Imagine a espessura deste livro como um único conjunto de dados para um relatório. Você acha que é fácil para uma pessoa resumir o conteúdo deste livro depois de lê-lo por dois minutos? Quanto esforço seria necessário para chegar discretamente a cinco ou seis pontos de dados principais? (Chuto que seria necessário um esforço sobre-humano.) O velho ditado "Uma imagem vale mais que mil palavras" aplica-se aqui. É por isso que a visualização dá vida aos dados. As visualizações contam histórias convincentes, permitindo que os tomadores de decisão de negócios obtenham os insights necessários rapidamente.

Uma boa solução de BI, como o Power BI, incorpora muitas opções de visualização que facilitam a compreensão dos resultados dos relatórios para os tomadores de decisão. As visualizações agregam os dados para orientar o profissional por meio do conjunto rapidamente. Os relatórios construídos com base nelas são auxiliares cruciais quando se trata de conduzir ações e comportamentos de tomada de decisão em uma empresa. Dado que muitas organizações nem sequer olham para o conjunto de dados estruturado, não importa o tempo gasto avaliando os dados brutos na fase de preparação e modelagem, você precisa ter certeza de que suas visualizações fornecem mensagens precisas.

DICA

Nem todas as visualizações são adequadas para um conjunto de dados. Um mapa de árvore requer pelo menos três variáveis para ser uma saída visual viável. Por outro lado, gráficos de pizza e de barras são muita coisa para resolver apenas duas variáveis. Dado esse fato, vale a pena dedicar um tempo para entender o problema de negócios que se almeja resolver, para ver se todos os pontos de dados são necessários. Demasiados dados dificultam a detecção de padrões-chave.

LEMBRE-SE

O Power BI tem recursos de IA integrados que orientam a visualização mais adequada para relatórios, sem necessidade de código. Considere usar o recurso Q&A, experimentar as várias opções de visualização ou usar o Quick Insights para mapear seu modelo de dados com a solução de melhor ajuste no Power BI.

Análise

Não há dois indivíduos que analisam os dados da mesma maneira. A tarefa de análise é outra etapa do processo ao criar o modelo de dados e interpretar as visualizações. Considere a análise como uma atividade abrangente que coincide entre as funções. Seria melhor analisar constantemente os dados, o modelo derivado e a saída de visualização para se certificar de que a precisão segue. Garanta a precisão ao encontrar padrões, perceber tendências, comunicar-se com as pessoas e até mesmo prever resultados com base em dados, mesmo que encontre tendências anômalas. Plataformas como o Power BI tornam a análise de dados mais acessível porque o processo é simplificado para as partes interessadas do negócio quando se trata de concluir cada uma dessas tarefas.

LEMBRE-SE

O Power BI é uma solução de desktop e também baseada em nuvem. Você pode fazer a maior parte de suas atividades de análise de negócios, análise de dados, modelagem de dados e visualização usando o Power BI Desktop. Pode até mesmo analisar os dados por conta própria com o Power BI Desktop, assumindo que tenha conectado o modelo à fonte de dados adequada. No entanto, se deseja compartilhar os dados ou analisá-los com outras pessoas, deve usar o Power BI Service.

Gerenciamento

Quando você tem a chance de olhar mais de perto para o Power BI, logo vê que, como uma plataforma, ele consiste em muitos aplicativos diferentes. As saídas produzidas são abundantes: relatórios, dashboards, workspaces, conjuntos de dados, KPIs e até mesmo outros aplicativos. Em uma equipe bem organizada, todos os membros gerenciam um ou mais subprodutos que suportam o gerenciamento dos ativos do Power BI, permitindo o compartilhamento e a distribuição de dados. Seja você o analista de dados que supervisiona a validação dos dados, seja o administrador do banco de dados que deve garantir a saúde e o bem-estar da infraestrutura de hardware, tem um papel na gestão da plataforma.

Quando você conclui atividades usando o Power BI Desktop, a intenção é, em algum momento, compartilhar o resultado com um público maior. Assim que a entrega é disponibilizada, o conteúdo criado usando o Power BI Desktop promove a colaboração entre equipes e indivíduos. Compartilhar conteúdo significa garantir que as partes interessadas certas tenham acesso ao produto criado.

LEMBRE-SE

A segurança é desafiadora em grandes organizações. Seu analista de negócios, seu analista de dados e seu engenheiro de dados têm o papel de garantir que as pessoas certas tenham acesso apenas àquilo de que precisam. O cientista de dados garante que os ativos de dados que estão sendo criados sejam de alto valor. E, claro, o administrador do banco de dados garante que o repositório de dados esteja sempre aberto para negócios, gerenciando a infraestrutura que todas as partes interessadas suportam como parte do ciclo de vida dos dados para business intelligence usando o Power BI.

Os Vários Tipos de Análise de Dados

No início deste capítulo, descrevi as partes interessadas em uma organização que usam o Power BI. Tentei mostrar, em um nível muito alto, como cada uma delas pega os dados criados e os transforma em algo útil usando o Power BI Desktop ou o Power BI Service. A única coisa que resta antes de eu deixá-lo solto na floresta do Power BI é aprender o tipo de análise produzida por ele. Se já leu um livro generalista sobre business intelligence, esta seção pode não conter novas informações. Se esta é a sua primeira experiência no BI ou no que torna o Power BI diferente entre as saídas de produtos analíticos, esta seção é seu momento para resumir os detalhes.

Você pode produzir cinco tipos de análise usando o Power BI: descritiva, diagnóstica, preditiva, prescritiva e cognitiva. Dependendo da meta de negócios e da aplicação no Power BI, os produtos analíticos são um pouco diferentes. A Tabela 2-1 descreve os cinco tipos de análise, incluindo o propósito de cada uma e como você terá sucesso usando cada tipo.

TABELA 2-1   **Tipos de Análises Produzidas no Power BI**

Tipo	O que Ela Faz
Descritiva	Ajuda a responder a perguntas com base em dados históricos. A análise descritiva também resume grandes conjuntos de dados e descreve os resultados.
Diagnóstica	Explica por que os eventos acontecem. Normalmente, a análise diagnóstica oferece suporte à descritiva como uma forma secundária de análise que permite descobrir a causa dos eventos. Os analistas procuram anomalias em conjuntos de dados, relatórios e KPIs. O uso de técnicas estatísticas disponíveis no Power BI ajuda os usuários a descobrirem relações nos dados e tendências.
Preditiva	Responde a perguntas sobre o que pode acontecer no futuro. Usando tendências históricas e encontrando padrões, a saída resultante é uma observação do que é provável ocorrer. As técnicas usadas para obter resultados envolvem combinações de metodologias estatísticas e recursos de aprendizado de máquina do Power BI.
Prescritiva	Responde à pergunta sobre quais ações devem ser tomadas para atingir uma meta. Com os dados coletados, as organizações resolvem problemas com base em condições desconhecidas. Essas análises também dependem da análise de big data e dos conjuntos de dados existentes pelo mecanismo de aprendizado de máquina do Power BI para encontrar padrões, o que ajuda a entregar resultados diferentes.
Cognitiva	Referida às vezes como análise inferencial, permite que o analista reúna dados de todos os conjuntos de dados para detectar padrões, desenvolver conclusões e criar um banco de conhecimento para aprendizagem futura. A palavra-chave aqui é *futura*, porque o que é aprendido e visto é usado como guia para o futuro. Se as condições mudarem, o banco se ajusta. Como as inferências são pensamentos e hipóteses não estruturados, cabe às soluções de aprendizado de máquina do Power BI processar a mudança de dados, dar sentido às fontes e criar correlações entre eles.

Dando uma Olhada no Panorama

À medida que os dados da organização crescem, também cresce a necessidade de mais partes interessadas para apoiar a empresa. Cada parte interessada tem um lugar único no suporte ao ciclo de vida dos dados de BI. Embora os dados geralmente sejam brutos quando introduzidos pela primeira vez como parte do ciclo de vida dos dados, o produto final criado usando o Power BI deve ser refinado e nítido. Se você habilitar relatórios, visualização de dados, dashboard, KPI ou outra escolha de BI dentro da plataforma Power BI, lembre-se de que os dados devem estar livres de erros e confiáveis para que qualquer negócio seja bem-sucedido. Isso significa que os dados são consumíveis, significativos, acessíveis e compreendidos por todas as partes, independentemente do produto de análise. E, como você sabe agora, pessoas e processos estão atuando para garantir que o motor funcione sempre, independentemente do tipo de produto de análise produzido.

> **NESTE CAPÍTULO**
>
> » Comparando o Excel com o Power BI
>
> » Vendo a diferença entre a versão Desktop e Service do Power BI
>
> » Entendendo as opções de licenciamento da Microsoft

Capítulo **3**

Ah, as Escolhas: Versões do Power BI

Escolher a versão correta do Power BI é como visitar a maior loja de doces do mundo: você pode escolher entre muitas alternativas com nuances sutis. A escolha se resume a desejos, necessidades, escala e, é claro, dinheiro. Algumas versões são gratuitas (bem, mais ou menos), e outras são caras. E, é claro, a diferença mais óbvia é que algumas versões são baseadas em desktop ou servidor, enquanto outras oferecem recursos somente online.

Se visitar o site da Microsoft em um determinado dia e pesquisar produtos, notará que existem algumas versões do Power BI. No entanto, a página de preços [Pricing] e a de produtos [Products] não correspondem necessariamente. (Obrigado pela ajuda, Microsoft!) Não está claro se "grátis é grátis" ou se os produtos estão inclusos em versões específicas do Power BI. Neste capítulo, esclareço qualquer confusão, para que, daqui para a frente, você saiba qual produto usar.

Por que Power BI versus Excel?

A Microsoft comercializa o Power BI como uma forma de conectar e visualizar dados usando uma plataforma unificada e escalável que oferece autoatendimento e business intelligence corporativo para ajudá-lo a obter insights profundos sobre os dados. Então, eis a questão: o Microsoft Excel já não faz isso? O que torna o Power BI diferente? Faça-se estas perguntas:

» De que nível de análise sua organização precisa?

» A colaboração é um problema?

» Qual é o tamanho de seu conjunto de dados?

» Preço é uma questão?

» Quão significativas são as visualizações para você ou para sua equipe?

Tanto o Excel quanto o Power BI lidam com todos os cinco requisitos, mas o Power BI é uma atualização significativa, por vários motivos. O volume de dados, a amplitude das opções de visualização, o custo e a colaboração são diferenciais.

LEMBRE-SE

» O Power BI fornece uma variedade de ofertas de análise de alto nível que o Excel não inclui, como a capacidade de criar dashboards, KPIs, visualizações e alertas.

» O Power BI tem recursos de colaboração significativos, enquanto o Excel tem opções limitadas de colaboração de dados.

» Embora o Excel ajude quando se trata de criar relatórios avançados, se deseja criar modelos de dados que incluam ativos preditivos e de aprendizado de máquina, é preciso recorrer a versões específicas do Power BI.

» Não há uma única versão gratuita do Excel. Por outro lado, você pode começar com o Power BI gratuitamente. Você também pode comprar alternativas premium se precisar de recursos avançados — de alguns dólares por mês a milhares.

Em resumo, o Power BI integra business intelligence (BI) e visualização de dados para que os usuários possam criar dashboards, KPIs e relatórios personalizados e interativos. Simultaneamente, o Microsoft Excel é limitado no manuseio de análise de dados, operações matemáticas ou organização de dados usando uma planilha. O Power BI pode extrair e formatar dados de mais de um único tipo de fonte. Como o Power BI lida com a *ingestão extensiva de dados* — o upload de dados de uma fonte externa, em outras palavras

—, o processo é, por natureza, muito mais rápido. Além disso, como o Power BI se conecta a várias fontes de dados, o intervalo de saídas, incluindo dashboards e relatórios, é mais interativo, enquanto o Excel é limitado em escopo. Acima de tudo, o Power BI é uma ferramenta de visualização e análise de dados que permite a colaboração. Ao mesmo tempo, o Excel limita o compartilhamento e a análise a um número limitado de usuários.

Produtos Power BI em Suma

A Microsoft confunde clientes como você e eu usando as palavras *versão* e *licença* de forma intercambiável. Deixe-me esclarecer esses termos.

LEMBRE-SE

Licença refere-se aos produtos que um cliente está adquirindo, enquanto *versão* lida com onde o Power BI é executado: em um desktop, em um servidor ou na nuvem. Um ou mais produtos Power BI podem ser necessários para suportar totalmente as implantações do Power BI. Em alguns casos, podem ser necessárias uma solução híbrida de desktop *e* versões online do produto.

Opções de licença do Power BI

Você pode escolher entre quatro opções de licença de produto: Power BI Desktop, Power BI Free, Power BI Pro ou Power BI Premium. Você pode estar coçando a cabeça, porque, no site, a Microsoft também mostra alguns outros produtos do Power BI, incluindo duas versões do Power BI Premium, bem como o Power BI Mobile, o Power BI Embedded e o Power BI Report Server. Se você está confuso, não está sozinho. A boa notícia é que alguns desses produtos estão incluídos nas três opções de licença, enquanto outros são específicos para a versão Pro ou Premium. Vamos revisar cada licença de produto:

» **Power BI Desktop**: A versão gratuita para desktop do Power BI permite que um usuário crie relatórios e entradas de análise de dados sem os publicar na internet. Se quiser colaborar e compartilhar sua saída de desktop, no entanto, precisa alternar para a versão Pro ou Premium.

» **Power BI Free**: Versão de nuvem gratuita de nível básico, permite criar e armazenar relatórios online em comparação com Desktop. A desvantagem é a capacidade de armazenamento, limitada a 1 GB, e ausência de colaboração.

» **Power BI Pro**: A versão paga de nível básico do Power BI oferece uma alocação de armazenamento maior, limitada a 100 GB, bem como a capacidade de colaborar com usuários licenciados do Pro.

- » **Power BI Premium**: Versão paga corporativa, tem duas edições: por usuário e por capacidade. O licenciamento por usuário é destinado àqueles com aspirações de big data que também precisam de uma escala de armazenamento massiva, mas que não têm requisitos de distribuição global. A capacidade é útil para uma empresa que pretende ter muitos usuários. Tenha em mente a licença de capacidade: você também precisa adquirir licenças Pro, porque o que está pagando é o armazenamento e a segurança — o recurso matador do Pro.

- » **Power BI Mobile**: Destinado a ser um produto complementar para gerenciar relatórios, dashboards e KPIs em qualquer lugar, o Power BI Mobile tem recursos de autoria limitados, quando tem. Sua capacidade de colaborar no Mobile varia dependendo da autorização da licença.

- » **Power BI Embedded**: Essa versão oferece uma forma de integrar relatórios em tempo real em produtos públicos ou privados usando o serviço de API do Power BI no Microsoft Azure.

- » **Power BI Report Server**: Um produto Power BI baseado em servidor destinado a produzir relatórios offline, os usuários armazenam seus relatórios em um servidor, não online. Observe que você ainda deve adquirir alguma forma de licença Premium, independentemente ou usando uma assinatura do Software Assurance (um plano de software empresarial).

LEMBRE-SE

A funcionalidade principal, o processamento de dados e a capacidade de manuseio diferem entre as quatro opções de licença do Power BI. Quando se trata de capacidade de tratamento de dados, pense no grátis como um arquivo de dados contra Pro e Premium gerenciando várias centenas de arquivos. Mesmo entre as duas versões pagas, o Premium tem a maior capacidade disponível. Da mesma forma, cada versão tem mais opções de relatórios e melhor qualidade de colaboração.

DICA

Mesmo que tenha um pequeno conjunto de usuários, a licença Premium fornece mais capacidade de armazenamento e limites de dados mais altos — que incluem taxas de atualização e opções de isolamento de dados — do que a versão Pro. A diferença significativa de preço entre Pro e Premium é mais do que justificada.

Desktop versus Service

A beleza do Software as a Service (SaaS) é que sempre que um fornecedor como a Microsoft deseja adicionar um novo recurso a um produto, pode fazê-lo com pouco esforço — um usuário verá a magia do novo recurso instantaneamente e começará a usá-lo. Esse não é o caso com um software para download. Depois que um aplicativo é configurado para desktop, cabe ao usuário final acompanhar as atualizações. Os fornecedores também atualizam o software para download com menos frequência. Enquanto as soluções baseadas em nuvem podem ser atualizadas todos os dias, uma versão de software para um produto significativo é liberada mensalmente com o Power BI.

O Power BI Desktop é uma ferramenta completa de criação para analistas e designers de business intelligence. Você pode baixá-lo gratuitamente e instalá-lo em seu computador. A versão Desktop permite que um usuário se conecte a mais de setenta tipos de fonte de dados e as transforme em modelos de dados. Você pode pegar os relatórios que criou e adicionar recursos visuais com base nos modelos de dados usando o Desktop. Como o Power BI Desktop existe como aplicativo, é atualizado a cada mês cumulativamente com todos os recursos e funcionalidades disponibilizados para consumo na plataforma Service.

> **DICA**
>
> Para baixar uma cópia do aplicativo Power BI Desktop, acesse `https://powerbi.microsoft.com/en-us/desktop` [conteúdo em inglês].

Exceto para o Power BI Desktop e o Power BI Report Server, todas as outras versões do Power BI se enquadram no modelo de entrega em nuvem, comumente chamado de Service. Por quê?, você pergunta. Porque cada versão é entregue como Software como Serviço. A entrega em nuvem SaaS permite que a Microsoft atualize automaticamente os recursos com regularidade e forneça o produto pela internet usando um navegador da web, como Microsoft Edge, Google Chrome ou Apple Safari. Em caso de um problema técnico, a Microsoft não precisa esperar pela versão de fim de mês do software para atualizar o código — ela o faz imediatamente. Em termos de recursos, os usuários finais e designers podem visualizar, manipular e interagir com relatórios online, em vez de depender de sua área de trabalho. A maioria dos designers que usam o Power BI Desktop publica seus relatórios para o Power BI Service em algum momento. Suponha que você obtenha acesso ao serviço. Nesse caso, pode editar relatórios, criar saídas visuais com base em modelos de dados e conjuntos de dados existentes e colaborar com outros usuários lhes conferindo acesso aos relatórios, dashboards e KPIs que você fez.

Embora um pequeno número de recursos se sobreponha entre as ofertas Desktop e Service, a maioria dos usuários começa com o Power BI Desktop para criar seus relatórios. Na Tabela 3-1, observe as semelhanças entre os recursos do Power BI e as diferenças óbvias. Depois que os usuários terminam de criar os relatórios, o Power BI Service é usado para distribuir os relatórios para os outros. Um Power BI Service limitado é oferecido gratuitamente; a verdadeira colaboração e o armazenamento expandido exigem um mínimo da edição Pro ou Premium.

TABELA 3-1 Recursos do Power BI Desktop, Comum e Service

Power BI Desktop	Comum	Power BI Service
Mais de setenta fontes de dados	Relatórios	Fontes de dados limitadas
	Visualizações	Dashboarding
Transformação de dados	Segurança	Gerenciamento de KPIs
Modelagem de dados	Filtros	Workspaces
Métricas	Recursos visuais (saídas de big data)	Compartilhamento e colaboração
Colunas calculadas		Hospedagem e armazenamento de dados
DAX	Marcadores	
Python	Perguntas e respostas	Fluxo de trabalho/fluxo de dados
Temas		Relatórios paginados
Criação de RLS		Gerenciamento do Gateway
		Gerenciamento de RLS (Row Level Security)

Power BI Desktop versus Power BI Free

Então *free* significa liberdade no Power BI? A resposta é sim, com ressalvas. Preciso esclarecer outro conceito de produto antes de explicar as opções de licença a seguir.

A opção Power BI Desktop é um aplicativo gratuito e para download, assim como a versão gratuita do Power BI, que faz parte da oferta do Power BI Service. O conjunto de recursos disponibilizado no Power BI Free imita o cliente do Power BI Desktop, exceto que o Power BI Free está na nuvem. Todas as atualizações pelas quais você esperaria um mês na versão Desktop são disponibilizadas em tempo real pela Microsoft. O Power BI Free possibilita que os usuários criem relatórios na web, em vez de em seu aplicativo de desktop. Claro, tenha em mente que a colaboração é indisponível ao usar o Power BI Free. Para colaborar com outras pessoas, é necessário um mínimo de uma licença do Power BI Pro.

Os Detalhes das Licenças

Agora estou prestes a confundi-lo um pouco (mérito da Microsoft). O Power BI pode ter sete versões de produtos, mas apenas duas são pagas, tecnicamente falando. Bem, mais ou menos. *Licença* no Power BIês significa um produto atribuído a um usuário específico. Esse produto pode ou não ser pago, dependendo de qual das três opções de entrega de licença por usuário você usa — Free, Pro ou Premium. Para decidir qual licença é mais adequada para o seu caso, faça-se estas perguntas:

> » Onde os dados são armazenados?
> » Como o usuário interage com eles?
> » Há necessidade de recursos premium como colaboração?

Embora a licença por usuário seja a mais comum, há outro tipo disponível para clientes corporativos — a licença baseada em capacidade. Apenas a edição Power BI Premium está associada à licença baseada em capacidade. A diferença significativa é que um usuário com uma licença gratuita tem um controle completo do conteúdo em workspaces provisionados com direitos Premium. A menos que tenha direitos Premium, um usuário com uma licença gratuita é limitado em sua capacidade de criar relatórios e dashboards e se conectar a fontes de dados apenas no My Workspace. Em outras palavras, você não pode compartilhar, colaborar com outras pessoas ou publicar conteúdo de um workspace para outro.

Conteúdo e colaboração valem a licença?

O apelo de todas as licenças do Power BI se resume ao acesso a conteúdo e colaboração. Uma licença do Power BI Free vem com armazenamento de conteúdo limitado e habilidades de colaboração. Mas, para colher os benefícios mais avançados do produto, é preciso ter uma assinatura.

Com uma licença por usuário do Power BI Pro, a capacidade de armazenar e compartilhar conteúdo também é limitada. Você pode colaborar apenas com outros usuários do Power BI Pro. O usuário Pro pode acessar conteúdo compartilhado por outros usuários Pro, publicar conteúdo em um workspace do aplicativo, compartilhar dashboards e relatórios e colaborar com outros usuários Pro assinando dashboards e relatórios. A exceção é quando você tem um workspace de capacidade Premium — então os usuários do Pro podem fornecer conteúdo a outras pessoas que não têm os direitos provenientes da licença do Power BI Pro.

Com uma licença Premium por usuário, os usuários só podem colaborar entre si, a menos que recebam um workspace com direito a capacidade Premium para manter o conteúdo. O ponto principal é que a capacidade permite mais de um compartilhamento, e o direito de usuário para usuário é um pouco mais restritivo. Para obter uma visão geral das várias opções de licença, veja a Tabela 3-2.

TABELA 3-2 Comparação entre as Licenças do Power BI

Recursos	Desktop	Free	Pro	Premium por Usuário	Premium por Capacidade
Método de entrega	Offline	Nuvem	Nuvem	Nuvem	Nuvem
Custo	Gratuito	Gratuito	US$10 por mês/usuário	US$20 por mês/usuário	Mínimo de US$4.995 por mês por vCore
Limite do modelo		1GB	1GB	100GB	400GB
Taxa de atualização:		8 dias	8 dias	48 dias	48 dias
Armazenamento máximo	N/A	10GB/usuário	10GB/usuário	100TB	100TB
Funciona com Power BI Mobile	Não	Sim	Sim	Sim	Sim
Conecta-se a mais de cem fontes de dados	Sim	Sim	Sim	Sim	Sim
Conecta-se ao Power BI Desktop para criação e visualização de relatórios		Sim	Sim	Sim	Somente visualização
Integra-se com o Power BI Embedded		Limitado	Sim	Sim	Sim
Compartilhamento e colaboração	Requer publicação	Não	Somente com usuários Pro	Somente com usuários Premium	Requer um mínimo de licença Pro
Visualização de IA				Sim	Sim
Dados não estruturados (análise de texto, detecção de imagem, aprendizado de máquina)				Sim	Sim
Conectividade XMLA				Sim	Sim
Integração de fluxo de dados				Sim	Sim
Opções de armazenamento				Sim	Sim
Segurança e criptografia		Sim	Sim	Sim	Sim

Recursos	Desktop	Free	Pro	Premium por Usuário	Premium por Capacidade
Aplicável ao ciclo de vida da gestão		Sim	Sim	Sim	Sim
Implantação geográfica distribuída					Sim
Bring Your Own Key					Sim
Escalonamento automático					Sim
Pode ser usado com o Power BI Report Server para acesso offline					Sim

Começando com o Power BI Desktop

Não importa qual versão do Power BI esteja em uso, você provavelmente usará o cliente Desktop como parte de sua estratégia de BI. O cliente Desktop permite criar modelos de dados e relatórios sem precisar de uma licença. Assim que esses ativos estiverem disponíveis, você provavelmente desejará compartilhá-los. É aí que uma licença do Power BI Service se torna essencial. Você deve, no mínimo, inscrever-se para uma conta licenciada gratuita. Sem uma, não há como compartilhar nenhum dos trabalhos criados no Desktop. A Figura 3-1 mostra uma tela típica do Power BI Desktop.

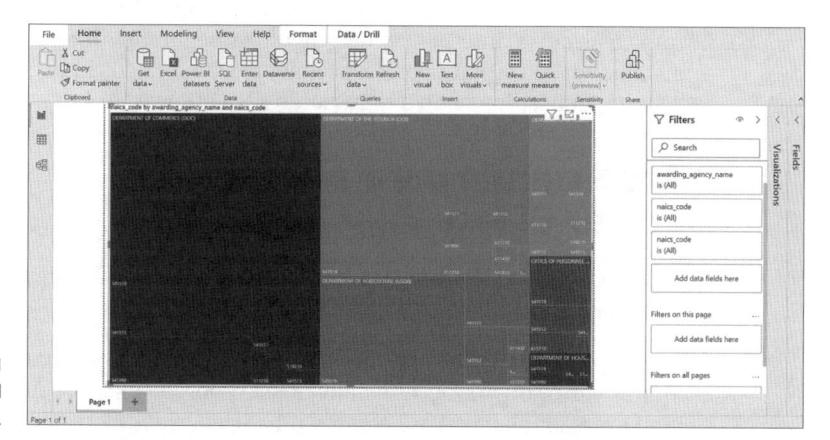

FIGURA 3-1 Power BI Desktop.

Adicionando a licença do Power BI Free

O Power BI Free é a licença de nível de entrada do Power BI. Para obter a licença gratuita, você deve primeiro ter uma conta de usuário registrada. O Power BI oferece ao usuário 10G de armazenamento, o que ajuda a hospedar relatórios do Power BI e conteúdo padrão para análise, incluindo planilhas do Excel.

CUIDADO

Como a Microsoft fornece tais serviços gratuitamente, você tem alguns limites rígidos de desempenho e armazenamento. Um relatório não pode exceder um gigabyte. Além disso, a taxa de atualização do relatório é de oito vezes por dia. Um usuário ou uma organização deve aguardar pelo menos trinta minutos entre a conclusão de toda uma operação de atualização para reiniciar o ciclo.

Embora o Power BI Free esteja cheio de recursos gratuitos que os concorrentes cobram, a Microsoft limita os componentes mais cruciais dos produtos — aqueles que lidam com a colaboração. Você não pode compartilhar nenhum de seus relatórios ou dashboards com outros usuários que usem serviços gratuitos. Além disso, não pode visualizar nenhum relatório ou dashboard criado por usuários licenciados Pro ou Premium.

Uma última limitação tem a ver com a integração. Se deseja se integrar com o Microsoft 365 ou exportar relatórios para formatos como arquivos PowerPoint ou CSV, deve atualizar para a versão Pro. Assim que estiver pronto para fazer o upgrade para o Pro, suas oportunidades de integração e exportação aumentam.

Por que se preocupar com o Power BI Free? Você ainda pode publicar um relatório na web. Sua saída de relatório estará disponível em `https://app.powerbi.com`. O resultado estará disponível para qualquer pessoa com conexão à internet, o que significa segurança limitada. Portanto, qualquer dado corporativo provavelmente está fora dos limites para visualização pública, forçando a atualização para o Power BI Pro.

Atualizando para a licença do Power BI Pro

Você pode presumir que agora tem acesso a um baú cheio de novos recursos atualizando para a licença Pro. Não é esse o caso.

A licença do Power BI Pro é cobrada com base em uma licença por usuário. Muitas vezes, organizações e indivíduos compram a licença autônoma. (Há uma exceção: quando você compra uma licença do Microsoft 365 E5, cada usuário ganha acesso à versão completa do Power BI Pro.)

LEMBRE-SE

O que você desbloqueia com uma licença do Power BI Pro é a capacidade de colaborar. Os usuários podem compartilhar relatórios e dashboards com a licença Pro. Esses usuários ainda têm direito a apenas 10G de armazenamento, um relatório pode ter no máximo apenas 1G, e a taxa de atualização do relatório é a mesma da licença gratuita. Mas, com o Pro, você ganha a capacidade de se integrar com o Microsoft 365 Groups e Teams, um ingrediente essencial para uma colaboração segura não oferecida com a licença gratuita. Assim, pode usar workspaces colaborativos e configurar relatórios e dashboards para entrega a usuários finais permitidos. A Figura 3-2 mostra a experiência do usuário do Power BI Pro.

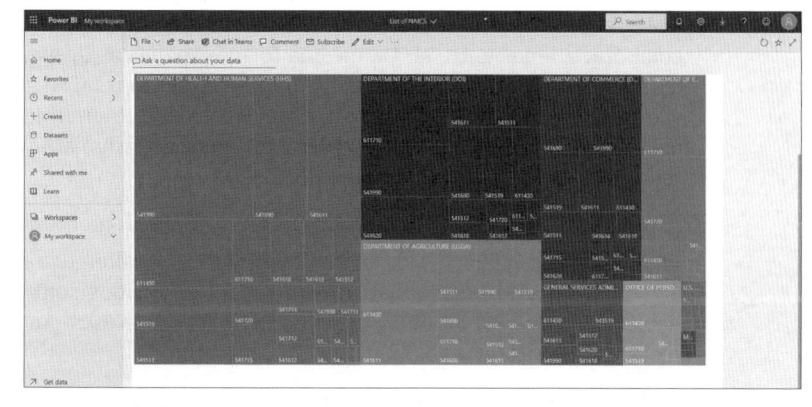

FIGURA 3-2: A experiência do usuário do Power BI Pro.

DICA

A licença gratuita, sem dúvida, limita a colaboração e a segurança. Se qualquer um dos recursos for necessário, você não tem escolha a não ser considerar a licença Pro. Como um usuário pode criar conteúdo além de seu uso pessoal, a maioria das organizações, desde startups à Fortune 100, adota o Power BI Pro para aqueles envolvidos em implantações de business intelligence e funções de análise.

Indo fundo com a licença Premium

Suponha que sua organização tenha muitos dados. Você pode até querer hospedar grandes conjuntos de dados e exigir armazenamento para relatórios extensos e saídas de dashboard. Além disso, pode ter muitos usuários colaborando, não apenas um ou dois dados picados ocasionalmente. É quando você precisa considerar o Power BI Premium.

Até março de 2021, a Microsoft oferecia apenas uma versão do Power BI Premium. A licença era baseada em consumo. O plano de licença de capacidade oferecia a uma organização direitos de hospedagem em seu workspace premium. Um conjunto de dados podia ter até 50G. Além disso, a organização recebia até 100TB em capacidade de armazenamento em disco.

Vá para 2021, quando uma oferta Premium adicional, Power BI Premium por usuário, foi lançada, para complementar o plano de consumo. O Premium por usuário estendeu os requisitos de capacidade, bem como os recursos oferecidos na licença Pro, para aqueles que precisam de mais armazenamento para análise de big data sem estar vinculados a um único local ou ter regras que vinculam o uso aos limites de armazenamento.

DICA

As licenças Power BI Pro e Premium por usuário oferecem os mesmos recursos principais, exceto a alocação de armazenamento. Você pode publicar relatórios e conteúdo baseado em dashboards em outros workspaces, compartilhar dashboards e relatórios e se inscrever em outros relatórios e dashboards de usuários. Lembre-se de uma coisa: apenas usuários com licenças semelhantes podem colaborar. Os usuários do Power BI Pro podem colaborar apenas entre si. Da mesma forma, apenas as licenças de usuário do Power BI Premium podem trabalhar juntas. Dito isso, se sua organização se comprometer com um plano de capacidade Premium do Power BI, deve adquirir uma licença do Power BI Pro por usuário para publicar conteúdo no Power BI Premium por capacidade.

O Premium por usuário tem alguns recursos adicionais destinados a acelerar a escalabilidade do business intelligence. A diferença mais óbvia é que cada usuário pode construir um modelo de dados com até 100G. As habilidades de taxa de atualização aumentam de 8 vezes por dia para 48. As saídas de relatório também podem ser paginadas.

O que realmente separa o Free, o Pro e o Premium é a integração da Microsoft com recursos avançados de inteligência artificial (IA), incluindo análise de texto, detecção de imagens e aprendizado automatizado de máquina. Esses recursos são exclusivos para ofertas Premium. Além disso, a adaptabilidade com outros modelos e repositórios de dados está disponível apenas nas opções Premium por usuário ou capacidade. (Os recursos aqui incluem conectividade de leitura/gravação de endpoint XMLA, várias opções de fluxo de dados e a capacidade de analisar dados armazenados no Azure Data Lake ou no Azure Synapse.) Além disso, os usuários podem começar a aplicar regras de negócios com o gerenciamento do ciclo de vida do aplicativo usando a licença por usuário, que não está disponível na licença Pro.

Governança, administração e ainda mais alocação de armazenamento separam as opções por usuário e por capacidade para Premium. Enquanto uma licença Premium por usuário é geograficamente vinculada, uma por capacidade permite o gerenciamento de implantação multigeográfica. Os usuários que desejam levar sua própria chave (BYOK) podem fazê-lo apenas com a opção capacidade. Finalmente, para aqueles que precisam de escalonamento automático, se a capacidade Premium do Power BI exceder a alocação, a integração com o Azure Cloud estará disponível. Tenha em mente que, ao ativar a escala automática, você também precisa obter uma conta adicional para o Azure. Com o Premium por capacidade, cada modelo de dados pode crescer até 400G, com um limite de armazenamento de 100TB.

Na Estrada com o Power BI Mobile

Não importa qual licença você tenha, pode acessar o aplicativo Power BI Mobile disponível para dispositivos móveis Windows, Apple iOS e Google Android. Os usuários que desejam acessar e visualizar relatórios, dashboards e conjuntos de dados do Power BI ao vivo com base em seu plano licenciado podem fazer isso com o aplicativo de BI móvel nativo. Independentemente da versão do Power BI, você pode realizar estes três objetivos de negócios:

» **Conectar-se aos dados.** Os usuários podem monitorar seus dados diretamente dos dispositivos móveis, sejam eles locais, sejam armazenados na nuvem. Dependendo do tipo de relatórios e dashboards criados, você pode monitorar KPIs e relatar atualizações a qualquer momento, de qualquer lugar. Mais importante, os dados ainda são seguros, independentemente do dispositivo, quando você se integra a recursos de gerenciamento de aplicativos, como o Microsoft Intune.

» **Visualizar e estender sua pesquisa.** Embora você crie relatórios e dashboards para usuários usando o Power BI Desktop, eles podem visualizar dashboards e relatórios ao vivo em seus dispositivos móveis. Os usuários podem aproveitar os recursos de IA integrados que suportam perguntas e respostas se um usuário quiser detalhar os dados. Os dados também são filtráveis com base na geografia e no contexto de uso.

» **Colaborar de qualquer lugar.** Um usuário não precisa estar colado à área de trabalho para colaborar. Supondo que você tenha as permissões corretas, pode colaborar com sua equipe usando dados ao vivo para produzir novas saídas, incluindo relatórios, dashboards e KPIs.

A Figura 3-3 ilustra uma lista de relatórios e dashboards recentes salvos no Power BI Pro e acessados usando o Power BI Mobile. O painel intitulado NAICS lista todos os contratos emitidos por quatro agências governamentais no ano fiscal de 2020 e 2021. Os dados podem ser atualizados em tempo real a partir da fonte de dados, se necessário.

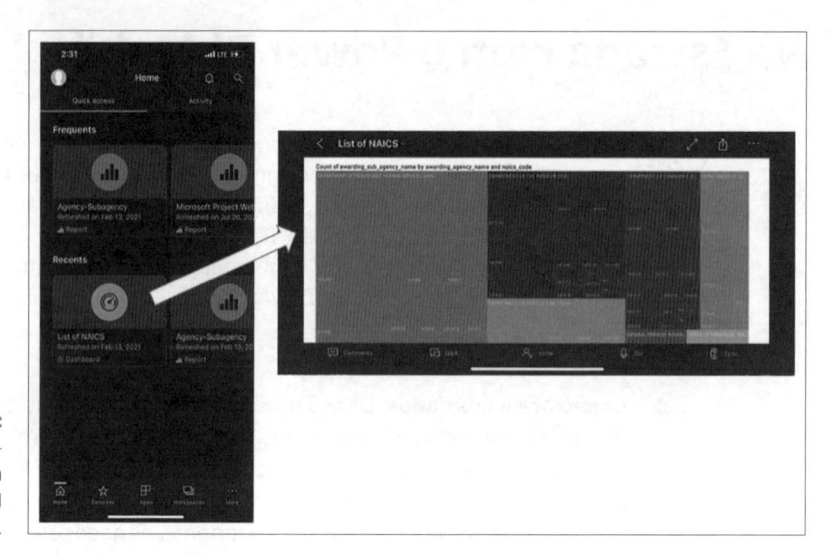

FIGURA 3-3:
Um exemplo de saída do Power BI Mobile.

O Power BI Report Server

Algumas organizações — agências governamentais, instituições de saúde e de operações financeiras, por exemplo — não podem arriscar que seus dados estejam disponíveis em um repositório de dados compartilhado. Para proteger dados confidenciais durante o uso do Power BI, a Microsoft desenvolveu uma alternativa local para usuários Premium por capacidade, o Power BI Report Server. Os usuários podem usar seu hardware para hospedar a plataforma Power BI. A oferta permite que os usuários publiquem e compartilhem relatórios do Power BI e saídas nativas do SQL Server Reporting Services dentro dos limites do firewall de uma organização.

LEMBRE-SE

Se precisar de maior segurança e quiser executar suas operações de business intelligence seguindo suas práticas de governança, incluindo políticas e regras, o Power BI Report Server é a única opção com o oomph por trás. Se quiser fazer a transição do local para a nuvem, o Power BI Report Server permite, graças a vários recursos de escalonamento automático. A viabilidade de mapear a capacidade do local para a nuvem deve ser perfeita, porque mapear a capacidade vCore da CPU (a energia disponível por processador) é um pré-requisito necessário.

CUIDADO A licença Premium por capacidade do Power BI pode rapidamente ficar cara. No mínimo US$5 mil por processador de computador, além de licenças do Power BI Pro. Os líderes de uma organização podem preferir esperar para garantir que precisem dos recursos adicionais. Se você está comprando o Power BI Premium por capacidade por causa do Power BI Report Server, há uma alternativa para adquiri-lo e economizar dinheiro. Se sua organização tiver um contrato ativo de Garantia de Software com a Microsoft que inclua o SQL Server Enterprise Edition, você tem direito ao Power BI Report Server sem nenhum custo.

Vinculando Power BI e Azure

Não nos esqueçamos de que todos os aplicativos de nuvem da Microsoft usam o Azure, a plataforma de nuvem que suporta armazenamento, segurança e gerenciamento de aplicativos. Com tantos aplicativos modernos que exigem saídas analíticas, a Microsoft reconheceu que uma API poderia complementar suas ofertas de Power BI com o Azure. Chamado de Power BI Embedded, esse recurso do Power BI Premium requer que uma conta do Azure seja associada à licença corporativa. Relatórios e dashboards publicados em um workspace do Power BI podem ser implantados via API em uma página da web ou aplicativo. Com o Power BI Embedded, os usuários finais não precisam de uma licença do Power BI Pro para visualizar o conteúdo, desde que incorporem o conteúdo direcionado na página da web ou em aplicativos da web. Os relatórios e dashboards podem ser personalizados para atender às especificações de experiência do usuário no nível da organização. Melhor ainda, o conteúdo pode ser configurado com base na identidade do usuário e na segurança em nível de linha usando o Microsoft Azure Active Directory, a plataforma de gerenciamento de identidade baseada em nuvem.

Em resumo, existem tantas versões do Power BI que, de certa forma, querer todas é dar um passo maior que a perna. A Microsoft fornece aos usuários finais as ferramentas de que suas organizações precisam com base no tamanho para transformar dados brutos em conhecimento.

> **NESTE CAPÍTULO**
>
> » Entendendo o Power BI Desktop
>
> » Ingerindo dados
>
> » Trabalhando com modelos
>
> » Testando o Power BI Service

Capítulo **4**

Power BI: Ó, Abre Alas

omo um justo juiz do estado avaliando um bolo premiado em camadas com muitos ingredientes, o Power BI exige que seus usuários se familiarizem com os recursos incorporados à solução de business intelligence (BI). Praticamente todos os usuários que interagem com o Power BI começam com a versão Desktop. Os usuários podem moldar os dados da maneira que quiserem seguindo o velho ditado "A prática leva à perfeição", por meio de ingestão e modelagem. Se você está manipulando os dados para fazer o modelo certo, lidando com a transformação deles ou tentando criar visualizações bonitas, o desktop o chama. Raramente o usuário do Power BI começa a usar serviços online, a menos que o conjunto de dados tenha sido criado anteriormente para compartilhamento e colaboração. Neste capítulo, você aprende os principais recursos do Power BI Desktop e do Service para saber exatamente quando e por que precisa usar uma versão específica do produto.

Power BI Desktop: De Cima para Baixo

O Power BI Desktop é o centro de todas as atividades autodirigidas do usuário final. O usuário instala o aplicativo em uma área de trabalho de Windows para conectar, transformar e visualizar dados. As fontes de dados às quais os usuários podem se conectar não estão limitadas a repositórios locais — eles podem agregar fontes localmente com dados de terceiros estruturados ou não estruturados para criar modelos. O modelo de dados permite que o usuário construa uma representação visual dos conjuntos de dados armazenados. Quando há muitos recursos visuais, o usuário pode derivar relatórios ou dashboards para análise. O uso típico do Power BI Desktop se destina a:

» Fazer a ingestão de dados em uma ou mais fontes de dados.

» Modelar dados para criar relatórios e dashboards.

» Refinar, limpar e visualizar os dados por meio de análise.

» Criar relatórios para consumo individual.

LEMBRE-SE Embora você possa concluir essas atividades online, a plataforma Desktop foi criada para o consumo individual do usuário ou para o trabalho de desenvolvimento — não se destina a grupos. Não até que o usuário esteja pronto para compartilhar os produtos criados no Desktop, e não é preciso o Power BI Service.

O usuário final obtém acesso a três visualizações distintas no Power BI Desktop: Report, Data e Model. A Figura 4-1 mostra a navegação para localizar essas exibições no Power BI Desktop. Embora esses recursos também estejam disponíveis no Service, a riqueza de recursos para análise pessoal é significativamente maior no Power BI Desktop.

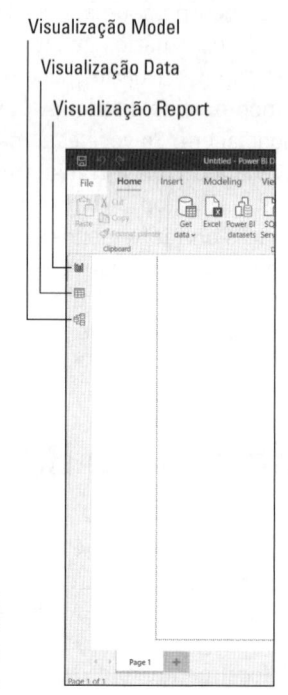

FIGURA 4-1
Navegação no Power BI Desktop.

Cada visualização do Power BI Desktop realiza tarefas específicas:

» **Report:** Você pode criar relatórios e visualizações depois de ingerir e modelar os dados. Os usuários passam a maior parte do tempo aqui após a ingestão, transformação e modelagem dos dados.

» **Data:** Você encontra todos os dados ingeridos ou migrados de tabelas, métricas e fontes associadas a relatórios e a visualizações criados aqui. As fontes podem ser locais, pela área de trabalho, ou de terceiros, acessíveis pela web.

» **Model:** Assim como no caso de criar um modelo de dados relacionais no Microsoft SQL Server, Azure SQL Server ou até mesmo no Microsoft Access, você pode gerenciar totalmente as relações entre as tabelas estruturadas que criou depois de ter ingerido os dados necessários usando o Power BI.

Ingestão de dados

Sem dados, você não pode fazer tudo isso com o Power BI — eles são o principal ingrediente de sua receita final. Se quiser criar um gráfico ou um dashboard, ou se está fazendo perguntas no Q&A, deve ter dados que venham de um conjunto subjacente. Cada conjunto vem de uma fonte de dados específica, encontrada em sua área de trabalho local (se estiver usando o Power BI Desktop) ou adquirida de fontes online. Essas fontes podem ser aplicativos baseados na Microsoft, um banco de dados de terceiros ou até mesmo outros feeds de dados de aplicativos. No Power BI Desktop, você pode usar a guia principal (mostrada na Figura 4-2) ou clicar no ícone Data Navigation (mostrado na Figura 4-3) para acessar uma fonte de dados.

FIGURA 4-2
Obtendo dados da guia principal, no Power BI.

FIGURA 4-3
Acessar uma fonte de dados usando o ícone Data Navigation e a página de destino.

Arquivos ou bancos de dados?

No Power BI, você mesmo pode criar ou importar conteúdo. Quando se trata do tipo de conteúdo que os usuários podem criar ou importar, ele se resume a arquivos ou dados armazenados em um banco de dados. Uma pérola de sabedoria: arquivos são mais complexos do que bancos de dados. Você precisa obter os dados, transformá-los e importá-los em um formulário legível. Suponha que queira importar um arquivo Excel ou .cvs que inclua muitos tipos de dados. Primeiro, você os carrega no Power BI. Em seguida, formata-os de modo que fiquem prontos para o Power BI em conjunto com fluxos de dados, o que transforma os dados para suportar um modelo deles. Por fim, você os consulta usando o recurso Get and Transform, do Power Query.

Agora, e se os dados não estiverem estruturados ou se você não quiser armazená-los no Power BI Desktop? Sua melhor escolha é usar opções nativas da Microsoft, como o OneDrive for Business. Essa escolha oferece a maior flexibilidade no mapeamento de dados por meio da interoperabilidade de aplicativos e da integração deles. Se preferir manter seus dados em uma unidade local, também é possível.

LEMBRE-SE
Onde você armazena seus dados faz a diferença ao lidar com a atualização deles. Considere a frequência das atualizações de dados ao selecionar o local de armazenamento. Quando estão em sua área de trabalho local, você geralmente terá um melhor desempenho, mesmo com grandes conjuntos deles. Com dados compartilhados acessíveis pela internet, você depende da conectividade de rede e de outros usuários que acessam a fonte. Os dados armazenados na área de trabalho são gerenciados por uma pessoa — você.

DICA
Não é preciso armazenar dados diretamente no Power BI Desktop. Dá para usar o Desktop para consultar e carregar dados de fontes externas. Se preferir estender o modelo com métricas calculadas ou uma relação, considere importar o arquivo do Desktop para um site do Power BI Online, para facilitar a manipulação.

PARTE 1 **Resolve Teus BI**

Os bancos de dados são diferentes dos arquivos porque você se conecta a uma fonte de dados ao vivo — que exige conexão à internet e é disponibilizada para um pequeno subconjunto de usuários ou para muitos usuários por consumo. Isso é especialmente verdadeiro quando o banco de dados está disponível "como serviço", como o banco de dados SQL Azure, o Azure Cosmos, o Azure Synapse Analytics ou o Azure HDInsight. Como os dados estão ativos, tudo o que um profissional de dados deve fazer é modelá-los adequadamente primeiro. Uma vez satisfeito com o modelo pretendido, o usuário pode explorar os dados, manipulá-los e criar visualizações deles.

> **DICA** Se quiser explorar uma infinidade de fontes de dados além daquelas oferecidas pela Microsoft, incluindo opções de código aberto e de terceiros, é preciso utilizar o Power BI Desktop. O Online Services oferece uma gama restrita de opções, enquanto o Desktop oferece mais de cem para sua escolha.

> **CUIDADO** O termo *dados* é muito usado — você provavelmente já está confuso sobre dados, conjuntos de dados, fluxos de dados e até mesmo bancos de dados. E, acredite em mim, jogo muitas palavras "dados" em você neste livro. Quando se trata de ingestão de dados, "conjunto de dados" e "fonte de dados", o sentido é o mesmo, ainda que sejam apenas parentes distantes que apoiam a mesma missão.

Você cria um conjunto de dados no Power BI sempre que usa o recurso Get Data. É o que permite conectar e importar dados, inclusive de fontes ao vivo. Um conjunto de dados armazena todos os detalhes sobre a fonte e suas credenciais de segurança. Uma fonte de dados é de onde todos os dados armazenados no conjunto são derivados, o que pode ser uma fonte de dados de aplicativo proprietário, um banco de dados relacional ou uma alternativa de armazenamento de arquivos independente, como um disco rígido ou compartilhamento de arquivos.

Construindo modelos de dados

Algumas ferramentas de BI não são dependentes de modelos de dados; o Power BI não está nesse grupo. O Power BI é uma ferramenta de relatório baseada em modelos. Primeiro deixe-me explicar o que torna um modelo de dados único.

Estas são as principais características dos modelos de dados:

» As tabelas contêm dados significativos.

» Existem relações entre as tabelas carregadas com dados.

» As fórmulas, também conhecidas como *métricas*, aplicam regras de negócios aos dados brutos para extrair, transformar e carregá-los para criar insights de negócios significativos.

LEMBRE-SE

O Power BI não está sozinho na inclusão desses atributos que criam um modelo de dados. Outros produtos da Microsoft, incluindo ferramentas Power Pivot para Excel e BI empresarial, oferecem esse conjunto de recursos.

Você pode se perguntar sobre por que precisa de um modelo. Voltando à analogia com a receita, no início deste capítulo, se você segui-la, é fácil fazer o mesmo bolo várias vezes. Quando os ingredientes variam, no entanto, a inconsistência leva à irregularidade de dados e a esforços contínuos de reconstrução. E, como o fracasso do bolo em ganhar qualquer prêmio culinário, os dados precisam ser manuseados e refinados. Com soluções de BI, como o Power BI, os usuários são capazes de simplificar os problemas de negócios com um modelo.

Para resumir, os modelos são úteis por estas razões:

» **Reutilização:** Os usuários podem resolver um requisito de relatório ou desafio de negócios usando uma abordagem padrão, sem ter que reinventar consultas ou reconstruir conjuntos de dados.

» **Gerenciamento:** Os usuários corporativos podem gerenciar os dados por conta própria após a construção dos modelos. Raramente um especialista em banco de dados ou outro profissional é necessário para lidar com a infraestrutura.

» **Modelos adaptativos:** Você pode construir um modelo lógico com código mínimo. As mudanças se acomodam aos requisitos técnicos e de negócios, incluindo o uso de métricas (fórmulas) e conjuntos de regras.

Embora haja muitas ferramentas no mercado, incluindo Microsoft Excel e ferramentas de relatórios baseadas em BI, nem todas viabilizam a criação de modelos de dados. Uma ferramenta de BI que não incorpora modelos requer que o analista ou engenheiro de dados gere uma consulta para buscá-los. Embora muitas dessas ferramentas tenham interfaces gráficas de usuário para suportar a geração de consultas, você precisa reinventar o processo cada vez que usá-lo, com pouca extensibilidade disponível. No Power BI, as relações que precisa acompanhar são mapeadas no visualizador de modelos [Model Viewer] com a ajuda de um modelo de dados. (Veja a Figura 4-4, que modela uma única tabela: Awards.)

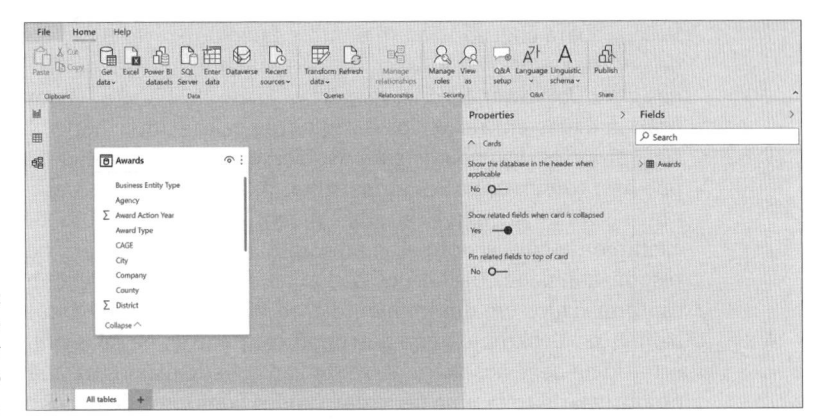

FIGURA 4-4:
Exemplo de visualizador de modelo de dados.

LEMBRE-SE

Você conhece o ditado "Reutilizar, reduzir, reciclar"? É sinônimo de modelagem de dados. Um *modelo de dados* é um ativo reutilizável que, quando ajustado conforme a necessidade do negócio, reduz drasticamente os esforços de desenvolvimento e os custos. Às vezes você tem sorte e pode construir novos ativos sobre a solução existente. Em outras ocasiões, reciclar o ativo com algumas melhorias leva aos resultados desejados.

Análise de dados

Antes de compartilhar quaisquer dados com uma equipe, você primeiro deve realizar sua própria análise de dados pessoais com o Power BI Desktop. Você pode realizar várias formas de análise. No nível mais básico, quando os dados entram no sistema, é preciso revisá-los para garantir que estão certos e que se mostram como deveriam. Caso contrário, você manipula os dados limpando-os — uma tarefa frequentemente realizada por um analista ou engenheiro. O processo leva um tempo, porque é bastante trabalhoso — meio que como preparar um grande jantar de férias. No entanto, quando os resultados estão disponíveis, são fáceis de ler em questão de segundos. Por mais que essa estratégia pareça um incômodo, os resultados são o que se busca no business intelligence.

Depois que a fonte de dados for limpa e você mapeá-los em conjuntos de dados refinados, é hora de criar as visualizações necessárias. Estou falando de imagens que servirão como exemplos de suas fontes de dados — gráficos, mapas, indicadores e medidores. Você encontrará esses recursos visuais em entregas, como relatórios e dashboards. Mesmo o recurso de perguntas e respostas no Power BI produz recursos visuais depois que se fazem perguntas focadas.

NA INTERNET

Embora o Power BI tenha um extenso catálogo de recursos visuais disponíveis, você pode querer mais opções para recursos visuais complexos. Opções específicas do setor que não fazem parte do Power BI Desktop ou Online também podem estar disponíveis. Para ver mais opções, acesse o Microsoft AppSource, em inglês, em `https://appsource.microsoft.com`.

Você acabará chegando a um ponto no uso do Power BI no qual será capaz de gerar relatórios e acessar dados rapidamente usando dashboards. Um designer do Power BI cria visualizações de dashboard, chamadas de *tiles*, usando dados em relatórios e conjuntos deles. Um usuário pode construir seus próprios dashboards para uso pessoal ou compartilhá-los com outras pessoas. (**Observação:** Se compartilhar dashboards, as credenciais de segurança estarão vinculadas a cada elemento visual.) A Figura 4-5 mostra um exemplo de coleção de peças em um dashboard com base na função e na responsabilidade. Usando os dados no formato Snapshot (uma forma de capturar dados em um momento específico no tempo), com que você trabalhou no Desktop ou compartilhou com outras pessoas online, qualquer usuário de negócios diário deve ser capaz de realizar uma análise rápida (e produtiva) de toda uma série de grandes conjuntos de dados.

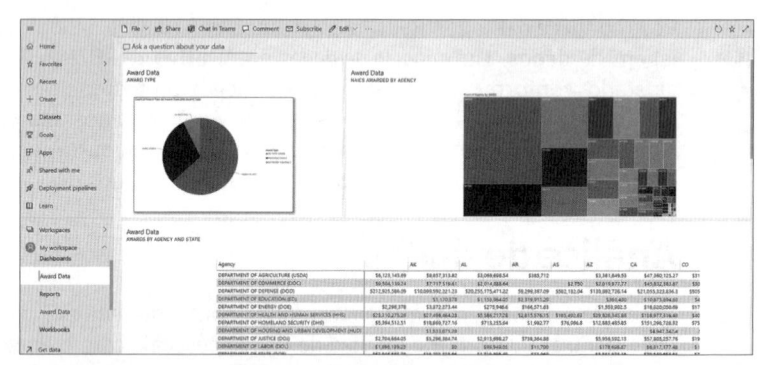

FIGURA 4-5.
Um dashboard de exemplo que agrega muitas fontes visuais.

Criação e publicação de itens

Você pode querer saber mais sobre o Power BI experimentando o Power BI Desktop gratuito para lidar com projetos de dados mais complexos. E pode, em algum momento, postar esse projeto de dados na web em um formato somente leitura para um público limitado. E é possível fazer tudo isso de graça. Suponha, no entanto, que você queira que outras pessoas editem e colaborem, além do suporte somente leitura. Nesse caso, você deve pagar por esses recursos.

Quando publica itens do Power BI Desktop para o Power BI Service, os arquivos são vinculados ao workspace. Da mesma forma, se tiver produzido algum relatório, ele aparecerá na exibição Report. Os conjuntos de dados migram da área de trabalho com o mesmo nome, como qualquer relatório para o workspace. A relação muitas vezes é um para um, com raras exceções. (Veja no Capítulo 5 detalhes sobre importação e publicação de vários tipos de dados, visualizações e relatórios.)

No Power BI Desktop, você pode publicar seus arquivos escolhendo Publish ⇨ Publish to Power BI no menu principal ou selecionando Publish na guia principal. (Veja a Figura 4-6 e a Figura 4-7.)

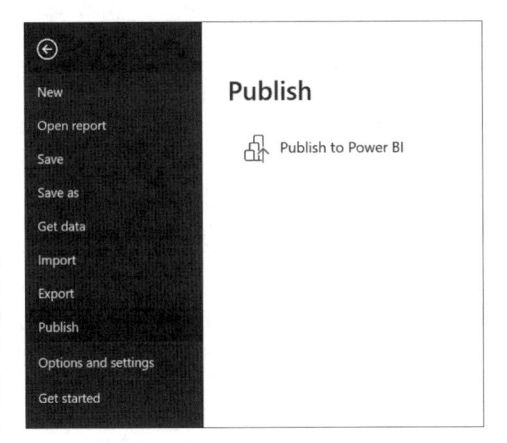

FIGURA 4-6
Publicação de itens usando o menu File, do Power BI Desktop.

FIGURA 4-7
Publicação com a guia, do Power BI Desktop.

LEMBRE-SE Ao publicar um item do Power BI Desktop para Service, você executa a mesma ação de usar o recurso Get Data. Isso significa se conectar a uma fonte de dados, fazer upload de um arquivo do Power BI Desktop e enviá-lo para o Service.

CUIDADO Salvar no Power BI Service não altera o arquivo original do Power BI Desktop. Portanto, não espere atualizações quando você ou seus colegas adicionarem, excluírem ou alterarem qualquer conjunto de dados, visualização ou relatório.

Service: Onipresente

O Service não se destina a um único usuário, enquanto o Desktop suporta somente o uso individual. O objetivo do Service é permitir que o usuário individual publique dados da área de trabalho e, em seguida, os compartilhe com grupos de usuários. Na Microsoftlândia perfeita, alguns usuários querem manipular esses dados ao longo do tempo. Os dados crescem, exigindo licença Pro ou Premium.

LEMBRE-SE O usuário do Desktop pode atualizar constantemente seu produto de dados, seja um conjunto de dados, seja um modelo de dados, seja um relatório, após publicá-lo online usando o Power BI Service. No entanto, o Power BI Service não atualiza os dados no nível da área de trabalho, portanto, cabe a você mantê-los sincronizados.

CAPÍTULO 4 **Power BI: Ó, Abre Alas** 59

O Service oferece quatro recursos significativos do produto além do acesso multiusuário, para o qual o Desktop não oferece suporte: a capacidade de visualizar e editar relatórios, acesso a dashboards com base em credenciais, colaboração entre usuários e opções de atualização de dados, dependendo do produto adquirido.

Visualização e edição de relatórios

O ciclo de vida do relatório começa quando um usuário configura um conjunto de dados e cria um modelo funcional no Power BI Desktop. O usuário também elabora um ou mais relatórios. Depois que um relatório é desenvolvido, você pode publicá-lo no Power BI Service. O fluxo de trabalho é típico, pois o refinamento com dados complexos facilita a criação de um relatório que pode ser entregue offline, sem demandar conexão com a internet para acessar o conjunto de dados.

Às vezes você pode precisar de acesso a serviços online, por ter grandes conjuntos de dados de aplicativos de terceiros. Os casos de uso diário incluem quando você tem uma assinatura de soluções de CRM ou ERP que exijam conexões de dados. Supondo que você faça parte de uma organização e tenha acesso a um aplicativo de serviço (SaaS), encontrará alguém em sua organização cujo trabalho seja publicar aplicativos. Essa pessoa geralmente os distribui, concedendo acesso a recursos e dados específicos. Com o Power BI Service, você se conecta a esses aplicativos para gerar relatórios específicos para sua empresa.

LEMBRE-SE

Embora você possa se conectar diretamente a fontes de dados, como bancos de dados, arquivos e pastas no Power BI Desktop, os aplicativos são diferentes. Você precisa do Power BI Service para acessar os dados do aplicativo.

Compartilhando resultados

Com o Power BI Service, você publica seus dados na internet por um motivo: deseja compartilhar com colegas e colaborar. Depois de criar relatórios ou dashboards, pode compartilhá-los com usuários que tenham conta do Power BI Service. O tipo de licença em vigor dita como o usuário pode interagir com os dados, é claro. Alguns usuários podem ser capazes de visualizar apenas relatórios e dashboards, e outros podem colaborar totalmente. Para você e seus colegas gerenciarem um relatório ou dashboard, um workspace é interessante. A entrega pode ser empacotada e distribuída como um app. Depois de compartilhar o conjunto de dados, ele se tornará a base para um novo conjunto de dashboards ou relatórios.

LEMBRE-SE

Um relatório do Power BI, por padrão, fornece uma visão holística de um conjunto de dados, e ele tem recursos visuais que representam as descobertas de um ou mais conjuntos de dados. Os relatórios podem conter uma ou várias visualizações.

Vendo por que os relatórios são úteis

A base de um relatório é um único conjunto de dados, enquanto um dashboard coleta muitos relatórios. Com os relatórios, você obtém uma visão focada em um tópico. Além disso, os dados são estáticos em um aplicativo não baseado em modelo de dados, o que não é o caso em uma ferramenta como o Power BI. Os elementos visuais são dinâmicos porque, como os dados subjacentes são atualizados, os relatórios também o são, em tempo real. Além disso, um usuário é livre para interagir com os recursos visuais o mínimo ou o máximo que quiser em um relatório. Ele também pode usar relatórios para filtrar e consultar de várias maneiras diferentes no Power BI. Os relatórios são altamente interativos e até personalizáveis com base em sua função e responsabilidade organizacional.

Acessando relatórios de várias direções

Considere dois cenários básicos quando se trata de acesso ao relatório: você mesmo o criou e o importou do Power BI Desktop, ou alguém o compartilhou com você. Qualquer relatório que tenha importado está em seu My Workspace. (Veja a Figura 4-8.)

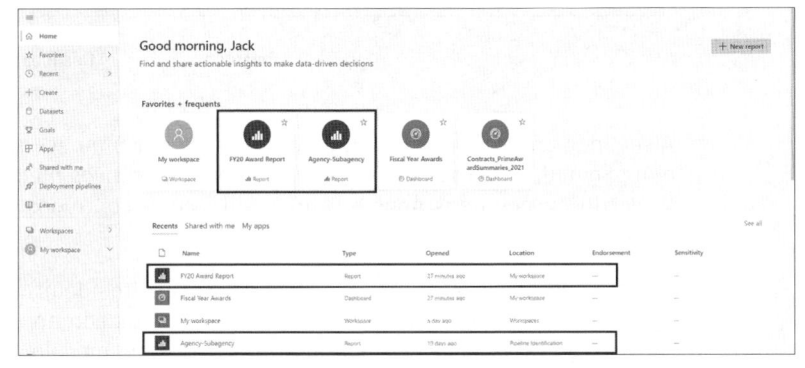

FIGURA 4-8 Relatórios importados para o workspace.

Dentro da estrutura desses dois cenários, o acesso pode vir como:

» Relatórios compartilhados diretamente, por exemplo, por e-mail.

» Relatórios compartilhados como parte de um aplicativo.

» Relatórios acessíveis a partir do dashboard.

» Relatórios, dashboards, aplicativos e workspaces recentes ou favoritos acessíveis pelo painel Services Navigation.

Entre essas opções, as três maneiras mais comuns de os usuários visualizarem e editarem relatórios ao colaborar são a) compartilhar diretamente, b) compartilhar como parte de um aplicativo e c) acessar o dashboard.

Para abrir um relatório compartilhado com você, siga estas etapas:

1. **Abra o Power BI Service, em:** `https://app.powerbi.com`.
2. **Selecione Home no painel Navigation.**

   A tela inicial é exibida.
3. **Clique no ícone Shared with Me.**
4. **Em seguida, selecione um relatório da pasta que se abrirá.**

   Na Figura 4-9, você vê um dashboard e um relatório. O relatório se chama FY20 Award Report. Embora você veja apenas um relatório na tela, há, de fato, vários relatórios disponíveis ao clicar em Report Card. No Power BI, um único relatório pode conter muitos sub-relatórios.

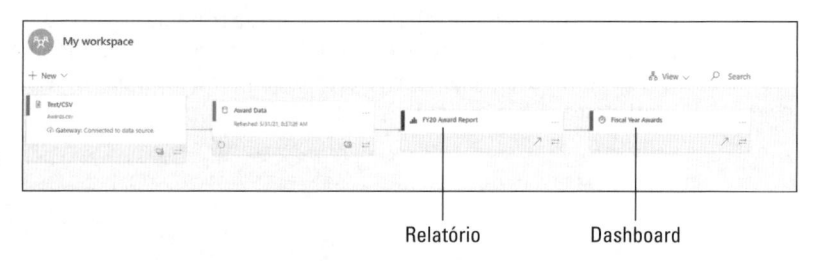

FIGURA 4-9 Acessando relatórios diretamente.

A segunda opção é receber um aplicativo de alguém ou acessá-lo usando o AppSource, da Microsoft. Você acessa esses aplicativos na tela inicial do Power BI ou nos itens Apps e Shared with Me, encontrados no painel de navegação.

CUIDADO

Alguém que deseje abrir um aplicativo deve primeiro adquirir uma licença do Power BI Pro ou ter um workspace dele armazenado no Premium por capacidade. Ou seja, se deseja usar aplicativos sob o modelo gratuito, isso não é possível.

Para acessar relatórios de um aplicativo, é preciso navegar até a fonte dele. Aqui está um exemplo de como fazer isso:

1. **Digite no navegador a fonte do aplicativo, como** `https://appsource.microsoft.com`.
2. **Marque a caixa de seleção Power Platform.**
3. **Usando a caixa Search, na parte superior da tela, pesquise por** *Microsoft sample Sales and Marketing*.
4. **Clique no botão Get it Now.**
5. **Na nova página exibida, escolha Continue ⇨ Install para instalar o aplicativo na tela Apps.**

6. **Abra o aplicativo na tela Apps ou em Home.**

Você verá o aplicativo atribuído em Apps. (Veja a Figura 4-10.)

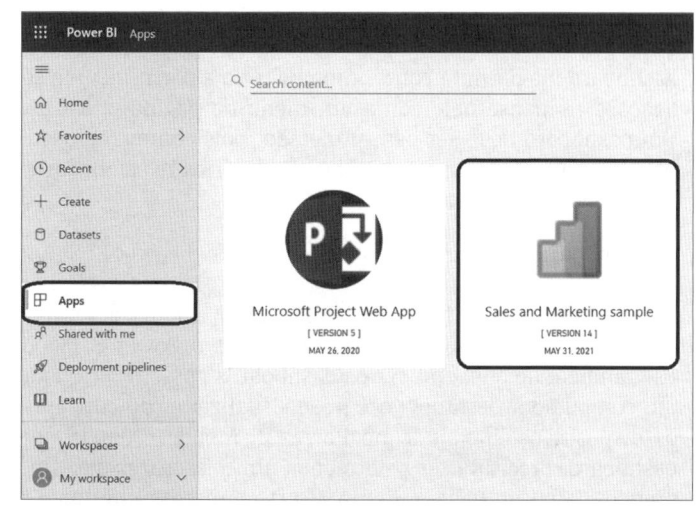

FIGURA 4-10
Acesse o aplicativo no menu Apps, no Power BI.

Você também pode abrir relatórios a partir de um dashboard. Em geral, a tile é um instantâneo de um relatório fixado. Ao clicar duas vezes nela, um relatório será aberto. Para abrir um relatório a partir de um dashboard, siga estas etapas:

1. **No painel, selecione qualquer tile.**

No exemplo (veja a Figura 4-11), a tile selecionada é NAICS Awarded By Agency usando o mapa de árvore.

2. **Troque para uma visualização mais granular dos dados do relatório clicando nos pontos de dados dentro dele.**

FIGURA 4-11:
Navegue pelo painel do Power BI para obter um relatório.

CAPÍTULO 4 **Power BI: Ó, Abre Alas** 63

Trabalhando com dashboards

O dashboard é uma das razões para se usar o Power BI Service. É muito bom poder trabalhar com dados na área de trabalho caso a caso, mas suponha que você queira agregar suas visualizações em uma única página usando uma tela. Nesse caso, o recurso Dashboard é a ferramenta a ser usada. Um dashboard lhe permite contar uma história a partir de uma série de visualizações — pense nele como um menu de página única no restaurante. Um dashboard deve ser bem projetado, pois contém os destaques críticos para que um leitor possa detalhar os relatórios relacionados e visualizar os detalhes posteriormente.

LEMBRE-SE

Os dashboards estão disponíveis apenas com o Power BI Service. Você pode criá-los com uma licença do Power BI Free, mas esse recurso não está integrado ao Power BI Desktop. Portanto, depois de criá-los no Power BI Desktop, é preciso publicar saídas para o Power BI Service. Lembre-se também de que, embora os dashboards possam ser criados apenas em um computador desktop, você pode visualizar e compartilhá-los em todos os dispositivos, incluindo no Power BI Mobile. Quando quiser criar um dashboard, precisará ter pelo menos um relatório fixado em uma tela em branco. Cada tile (veja a Figura 4-12) representa um único relatório com base em um único conjunto de dados.

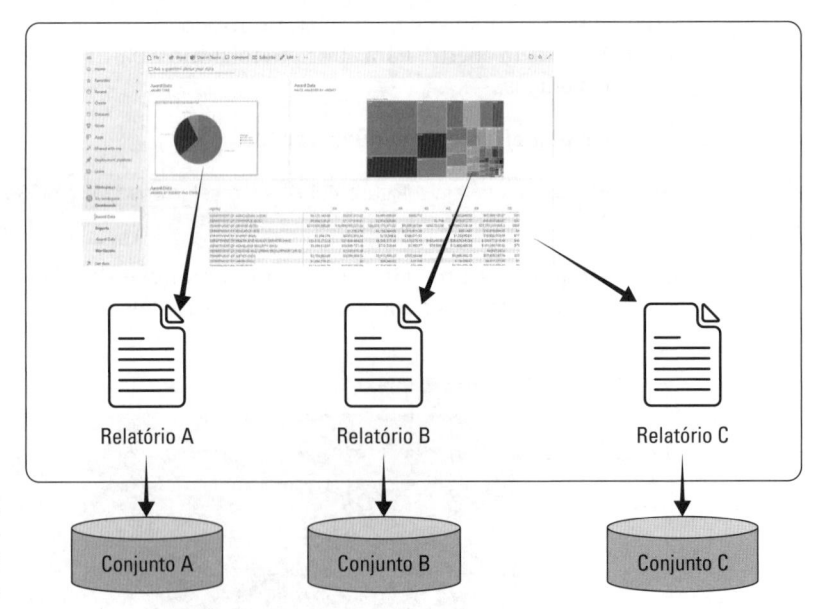

FIGURA 4-12. Arquitetura de um dashboard.

64 PARTE 1 **Resolve Teus BI**

Colaborando dentro do Power BI Service

A transição do Power BI Desktop para o Power BI Service se deve parcialmente à colaboração — não é possível colaborar com outras pessoas usando o Power BI Desktop. Você pode querer compartilhar com um pequeno subconjunto de usuários, ou talvez o grupo de usuários com quem está procurando compartilhar informações seja distribuído. Dependendo da opção do Power BI Service com a qual trabalhe, há estas opções:

- » **Usar o workspace:** A maneira mais comum de compartilhar relatórios e dashboards é usando o workspace. Suponha que outro usuário tenha acesso a um relatório ou dashboard. Nesse caso, o usuário visualiza ou edita a área de trabalho no Power BI Service.

- » **Usar o Microsoft Teams**: O uso do recurso de bate-papo no Teams permite colaborar em relatórios e dashboards com o Power BI.

- » **Distribuir seus relatórios e dashboards por meio de um aplicativo**: Se seus resultados estiverem focados, o usuário pode criar um único aplicativo e um executável funcional para compartilhamento entre outros usuários.

- » **Incorporar relatórios e dashboards em sites:** Às vezes os relatórios e dashboards que você cria podem ser úteis para o consumo público direcionado em um site externo ou interno. Você pode criar uma iteração de um relatório ou dashboard do Power BI que seja visível. Qualquer usuário que visitar esse site poderá visualizar os dados se receber permissão para fazê-lo.

- » **Imprimir relatórios:** Em caso de dúvida, imprima os relatórios e distribua cópias em papel. É claro que, cada vez que os dados são atualizados, é preciso imprimir uma nova cópia. Para dashboards, cada saída é impressa separadamente.

- » **Criar um aplicativo de modelo:** Se os resultados forem repetitivos, distribua-os, para que os usuários do Power BI os acessem usando o Microsoft AppSource. Esses itens devem ser públicos, para outras empresas usarem.

Não importa quais opções de colaboração você selecione, uma licença do Power BI Pro ou superior é necessária. A licença não é negociável, porque o conteúdo precisa ser implementado em Premium por capacidade. Embora os requisitos de licença possam variar para a visualização de itens, a capacidade de editar e gerenciar as saídas exige, no mínimo, uma licença Power BI Pro.

Atualização de dados

Toda vez que você acessar um relatório ou um dashboard no Power BI Service, deve consultar a fonte de dados. Se houver novos pontos de dados, os resultados serão atualizados no conjunto como parte da visualização. Dependendo dos requisitos de atualização, um ou mais processos serão necessários. O processo de atualização consiste em várias fases, dependendo da operação de armazenamento necessária para o conjunto. Você tem dois conceitos a considerar: modo de armazenamento e tipo de atualização.

Modos de armazenamento e conjuntos de dados

O Power BI oferece vários modos de acesso a dados em um conjunto deles:

» **Modo de importação:** Os conjuntos de dados são importados da fonte de dados original para o conjunto. O Power BI pode consultar os relatórios e dashboards enviados ao conjunto e retornar resultados das tabelas e colunas importadas. Isso é uma cópia instantânea — em outras palavras, um conjunto de dados que representa um momento no tempo. Cada vez que o Power BI copia os dados, você pode consultá-los para buscar as alterações.

» **DirectQuery/LiveConnect:** Dois tipos de conexão que não dependem da importação de dados diretamente são DirectQuery e LiveConnect. Os resultados de dados vêm da fonte de dados sempre que o relatório ou o dashboard consulta o conjunto. O Power BI transformará os dados brutos em conjuntos de dados utilizáveis. No entanto, apenas o modo DirectQuery requer que o Power BI não use consultas usando o mecanismo ETL (Power Query Editor Extract Transform Load). A razão para isso é que as consultas são processadas diretamente usando o Analysis Services, sem ter que consumir recursos. As atualizações de dados não são necessárias, porque não ocorrem importações no ambiente do Power BI Desktop. Os recursos que ainda são atualizados incluem tiles e relatórios, por meio dos quais os dados são atualizados a cada hora. O cronograma pode ser alterado para atender às necessidades do negócio.

» **Modo Push:** No modo Push, não há definição formal para uma fonte de dados, portanto, não há exigência de atualização deles. Em vez disso, você os envia para o conjunto de dados por meio de um serviço externo, o que é bastante comum para processos de análise em tempo real no Power BI.

Tipos de atualização de dados

Para um usuário do Power BI, as atualizações de dados são definidas como a importação deles das fontes originais para um ou mais conjuntos. A atualização é baseada em uma programação ou pode ser em tempo real. Dependendo da licença de Power BI adquirida, a taxa de atualização varia de 8 a até 48 por dia. Você está limitado a 8 atualizações diárias para capacidade compartilhada, que são executadas pela programação usando um plano. As atualizações são redefinidas diariamente às 0h01.

LEMBRE-SE Os usuários licenciados estão limitados a 8 atualizações por dia para o Power BI Service Free e o Power BI Service Pro. Se comprar o Power BI Service Premium por capacidade ou o Power BI Service Premium por usuário, sua alocação de atualização aumenta para 48 atualizações por dia.

Uma operação de atualização do Power BI pode ter vários tipos de atualização, incluindo de dados padrão, do OneDrive, de cache de consulta, de tile, do dashboard e de visualização de curso. O Power BI decide as etapas de atualização individuais com cada um desses exemplos. Uma precedência deve ser aplicada com base na complexidade operacional, como se vê na Tabela 4-1.

TABELA 4-1 Comparação dos Tipos de Atualização do Power BI

Modo de Armazenamento	Atualização de Dados	Atualização do OneDrive	Caches de Consulta	Atualização de Tile	Recursos Visuais
Importação	Agendado e add-on	Sim, para dados conectados	Se ativado no Premium por capacidade	Automático e sob demanda	Não
DirectQuery	Não aplicável	Sim, para dados conectados	Se ativado no Premium por capacidade	Automático e sob demanda	Não
LiveConnect	Não aplicável	Sim, para dados conectados	Se ativado no Premium por capacidade	Automático e sob demanda	Sim
Push	Não aplicável	Não aplicável	Não prático	Automático e sob demanda	Não

LEMBRE-SE Independentemente da abordagem de atualização, garanta que os relatórios e dashboards usem os dados atuais para que uma empresa seja bem-sucedida. Se, por algum motivo, você achar que seus dados estão obsoletos, resolva o problema com o proprietário dos dados ou o administrador.

Ao atualizar os dados, tenha em mente os seguintes pontos:

» Para um desempenho ideal, programe ciclos de atualização para horários comerciais fora do horário de pico, especialmente se usar o Power BI Premium.

» Considere o número de atualizações que a organização pode fazer com a licença e a volatilidade dos dados. Atualize apenas quando souber que faz sentido.

» Certifique-se de que a atualização do conjunto de dados não exceda a duração da atualização, caso contrário, os dados não serão atualizados corretamente, causando problemas comerciais com suas opções.

» Otimize seus dados incluindo apenas os necessários para operar no ambiente necessário para seus relatórios e dashboards. A sobrecarga é dispendiosa, especialmente quando se trata de memória e processamento de consumo.

» Aplique as configurações de segurança apropriadas para o Power BI Desktop e o Power BI Service. As configurações não são transferidas de um ambiente para outro.

» Esteja atento aos recursos visuais usados, pois mais saídas resultam em degradação do desempenho e possíveis problemas de atualização de dados.

» Use apenas gateways de dados confiáveis para conectar fontes de dados, seja no local, seja na nuvem. Se ocorrerem falhas na atualização de dados, talvez seja necessário implantar infraestrutura adicional para lidar com a capacidade necessária.

» Se ocorrerem falhas na atualização de dados, crie um método de notificação para lidar rapidamente com quaisquer preocupações técnicas.

2 Que Rolem os Dados!

NESTA PARTE...

Entenda como preparar, conectar e carregar dados no Power BI.

Examine e organize dados de uma fonte de dados complexa.

Aborde a transformação e a limpeza de conjuntos de dados.

> **NESTE CAPÍTULO**
>
> » **Definindo os tipos de fontes de dados compatíveis com o Power BI**
>
> » **Sabendo conectar e configurar fontes de dados**
>
> » **Vendo as práticas recomendadas para selecionar fontes de dados**

Capítulo **5**

Direto da Fonte

Empresas modernas têm muitos dados, portanto, é evidente que fornecedores de software corporativo, como a Microsoft, criaram conectores de fontes de dados para ajudá-las a importá-los para aplicativos como o Power BI. Você percebe rapidamente que a conexão a fontes de dados não é necessariamente a parte complicada — muitas vezes, é a transformação deles que leva tempo. Depois de descobrir qual método é melhor para preparar e carregar os dados no Power BI, você está no caminho certo para analisar e visualizá-los em seu universo. Neste capítulo, você aprende os métodos para preparar e carregar dados usando o Power BI Desktop e o Service.

Obtendo Dados da Fonte

Sem uma fonte de dados, é difícil usar o Microsoft Power BI. Você pode se conectar à sua própria fonte de dados ou usar um dos muitos conectores que a Microsoft disponibiliza aos usuários como parte do Power BI Desktop ou Service. Antes de começar a carregar dados, você deve primeiro entender quais são os requisitos de negócios para sua fonte. Por exemplo, a fonte é local para sua área de trabalho com atualizações ocasionais? Seus dados podem vir de uma fonte de terceiros que fornece feeds em tempo real? Os requisitos para cada um desses cenários são muito diferentes.

LEMBRE-SE

A Microsoft adiciona constantemente conectores de dados à sua plataforma Desktop e Service. Na verdade, não se surpreenda ao encontrar pelo menos um ou dois novos conectores lançados mensalmente como parte da atualização regular do Power BI. Como resultado, o Power BI oferece mais de cem conectores de dados. As opções mais populares incluem arquivos, bancos de dados e serviços da web.

NA INTERNET

Há uma lista de todas as fontes de dados disponível em:

```
https://docs.microsoft.com/pt-BR/power-bi/
connect-data/power-bi-data-sources
```

Para mapear corretamente seus dados no Power BI, você deve determinar a natureza exata deles. Por exemplo, você usaria o Excel Connector se o tipo de documento fosse destinado a um banco de dados SQL Azure? Isso não produziria os resultados que procura como usuário do Power BI.

NA INTERNET

Em todo o *Microsoft Power BI Para Leigos*, há uso de alguns conjuntos de dados suplementares. Eles estão em `www.dummies.com/go/mspower-bifd`. Além disso, no arquivo zip para download, há um arquivo Excel chamado `FiscalYearAwards.xlsx`, usado na maioria dos exercícios.

Para se conectar ao arquivo `FiscalYearAwards.xlsx` usando o Excel Connector com o Power BI Desktop, siga estas etapas:

1. **Na guia Home, do Power BI Desktop, clique no botão Excel ou no botão Get Data e escolha Excel no menu suspenso exibido, como mostrado na Figura 5-1.**

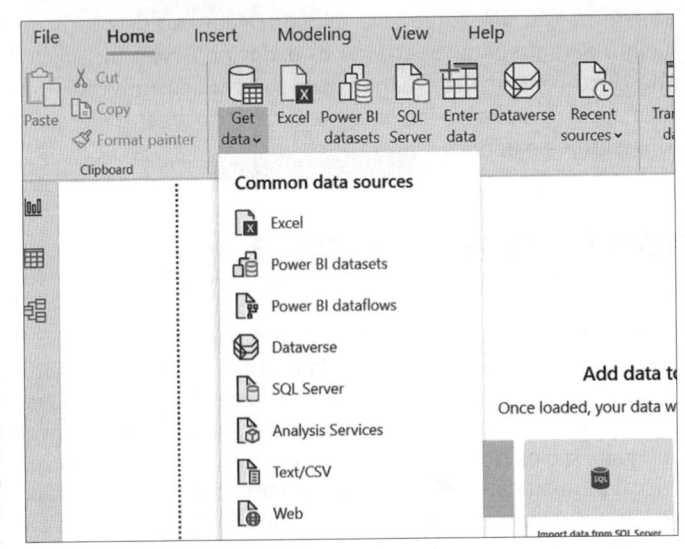

FIGURA 5-1
Localizando o conector de arquivo de dados do Excel no Power BI Desktop.

72 PARTE 2 **Que Rolem os Dados!**

2. **Na janela Open, navegue até o arquivo** `FiscalYearAwards.xlsx`**, clique para selecioná-lo e clique em Abrir.**

3. **Com o arquivo aberto, vá para Navigator e marque as duas caixas de seleção à esquerda: Prime Awards e Sub Awards.**

   A janela agora será como a mostrada na Figura 5-2.

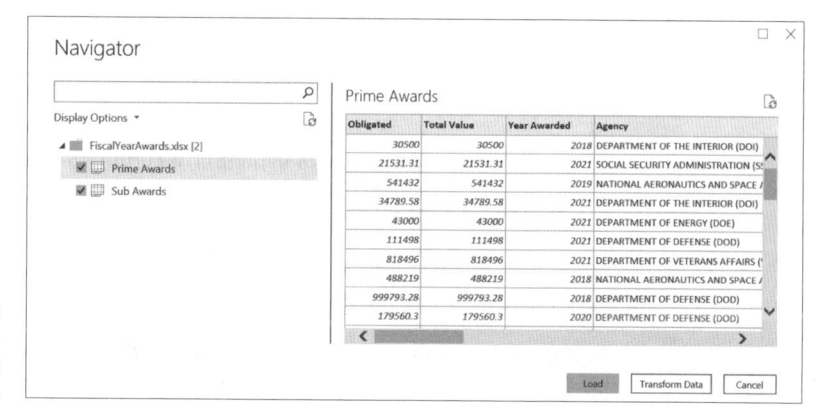

FIGURA 5-2: Selecionando dados no Navigator.

4. **Clique no botão Transform Data.**

   Observe que eu não lhe disse para pressionar o botão Load. Se o fizesse, teria que fazer modificações no conjunto de dados manualmente. Com o Transform, o Power BI faz o trabalho difícil em seu nome. (No Capítulo 7, falo mais sobre transformação de dados, mas por enquanto o foco é preparar e carregar dados.)

   Após clicar em Transform Data, aparece uma nova interface, o Power Query Editor. É ele que carrega os dados das duas guias de planilha do Excel que você acabou de clicar nas telas anteriores do Power BI. A experiência está na Figura 5-3.

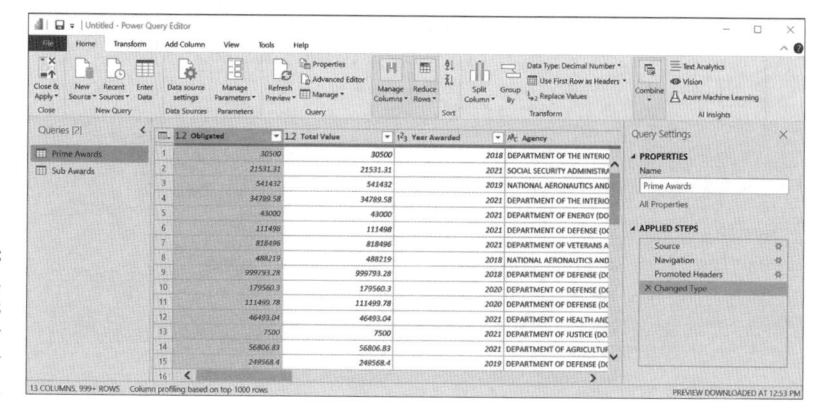

FIGURA 5-3: Seus dados, carregados no editor do Power Query.

CAPÍTULO 5 **Direto da Fonte** 73

LEMBRE-SE

Ao carregar dados no Power BI Desktop, eles são armazenados como um instantâneo no tempo. Para garantir a visualização dos mais recentes, clique no botão Refresh Preview, na tela inicial de vez em quando.

Carregar pastas com dados dentro delas apresenta alguns desafios exclusivos. Embora você possa apontar para uma pasta e ingerir praticamente qualquer tipo de arquivo, é outra questão replicar uma estrutura de pastas usando o Power Query Editor. Ao carregar dados no Power BI armazenados dentro de uma pasta, você deve garantir que o mesmo tipo de arquivo e estrutura existam. Um exemplo é uma série de arquivos do Microsoft Excel ou do Google Sheet que seriam gratuitos. Para garantir que isso aconteça, siga estas etapas:

1. **Vá para a guia Home, na guia principal, e clique no botão Get Data.**

2. **Escolha All ⇨ Folder, no menu que aparece.**

   Quer tentar de outra forma? Vá para a guia Home, na guia principal, clique em New Source, escolha More no menu exibido e, então, Folder.

3. **Seja qual for a maneira para selecionar Folder, o próximo passo é clicar no botão Connect. (Veja a Figura 5-4.)**

   Pressionar o botão Connect permite o acesso a uma única fonte de dados.

FIGURA 5-4: Selecionando Folder após Get Data.

PARTE 2 **Que Rolem os Dados!**

4. **Localize o caminho da pasta em que você armazenou os arquivos na área de trabalho e, em seguida, navegue até o local onde colocou o arquivo semelhante ao** `C:\DummiesFiles\TrainingNAICS`.

   Os arquivos da pasta que acabou de selecionar são carregados em uma nova tela, conforme mostrado na Figura 5-5.

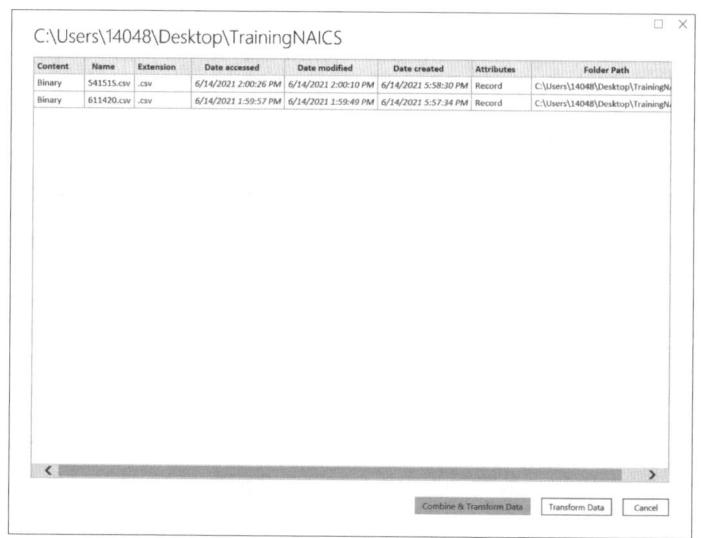

FIGURA 5-5
Arquivos de uma pasta são carregados no Power BI.

5. **Selecione uma ou mais tabelas que foram carregadas.**

6. **Depois que as tabelas forem selecionadas, clique no botão Combine and Transform Data.**

   Os conjuntos de dados TrainingNAICS.xlsx são carregados no Power Query Editor.

> **DICA**
>
> A diferença entre a opção Combine and Transform Data e a Transform Data se resume ao tipo e à estrutura do arquivo. Supondo que cada arquivo seja semelhante e possa criar colunas consistentes, você pode usar Combine and Transform Data para colocar tudo em um único arquivo. Do contrário, é melhor usar Transform Data, uma vez que geralmente há uma estrutura de arquivo único.

Agora você pode dizer que não precisa fazer muito para carregar um arquivo, pasta, banco de dados ou fonte da web no Power BI. A maioria dos usuários, se puder apontar para o caminho do arquivo ou se souber a conexão do banco de dados e as credenciais de segurança ou a URL e os parâmetros associados, pode configurar suas fontes de dados em pouco tempo. O recurso Power Query do Power BI detecta automaticamente as nuances na conexão e aplica as transformações adequadas.

Configurando as Fontes de Dados

Em geral, os requisitos de conjunto de dados mudam com o tempo. Isso significa que, se a fonte de dados for alterada, algumas das configurações inicialmente carregadas quando o Power BI foi configurado também o serão. Suponha mover a pasta TrainingNAICS com os arquivos 611420.xlsx e 54151S.xlsx de C:\Desktop para C:\Documents. Essa mudança da pasta exigiria modificar as configurações da fonte de dados. Você pode fazer isso de duas maneiras:

1. Selecione cada consulta em Queries, à esquerda.
2. Localize Query Settings, no lado direito da interface.
3. Em Applied Steps, clique em Source, conforme mostrado na Figura 5-6.

   Ao fazer isso, é exibida uma janela apontando o caminho e a origem do arquivo.

FIGURA 5-6 Usando Applied Steps para atualizar as configurações da fonte de dados.

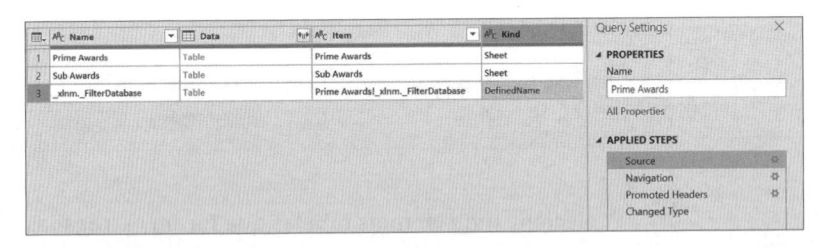

4. Faça as atualizações necessárias para atender aos novos requisitos.

   Altere o tipo de arquivo ou o caminho do original para cada consulta.

Embora as etapas descritas pareçam fáceis à primeira vista, podem se tornar trabalhosas, porque é preciso alterar cada arquivo listado para cada consulta. Esse processo é bastante demorado, e, se houver muitas consultas, você acabará cometendo erros, dada a natureza tediosa do trabalho. É por isso que é bom considerar uma opção alternativa — uma em que se possa alterar o local de origem em um só golpe, em vez de abordar cada consulta independentemente. Siga estas etapas para o outro método:

1. Na guia Power Query Editor, de Home, clique no botão Data Source Settings. (É aquele com uma engrenagem — veja a Figura 5-7.)

   Uma nova janela é aberta para alterar o local de origem.

2. Selecione todos os arquivos que exigem alteração em Change Source.
3. Faça as alterações desejadas no local de origem.

4. (Opcional) Altere e limpe as credenciais de segurança associadas selecionando Edit Permissions ou Clear Permissions nesta interface.

FIGURA 5-7.
O botão
Data Source
Settings.

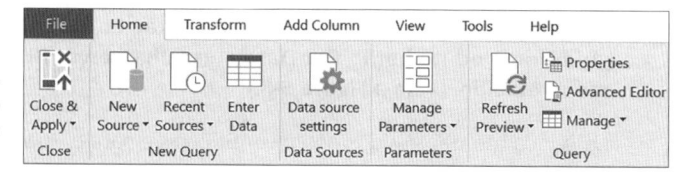

Conjuntos de Dados Compartilhados versus Locais

Até agora, o foco deste capítulo tem sido conjuntos de dados locais, com cujos criação e gerenciamento você lida por meio do Power BI Desktop. Depois que o conjunto de dados é publicado e compartilhado — pelo seu próprio workspace ou por um compartilhado —, o conjunto de dados é referido como um *conjunto de dados compartilhado*. Ao contrário do Power BI Desktop, em que se precisa atualizar continuamente o conjunto no disco rígido local, um conjunto compartilhado é armazenado na nuvem, o que significa que, seja armazenado em sua área de trabalho, seja com outras pessoas, as atualizações são mais consistentes.

Há muitos outros benefícios ao usar um conjunto de dados compartilhado, em vez de um local, incluindo:

» Consistência entre relatórios e dashboards.

» Redução na cópia do conjunto devido à centralização de uma fonte de dados.

» Capacidade de criar novas fontes a partir das existentes com pouco esforço.

LEMBRE-SE Embora você tenha suas necessidades com um conjunto de dados, depois que um conjunto é compartilhado com uma equipe, as saídas desejadas mudam. Nesse caso, crie um único conjunto de dados e permita que os outros usuários desenvolvam relatórios e dashboards a partir dele.

DICA Conectar-se a um conjunto de dados publicado no Power BI Service requer que um usuário tenha permissão de compilação [Build]. Você também pode ser um membro contribuinte de um workspace compartilhado no qual exista um conjunto de dados. Certifique-se de que o proprietário do conjunto forneça seu acesso de acordo com as necessidades da empresa.

Você pode se conectar a um conjunto de dados compartilhado usando o Power BI Desktop ou o Power BI Service. Para realizar essa ação, siga estas etapas:

1. **Usando o Power BI Desktop, clique no botão Power BI Datasets, na guia Home ou no botão Get Data e escolha Power BI Datasets no menu exibido. (Veja a Figura 5-8.)**

   Os dados são transferidos do Power BI Service para o Power BI Desktop para consumo.

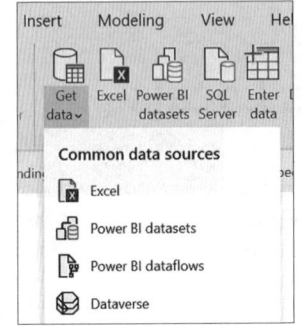

FIGURA 5-8. Navegação de conjuntos de dados do Power BI.

2. **Com o Service, vá primeiro para o workspace em que publicou seus dados e, em seguida, escolha New ⇨ Report, como mostrado na Figura 5-9.**

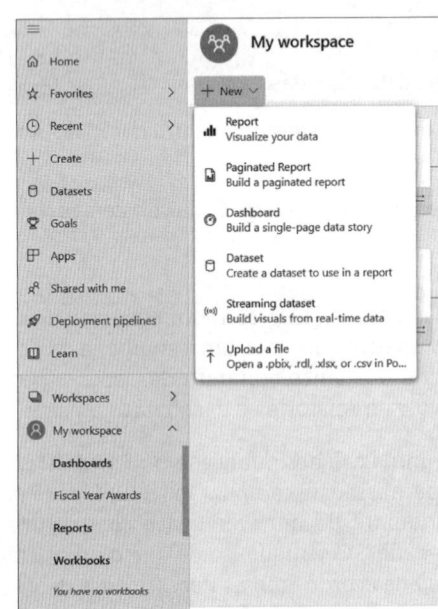

FIGURA 5-9. Conectando-se a um conjunto de dados compartilhado no Power BI Service.

78   PARTE 2   **Que Rolem os Dados!**

Se usa o Power BI Desktop ou o Service, você é capaz de se conectar a um conjunto sem ter que se preocupar com problemas de atualização de dados ou controle de versão. E também pode selecionar Save a Copy no Service, ao lado de qualquer relatório, em My Workspace, ou em um workspace compartilhado sem precisar recriar um conjunto de dados. Essa ação é semelhante à conexão a um conjunto usando o Power BI Desktop, porque você cria um relatório sem o modelo de dados de base.

CUIDADO

Não se preocupe se, em um conjunto de dados compartilhado, alguns botões ficarem inativos no Power BI Desktop. Isso acontece porque você não pode mais fazer alterações usando o Power Query Editor. Como resultado, a visualização de dados também não é mais visível. No entanto, você sabe se o conjunto de dados é compartilhado ou local procurando no canto inferior direito da interface do Desktop, onde há o nome do conjunto de dados e o usuário os acessando.

Para passar de um conjunto de dados compartilhado para um local, siga estas etapas:

1. Clique no rótulo Transform Data.
2. Selecione a opção Data Source Settings.
3. Modifique as configurações de fonte para o conjunto ao qual deseja se conectar, em vez do conjunto de dados compartilhado.
4. Clique no botão Change depois de concluído.

Modos de Armazenamento

Como você deve ter adivinhado, pode consumir dados de várias maneiras usando o Power BI Desktop e o Service. O método mais comum é importar dados para um modelo de dados. Ao importá-los no Power BI, você copia o conjunto localmente até se comprometer com uma atualização de dados. Embora arquivos de dados e pastas só possam ser importados para o Power BI, os bancos de dados permitem usar uma conexão que ofereça mais flexibilidade. Há duas alternativas com conectividade de banco de dados:

» **Importar os dados localmente.** Isso suporta cache de modelo de dados, bem como a capacidade de reduzir o número de conexões e pesquisas. Ao ingerir o modelo, o usuário pode usar todos os recursos do Desktop do Power BI.

» **Criar uma conexão com a fonte de dados com o DirectQuery.** Com esse recurso, os dados não são armazenados em cache. Em vez disso, a fonte deve ser consultada sempre que uma chamada de dados for necessária. A maioria, embora não todas, das fontes suporta DirectQuery.

Você pode usar um de dois outros métodos. Um deles é o Live Connection: com ele, o objetivo é usar os serviços de análise integrados com o Power BI Desktop ou o Service. O Live Connection também suporta atividades baseadas em cálculo que ocorrem dentro de um modelo de dados.

A segunda alternativa utiliza modelos compostos. Agora, suponha que um usuário deva combinar a importação de dados e o DirectQuery, ou que haja um requisito para se conectar a várias conexões do DirectQuery. Nesse caso, você aplica um modelo composto. No entanto, há alguns riscos ao lidar com a segurança do modelo. Suponha que, por exemplo, você abra um arquivo do Power BI Desktop enviado de uma fonte não confiável. Se o arquivo contiver um modelo composto, as informações que alguém recupera de uma única fonte usando credenciais de um usuário abrindo o arquivo podem ser enviadas para outra fonte como parte da consulta recém-feita. Portanto, é vital garantir que suas fontes de dados sejam atribuídas corretamente apenas àqueles que precisam acessá-las.

Dual mode

Os quatro modos de armazenamento — local, DirectQuery, Live Connection e modelos compostos — têm dados alojados em um único local. É local para o usuário ou vinculado a um servidor em uma rede em um data center ou na nuvem.

Olhando o modelo composto, a propriedade do modo de armazenamento prescreve onde as tabelas são armazenadas no modelo de dados. Para exibir as propriedades de uma tabela, você pode passar o mouse sobre ela. No Power BI, isso está no painel Fields de um relatório e na exibição Data. Você também pode alterar a exibição Model no painel Properties, na seção Advanced.

Você pode escolher uma das três opções para o modelo de armazenamento: Import, DirectQuery ou Dual. Você pode estar se perguntando por que não pode escolher Live Connection ou Composite. Simplificando, essas opções específicas são os modos híbridos de Import e DirectQuery.

O dual mode não é um modo híbrido — em vez disso, permite que uma tabela seja armazenada em cache e recuperada no modo DirectQuery quando necessário. Se outro modo de armazenamento for usado para outra tabela, o DirectQuery não precisará ser usado. Você descobrirá que o modo Dual é benéfico quando as tabelas são semelhantes entre as importadas e exclusivamente disponíveis usando o modo DirectQuery.

CUIDADO

Se precisar alterar os modos de armazenamento, poderá enfrentar algumas complicações. Por exemplo, você não reverterá mais tarde se decidir ir do DirectQuery ou do Dual para o Import. Além disso, se decidir dar o mergulho e mudar para o modo Dual devido a alterações no armazenamento de tabela, precisará, primeiro, criar a tabela com DirectQuery.

Considerando a Consulta

Nas minhas discussões sobre Power BI, sempre enfatizo que você pode escolher entre vários métodos para preparar e carregar dados. Na dúvida, o método que garante que você e sua organização tenham mais precisão é o Import — sem dúvida. Em alguns casos de uso, no entanto, a experiência do usuário para a importação direta não é a melhor. Considere as circunstâncias a seguir:

- » O DirectQuery pode ser a melhor escolha ao lidar com um conjunto de dados muito grande. No entanto, o desempenho da importação se correlaciona diretamente com o sistema de onde ela vem.

- » Frequência de dados e atualização são duas razões para usar o DirectQuery, porque as fontes devem sempre mostrar o retorno dos resultados em um período de tempo razoável.

- » Suponha que os dados devam residir em sua fonte de dados original e que a localização da fonte não possa mudar. Nesse caso, o DirectQuery é mais adequado para o movimento de dados.

CUIDADO

O DirectQuery não é o melhor bote salva-vidas se você acha que a importação direta não resolve seus problemas. Você enfrenta uma batalha difícil usando o DirectQuery nas seguintes condições:

- » **O estado da infraestrutura determina os resultados do DirectQuery.** Isso significa que hardware lento ou antigo não funcionará da maneira que você acha que funcionaria ao lidar com grandes conjuntos de dados.

- » **Nem todos os tipos de consulta são utilizáveis com o DirectQuery.** Isso é especialmente válido para consultas nativas, que têm expressões de tabela ou procedimentos armazenados.

- » **A transformação de dados é limitada, ao contrário da importação direta.** Você deve interagir com a interface sempre que uma alteração for necessária.

- » **Existem limitações de modelagem de dados, especialmente quando você aborda tabelas e colunas calculadas.** Como verá no Capítulo 14, a funcionalidade DAX é limitada ao usar o DirectQuery para importar dados.

A consulta de dados varia, dependendo do modo de conectividade de dados usado no Power BI. A Tabela 5-1 explora as diferenças entre Import, DirectQuery e Live Connection.

TABELA 5-1 Comparando os Modos de Conectividade de Dados

	Import	DirectQuery	Live Connection
Tamanho máximo	Com base em como você é licenciado	Limitado pela sua infraestrutura.	Os serviços têm limite de tamanho de conjuntos, como importação. Do contrário, a infraestrutura limita o tamanho.
Quantidade de fontes	Ilimitada	Ilimitada	Uma
Segurança	Em nível da linha com base no login do usuário	Nível de segurança da linha. A segurança é definida como a fonte de dados para algumas fontes. No entanto, a segurança no nível da linha ainda pode ser usada no Power BI Desktop.	Pode usar a segurança da fonte de dados com base no login atual do usuário.
Ciclo de atualização	Com base na licença: Pro — oito atualizações por dia; Premium — atualizações ilimitadas por dia	Mostra os dados mais recentes disponíveis na fonte.	Mostra os dados mais recentes disponíveis na fonte
Métricas de desempenho	Ideal	Varia com base nas fontes.	Ideal
Transformação de dados	Todos os recursos	Limitada com base na linguagem de transformação da fonte.	Não aplicável.
Requisitos de modelagem	Todos os recursos	Limitações significativas.	Serviços de análise e métricas do Service criadas com limitações

Abordar e corrigir o desempenho

Em algum momento, você se conecta a uma fonte de dados, olha para a tela e se pergunta: "Por que as coisas são tão lentas?"

Existem algumas razões para o desempenho lento no Power BI, muitas das quais podem ser diagnosticadas e corrigidas em pouco tempo.

O Power Query transforma as fontes de dados usando uma linguagem de consulta nativa pré-configurada pela Microsoft dentro do produto. Um exemplo de linguagem de tradução, como SQL no Power BI, ajuda a converter a fonte. O processo de conversão de linguagem é o *query folding*.

Embora ele geralmente seja bastante eficiente, ocorrem problemas. Um exemplo é quando um conjunto de dados é recuperado apenas parcialmente da fonte. Como resultado, em vez de carregar todas as colunas, o conjunto carrega um subconjunto dos dados, tornando mais difícil para você escolher o que deseja manter e o que deseja remover.

> **DICA**
> Se quiser ver como o Power Query carrega os dados no Power BI, há uma forma fácil de revisar a consulta enviada para a fonte de dados: para exibi-la, clique com o botão direito do mouse em uma etapa de consulta no Power Query Editor, em Applied Steps, e escolha View Native Query no menu exibido.

> **LEMBRE-SE**
> A consulta nativa [Native Query] nem sempre está disponível. Por exemplo, algumas fontes de dados não suportam o query folding. Além disso, a etapa de consulta não pode ser traduzida, dada a linguagem nativa usada, o que torna a opção capciosa.

Diagnosticando consultas

O Power BI inclui um conjunto de ferramentas de diagnóstico de consulta que permite resolver quaisquer problemas de desempenho que surjam. Elas são úteis se precisar revisar as consultas que cria e produz durante um ciclo de atualização do conjunto de dados, incluindo aquelas para avaliar melhor as anomalias do query folding. Para acessar o conjunto de ferramentas Query Diagnostics, tenha primeiro uma fonte de dados no lugar. Idealmente, você já transformou os dados, não apenas os carregou. Feito isso, siga estes passos:

1. **Clique na guia Tools, na guia principal.**

2. **Clique no botão Start Diagnostics para iniciar o processo e em Stop Diagnostics para pará-lo. (Veja a Figura 5-10.)**

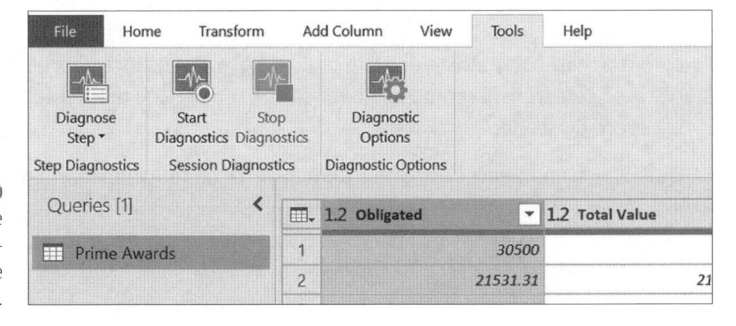

FIGURA 5-10
Iniciar e parar diagnósticos de consulta.

CAPÍTULO 5 **Direto da Fonte** 83

3. (Opcional) Para analisar uma etapa, clique em Diagnose Step, em Tools, ou, com o botão direito do mouse, escolha Diagnose. (Veja a Figura 5-11.)

```
{
  "version": "0.1",
  "connections": [
    {
      "details": {
        "protocol": "file",
        "address": {
          "path": "c:\\users\\14048\\desktop\\power bi\\examples\\fiscalyearawards.xlsx"
        },
        "authentication": null,
        "query": null
      },
      "options": {},
      "mode": null
    }
  ]
}
```

FIGURA 5-11. O processo de diagnósticos de consulta de uma etapa.

EXPLORANDO O MICROSOFT DATAVERSE

O Power BI faz parte do pacote de produtos Microsoft Power Platform. Totalmente integrada aos recursos, está a plataforma conhecida como Common Data Service. O novo nome do produto é Dataverse. Com ele, você recebe um conjunto padronizado de tabelas para mapear seus dados e criar sua própria série de tabelas ou replicar aquelas que existem em outros aplicativos baseados na Power Platform.

O Dataverse armazena fluxos de dados do Power BI, bem como outros fluxos de dados da Microsoft Power Platform em um repositório comum. A conexão com o Dataverse, seja para o Power BI, seja para outros aplicativos da Power Platform, como o Power Apps ou o Power Automate, exige apenas que os usuários usem suas credenciais de login. Enquanto o usuário receber permissão para o armazenamento de dados e os fluxos associados forem fornecidos, o acesso será transparente. A única coisa que um usuário precisa saber é o endereço do servidor.

Quer saber como encontrar a URL do Dataverse de seu ambiente? Siga as instruções fornecidas pela Microsoft em: `https://docs.microsoft.com/en-us/powerapps/maker/data-platform/data-platform-powerbi-connector`.

DICA

O diagnóstico de consulta é excelente para dados estáticos. No entanto, se forem *dinâmicos* — dados que requerem uma atualização incremental —, nunca se sabe se o desempenho piorará. Se souber que seus dados serão atualizados com frequência, implemente uma política de atualização incremental. Dessa forma, os dados legados permanecem intactos. Ao mesmo tempo, apenas os novos dados são avaliados durante um ciclo de carga e atualização.

Exportando Arquivos e Aproveitando o XMLA

Suponha que você já tenha se conectado a dados no Power BI Desktop. Você pode usar essa conexão para exportar o arquivo Power BI Desktop (PBIDS), com todos os detalhes de dados incorporados nele. O arquivo é válido quando você está procurando criar conexões repetíveis para fontes de dados específicas.

Para exportar o arquivo PBIDS para uso em outro contexto, siga estas etapas:

1. **Com o arquivo aberto no Power BI Desktop, escolha Options and Settings, no menu File.**
2. **Escolha Data Source Settings, em Options and Settings.**
3. **Na parte inferior da página, clique no botão Export PBIDS para gerar seu arquivo PBIDS.**

   O arquivo é salvo no local selecionado, seja na área de trabalho, seja em um disco rígido. O PBIDS comprime todos seus dados, incluindo fontes e modelos de dados, e relatórios em um arquivo que pode ser reutilizado por outras pessoas com acesso ao Power BI Desktop ou Service.

Com o Power BI Service Premium, outra opção para endpoints, o XML for Analysis (XMLA), está disponível para conectá-los. Com o XMLA, você pode extrair dados do Power BI e usar praticamente qualquer outra ferramenta de cliente de desktop além dele para manipular um conjunto de dados. Por exemplo, se quiser usar o Excel para editar um conjunto, essa é definitivamente uma possibilidade. Para usar os endpoints do XMLA, configure-os com o conjunto de dados no local a ser habilitado usando o portal de administrador do Power BI.

LEMBRE-SE

As configurações de endpoint do XMLA exigem capacidade Power BI Premium para operar. Para ser bem-sucedido, configure o ambiente para read-only ou read-write. Para editar um conjunto de dados, read-write é necessário.

A conectividade de endpoints do XMLA liga seu workspace a um servidor, com um conjunto de dados como o banco de dados. Para garantir que seu conjunto se conecte adequadamente, vá para o endereço de conexão do workspace e encontre as configurações dele. Certifique-se de ter acesso aos recursos seguindo estas etapas:

1. Acesse o portal Power BI Service, em `www.powerbi.com/`.

2. Selecione Workspaces, no menu de navegação, no lado esquerdo da tela.

3. Identifique o workspace que deseja modificar selecionando uma das opções da lista suspensa.

4. Clique nas elipses verticais e escolha Workplace Settings no menu exibido.

5. Modifique as configurações para acomodar suas necessidades de ambiente, conforme mostrado na Figura 5-12.

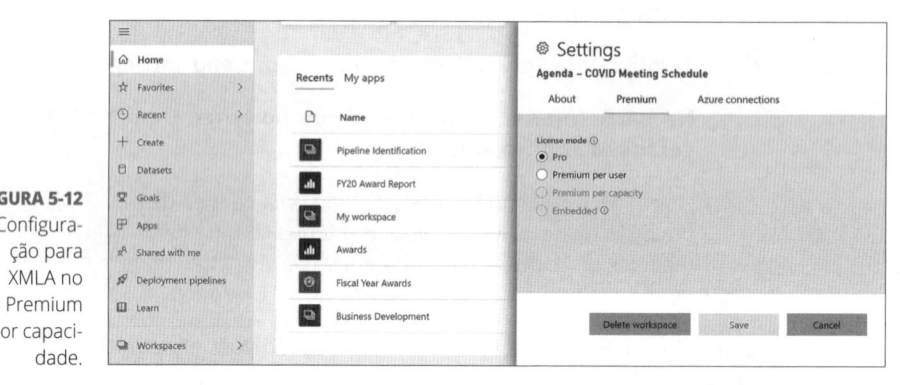

FIGURA 5-12 Configuração para XMLA no Premium por capacidade.

> **NESTE CAPÍTULO**
>
> » Extraindo dados de bancos relacionais e não relacionais
>
> » Utilizando fontes de dados online e em tempo real com o Power BI
>
> » Aplicando serviços de análise em várias fontes de dados
>
> » Abordando correções com dados estáticos e dinâmicos no Power BI

Capítulo **6**

Obtendo Dados de Fontes Dinâmicas

Os dados podem ser complicados às vezes. É certo que carregar um único arquivo contendo algumas planilhas ou talvez um feed com um único fluxo de dados para transformar é brincadeira de criança. O que acontece, no entanto, quando você tem um conjunto de dados alojado em um aplicativo corporativo que tem transações continuamente escritas nele? Esse cenário é bem diferente. E as corporações devem se preocupar (por uma boa razão) com a integração e os resultados de business intelligence (BI). Com o Power BI, as organizações não precisam se preocupar com manipulações técnicas complexas quando se trata de seus sistemas de dados ou de suas comunicações com feeds de dados de terceiros. Como verá neste capítulo, a integração é fluida — o Power BI tem o poder de usar um processo de conexão padronizado, independentemente do requisito de conectividade.

Obtendo Dados de Sistemas de Arquivos Baseados na Microsoft

No Capítulo 5, falo sobre o carregamento de dados diretamente do Power BI Desktop e até mesmo de pastas armazenadas em seu desktop. Agora concentre sua atenção na integração com aplicativos baseados do Microsoft 365, como o OneDrive for Business e o SharePoint 365.

LEMBRE-SE Ao usar o OneDrive, você precisa estar conectado ao Microsoft 365. Enquanto estiver conectado, poderá acessar arquivos e pastas como se estivesse acessando seu disco rígido local. A única diferença é que seu disco rígido é o Microsoft OneDrive. A Figura 6-1 mostra que o caminho para uma pasta do OneDrive for Business não é diferente do caminho para um arquivo ou pasta padrão em seu disco rígido.

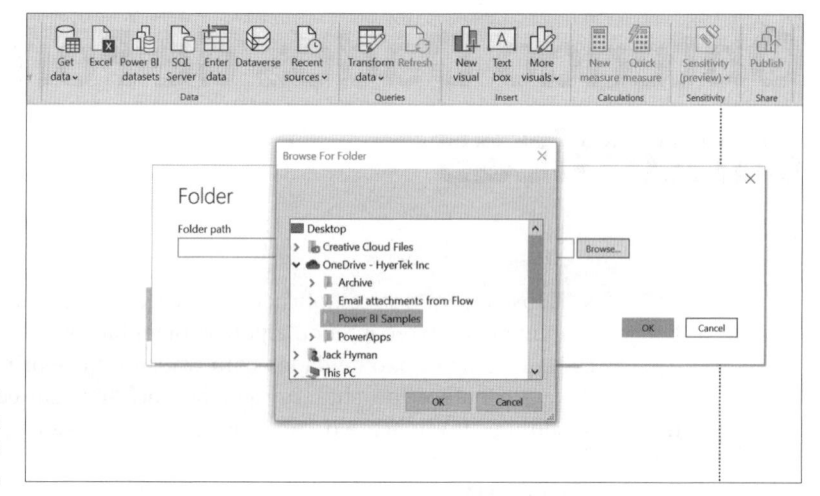

FIGURA 6-1: Caminho do arquivo do OneDrive.

Por outro lado, o SharePoint 365 oferece uma variedade de opções para gerenciamento e colaboração de documentos. A primeira opção é pesquisar um conjunto de sites, site ou subsite (referido no Power BI como pasta do SharePoint). Nesse caso, insira a URL completa do site do SharePoint. Por exemplo, se sua empresa tiver intranet, o site pode ser `http://asite.sharepoint.com`. Um exemplo do que você verá após inserir um URL completo e fazer login com suas credenciais do Active Directory aparece na Figura 6-2.

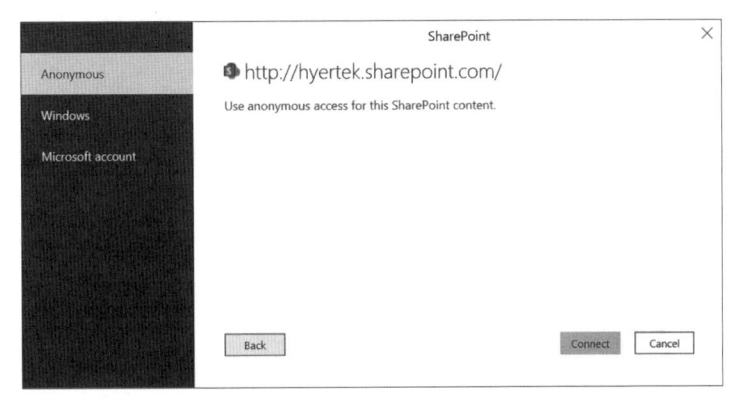

FIGURA 6-2
Caminho da pasta do SharePoint.

Você também pode coletar, carregar e transformar uma ou mais listas do SharePoint no Power BI. (No SharePoint, uma *lista* é um contêiner simples — tipo uma planilha do Excel —, mas age como banco de dados.) A lista permite que os usuários coletem informações — especialmente metadados — em um site do SharePoint, onde os documentos podem ser coletados. Com a lista, os dados são coletados em linhas, e cada linha é representada como um item de linha semelhante ao de banco de dados ou planilha. Para carregar uma lista do SharePoint, conheça a URL do conjunto de sites, site ou subsite do SharePoint. Uma vez que um usuário é autenticado, todas as listas disponíveis são carregadas para ele.

DICA

Para novatos no Power BI, é tentador manter todos os arquivos na área de trabalho para gerenciar dados. Após um tempo, no entanto, se torna inviável lidar com várias versões do mesmo conjunto de dados. É por isso que uma opção de nuvem, como OneDrive ou um site do SharePoint, é útil para gerenciar seus arquivos e conjuntos de dados, relatórios, dashboards e arquivos de conexão. Simplificará tudo!

Fontes de Dados Relacionais

Muitas empresas usam bancos de dados relacionais para registrar atividades transacionais. Exemplos de sistemas que os executam são os baseados em planejamento de recursos empresariais (ERP), gerenciamento de relacionamento com o cliente (CRM) e gerenciamento de cadeia de suprimentos (SCM). Outro tipo de sistema é o de plataformas de e-commerce. Todos eles têm em comum o fato de se beneficiarem de uma ferramenta de business intelligence, como o Power BI, avaliando dados conectando-se ao banco relacional, em vez de extrair arquivos individuais.

As empresas contam com soluções como o Power BI para monitorar suas operações, identificando tendências e prevendo métricas, KPIs e metas. Você pode começar a usar o Power BI Desktop para se conectar a praticamente qualquer banco de dados relacional disponível na nuvem ou no local no mercado.

No exemplo da Figura 6-3, o Power BI está conectado a um Server SQL Azure, o banco de dados corporativo baseado na web da Microsoft. Dependendo de sua solução de banco de dados relacional, há algumas opções. Uma é escolher o comando Get Data ➪ More... na guia Home e procurar Database. Aqui você encontrará bancos de dados específicos da Microsoft. Do contrário, se estiver procurando outro tipo de fonte, escolha Get Data ➪ More... e procure Other. Há mais de quarenta opções alternativas de banco de dados nessa seção.

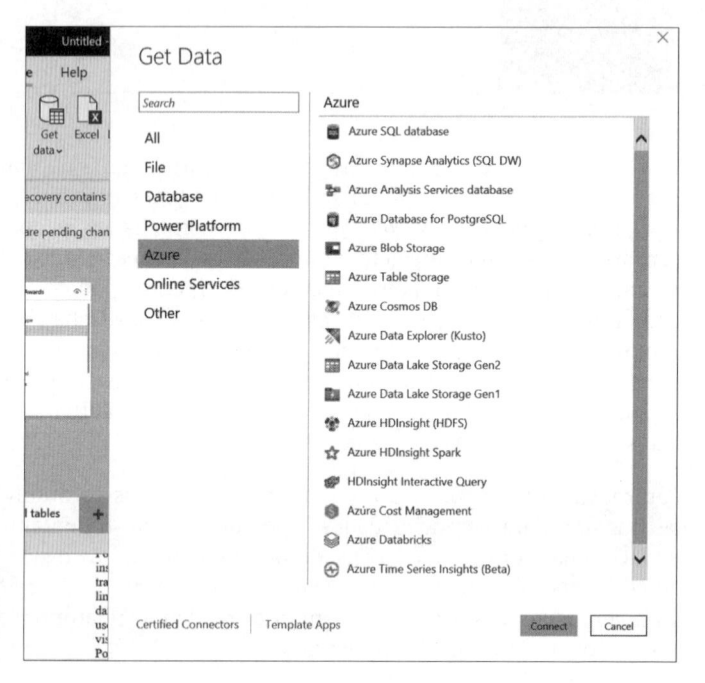

FIGURA 6-3. Localização do banco de dados SQL Azure.

Nesse caso, como a solução selecionada é um produto baseado no Microsoft Azure, pesquise o produto na caixa Search ou clique na opção Azure após selecionar More.

Depois de selecionar o tipo de origem do banco de dados em Get Data, insira as credenciais para o banco de dados relacional. Nesse caso, insira as seguintes informações:

» Nome do servidor.

» Nome do banco de dados.

» Tipo de modo — Import ou DirectQuery.

A Figura 6-4 dá um exemplo com os campos preenchidos corretamente. (Não é preciso adicionar linhas de comando exclusivas ou instruções de consulta SQL, a menos que esteja procurando uma exibição de dados mais granular.)

FIGURA 6-4: Entrada de credenciais para o banco de dados relacional.

LEMBRE-SE

Na maioria dos casos, você deve selecionar Import. DirectQuery deve ser selecionado para grandes conjuntos de dados. As atualizações de dados são feitas quase em tempo real.

Depois de inserir suas credenciais, faça login com seu nome de usuário e senha, usando sua autenticação de conta do Windows, banco de dados ou Microsoft, conforme mostrado na Figura 6-5.

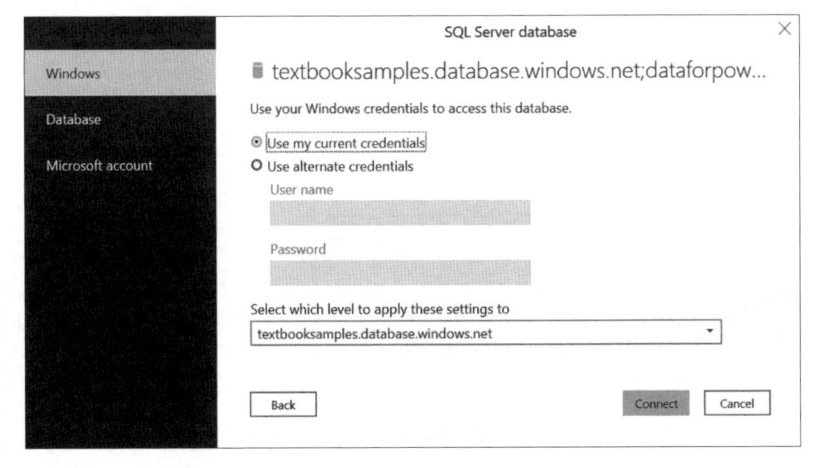

FIGURA 6-5. Selecionando o método de autenticação a ser conectado.

CAPÍTULO 6 **Obtendo Dados de Fontes Dinâmicas** 91

Importando dados de uma fonte relacional

Conectar-se à fonte de dados é, muitas vezes, complicado, porque você precisa ter certeza de que ela e as convenções de nomenclatura estão corretas. No entanto, depois de superar esses dois fatos, a navegação costuma ser tranquila — bem, pelo menos até que se precise escolher os dados para importar. Então você pode ficar sobrecarregado se o banco tiver muitas tabelas.

Depois de conectar o banco de dados ao Power BI Desktop, o Navigator exibe os dados disponíveis a partir da fonte de dados, conforme mostrado na Figura 6-6. Nesse caso, todos os dados do banco de dados SQL Azure são apresentados. Selecione uma tabela ou uma das entidades para visualizar o conteúdo.

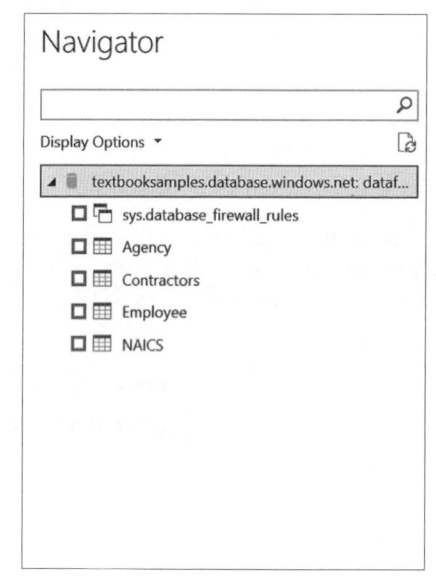

FIGURA 6-6: Selecionando as tabelas do Navigator para importação.

LEMBRE-SE

Os dados carregados no modelo *devem* estar corretos antes de passarem para o conjunto seguinte. Para importar dados da fonte relacional que deseja ingerir no Power BI Desktop e, em seguida, carregar ou transformar e carregá-los, siga estas etapas:

1. **Selecione uma ou mais tabelas no Navigator.**

   Os dados selecionados serão importados para o Power Query Editor.

2. **Clique no botão Load se estiver procurando automatizar o carregamento de dados em um modelo de Power BI com base em seu estado atual, sem alterações.**

3. **Clique no botão Transform Data se desejar que o Power BI execute o mecanismo Power Query.**

   O mecanismo executa ações como limpar colunas excessivas, agrupar dados, remover erros e promover a qualidade dos dados.

A boa e velha consulta SQL

Você provavelmente não deveria se surpreender, mas o Power BI tem um editor de consultas SQL inteligente. Suponha que você saiba precisamente de quais tabelas do banco de dados SQL Azure precisa. Nesse caso, tudo o que precisa fazer é chamar as tabelas em uma consulta SQL com apenas algumas teclas pressionadas, em vez de solicitar todas as tabelas do Server SQL Azure. Por exemplo, a Figura 6-7 apresenta uma consulta de SELECT representativa para uma tabela encontrada no banco de dados dataforpowerbi.

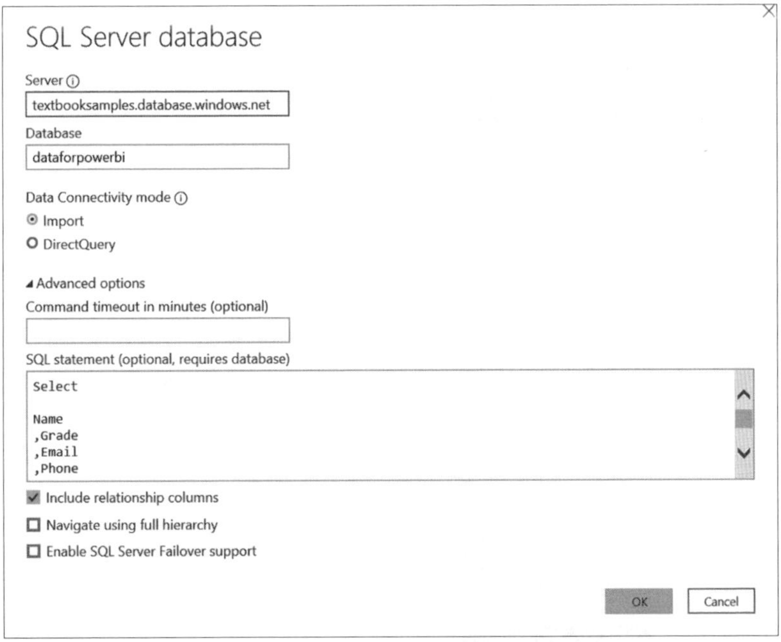

FIGURA 6-7: Dados de consulta representativos do Server SQL Azure.

Fontes de Dados Não Relacionais

Algumas organizações usam bancos de dados não relacionais, como o Microsoft Cosmos DB e o Apache Hadoop, para lidar com seus inúmeros desafios de dados. Qual é a diferença?, você pergunta. Esses bancos de dados não usam tabelas para armazenar os dados. Os dados podem ser armazenados de várias maneiras sendo não relacionais (NoSQL). As opções executam a gama de documento, valor-chave, coluna ampla e gráfico. Todas as opções de banco de dados fornecem esquemas flexíveis e escalam sem esforço com grandes volumes de dados.

Embora ainda exista a necessidade de autenticar no banco de dados, a abordagem de consulta é um pouco diferente. Por exemplo, com o Microsoft Cosmos DB — o banco de dados NoSQL criado pela Microsoft, que é complementar ao Power BI —, um usuário deve identificar a URL do endpoint, a chave primária e a chave somente leitura para que uma conexão seja criada para a instância do Cosmos DB no portal do Azure. Para se conectar ao Cosmos DB, siga estas etapas:

1. **Escolha Get Data ⇨ More... na guia Home, no Power BI.**

2. **No submenu exibido, localize Azure.**

3. **Selecione a opção Azure Cosmos DB, como mostrado na Figura 6-8, para criar uma conexão de banco de dados não relacional.**

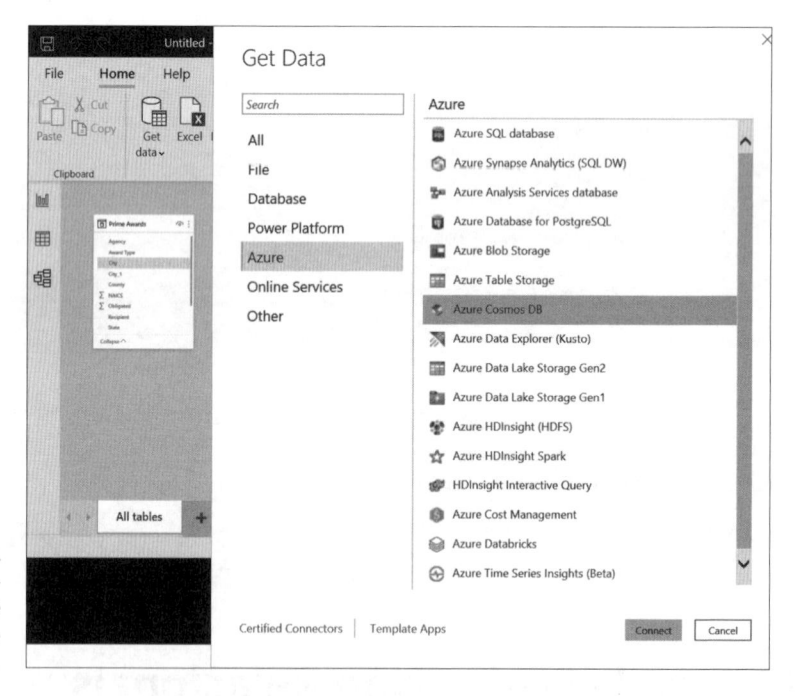

FIGURA 6-8. Selecionando a fonte de dados do Cosmos DB.

4. **Digite a URL do banco de dados do Cosmos DB no campo URL e clique em OK. (Veja a Figura 6-9.)**

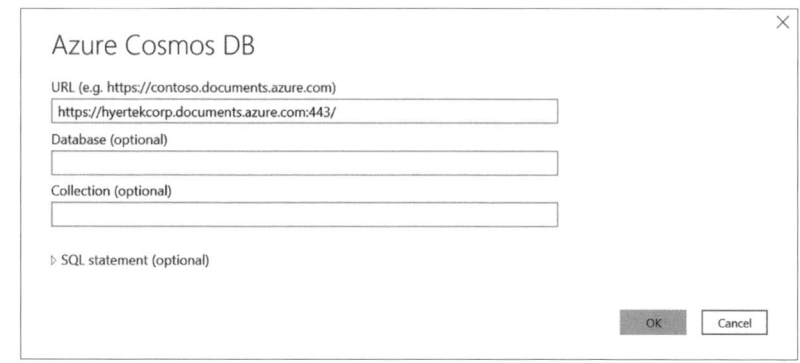

FIGURA 6-9: Conectando ao Cosmos DB, um banco de dados Microsoft NoSQL.

CUIDADO Para usar um banco de dados NoSQL, é preciso saber as chaves para autenticar. Para o Cosmos DB, essas chaves estão no portal do Azure, em Cosmos DB Instance Settings, Key Link. Certifique-se de copiar as chaves de leitura primária e secundária read-write e read-only.

Importando do Arquivo JSON

Os arquivos JSON não se parecem em nada com arquivos de dados estruturados. Por quê? JSON — abreviação de JavaScript Object Notation — é um formato de troca de dados leve. Nem estruturado nem não estruturado, o tipo de arquivo JSON é *semiestruturado*, porque é escrito por padrão como um par chave-valor. Com registros baseados em JSON, os dados devem ser extraídos e normalizados antes de se tornarem um relatório no Power BI. É por isso que você deve transformar os dados usando o Power Query Editor, do Power BI Desktop.

Se seu objetivo for extrair dados de um arquivo JSON, você transformará a lista em uma tabela clicando na guia Transform e selecionando To Table no grupo Convert. Outra opção é detalhar um registro específico clicando em um link de registro. Se deseja visualizar o registro, clique na célula sem clicar nele. Isso abre um painel de visualização de dados na parte inferior do Power Query Editor.

Precisa de mais minúcias? Clique na engrenagem ao lado da etapa de origem em Query Settings, o que abre uma janela para especificar configurações avançadas. Lá você especifica opções como codificação de arquivos na lista suspensa File Origin. Quando estiver pronto para o tempo de exibição e seu arquivo JSON for transformado, clique em Close & Apply para carregar dados no modelo do Power BI. No exemplo da Figura 6-10, os registros de funcionários foram transformados do arquivo JSON.

FIGURA 6-10:
Arquivo JSON transformado pelo Power Query Editor.

Depois que o Power Query Editor tiver transformado o arquivo, talvez você ainda precise editar campos específicos. No exemplo, o campo Country tem todas as entradas nulas, por isso, é um candidato principal para exclusão. Tal escolha é facilmente realizada com a ajuda do menu suspenso, como mostrado na Figura 6-11, no qual você pode detalhar e excluir registros específicos.

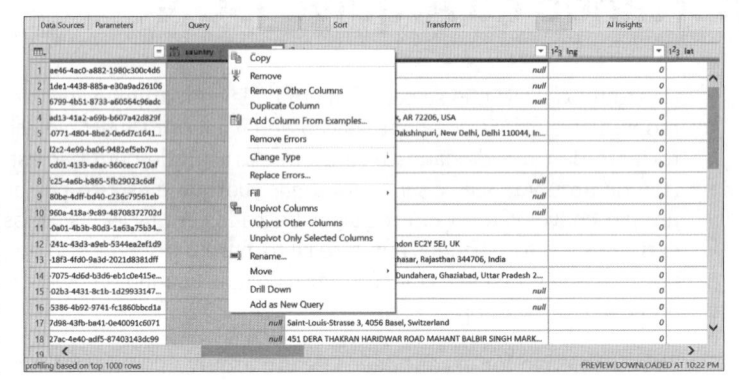

FIGURA 6-11:
Modificando um arquivo JSON usando o Power Query Editor.

Importando Dados de Fontes Online

Aplicativos corporativos e feeds de dados de terceiros estão amplamente disponíveis no Power BI. Na verdade, a Microsoft tem mais de cem conectores para aplicativos desenvolvidos e gerenciados por outros fornecedores, incluindo os da Adobe, Denodo, Oracle e Salesforce, para citar alguns. Claro, a Microsoft também suporta suas próprias soluções de aplicativos corporativos, incluindo aquelas nas famílias Dynamics 365, SharePoint 365 e Power Platform. As fontes online podem ser encontradas em várias categorias usando o recurso Get Data, do Power BI Desktop, mas suas melhores apostas estão em *Online Services* e em *Other*.

No exemplo, como mostrado na Figura 6-12, configurei uma conexão com o Dynamics 365 Business Central.

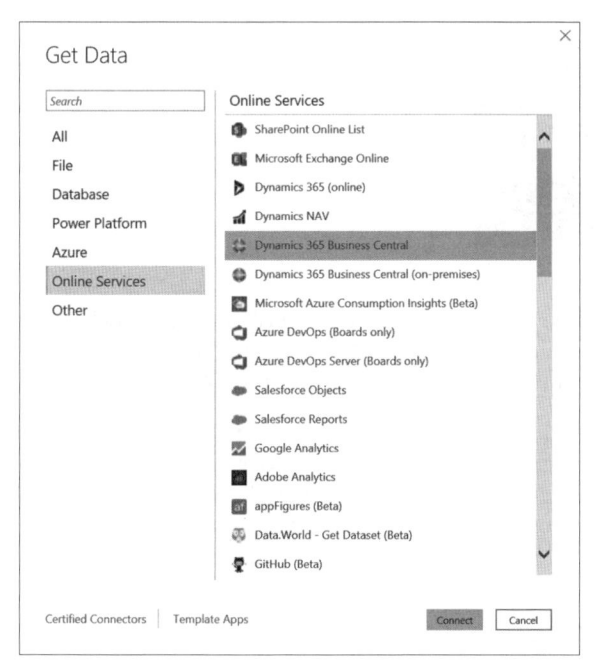

FIGURA 6-12: Conectando-se a um serviço online no Power BI Desktop.

Para se conectar a um serviço online, siga estas etapas:

1. **Vá para Get Data, em Home, no Power BI.**

2. **Na parte inferior do menu Go Data, escolha a opção More...**

   Selecionar More fornece aos usuários mais opções de fonte de dados.

3. **Escolha Online Services, no submenu More...**

   O Online Services inclui aplicativos corporativos, nos quais há grandes conjuntos de dados disponíveis (supondo que as credenciais do usuário estejam acessíveis).

4. **No lado direito, clique em Dynamics 365 Business Central (veja a Figura 6-13).**

   Isso permite uma conexão com a Solução ERP para pequenas empresas da Microsoft.

5. **Na parte inferior da tela, clique em Connect.**

O resultado final é a conexão estabelecida com o Microsoft Dynamics 365 Business Central.

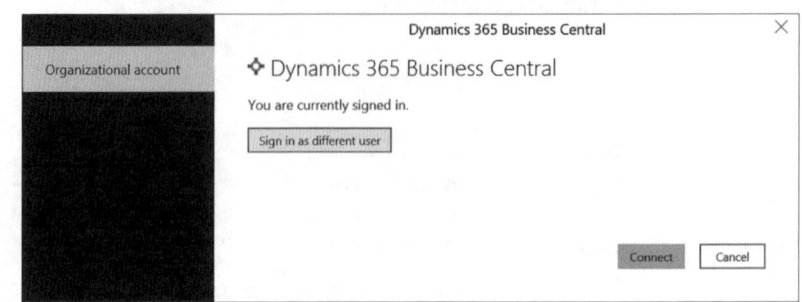

FIGURA 6-13: Interface para autenticação com Online Services.

Em seguida, você é solicitado a inserir suas credenciais organizacionais online. Geralmente, essa parte já está pré-preenchida, porque é seu login de acesso único associado ao Azure Active Directory. (Veja a Figura 6-13.)

Após autenticar uma sessão, todos os dados disponíveis do banco de dados para a origem específica são carregados no painel Navigator, dentro do Power Query Editor, conforme mostrado na Figura 6-14. O Power Query transforma os dados antes de carregá-los no Navigator.

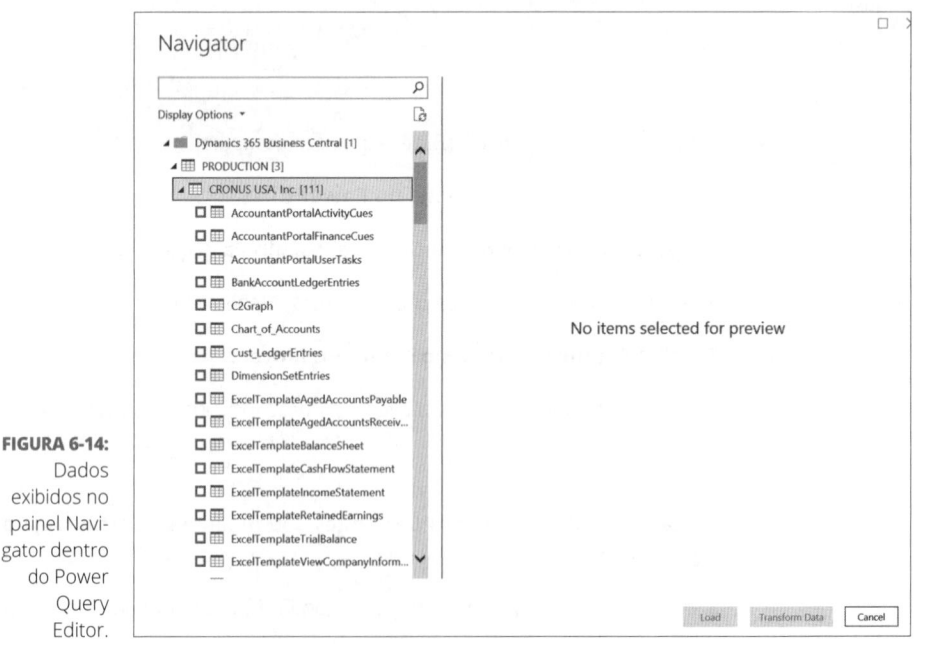

FIGURA 6-14: Dados exibidos no painel Navigator dentro do Power Query Editor.

Criando Combos de Fonte de Dados

Quando os dados vêm de várias fontes, as coisas ficam complexas. Criar relações entre dados na esperança de produzir cálculos e regras sobre eles cria um novo conjunto de "ahá". No Power BI, os cálculos são construídos usando a linguagem Data Analysis Expression (DAX). Então nem é necessário dizer que, quando é preciso reunir várias fontes contendo cálculos, funções e conjuntos de regras, o processo é árduo. No entanto, a Microsoft, com o Azure Analysis Services, reduziu consideravelmente o ônus.

O Azure Analysis Services é semelhante à oferta de modelagem e armazenamento de dados do Power BI. Quando uma organização precisa integrar dados de várias fontes de dados, incluindo bancos de dados e fontes online, o Azure Analysis Services os simplifica em um único pacote. Depois que os dados são organizados e consumíveis no que é conhecido como Azure Analysis Cube, um usuário pode autenticar e selecionar o Cube para acessar e consultar uma ou mais tabelas.

Dados do Azure Analysis Services

Como ocorre com outras fontes, basta clicar em Get Data, em Home, no Power BI Desktop para acessar o Analysis Services, conforme mostrado na Figura 6-15.

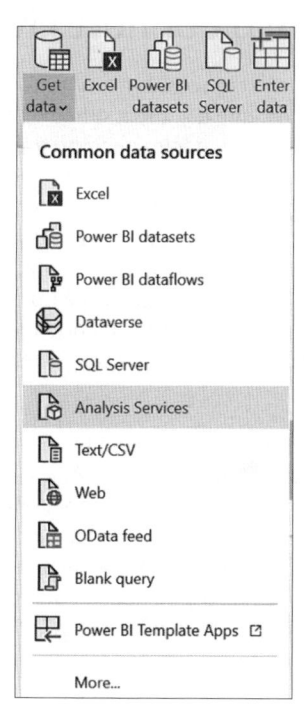

FIGURA 6-15: Acessando o Analysis Services.

Depois de selecionar Analysis Services, forneça o endereço do servidor do Analysis Services, bem como o nome do banco de dados. Além disso, selecione se deseja importar os dados ou usar o Live Connection. É opcional inserir um parâmetro MDX ou DAX. (A Figura 6-16 mostra os campos que precisam ser preenchidos.)

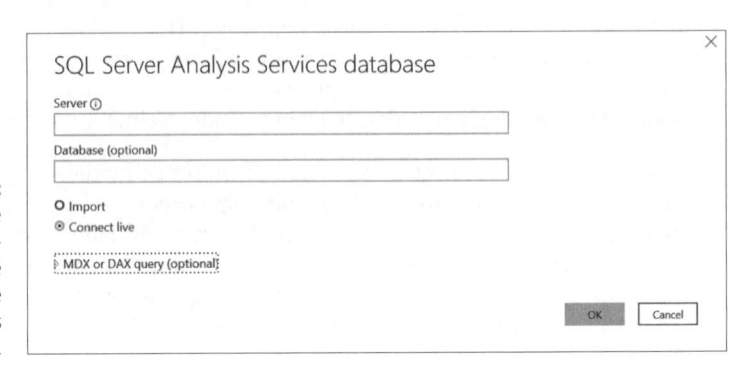

FIGURA 6-16: A interface de conectividade do Azure Analysis Services.

PAPO DE ESPECIALISTA

Você *deve* saber a diferença entre DAX e MDX. O conceito MDX está associado à *multidimensionalidade* — vários aspectos dos mesmos dados. Portanto, você pode consultar o Azure Analysis Cube para obter dimensões e métricas de dados como resultado. No entanto, com o DAX, os resultados são cálculos e métricas exclusivos do Power BI.

Acessando dados com o Connect Live

Não confunda o Connect Live com o modo Live Connection. O Connect Live é específico do Azure Analysis Services, que usa um modelo de tabela e DAX para criar cálculos. A construção de tais modelos é comparável ao Power BI. No entanto, com o Connect Live você mantém os dados e os cálculos DAX em seus locais hospedados originais, o que significa que não há motivos para importá-los para o Power BI nativamente. Como o Azure Analysis Services oferece uma taxa de atualização de alta velocidade, o ciclo de atualização de dados no Power BI é quase imediato. Você nunca precisa se preocupar em atingir o limite de atualização de dados do Power BI, o que ajuda a melhorar a qualidade dos dados de sua organização, especialmente ao entregar relatórios.

O Connect Live também permite consultar diretamente tabelas no Azure Analysis Services usando DAX ou MDX, o que é semelhante a um banco de dados relacional. Dito isso, a maioria dos usuários importa dados diretamente para o Power BI, seja de um arquivo, seja de um banco de dados, seja serviço usando o modelo do Azure Analysis Services. A outra opção é usar o modo Live Connection. Ao usar a modelagem de dados e as medidas DAX, todas as atividades podem ser realizadas de modo central, viabilizando a manutenção de dados semelhantes.

Modos para Dados Dinâmicos

O grande método de importar dados de forma confiável sem restrições é a importação direta. *Importar* significa que os dados estão armazenados em um arquivo do Power BI e são publicados com relatórios para o Power BI Service a partir do Power BI Desktop por um usuário. Assim, você pode ter certeza de que, se for possível interagir diretamente com o conjunto de dados, os dados serão transformados e limpos da maneira que deseja que o sejam. Às vezes, é claro, essa abordagem não é a adequada para você ou sua organização.

Não use a importação direta em nenhuma destas duas instâncias:

» Um ambiente com requisitos de segurança complexos.

» Conjuntos de dados grandes e incontroláveis, cujo potencial de gargalos é alto.

Nesses casos, use o DirectQuery para obter dados dinâmicos, pois você pode consultar as fontes diretamente sem se preocupar em importar uma cópia do conjunto para o Power BI — que pode ser excessivamente grande. O uso do DirectQuery também o ajuda a evitar outro problema que o Direct Import muitas vezes coloca como um desafio: recência e relevância dos dados. Você sempre sabe que seus dados são recentes com o DirectQuery. Em contraste, com a importação direta, é preciso atualizar o conjunto de dados por conta própria.

LEMBRE-SE

Se precisar alternar os modos de armazenamento, acesse Model View na navegação do Power BI. Primeiro, selecione no painel Properties a tabela de dados que requer modificação. Em seguida, altere o modo no menu suspenso Storage Mode, na parte inferior da lista. Existem três opções: Import, DirectQuery e Dual.

O MELHOR DOS MUNDOS: DUAL MODE

Ao lidar com dados dinâmicos, certos conjuntos de dados permitem algum nível de importação direta. Por outro lado, outros podem ser tratados apenas por consulta. Quando os dados podem ser importados utilizando Import e DirectQuery, outro modo de armazenamento torna-se disponível: o Dual. No Dual Mode, o Power BI escolhe a maneira mais eficiente de lidar e processar dados.

Corrigindo Erros na Importação

Ao longo do caminho, não se surpreenda se você se deparar com um ou dois erros de importação. Na maioria das vezes, os culpados são time-outs de consulta, erros de mapeamento de dados ou problemas de tipo deles. Esses problemas são fáceis de corrigir depois que se entende a mensagem de erro, que aparecerá em inglês. Esta seção descreve cada uma das condições.

"Time-out expired"

Você leu sobre sistemas que têm tráfego intenso e outros que mal são tocados. Quando se tem uso pesado de um banco de dados, as administrações limitam a largura de banda de um determinado usuário para garantir que nenhum usuário consuma toda a capacidade de infraestrutura. Suponha que uma consulta do Power BI exija um conjunto de dados significativo. Ao mesmo tempo, há uma carga pesada em um sistema, e o conjunto de dados não pode ser totalmente retornado no tempo distribuído definido pelo sistema. Nesse caso, o resultado é um time-out consulta, porque o sistema a expira.

"The data format is not valid"

Suponha que você importe uma tabela para o Power BI e, em seguida, veja uma mensagem informando: "Não conseguimos encontrar nenhum dado formatado como tabela." O que isso quer dizer? Quando você importa dados do Excel, o Power BI espera que a linha superior de dados mantenha os cabeçalhos das colunas. Se esse não for o caso, é preciso modificar o workbook do Excel para que a primeira linha seja considerada um cabeçalho. Caso contrário, você continuará recebendo esse erro até que a primeira linha seja formatada corretamente.

"Uh-oh — missing data files"

Sempre que você alterar o diretório ou o caminho de seus arquivos, seja em sua área de trabalho local, seja em um diretório na nuvem, espere obter um erro no Power BI Desktop. Embora o Power BI seja um aplicativo inteligente, ele não rastreia cada movimento que seu arquivo realiza.

Outro caso potencial em que um arquivo de dados ausente pode parecer ser o problema é ao alterar a permissão de segurança de um arquivo. Não assuma que o Power BI permitirá que você acesse o aplicativo porque recebeu acesso anteriormente — é exatamente o oposto, na verdade. Para corrigir esse problema, siga estas etapas:

1. Clique no botão Transform Data para abrir o Power BI Query Editor.

2. Ao abrir o Power BI Query Editor, localize o painel Queries.

   Você encontrará um ou mais de seus erros aqui.

3. Vá para a consulta que está relatando erro.

4. No lado direito da tela, em Query Settings, localize Applied Steps e selecione Source.

   Você estará reconfigurando as configurações de origem/fonte.

5. Modifique a fonte para corresponder ao novo local clicando no botão Settings (o ícone de engrenagem) ao lado da fonte e fazendo os ajustes de permissão necessários.

6. Pressione OK, uma vez concluído.

"Transformation isn't always perfect"

Pode ser difícil de acreditar, mas mesmo a tecnologia pode criar erros de dados quando as importações ocorrem. (Espere — a tecnologia é falível? Sério?) Isso pode acontecer quando você tentar importar dados para o Power BI. Depois de todos seus esforços, uma coluna estará em branco ou preenchida com uma variedade de tipos de dados errados. Quando o sistema tem dificuldade em interpretar o tipo de dado no Power BI, um erro é lançado. A maneira de corrigir o problema é única para cada fonte de dados. Embora uma fonte possa exigir a conversão dos dados, outra pode exigir sua remoção completa.

Sempre especifique o tipo de dado correto na fonte desde o início. Completar uma importação direta versus DirectQuery também elimina muitos dos erros típicos.

> **NESTE CAPÍTULO**
>
> » Identificando necessidades de limpeza com base em anomalias, propriedades e baixa qualidade
>
> » Resolvendo inconsistências com tipos de dados, valores, chaves, estruturas e consultas
>
> » Simplificando dados com base em consultas e convenções de nomenclatura antes do carregamento de dados

Capítulo **7**

Limpar, Transformar e Carregar Dados

Para que qualquer limpeza e transformação de dados ocorra, sua organização precisa de analistas e engenheiros — e detetives. A ideia é analisar os dados antes de eles entrarem no sistema ou depois que estiverem em seu armazenamento. Simplesmente ocultar os dados não é suficiente. É preciso seguir um processo rigoroso ao procurar por essas agulhas no palheiro dos dados. Sem um processo rigoroso, não dá para garantir a consistência dos dados em todas as colunas, os valores e as chaves. Seguindo um processo de análise meticuloso, é possível projetar consultas otimizadas que ajudam a carregar sem problemas os dados no sistema. Este capítulo o ajuda a desenvolver esse processo avaliando todo o ciclo de vida e as atividades de suporte que o profissional de Power BI deve realizar para fazer os dados brilharem para o consumo e a visualização.

Temos um Xeroque Rolmes Aqui!

Há vários tipos de dados anômalos. Com o Power Query, você encontra as tendências que quer de dados incomuns — mesmo aquelas pequenas ambiguidades que você teria dificuldade de capturar por conta própria. Por exemplo, você pode ver como um valor ou erro de dólar fora do contexto é rastreado até valores ausentes que distorcem os resultados. Esse é um cenário da vida real que o Power BI é capaz de resolver.

A maneira mais fácil e óbvia de detectar erros é olhando uma tabela do Power Query Editor. Você pode avaliar a qualidade de cada coluna com o recurso Data Preview. E pode, entre cada coluna, revisar dados sob um valor de cabeçalho para validá-los, detectar erros e localizar valores vazios. Tudo o que precisa fazer é, no menu principal do Power Query, selecionar View ⇨ Data Preview ⇨ Column Quality. Na Figura 7-1, você percebe imediatamente que a coluna Agency tem dados faltando, como mostrado pelo número <1% relatado como vazio. Tal comportamento é consistente com anomalias de dados.

FIGURA 7-1: Resolver problemas de qualidade da coluna.

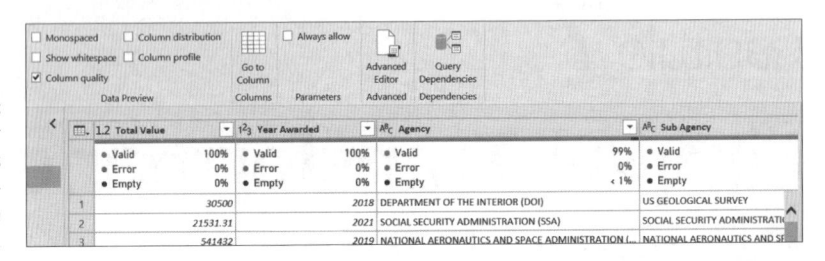

Ao longo deste capítulo, você pode acompanhar os exercícios usando o arquivo `FiscalAwards.xlsx`, que pode ser carregado no Power BI Desktop. Para acessá-lo, vá para: www.dummies.com/go/microsoftpowerBIfd.

Observe que todas as colunas, exceto a Agency, têm 100% de validade. Esse <1% significa que você tem um valor nulo ou dados errados. A finalidade de investigar problemas de qualidade de dados usando o Power Query é mais bem exemplificada com essa amostragem, porque todas as outras colunas mostram porcentagem zero de erro. Você aprende a corrigir essas ambiguidades mais adiante neste capítulo.

Verificando estruturas de dados e propriedades da coluna

Avaliar dados vai além da qualidade da coluna. Outra métrica para identificar melhor problemas de estrutura de dados envolve a *distribuição de valores de coluna*, que é uma métrica de todos os valores distintos na coluna selecionada, bem como a porcentagem de linhas na tabela que cada valor representa. Ative essa métrica no Power Query Editor escolhendo View ⇨ Data Preview ⇨ Column Distribution. Na Figura 7-2, observe que as colunas Total Value têm um alto número de valores distintos e únicos.

FIGURA 7-2:
Uma olhada na distribuição de colunas.

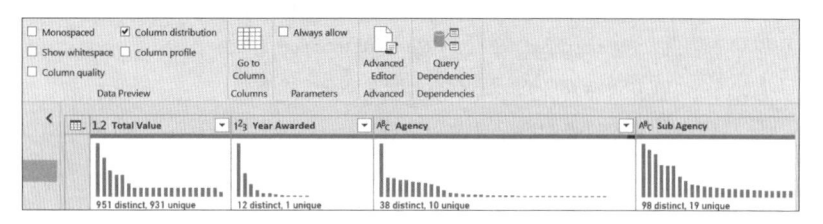

Aqui está o que *distinct* e *unique* estão dizendo a você:

» **Número distinto [distinct]:** O número de valores diferentes em uma coluna quando as duplicatas são omitidas.

» **Número único [unique]:** O número de valores que ocorrem apenas uma vez.

Usando o comando Column Distribution, determina-se o número de valores distintos e únicos em cada coluna. Como observado, a distribuição de colunas de valores é visível sob seu cabeçalho. Independentemente do objetivo da análise, o perfil de colunas está disponível para todos os tipos de dados.

Cada coluna mostra a forma dos dados — a distribuição de valores, digamos, ou a frequência com que um tipo de dado específico aparece. O valor 2021 é mais visto, enquanto os valores de 2011 a 2020 são distribuídos em um valor proporcional por gráfico, conforme mostrado na Figura 7-2, sob a categoria Years Awarded.

DICA

Se quiser avaliar dados fora do Power BI e do Power Query Editor, clique com o botão direito do mouse nas colunas de escolha e selecione Copy Value Distribution, no menu exibido. É fornecida uma lista de valores distintos e o número de vezes que os dados aparecem nas colunas.

LEMBRE-SE

A distribuição de colunas é um utilitário valioso: se certas colunas oferecem pouco valor comercial, você pode omiti-las. Um exemplo é aquela com um número limitado de valores distintos. Remover colunas à medida que se realizam análises cria consultas mais poderosas, porque você se livra da desordem excluindo conjuntos de dados indesejados.

Usando as estatísticas de dados

Às vezes, as estatísticas são sua melhor amiga, e é por isso que se deve considerá-las para criar um perfil e entender a natureza dos dados. Para ativar a visualização das estatísticas, vá para o Power Query Editor, escolha View ⇨ Data Preview, no menu principal, e marque as caixas de seleção Column Quality e Column Profile, conforme mostrado na Figura 7-3.

FIGURA 7-3: Visualização de dados no Power Query Editor.

Após ativar os recursos, selecione um cabeçalho de coluna que exija análise estatística adicional. Na Figura 7-4, há o perfil das colunas Total Value e Year Awarded, na planilha do Excel denominada Fiscal Year Awards. Observe o painel de estatísticas gerais, na parte inferior, e, em seguida, as estatísticas individuais da coluna. Suas opções também não estão limitadas ao perfil e à qualidade da coluna. Você também pode revisar os dados para espaço em branco, espaçamento simples e distribuição de colunas.

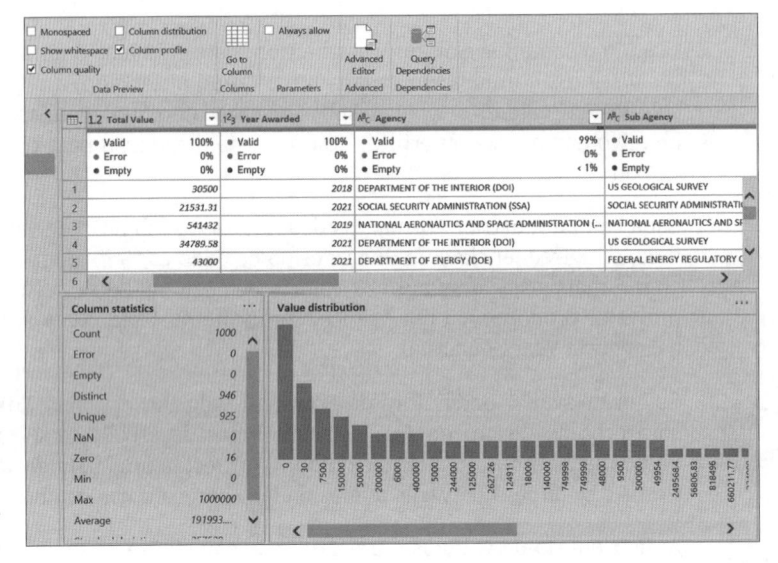

FIGURA 7-4: Visualização de dados do perfil da coluna e da qualidade da coluna.

Estas são as principais estatísticas das colunas a se avaliar:

- » Contagem total de valor.
- » Número de erros.
- » Colunas vazias.
- » Colunas distintas.
- » Extensão de valores únicos.
- » Valores mínimo, máximo e médio.
- » Número de valores zero, ímpares ou pares.

LEMBRE-SE Se a coluna tiver texto, as estatísticas variam em comparação com as colunas numéricas. Com colunas de texto, o número de strings e valores vazios é destacado. Em contraste, em colunas numéricas, você está limitado apenas a valores vazios.

Passando pelo Ciclo de Vida dos Dados

Os dados raramente são perfeitos. A menos que esteja se conectando a um conjunto de dados preparado em que tenha controle limitado sobre o que foi criado, há uma boa chance de que precise fazer algum nível de limpeza e transformação de dados antes de poder carregar qualquer coisa para análise.

O Power BI oferece uma ferramenta incrivelmente poderosa para guiá-lo por todo o ciclo de vida dos dados, enfatizando a limpeza e a transformação. Essa ferramenta é o Power Query. No Power Query, um usuário pode extrair, transformar e carregar (ETL) dados usando o comando Get, bem como o Transform Data. Neste livro, você usa o Power Query para conectar, transformar, ingerir e avaliar os dados disponíveis ao se conectar a uma fonte de dados. Essa ferramenta é a infraestrutura por trás do Power Query Editor, encontrado no Power BI.

LEMBRE-SE O Power Query não é novo no Power BI. Na verdade, ele também é parte do Excel. Outros produtos, além do Power BI e Excel, incluem o Power Query como meio de modernizar o desenvolvimento de consultas com uma abordagem low-code.

Em vez de usar SQL, o Power Query usa outra linguagem de programação, chamada M — abreviação de *mash*-up —, que é uma linguagem de fórmula de consulta funcional sensível a maiúsculas e minúsculas. Como parte do Power BI Query Editor, M ajuda a preparar os dados antes de serem carregados em um modelo do Power BI. M é específico para consultas, e DAX, a linguagem Data Analysis Expressions, é uma linguagem de cálculo de dados analíticos usada por profissionais de ciência de dados e análise para análise aprofundada. Ao contrário de M, usado principalmente na fase de transformação de dados, DAX é usada na fase de visualização deles. Descrevo o DAX nos Capítulos 14 a 16.

Resolvendo inconsistências

Quanto mais dados você tiver, mais precisa estar atento a inconsistências, valores inesperados, valores nulos e outros problemas de qualidade de dados. O Power BI, com a ajuda do Power Query, oferece suporte aos usuários com várias maneiras de lidar com inconsistências. Isso inclui a substituição de valores, a remoção de linhas e a conclusão da análise de causa raiz.

Substituindo valores

Na interface do Power Query Editor, os usuários podem substituir valores errados pelos resultados desejados quando ocorrem erros nas fontes de dados criadas ou importadas para o Power BI. Um exemplo é substituir valores nulos por um valor único atualizado. Há um detalhe, no entanto, ao usar essa técnica: um usuário deve corrigir o erro na origem, ou outros valores podem ser escritos durante a atualização. Acesse suas opções clicando com o botão direito do mouse em uma coluna e, em seguida, escolhendo uma opção, conforme mostrado na Figura 7-5.

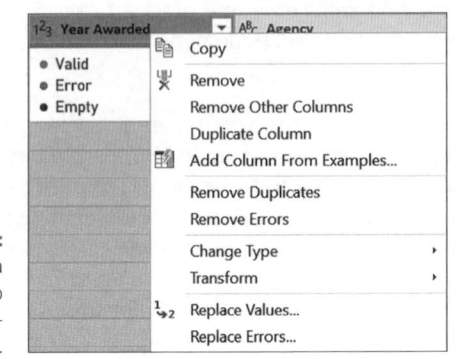

FIGURA 7-5: Procure a opção do menu Replace Values.

Para substituir erros, siga estas etapas:

1. **Clique com o botão direito do mouse no cabeçalho de uma coluna e escolha Replace Errors no menu que aparece no Power Query Editor.**

2. **Insira na caixa Value os valores que deseja substituir.**

3. **Clique em Ok.**

A substituição de valores em uma coluna segue um processo semelhante, como mostrado na Figura 7-6. Siga estes passos:

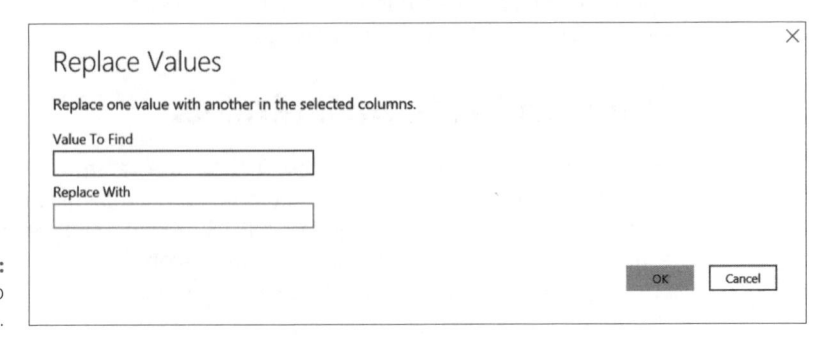

FIGURA 7-6: Substituindo valores.

1. Clique com o botão direito do mouse no cabeçalho de uma coluna e escolha Replace Value no menu que aparece no Power Query Editor.

2. Na nova tela que aparecer, preencha os campos Value to Find e Replace With.

3. Quando terminar, clique no botão Ok.

> **DICA**
>
> Após selecionar o menu Replace Value, serão solicitadas várias atualizações. Em Advanced, há duas opções: Match Entire Cell Content e Replace Using Special Character Codes. Se tentar substituir o texto em uma coluna, precisará corresponder ao conteúdo de uma célula inteira. Se habilitar a opção Match Entire Cell Content, o Power Query Editor não substituirá valores em que o valor Replace With estiver limitado a Value to Find. Além disso, suponha que você esteja procurando substituir um único caractere. Nesse caso, precisa selecionar a caixa de seleção Replace Using Special Character Codes. Caso contrário, o valor não será inserido na caixa.

> **PAPO DE ESPECIALISTA**
>
> Se quiser substituir dados em várias colunas simultaneamente, pressione a tecla Control (Ctrl) e selecione cada coluna que tem valores que deseja substituir. Se quiser selecionar um intervalo de colunas seguindo uma ordem específica, pressione a tecla Shift e selecione cada uma das colunas na ordem de preferência. Lembre-se de que o tipo de dados inserido nos campos de substituição deve corresponder a todas as colunas, caso contrário, aparecerão erros.

Removendo linhas usando o Power Query

De tempos em tempos, você descobre que deve remover linhas inteiras de dados porque algo nelas está criando uma abundância de erros. Para remover uma linha, você presumiria que corrigir o erro é tão simples quanto clicar com o botão direito do mouse na coluna e escolher Remove Errors no menu de contexto. Esse método remove apenas linhas em que os erros conhecidos estão presentes. Suponha que você prefira remover todas as linhas em uma tabela que atendam a uma condição específica que pode levar a erros. Nesse caso, clique no ícone Table, à esquerda do cabeçalho da coluna, selecione as linhas afetadas e, no menu exibido, escolha Remove Errors.

Escavando até a causa raiz

Sempre que ocorrer um erro em uma coluna, revise a mensagem por trás dele. Para revisar o erro, selecione a célula em questão. A mensagem de erro aparece no painel Preview, na parte inferior da página. O uso desse método permite que um usuário veja vários tipos de conteúdo de tabelas, registros, listas e, claro, erros incorporados.

A Figura 7-7 mostra que um erro foi introduzido depois que uma nova coluna personalizada foi adicionada ao conjunto de dados. A questão apresentada é uma incompatibilidade de tipos de dados. Nem um campo de texto nem um numérico pode criar um valor de coluna típico. Acontece que, muitas vezes, a conversão de tipo é uma das causas principais que desencadeiam uma mensagem de erro.

FIGURA 7-7
Um erro, conforme apresentado no Power Query.

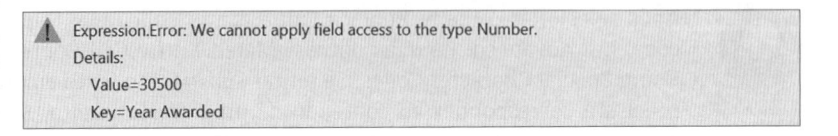

```
Expression.Error: We cannot apply field access to the type Number.
Details:
    Value=30500
    Key=Year Awarded
```

PAPO DE ESPECIALISTA

De tempos em tempos, você pode precisar converter uma coluna de um tipo para outro (de texto para número, por exemplo). No Power BI, isso é chamado de *conversão de tipo*. Na maioria das vezes, você faz alterações de conversão de tipo imediatamente após os dados serem transformados usando o Power Query.

Avaliando e Transformando Tipos de Dados de Colunas

Poucas fontes de dados nasceram prontas. É preciso moldá-las para estarem aptas para o uso no Power BI e no Power Query Editor. (É certo que esse comportamento é mais comum para arquivos do que para sistemas de banco de dados estruturados, mas isso não vem ao caso.) À medida que trabalha com conjuntos de dados, você precisa adicionar etapas de consulta à medida que adiciona ou reduz linhas e dados de coluna. Mesmo quando tenta transpor dados de coluna, não deve ser nenhuma surpresa que avaliar e transformar dados é um processo complexo. Nesta seção, foco tópicos sobre transformar dados em seu estado mais puro possível. Claro, é preciso fazer certos malabarismos no trajeto.

As chaves apropriadas para as associações

O Power BI oferece suporte aos usuários combinando dados de tabelas de várias maneiras diferentes — mas não importa qual caminho escolha, você precisa usar uma associação em sua consulta. (Uma *associação* é uma forma de combinar dados de várias tabelas; ela as reúne com uma chave comum de duas ou mais tabelas.) Usando o Power Query Editor, você pode concluir essa ação usando a funcionalidade Merge. Se quiser criar relações usando um modelo fora do Power Query, crie associações implícitas. O uso de uma associação depende dos requisitos de negócios.

LEMBRE-SE

De todos os muitos tipos de associação, os dois de que mais se ouve falar são as implícitas e as explícitas. Uma associação *implícita* executa uma associação externa com um campo de tabela, puxado dela. *As associações explícitas* especificam a integração de duas tabelas. Existem muitos benefícios em usar associações implícitas. Um benefício-chave é a sintaxe, porque é uma substituta útil para a sintaxe de associação explícita. Na verdade, uma associação implícita pode aparecer na mesma consulta que mantém uma sintaxe de associação explícita.

A associação de tabelas requer a criação de um critério. Um critério claro é identificar a chave em cada tabela. Se olhar para Primary e Sub Awards no arquivo de exemplo `FiscalAwards.xlsx`, verá que uma escolha óbvia para desempenhar essa função é a coluna Agency Key para cada tabela. (Embora os dados geralmente pareçam mais limpos se suas chaves forem nomeadas da mesma maneira, isso não é um requisito.)

PAPO DE ESPECIALISTA

As tabelas são representadas por uma ou muitas declarações de associação. Se uma tabela for representada por One, sua chave será única em cada linha. Se for representada por Many, nem todas as chaves são únicas, o que produz certa duplicação. Como você deve ter adivinhado, One é representado como uma chave primária, e Many, por uma estrangeira. Relações um para um (1:1) e muitos para muitos (M:M) existem às vezes, no entanto, os resultados produzidos no Power Query podem não ser adequados; relações um para um podem produzir um conjunto de resultados estreito, enquanto muitos para muitos produzem muitos.

LEMBRE-SE

Aqui estão dois termos-chave a serem lembrados ao modelar dados:

> » Uma *relação* é a conexão entre entidades em um modelo de dados, que, por sua vez, reflete as regras de negócios. As relações entre entidades podem ser um para um, um para muitos ou muitos para muitos.
>
> » A *associação* é diferente, pois configura uma relação entre duas ou mais tabelas para extrair dados. Eles são mapeados juntos usando-se uma chave primária, uma estrangeira ou uma combinação delas, a *chave composta*.

Considere as seguintes informações relacionadas a associações e relações:

> » **Chaves para associações:** A associação se baseia em uma ou mais colunas por vez. Chaves compostas não são requisito para mesclar tabelas no Power Query. Ao criar associações nele, preste uma atenção especial ao tipo de coluna. Combine o tipo de dado um com o outro, ou uma associação não funcionará.

> **Chaves para relações:** O Power BI dará seu melhor para lidar com diferentes tipos de dados, incluindo a conversão deles, se possível. Idealmente, porém, certifique-se, ao criar uma associação, de que o tipo de dado na relação é igual.

LEMBRE-SE

O Power BI permite apenas relações físicas entre duas tabelas em um único par de colunas. Essa instrução significa que, se tiver uma chave composta em uma tabela, tem que combinar as colunas de chave em uma única coluna, a fim de criar a relação física necessária. Você pode realizar essa tarefa usando o Power Query ou configurando uma coluna calculada com a ajuda do DAX.

Você pode combinar colunas de duas maneiras: criar uma nova coluna ou mesclar uma no lugar. Para adicionar uma nova coluna mesclada, primeiro selecione as colunas que deseja combinar e escolha Add ⇨ Column ⇨ From Text ⇨ Merge Columns, no Power Query Editor, na guia principal. Se preferir mesclar colunas no lugar, substitua as originais. Selecione as colunas que deseja mesclar e escolha Transform ⇨ Text Column ⇨ Merge Columns, no mesmo menu.

Se selecionar uma das duas opções, o resultado é, em última análise, o mesmo. A Figura 7-8 apresenta a interface de mesclagem [Merge]. Você pode combinar uma ou mais colunas de Prime Awards e Sub Awards. Em seguida, selecione o tipo de associação. O resultado é uma nova coluna que mescla ambas.

FIGURA 7-8:
A opção mesclar colunas.

NOMENCLATURA INTUITIVA PARA COLUNAS E CONSULTAS

Se levar dados para o Power BI de uma fonte externa ou criar o modelo internamente, não há regras rígidas relacionadas a convenções de nomes de colunas e consultas. No entanto, isso não significa que você deve se tornar desleixado. É justamente o contrário.

Criar uma convenção de nomenclatura intuitiva facilita lidar com dados em um modelo e reduz a confusão para os usuários que os acessam. A Microsoft encoraja fortemente os usuários do Power BI a seguirem um protocolo disciplinado ao nomear tabelas, colunas e métricas. A convenção de nomenclatura não deve requerer muito, especialmente para aqueles com um histórico técnico limitado.

Não é incomum recuperar dados de um banco cuja convenção de nomenclatura é indesejável. Por exemplo, se o campo Total Obligated Amount foi nomeado fin_Total_Obligations, pode criar confusão. Portanto, simplificar a nomenclatura é importante ao criar e gerenciar um modelo de dados.

Uma etapa final no processo é definir separadores a partir do menu suspenso Separator, encontrado na interface Merge. Você pode selecionar um separador predefinido ou criar o seu escolhendo Custom no menu. Se escolher o último método, terá a opção de inserir um novo nome de coluna. Após concluí-lo, clique em Ok.

No exemplo, o separador são dois-pontos. Finalmente, a nova coluna é chamada Agency-Sub Agency, conforme mostrado na Figura 7-9.

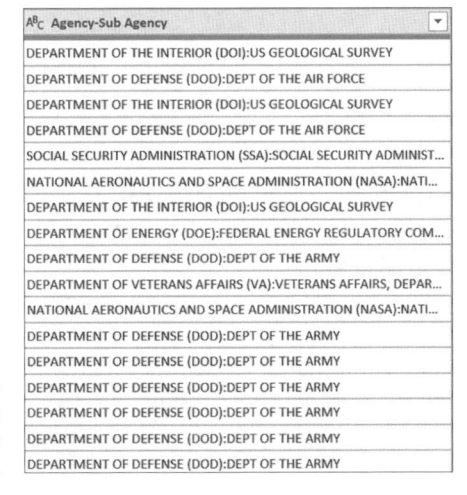

FIGURA 7-9: Colunas que foram mescladas.

CAPÍTULO 7 **Limpar, Transformar e Carregar Dados** 115

Moldando os dados da coluna para atenderem aos requisitos do Power Query

Nem todas as fontes de dados que você ingere podem ter o tipo de dado adequado. O Power Query faz seu melhor para detectar o tipo de dado com base nas características encontradas no conjunto disponível. Por exemplo, você pode usar um CEP dos EUA como parte do conjunto de dados. O Power Query pode (incorretamente) tratar códigos postais começando com zeros como se fossem números inteiros. Como resultado, esses valores iniciais são cortados. Por quê? Porque um número inteiro corta o zero. Nesse exemplo, o código postal deve ser um tipo de dado de texto, não um número inteiro.

À medida que avalia os dados em colunas, lembre-se de que o Power Query tenta converter todos os dados recebidos como um dos tipos de dado mostrados na Figura 7-10. Você pode manter o Power Query no caminho certo certificando-se, em primeiro lugar, de que está usando o tipo de dado correto.

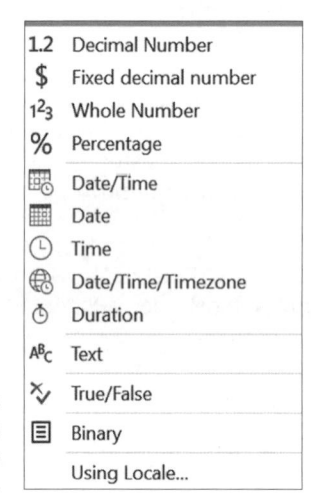

FIGURA 7-10: Os tipos de dados disponíveis.

1.2	Decimal Number
$	Fixed decimal number
1²3	Whole Number
%	Percentage
	Date/Time
	Date
	Time
	Date/Time/Timezone
	Duration
ABC	Text
	True/False
	Binary
	Using Locale...

LEMBRE-SE Você vê tipos de dados complexos como funções, listas, registros e tabelas de vez em quando. Lembre-se de que nem todos os tipos de dados podem estar disponíveis após seu carregamento.

Se quiser alterar o tipo de dado, clique com o botão direito do mouse em um cabeçalho de coluna e selecione Change Type no menu. Em seguida, selecione o tipo desejado, conforme mostrado na Figura 7-11. Depois de alterar um tipo de dado uma vez em uma coluna, você verá um prompt perguntando se concorda em alterar o tipo de coluna e inserir uma etapa. A Figura 7-12 mostra um exemplo dessa inserção.

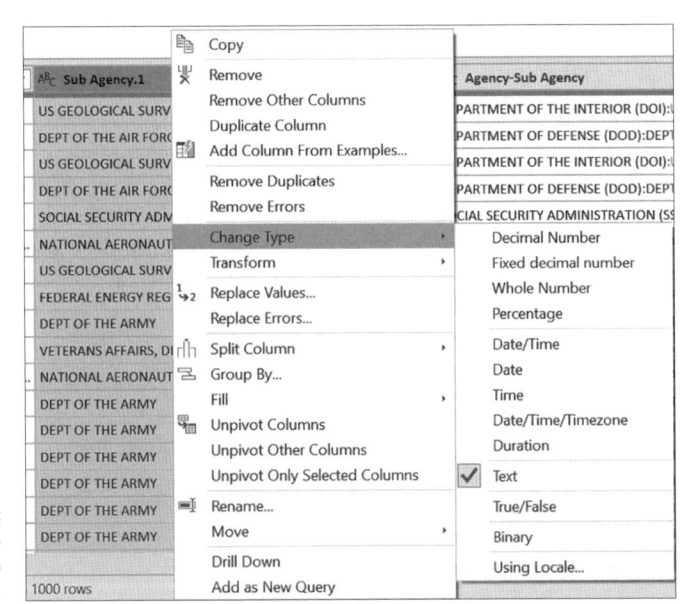

FIGURA 7-11:
Alterando o tipo de dado.

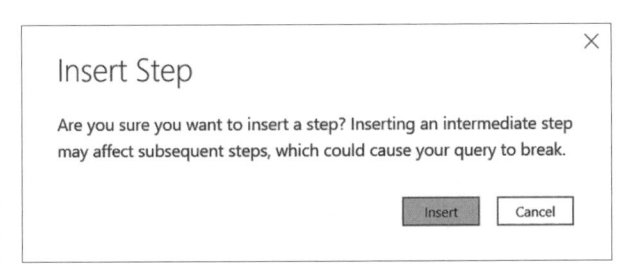

FIGURA 7-12: Inserindo uma etapa.

Combinando consultas

No Power BI, você pode combinar consultas com o Power Query de dois modos. Primeiro, pode anexá-las. Isso significa adicionar outras consultas a um conjunto existente como se empilhasse dados. Ao criar consultas anexadas, muitas vezes você usa padrões como o operador UNION ALL do SQL. Por outro lado, a combinação com estrutura de mesclagem é baseada nas chaves primárias e estrangeiras fornecidas. É preciso configurar instruções de JOIN com consultas de mesclagem.

Anexando consultas

Você sempre pode fazer tabelas maiores ou mais largas. Quando anexa, ela fica maior. A razão é que as consultas incluem o mesmo número de colunas. Em alguns casos, as tabelas resultantes têm colunas de todas as consultas; em outros, as colunas que não estavam presentes na consulta original podem ser preenchidas no conjunto de dados. Nessas circunstâncias, cada linha mantém valores nulos.

Um usuário do Power BI pode acrescentar uma consulta em sua instrução `as-is` ou criar uma nova consulta para acomodar os dados agregados. Para adicionar consultas, você faz essa escolha quando há uma ou mais consultas para selecionar. Nenhuma nova consulta precisa ser criada — simplesmente reutilize o que quer que exista. Anexar consultas sem criar novas é a escolha padrão no Power BI.

Ao pegar muitas novas linhas de dados e encadeá-las usando a consulta original, escolha Append Queries As New.

Para acessar Append Queries as New, vá em Home, na guia principal, no Power Query, e selecione essa opção. Em seguida, você é solicitado a concatenar linhas de duas ou mais tabelas. Depois de selecioná-las, pressione Ok.

Mesclando consultas

Ao mesclar consultas, você as combina, o que gera uma tabela mais ampla. Como herda mais colunas, é natural que o crescimento horizontal ocorra. A consideração crítica é sobre qual conjunto de chaves usar. As colunas devem ter valores correspondentes em ambas as tabelas para garantir que uma tabela seja combinada com as linhas da segunda.

Assim como ocorre ao anexar consultas, você tem duas opções de mesclagem: criar uma nova consulta ou mesclar duas e chamá-las de novas. A mesclagem de consultas envolve a criação de um dos seis tipos de associação usando o Power Query, conforme mostrado na Tabela 7-1.

TABELA 7-1 Tipos de Associação

Tipo de Associação	Direção
Inner	Somente linhas correspondentes são visíveis.
Left Outer	Todos os itens da primeira tabela aparecem, mas da segunda, só os correspondentes.
Right Outer	Todos os itens da segunda tabela aparecem, mas da primeira, só os correspondentes.
Full Outer	Todas as linhas aparecem.
Left Anti	Retorna as linhas da primeira tabela onde não há correspondência na segunda.
Right Anti	Retorna as linhas da segunda tabela onde não há correspondência na primeira.

Ao usar uma dessas consultas, você perceberá que seus dados não são perfeitos. Para aliviar as preocupações de qualidade, o Power Query suporta correspondência difusa ao executar mesclagens. A *correspondência difusa* ocorre ao comparar itens de listas separadas. Uma associação é formada se houver correspondência próxima. É possível definir o limite de tolerância e similaridade correspondente ao estabelecer a correspondência difusa. As opções estão descritas na Tabela 7-2.

TABELA 7-2 **Opções de Correspondência Difusa**

Opção	Descrição
Similarity threshold	Os valores são de 0 a 1. Quando os valores são 0, diz-se que correspondem uns aos outros, não importa o quão distantes estejam. Com 1, você obtém uma correspondência apenas quando ela é exata.
Ignore case	Trata maiúsculas e minúsculas da mesma forma.
Maximum number of matches	Limita o número de linhas da segunda tabela que correspondem à primeira, útil quando o conjunto de resultados produz várias correspondências.
Match by combining text parts	Tenta combinar palavras separadas em uma única entidade, procurando encontrar correspondências entre as teclas.
Transformation table	Equivalente a um ida e volta, o que significa que deve haver pelo menos duas colunas.

Para mesclar uma consulta, siga estas etapas:

1. **Na guia Home, na guia principal, no Power Query Editor, localize Merge Query.**

2. **Selecione Merge Queries, não Merge Queries As New.**

3. **Selecione as tabelas e colunas que deseja combinar em Merge Queries.**

4. **Selecione a chave comum a ambas as tabelas.**

   Observe que a coluna de chave apropriada está destacada.

5. **Selecione o tipo de associação que deseja na lista suspensa Join Kind.**

6. **Clique em Ok.**

Na Figura 7-13, as consultas Prime e Sub Awards estão mescladas. A chave comum selecionada é Obligated. O tipo de associação selecionado é Full Outer.

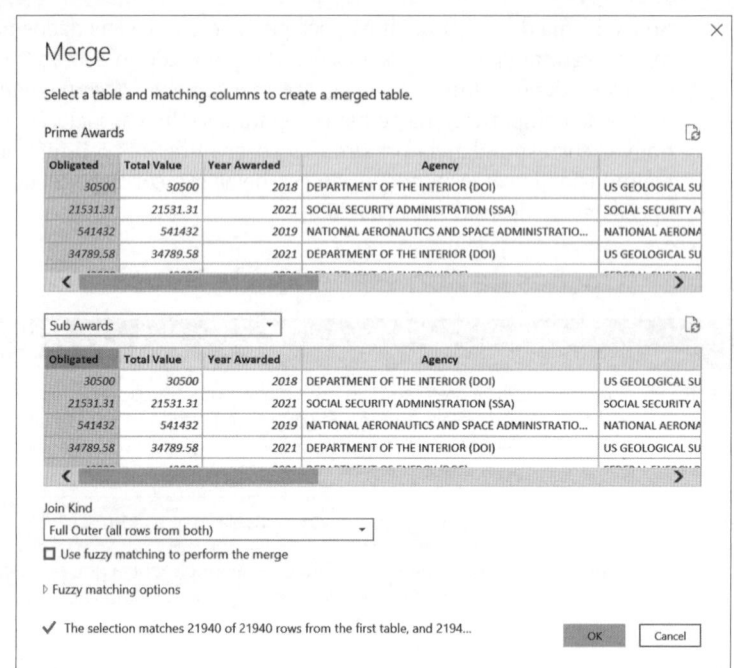

FIGURA 7-13:
Um exemplo de colunas mescladas.

Observe que uma nova coluna, Sub Awards, aparece na Figura 7-14. Cada linha é destacada e diz Table. Para visualizar os dados de Sub Awards, clique no link Table para detalhar. Ao mesclar duas tabelas, você pode:

Award Type	NAICS	Sub Awards
Valid 100% / Error 0% / Empty 0%	Valid 100% / Error 0% / Empty 0%	Valid 100% / Error 0% / Empty 0%
PURCHASE ORDER	541511	Table
DELIVERY ORDER	541715	Table
DELIVERY ORDER	541519	Table
DELIVERY ORDER	541519	Table
DELIVERY ORDER	541519	Table
DELIVERY ORDER	541519	Table
PURCHASE ORDER	541715	Table
DELIVERY ORDER	541519	Table
DELIVERY ORDER	541611	Table
DEFINITIVE CONTRACT	541715	Table
DELIVERY ORDER	541512	Table
DEFINITIVE CONTRACT	541715	Table
PURCHASE ORDER	541715	Table
DELIVERY ORDER	541519	Table
BPA CALL	611430	Table

FIGURA 7-14:
Adicionando uma coluna.

- » Adicionar uma nova tabela.
- » Ter a tabela representada por hiperlinks.
- » Ter um botão de seta dupla, em vez do botão Filter como parte da coluna.

  A seta dupla é outro tipo de filtro que permite aos usuários pesquisar dados de dois ou mais conjuntos de dados da tabela.

Ao selecionar qualquer célula na nova coluna, uma visualização do conteúdo contido na tabela mesclada é exibida.

Expandir uma tabela significa tanto *expandir* quanto *agregar*:

- » **Expandir:** Aqui você seleciona uma coluna da tabela mesclada que deseja adicionar à tabela atual. Se a tabela mesclada tiver mais de uma linha correspondente, a linha da tabela atual será a duplicada.
- » **Agregar:** Se deseja combinar linhas sem duplicação na tabela atual, esta é sua melhor escolha. Usando o DAX, fornecer a função mais apropriada para cada coluna garante que os dados sejam combinados corretamente.

Para expandir uma coluna mesclada com o conjunto de dados Fiscal Awards, siga estas etapas:

1. **Na consulta Prime Awards, clique no botão de seta dupla na coluna recém-criada.**

   Há uma tela que lhe permite filtrar com base em exibição Expanded ou Aggregate.

2. **Desmarque a caixa Select All Columns, em Expanded Merge Columns.**

3. **Selecione Agency e Sub Agency.**

4. **Desmarque a caixa de seleção Use Original Column Name as Prefix.**

5. **Clique em Ok.**

   Agora há um conjunto expandido de colunas, mostrando os valores de ambas as tabelas que acabou de mesclar.

6. **Com o botão direito do mouse em Agency Key, selecione Remove Column.**

7. **Com o botão direito do mouse em Agency.1, selecione Rename.**

8. **Renomeie a coluna Agency.1 para Agency.**

A saída produzida após todas essas mudanças aparece na Figura 7-15. Há apenas uma coluna Agency e uma Sub Agency rotulada como Sub Agency.1.

²₃ NAICS	ABC Agency	ABC Sub Agency.1
Valid 100%	Valid 100%	Valid
Error 0%	Error 0%	Error
Empty 0%	Empty 0%	Empty
541511	DEPARTMENT OF THE INTERIOR (DOI)	US GEOLOGICAL SURVEY
541511	DEPARTMENT OF DEFENSE (DOD)	DEPT OF THE AIR FORCE
541715	DEPARTMENT OF THE INTERIOR (DOI)	US GEOLOGICAL SURVEY
541715	DEPARTMENT OF DEFENSE (DOD)	DEPT OF THE AIR FORCE
541519	SOCIAL SECURITY ADMINISTRATION (SSA)	SOCIAL SECURITY ADMINISTRATION
541519	NATIONAL AERONAUTICS AND SPACE ADMINISTRATION (...	NATIONAL AERONAUTICS AND SPACE
541519	DEPARTMENT OF THE INTERIOR (DOI)	US GEOLOGICAL SURVEY
541519	DEPARTMENT OF ENERGY (DOE)	FEDERAL ENERGY REGULATORY COM
541715	DEPARTMENT OF DEFENSE (DOD)	DEPT OF THE ARMY
541519	DEPARTMENT OF VETERANS AFFAIRS (VA)	VETERANS AFFAIRS, DEPARTMENT OF
541611	NATIONAL AERONAUTICS AND SPACE ADMINISTRATION (...	NATIONAL AERONAUTICS AND SPACE
541715	DEPARTMENT OF DEFENSE (DOD)	DEPT OF THE ARMY
541512	DEPARTMENT OF DEFENSE (DOD)	DEPT OF THE ARMY
541715	DEPARTMENT OF DEFENSE (DOD)	DEPT OF THE ARMY
541715	DEPARTMENT OF DEFENSE (DOD)	DEPT OF THE ARMY

FIGURA 7-15: Exemplo de colunas mescladas expandidas.

Ajustando o Código M no Power Query

O Power Query Editor, do Power BI, é bastante poderoso. Ainda assim, tem seus limites para escrever consultas. É aí que entra a intervenção humana. Escrever consultas em M não é complicado. Lembre-se de que todas elas são sensíveis à capitalização (diferenciam maiúsculas e minúsculas) e devem seguir as regras por trás do mecanismo do código do Power Query.

LEMBRE-SE

O Power BI suporta duas linguagens: M e DAX. Elas ajudam a manipular, filtrar e analisar dados. Enquanto o DAX é usado para analisar dados depois de carregados em um modelo Data View, M os pré-processa dentro do Power Query Editor.

Para visualizar e editar consultas em M, inicie o Power Query Advanced Editor. Para tal, clique no botão Advanced Editor, em Home, na guia principal. (Veja a Figura 7-16.) Outra opção é clicar com o botão direito do mouse em qualquer consulta no painel Queries e selecionar Advanced Editor no menu exibido, como mostrado na Figura 7-17. Seja qual for o método escolhido, surgirá um painel de edição com o código M para a consulta selecionada, como mostrado na Figura 7-18.

FIGURA 7-16: O botão Advanced Editor, em Home, na guia principal.

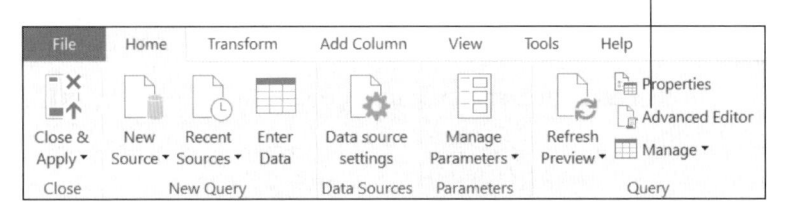

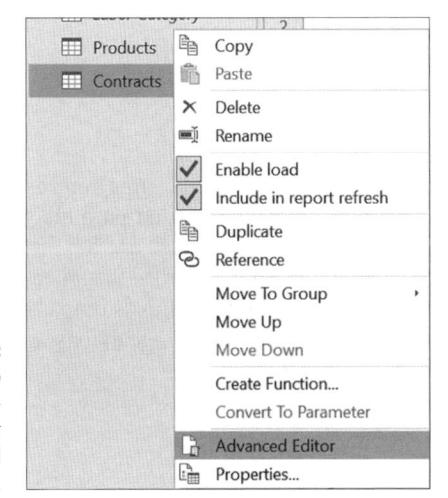

FIGURA 7-17: Chegando ao Advanced Editor pelo painel Queries.

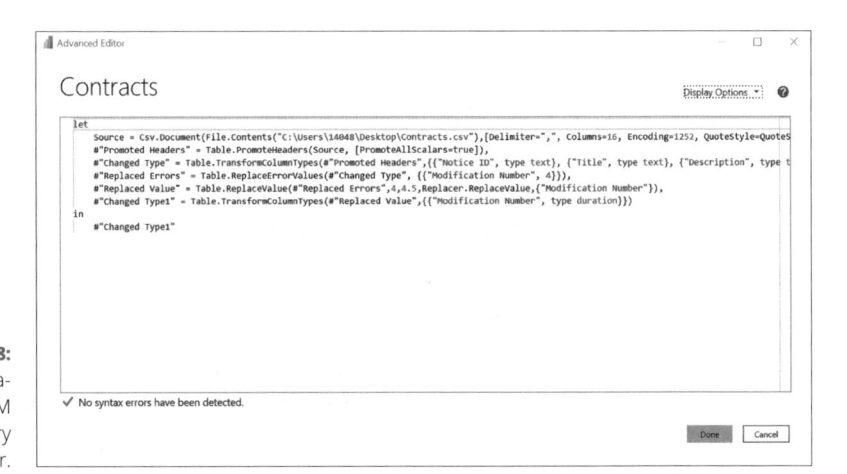

FIGURA 7-18: A interface de M no Query Editor.

CAPÍTULO 7 **Limpar, Transformar e Carregar Dados** 123

PAPO DE ESPECIALISTA

Todas as consultas em M começam com `let` e terminam com `in`. Entre esses dois, pode haver várias etapas. Com o construto `let`, você vê definições de variáveis que correspondem às etapas [step] de consulta.

Aqui está um exemplo de uma declaração `let` e `in`:

    Let   a = 2 + 2 (step 1)

          b = 4 + 4 (step 2)

          c = b + 6 (step 3)

    in

          a + b + c (final step)

Na primeira vez que uma consulta é executada, uma referência é criada. Pense em uma referência como o ponto de partida para ela. Se fizer uma modificação nela, o Power BI perguntará se deseja criar uma etapa adicional ou outra *iteração*. Dependendo de como você visualiza as etapas da consulta, vê uma pequena variação na forma como as etapas aparecem. Se revisar o painel Queries Steps, encontrará nomes de etapas, como:

» Source.

» Navigation.

» Promoted Headers.

» Change Type.

No painel Query Steps, localize Applied Steps. Cada vez que fizer uma transformação do ponto de referência nos dados, encontrará essas alterações na lista Applied Steps. Essa lista rastreia o número de transformações que aconteceram nos dados desde o início. Assim como ocorre no controle de versão, você pode retornar ao estado anterior usando Applied Steps. Na Figura 7-18, está o contexto histórico de uma consulta que tem etapas aplicadas.

DICA

Se achou a codificação M um pouco pesada, há outra possibilidade para escolher: você pode visualizar o código de uma consulta e até mesmo manipular as fórmulas usando uma abordagem passo a passo que faz uso da barra de fórmulas padrão. Primeiro, no entanto, você deve habilitá-lo: na guia principal, clique na barra Formula, como mostrado na Figura 7-19. O que quer que seja mostrado como consulta no Advanced Query Editor é replicado na barra de fórmula [Formula Bar]. À medida que você faz alterações em uma consulta, percebe que a saída da linguagem M muda em tempo real.

FIGURA 7-19:
Habilitando a barra Formula.

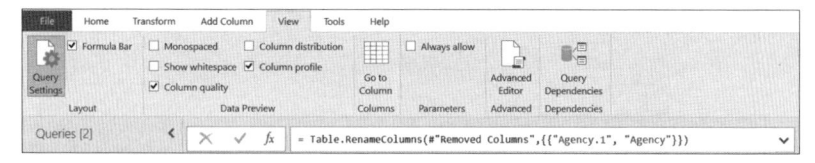

Se quiser saber mais sobre a linguagem M e todos seus recursos de sintaxe, acesse: https://docs.microsoft.com/en-us/powerquery-m.

Consultas para Carregamento de Dados

Para desenvolver um modelo de dados do Power BI, a Microsoft dá aos usuários a capacidade de usar consultas de ajuda [Help]. Essas ferramentas auxiliares estão disponíveis processando seu modelo na opção Get Data e na Transform Data. Além disso, combinando arquivos ou até mesclando conjuntos de dados, o Power Query oferece suporte a consultas auxiliares.

Consultas auxiliares são incorporadas ao Power BI Power Query para auxiliar os usuários na criação de strings. Em vez de complicar a codificação, o API integrado simplifica as partes mais difíceis das consultas. Na verdade, consultas auxiliares suportam termos comuns, frases, intervalos e funções geoespaciais.

Claro, você pode ter consultas que não precisa ou deseja carregar, porque nem todos os dados são úteis. Nesse caso, clique com o botão direito do mouse no painel Queries e desmarque a seção Enable Load. Quando as consultas já estiverem carregadas, erros podem surgir. Para evitá-los, selecione quais consultas deseja omitir do processo de carregamento.

Um cenário comum ocorre quando você não deseja carregar consultas anexadas ou mescladas com outras. Para segregar consultas que não devem ser incluídas, siga estas etapas:

1. **Clique com o botão direito do mouse na primeira consulta que deseja omitir.**

2. **Escolha Enable Load no menu que aparece no painel Queries.**

3. **Verifique se todas as tabelas que deseja omitir estão desmarcadas.**

4. **Repita esse processo para cada consulta que não deseja carregar.**

O resultado é a remoção de entidades indesejadas do modelo de dados para consultas e carregamento futuros. Na Figura 7-20, há um exemplo do menu suspenso para selecionar ou desmarcar a opção Enable Load. Toda consulta desmarcada não é carregada e é destacada por um texto em itálico.

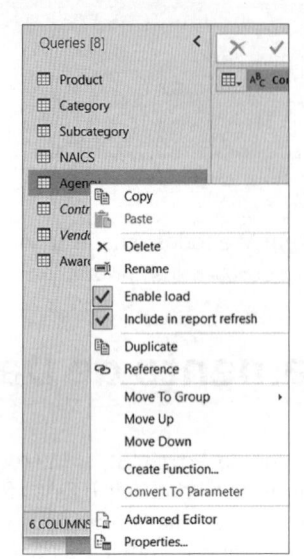

FIGURA 7-20:
Removendo consultas.

Após modificar as entidades a serem incluídas nas consultas, salve suas alterações pressionando o botão Close & Apply, em Home, na guia principal. Veja a Figura 7-21.

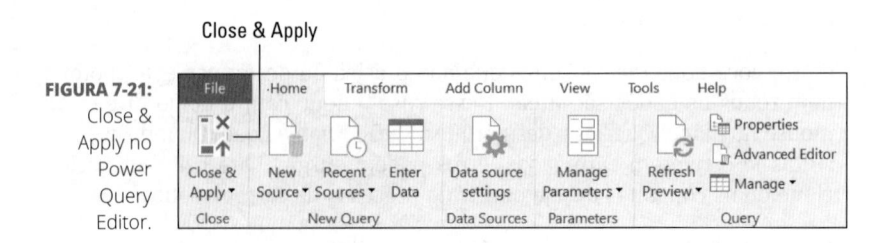

FIGURA 7-21: Close & Apply no Power Query Editor.

Resolvendo Erros na Importação

De vez em quando, ao carregar dados, você pode encontrar erros de consulta no Power BI. Não entre em pânico!

Erros têm muitas formas. Os valores por si só não fazem com que uma consulta falhe descaradamente. O Power BI permite que você saiba o número total de erros para cada consulta. *Valores com erro*, ou valores ignorados durante a consulta, são considerados valores em branco. Simplificando, eles não têm texto no campo — nem mesmo um zero.

Para chegar ao que realmente está causando os erros no Power Query, use o hiperlink View Error, que pode ser encontrado na coluna Power Query Editor, lançando o erro especificado. Ao clicar no hiperlink, você verá os detalhes específicos relacionados à consulta. Razões comuns pelas quais os erros são lançados no Power Query muitas vezes estão vinculadas à conversão de dados. Por exemplo, um valor originalmente N/A, que é considerado texto, não funcionaria em uma coluna destinada a números.

Para corrigir um erro como esse, você precisa alterar o tipo de coluna. Para fazer tal modificação, siga estas etapas:

1. **No Power Query Editor, selecione a consulta em questão.**
2. **Clique com o botão direito do mouse na coluna que apresenta erro.**
3. **Escolha Change Type, no menu que aparecer, e altere a seleção de Number para Text.**
4. **Selecione Replace Current quando o pop-up aparecer para validar que você deseja alterar o tipo de dado da coluna.**

   Agora você alterou o tipo de dado da coluna de numérico para textual. Valores alfanuméricos, não apenas numéricos, podem ser adicionados à coluna para o conjunto de dados específico. Depois de clicar no botão Close & Apply para um conjunto corrigido, as mensagens de erro desaparecerão.

3
A Arte e a Ciência do Power BI

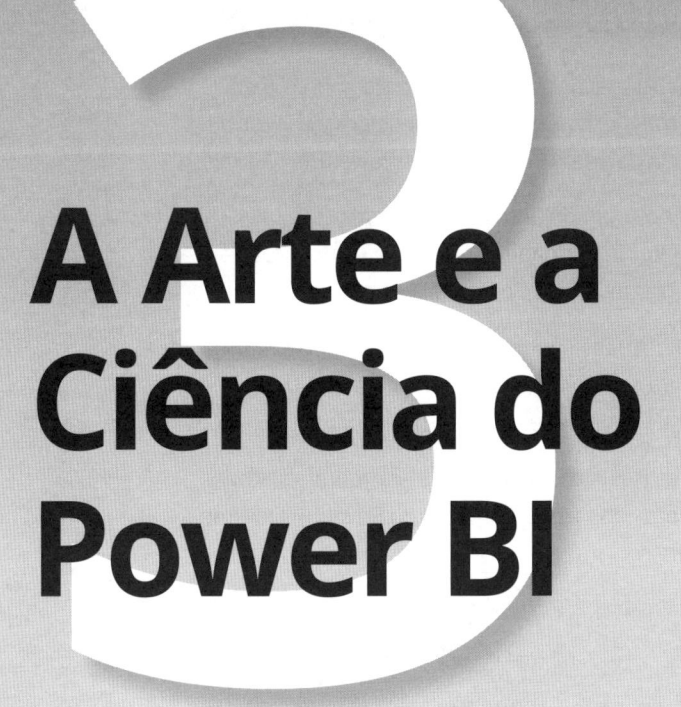

NESTA PARTE...

Obtenha informações em primeira mão sobre como carregar, transformar e extrair dados para viabilizar o ciclo de vida da análise de dados no Power BI.

Saiba aperfeiçoar conjuntos de dados sem comprometer integridade, qualidade e confiabilidade com as ferramentas do Power BI Desktop.

Crie visualizações usando o Power BI Desktop e o Service para colaborar e compartilhar com outras pessoas na forma de relatórios e dashboards.

Conheça as nuances técnicas para aprimorar relatórios e dashboards ao fazer a transição do Power BI Desktop para o Service.

> **NESTE CAPÍTULO**
>
> » Descrevendo diferentes técnicas de modelagem de dados
>
> » Configurando propriedades para atender aos requisitos do modelo
>
> » Projetando um modelo para atender aos requisitos de desempenho

Capítulo **8**

Luz na Passarela: O Modelo de Dados

Você provavelmente pensou que, depois que os dados são transformados pelo Power BI, a navegação flui. Em alguns casos, isso ocorre. Claro, quando você cria um modelo detalhado com muitas tabelas, é necessário um pouco de trabalho para refinar o conjunto de dados. A modelagem é uma arte e uma ciência porque os dados precisam sempre ser moldados para os insights obtidos serem o mais precisos possível. Após carregar e transformar os dados, a diversão começa — a parte de "aperfeiçoá-los". É aí que a modelagem chega. Neste capítulo, descrevo esquemas que fornecem as informações necessárias para projetar e desenvolver modelos de dados que viabilizam visualização e relatórios.

Uma Introdução aos Modelos de Dados

Os modelos de dados são os blocos de construção da visualização e dos relatórios. Um modelo consiste em uma ou mais tabelas e várias relações — assumindo que existam mais do que uma tabela. Modelos bem projetados ajudam os usuários a articular seus dados e a desenvolver insights. Como tal, a modelagem requer algum trabalho duro — não é feita de uma

LEMBRE-SE

só vez. Você primeiro tem que carregar os dados e, em seguida, definir as relações entre tabelas depois que os dados são transformados nelas com a ajuda do Power BI.

O melhor momento para construir um modelo é na fase inicial do relatório do Power BI ou no desenvolvimento da visualização. Se deseja criar métricas eficientes, aprimore o modelo enfatizando o gerenciamento de tabelas e relações.

Trabalhando com esquemas de dados

Você importou todos os dados que foram transformados em uma ou várias tabelas — e agora? O primeiro objetivo comercial é abordar como superar a criação de modelos de dados complexos. No Power BI, a modelagem pode ser simplificada.

O primeiro objetivo é começar com o esquema de dados. Se você começar por lá, provavelmente logo reconhecerá que os dados vêm de um ou mais sistemas transacionais. Nessas circunstâncias, muitas tabelas o sobrecarregarão. Você não quer confusão de dados — quer organizar e simplificar sua compreensão deles. É aí que entram os esquemas.

Com o Power BI, há três abordagens para o design e a simplificação do esquema de dados: plano, floco de neve e design em estrela. Entender quando usar cada tipo ajuda a suportar o desempenho e a granularidade dos dados na visualização e nos relatórios. As próximas seções explicam todos esses pontos.

Esquemas planos

Considere uma lista de transações de vendas, identidades de clientes ou prêmios. O que esses produtos têm em comum? Suponha que você tenha colocado os dados em uma planilha do Excel. Nesse caso, precisará de apenas uma única tabela para apresentá-los. Quando for esse o caso, use um *esquema plano* — que usa apenas uma única tabela, semelhante ao que se vê na Figura 8-1.

CustomerID	CustomerName	POCName	DateCreated
U123X456	The Art School Inc.	Michael Angelo	1/3/2021 05:00 PM
U123X567	Music Academy LLC	Fred Chopin	2/4/2021 04:00 PM
U123X789	Sports Stadium Inc.	Babe Ruthie	3/7/2021 03:00 PM
U123X678	Bookbinder Corp.	Bill Bookman	4/9/2021 02:00 PM
U123X987	Jingle Cleaning LLC	Jana Jingle	5/8/2021 01:00 PM
U123X756	Gentle George Air Inc.	George Gentle	6/7/2021 12:00 PM
U123X911	Milkman Foods Corp.	Deborah Milkman	5/7/2021 11:00 PM

FIGURA 8-1: Um esquema plano.

Observe as quatro colunas na Figura 8-1. Cada uma pode ter um identificador exclusivo: um carimbo de hora/data específico mostrando quando os dados do cliente foram inseridos, o nome da empresa, o ID do cliente e o contato na empresa. Cada um desses dados pode ser usado como uma pesquisa para avaliar melhor as informações detalhadas do cliente de forma independente. Quando você olha o modelo, no entanto, ele funciona por conta própria. Considere o esquema plano quando os requisitos de relatório forem lineares e pouco sofisticados, exigindo não mais do que uma única tabela.

DICA

Esquemas planos tendem a ter um valor de uso limitado. Quando você procura levar informações de uma planilha para o Power BI para fins de análise fundamentalista — uma tarefa que envolve adição de colunas de valores e filtragem de dados —, essa abordagem é perfeitamente adequada. Assim que você introduz muitas tabelas, tem que buscar uma abordagem alternativa.

Se implantar apenas uma tabela, ela poderá ser usada para relatórios, mas o escopo é limitado. Talvez você possa filtrar dados ou extrair um ou dois pontos de dados para criar imagens simplificadas ou saídas básicas calculadas. É aí que termina a utilidade do esquema plano.

Esquemas em estrela

A maioria das organizações tem um modelo representativo da abordagem do esquema em estrela. Muitas vezes, há modelos com uma ou duas tabelas grandes, conhecidas como tabelas de fatos, e algumas tabelas de dimensões. Quando o modelador de dados planeja um modelo, é uma prática comum modelar tabelas como dimensões ou fatos. Veja a seguir como se diferenciam:

» **As tabelas de fatos** são representativas de observações ou eventos. Considere padrões como transações de vendas, saldos de contas e registros de pessoal. A tabela de fatos se conecta a uma ou mais colunas-chave de dimensão que se relacionam a uma determinada dimensão. Por exemplo, uma tabela de transações com uma transação de vendas (tabela de fatos) pode ser mapeada para um fabricante (tabela de dimensões). A coluna-chave de dimensão define a *dimensionalidade* de um item — os detalhes dentro de uma tabela de fatos. Os valores-chave da dimensão oferecem a granularidade do produto.

» **As tabelas de dimensões** descrevem a entidade empresarial em detalhes granulares. São atributos do produto, pessoas, lugares e conceitos que fazem parte da tabela de fatos. Pense em uma dimensão como um atributo de qualidade que pode fornecer um maior nível de granularidade.

LEMBRE-SE

As tabelas de dimensões têm um número finito de linhas porque são descritores amplamente usados. As tabelas de fatos podem conter muitas linhas e crescer ao longo do tempo, porque esses são os registros de transação. Considere que a tabela de dimensões é uma excelente utilidade para filtragem e agrupamento, enquanto a de fatos é um exemplo de sumarização.

Sempre que uma visualização de relatório do Power BI é gerada, uma consulta é gerada em relação ao modelo do Power BI (também conhecido como *conjunto de dados*). A consulta é projetada para filtrar, agrupar e resumir os dados do modelo. Seu principal objetivo é criar um modelo que atenda a cada um desses objetivos de negócios. A Figura 8-2 apresenta o conceito de fato contra as tabelas de dimensão, enquanto a Figura 8-3 apresenta um típico esquema em estrela.

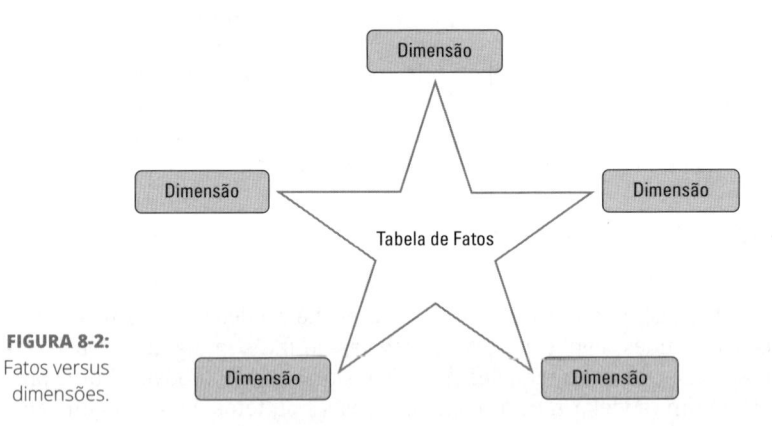

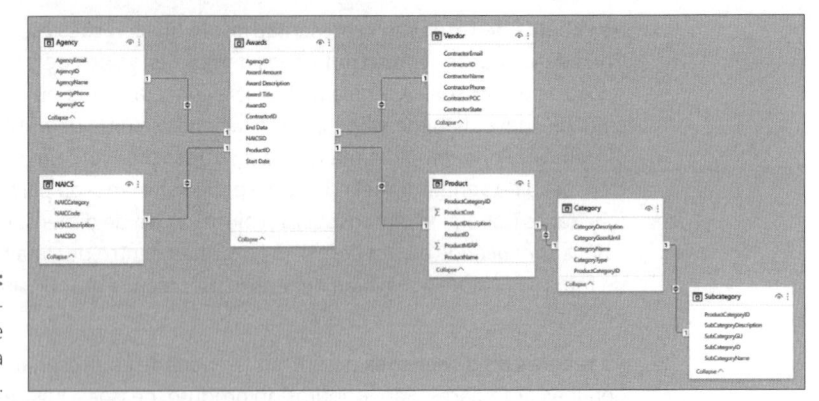

FIGURA 8-2: Fatos versus dimensões.

FIGURA 8-3: Um protótipo de esquema em estrela.

LEMBRE-SE

Com um esquema em estrela, não há propriedades para classificar uma tabela como fato ou dimensão. A relação em si decide o comportamento do modelo. Uma relação modelo é estabelecida entre duas entidades e os atributos, mantidos nelas.

134 PARTE 3 **A Arte e a Ciência do Power BI**

A *cardinalidade* — a propriedade da relação, em outras palavras — determina o tipo da tabela. Relações comuns são um para um, um para muitos, ou muitos para muitos. One é sempre a tabela de dimensões, enquanto Many é a de fatos. No entanto, raramente você encontra uma relação um para um dentro de um esquema em estrela, porque a tabela de fatos tende a repetir dimensões mais de uma vez.

DICA

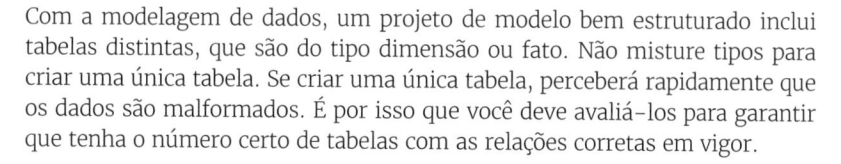

Com a modelagem de dados, um projeto de modelo bem estruturado inclui tabelas distintas, que são do tipo dimensão ou fato. Não misture tipos para criar uma única tabela. Se criar uma única tabela, perceberá rapidamente que os dados são malformados. É por isso que você deve avaliá-los para garantir que tenha o número certo de tabelas com as relações corretas em vigor.

LEMBRE-SE

Um bom design de modelagem de dados é uma arte e uma ciência. Você tenta seguir todas as regras, mas às vezes eles não permitem tanto perfeccionismo. Mantenha o rumo e faça o melhor para criar o modelo mais puro possível.

Esquemas flocos de neve

Outro tipo de esquema em que há um conjunto de tabelas normalizadas que detalham uma única entidade de negócios é o *esquema floco de neve*, uma extensão do esquema em estrela. Normalizar dados reduz a redundância e aumenta a integridade. Suponha que cada um de seus produtos se enquadre em uma categoria ou subcategoria. A ramificação fora da entidade empresarial, produtos, para a categoria e a subcategoria associadas lembra um floco de neve. (Ok, você tem que estreitar os olhos por alguns minutos para ver — tente com a Figura 8-4.)

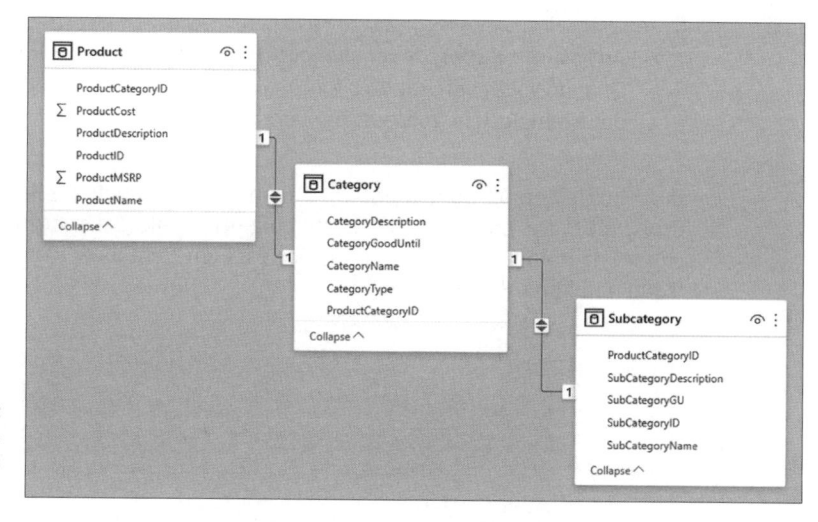

FIGURA 8-4: Um esquema floco de neve.

Armazenando valores com medidas

As medidas são, em geral, um tipo de coluna de tabela de fatos para armazenar valores resumidos. Em um modelo de Power BI, uma métrica tem uma definição semelhante. Você cria uma fórmula usando o DAX para obter uma coluna de resumo. As métricas mais usadas no DAX estão associadas a funções de agregação, como SUM, MIN, MAX e AVERAGE, para produzir valores após a consulta de dados.

No entanto, existe uma segunda abordagem para alcançar a sumarização. Qualquer coluna que seja numérica pode ser resumida por uma visualização, conforme representado em relatórios e dashboards, ou perguntas e respostas (Q&A). O segundo tipo de métrica é implícito. Você pode criar uma coluna que resume os dados de várias maneiras sem ter que criar vários tipos de agregação.

Então, quando usar métricas, mesmo para resumir colunas básicas? Aqui estão algumas situações em que isso faz todo o sentido:

» **Quando um autor de relatório pretende consultar um modelo usando expressões multidimensionais (MDX):** Esses modelos exigem medidas explícitas, que exigem o uso de DAX.

» **Quando o autor do relatório cria relatórios paginados do Power BI usando o design de consulta MDX:** O modelo precisa incluir métricas explícitas.

» **Quando o autor do relatório deve usar o Power BI para conduzir a análise do conjunto de dados original:** O autor deve usar MDX query designer.

» **Ao resumir dados, devem ser concluídos de uma maneira específica:** Quando você está usando a função de agregação disponível no Power BI, por exemplo, usar métricas é o caminho.

Para implementar uma métrica, a maneira mais fácil é clicar no ícone Quick Measure, em Calculations, na guia principal. (Essa área está na guia Home, na guia principal, quando você está em Data view, conforme mostrado na Figura 8-5.)

FIGURA 8-5: O ícone Quick Measure.

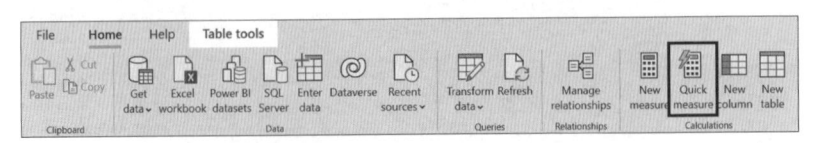

Você pode implantar uma variedade de cálculos usando Quick Measure, incluindo fórmulas criadas usando cálculos predefinidos. Estas são as categorias de cálculo:

» Aggregate per category.

» Filters.

» Mathematical operations.

» Text.

» Time intelligence.

» Totals.

A Figura 8-6 lista algumas das opções em Aggregate Per Category e em Filters.

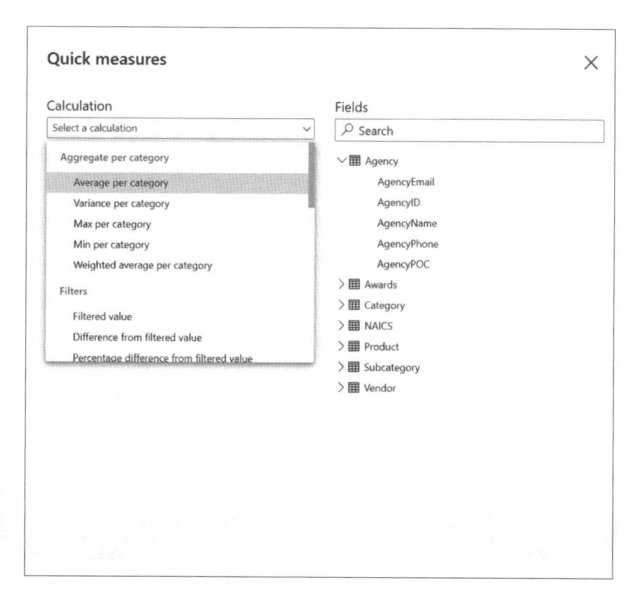

FIGURA 8-6: Algumas opções de Quick Measures.

Outra opção é criar suas próprias fórmulas usando New Measure. Para tal, siga estes passos:

1. **Na guia Data, clique com o botão direito do mouse em uma coluna ou nas elipses em Fields Pane e escolha New Measure no menu exibido.**

Selecionar New Measure permite iniciar uma nova métrica com uma nova fórmula predefinida. (Por padrão, New Measure Starts as Measure =.) Alguns dados podem ser pré-preenchidos na barra Formula, como mostrado na Figura 8-7.

2. **Substitua "Measure =" pelo nome de uma nova coluna e um sinal de igual e, em seguida, adicione uma fórmula DAX pré-construída. (Abordo isso em detalhes no Capítulo 15.)**

   Um exemplo de medida é `TotalBid = Sum(Awards[Bids])`.

FIGURA 8-7: New Measure, na barra Formula.

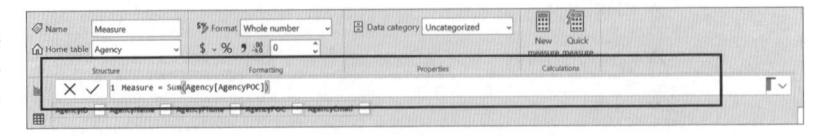

O produto resultante é uma fórmula baseada em DAX se usar New Measure. Caso contrário, a barra Formula tem o código gerado.

Dimensões e fatos (de novo, de novo!)

Com o Power BI, você notará um tema ao preparar modelos de dados: você geralmente se refere a entidades como Product, Manufacturer ou Company como *tabelas de dimensões*. Essas tabelas se conectam a tabelas de fatos, como Customer, Sales ou Invoices. Agora, uma dimensão é uma forma qualitativa de descrever dados, mas tabelas de fatos são principalmente de natureza quantitativa, nas quais se executam funções matemáticas. No modelo apresentado na Figura 8-2, há uma tabela de fatos e muitas de dimensões. Cada tabela de dimensões, comumente referida como apenas uma dimensão, terá muitos campos descritivos, mas algumas linhas. Esse não é o caso de uma tabela de fatos, que tem poucos campos, mas muitas linhas.

Ao planejar o design de seu modelo de dados, há várias abordagens quando se trata de criar dados dimensionais. A Tabela 8-1 descreve cada uma delas.

TABELA 8-1: Abordagens a Dados Dimensionais

Abordagem	Descrição
Slowly changing	Gerencia a mudança de dimensões ao longo do tempo.
Role-playing	Filtra fatos contra muitos critérios.
Junk	Apropriado considerar quando há muitas dimensões com poucos atributos. Há também poucos valores, tornando os dados potencialmente limitados. Exemplos incluem gênero e faixa etária.
Degenerate	Requer um atributo para uma tabela de fatos necessária para a filtragem. Nesse caso, uma chave primária é um exemplo.
Factless fact	Não contém métricas, apenas teclas de dimensão.

Achatando hierarquias

Uma *hierarquia* é um conjunto de campos categorizados de forma que um nível é pai de outros níveis. O valor do nível pai pode ser detalhado para uma categoria de nível inferior. Uma hierarquia pai-filho mostra dados sobre contas, clientes ou vendedores em um ambiente de varejo. As hierarquias são baseadas em profundidade variável. Por exemplo, você pode ilustrar dados com base em país, estado ou rua ao descrever um território comercial. Uma organização também pode estar vinculada a uma região. Nesse caso, a hierarquia tem quatro níveis.

Uma prática comum no Power BI é *achatar* a hierarquia — colocar a estrutura em um único nível, em outras palavras —, de modo que uma hierarquia regular seja composta de uma coluna. Cada nó é representado em uma coluna separada e distinta. Na Figura 8-8, o ID da categoria de produto se vincula ao nome e ao ID dele. Isso representa uma hierarquia de dois níveis, porque cada item é exclusivo para um fator comum, o ID da categoria do produto.

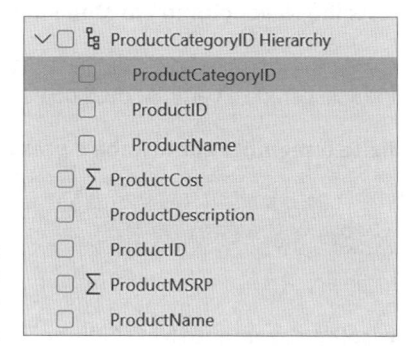

FIGURA 8-8: Achatando uma hierarquia.

Há algumas opções ao criar uma hierarquia. O seguinte conjunto de instruções é a maneira mais eficiente de criar uma hierarquia pai-filho — você precisa estar na exibição Report para concluir esta série de ações:

1. **Clique com o botão direito do mouse em um campo e escolha Create Hierarchy no menu exibido.**

   Uma hierarquia de nível superior é criada.

2. **Clique com o botão direito do mouse no campo de um item que deseja adicionar à hierarquia recém-criada e escolha Add to Hierarchy no menu exibido.**

3. **Na listagem que aparecer, selecione a hierarquia que deseja adicionar.**

   Nesse caso, adicionei ProductsName à hierarquia ProductName.

Para alterar a ordem dos campos na hierarquia, siga estas etapas:

1. **Clique com o botão direito do mouse no campo dentro da hierarquia.**

2. **Escolha Move Up ou Mover Down no menu exibido.**

> **DICA**
> Você também pode arrastar o campo para a posição necessária se nenhuma relação estiver em vigor.

Um método alternativo para criar uma hierarquia é usar a visualização Data em conexão com a barra Formula. Neste exemplo, uso a tabela Subcategory para mostrar como criar uma hierarquia. Siga estes passos:

1. **No Power BI Desktop, escolha Data View, no painel de Navigation, no lado esquerdo da tela.**

2. **Depois de selecionar Data View, selecione uma tabela.**

   Estou selecionando a tabela Subcategory.

3. **Na faixa de opções, escolha New Column em Modeling.**

   Adicionar uma nova coluna lhe permite adicionar dados a uma tabela existente, talvez uma fórmula gerada a partir de duas ou mais colunas.

4. **Na barra Formula, digite o seguinte como linha e pressione Enter:**

   ```
   Path = PATH (Subcategory[SubcategoryName],
      Subcategory[ProductCategoryID])
   ```

   Você está usando a função PATH para criar um caminho de hierarquia.

5. **Na faixa de opções, escolha novamente New Column em Modeling.**

   Lembre-se de que você está adicionando outro nível à hierarquia existente, que já criou.

6. **Na barra Formula, digite a seguinte linha e pressione Enter:**

   ```
   Level 2 = PATHITEM(Subcategory [Path],1)
   ```

   Aqui você está usando a função PATHITEM, que recupera o valor para o nível específico na hierarquia. No exemplo, há três níveis. É hora de adicionar as duas colunas restantes dela. Você repetirá isso para criar uma hierarquia de três níveis. Cada vez que pressiona Enter, você estabelece um novo nível de hierarquia.

7. **Na barra Formula, digite a seguinte linha e pressione Enter:**

   ```
   Level 2 = PATHITEM(Subcategory [Path],2)
   ```

8. **Novamente, na barra Formula, digite a seguinte linha e pressione Enter:**

```
Level 3 = PATHITEM(Subcategory [Path],3)
```

A Figura 8-9 mostra a saída do uso da função PATH e da função PATHITEM na barra Formula.

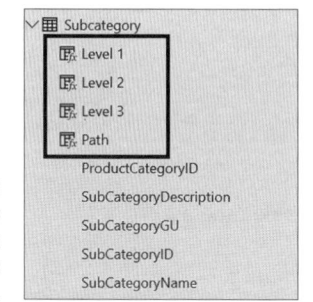

FIGURA 8-9: Exemplo de uma hierarquia multinível.

Propriedades de Tabelas e Colunas

No início deste capítulo, discuto brevemente o design de tabelas e colunas. Uma coisa em comum é que existem muitas propriedades que os usuários podem configurar, todas podendo ser definidas no modo de exibição Model. No entanto, para *ver* as propriedades de uma coluna ou tabela, selecione um objeto. Uma vez selecionado, suas propriedades ficam visíveis no painel Properties.

Para ver como isso funciona, escolha Model View na barra de navegação, no lado esquerdo da interface do Power BI. Uma vez nesse modo de exibição, clique no objeto de tabela para visualizar suas propriedades. Se deseja ver uma propriedade de coluna específica, clique na coluna dentro da tabela. Há exemplos de propriedades de tabela e de coluna nas Figuras 8-10 e 8-11.

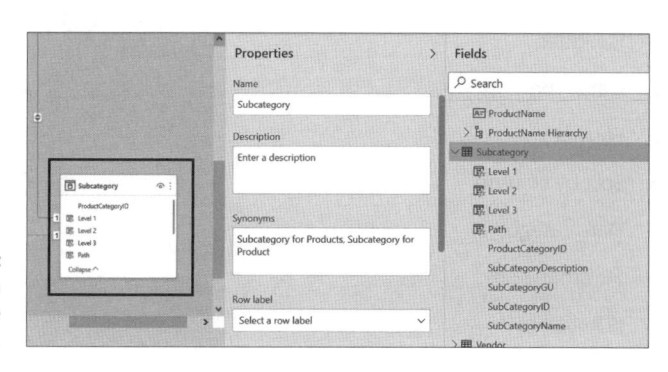

FIGURA 8-10: Seleção da propriedade de tabela.

CAPÍTULO 8 **Luz na Passarela: O Modelo de Dados** 141

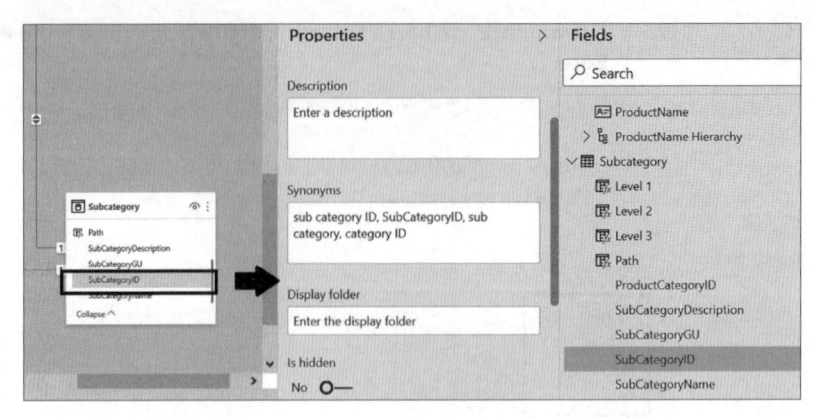

FIGURA 8-11:
Propriedade
de coluna.

Aqui estão as opções de propriedades de tabela:

- » Name.
- » Description.
- » Synonyms.
- » Row label.
- » Key column.
- » Is hidden.
- » Is featured.

E aqui estão as propriedades de coluna:

- » Name.
- » Description.
- » Synonyms.
- » Display folder.
- » Is hidden.
- » Data type.
- » Format.
- » Sort by column.
- » Data category.
- » Summarize by.
- » Is nullable.

> **DICA**
> Embora a maioria das propriedades de métrica também possa ser configurada como propriedades de coluna, algumas das últimas — como Sort By, Summarize e Is Nullable — não podem ser transformadas em métricas.

Gerenciando Cardinalidade e Direção

Nas seções anteriores deste capítulo, discuto brevemente as relações entre campos e tabelas. O importante a lembrar é se você está tentando estabelecer uma relação um para um, um para muitos, muitos para um ou muitos para muitos, que são todas relações *entre* tabelas — sua cardinalidade, em outras palavras. Para editar tais entre tabelas, clique no link de relação em um modelo. Isso abre uma janela para configurar melhor a cardinalidade, como mostrado na visualização Model. (A Figura 8-12 fornece um exemplo de tal edição.) A cardinalidade da relação também é alterada nessa página. Você verá uma visualização de cada conjunto de dados para selecionar uma coluna que se torna parte da relação.

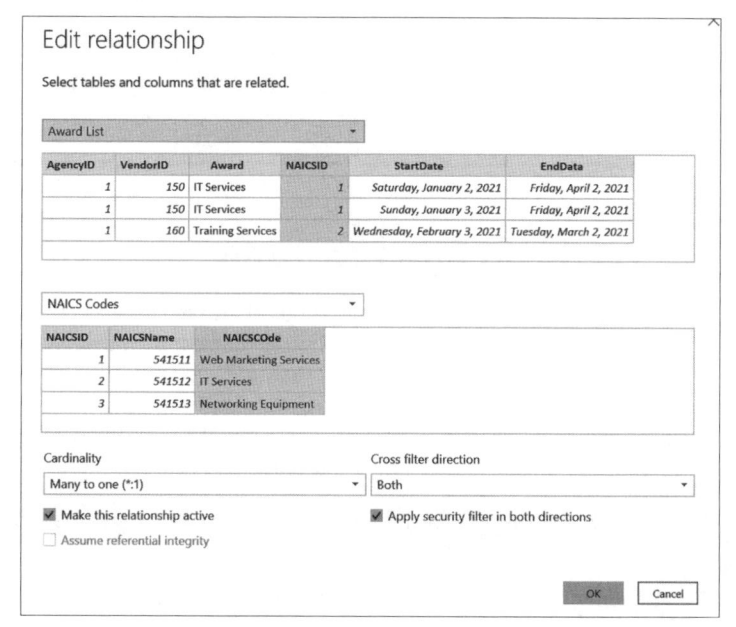

FIGURA 8-12: Edição de relações.

Para garantir que uma relação esteja ativa, marque a caixa de seleção Make This Relationship Active. (Novamente, veja a Figura 8-12.) Pode haver apenas uma relação ativa entre duas tabelas. Além disso, se optar por usar Direct Query, marque a caixa de seleção Assume Referential Integrity. (A integridade referencial melhora o desempenho da consulta.)

Cardinalidade

A relação entre duas tabelas tem quatro tipos: um para um, um para muitos, muitos para um ou muitos para muitos. Na maioria das vezes, com o Power BI, você usa relações muitos para um para implementar partes de um modelo de dados. A Tabela 8-2 descreve a diferença entre os quatro tipos.

TABELA 8-2 Cardinalidade e Descrição das Relações

Tipo de Relação	Descrição
Um para um (1:1)	Os principais dados aparecem em ambas as tabelas apenas uma vez.
Um para muitos (1:M)	*Muitos* se refere ao fato de que uma chave pode aparecer mais de uma vez em uma coluna selecionada. *Um* significa que um valor-chave aparece apenas uma vez na tabela selecionada. Quando você tem uma relação 1:M, uma chave do lado esquerdo da relação atua como identificador exclusivo, enquanto muitos itens do lado direito a ele podem corresponder.
Muitos para um (M:1)	Semelhante a uma relação um para muitos (1:M), muitos itens muitas vezes podem ser amarrados a uma única chave. A única diferença é a direção e a ordem dos dados-chave.
Muitos para muitos (M:M)	Existe uma relação entre duas tabelas, no entanto, potencialmente, não há valor exclusivo nelas.

Direção do filtro cruzado

Só porque você configurou um tipo de relação entre duas tabelas não significa que os dados fluirão da maneira que deseja. Na verdade, se vir a Figura 8-12, notará um menu suspenso Cross Filter Direction no canto inferior direito da tela. Ao configurar uma relação, você também pode mostrar a direção na qual os filtros fluem. Para um para muitos ou muitos para um, há a opção de selecionar Single ou Both.

Então, o que Single e Both significam exatamente? Aqui está uma pista:

» **Single:** Filtra os dados da tabela One para os da Many. Uma única seta aponta para a linha de relação na exibição Model.

» **Both:** Filtros de ambas as tabelas em ambas as direções. Essas relações são bidirecionais. Duas setas aparecem na linha de relação na exibição Model.

PAPO DE ESPECIALISTA

Ao selecionar Both para Apply Cross-Filter Direction, também pode-se selecionar Apply Security Filter. A adição desses recursos introduz segurança no nível da linha, uma forma de implementar restrições nos dados com base no acesso a ela.

Na Figura 8-13, observe a bidirecionalidade entre a tabela NAICS Code e a Award List. Por outro lado, existe uma relação de muitos para um — portanto, uma única direção de filtro cruzado — entre a tabela Agency Contacts e a Award List. Isso significa que muitos elementos de Agency Contacts podem ser vinculados a uma única entrada de Award List. O número de registros entre as duas tabelas varia, dado 1:M ou M:1 com e sem bidirecionalidade.

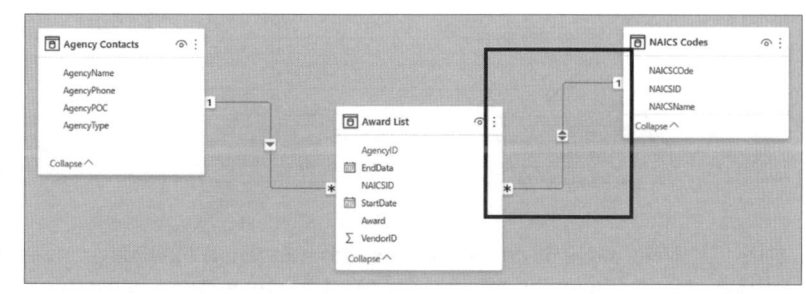

FIGURA 8-13: Um exemplo de direção de filtro cruzado.

Granularidade de Dados

Os detalhes por trás dos dados são importantes. É por isso que a *granularidade dos dados* — a especificidade deles — é importante. Dê outra olhada na tabela Award List, mostrada na Figura 8-13. O exemplo fornece o ID do código NAICS para abordar a classificação refinada de um prêmio [award]. Filtrar os dados por um campo com uma granularidade menor, como StartDate ou EndDate, é útil. Ainda assim, não fornece um conjunto de resultados definitivos. A faixa de respostas é ampla, como mostrado na Figura 8-14. A filtragem por ID de código NAICS fornece um conjunto de dados mais refinado, dada a relação com NAICS Code da tabela.

FIGURA 8-14: Granularidade de NAICS ID, StartDate e EndDate na tabela Award List.

Award	NAICSID	StartDate	EndData
Valid 100% / Error 0% / Empty 0%	Valid 100% / Error 0% / Empty 0%	Valid 100% / Error 0% / Empty 0%	Valid 100% / Error 0% / Empty 0%
distinct, 1 unique	5 distinct, 2 unique	17 distinct, 17 unique	15 distinct, 13 unique
Services	1	1/2/2021	4/2/2021
Services	1	1/3/2021	4/2/2021
aining Services	2	2/3/2021	3/2/2021
aining Services	2	2/4/2021	11/1/2023
otography Equipment	2	2/5/2021	11/1/2023
od	2	2/6/2021	11/15/2025
od	3	2/11/2021	11/3/2022
od	4	5/1/2021	4/1/2025
fice Supplies	4	5/2/2021	4/2/2023
fice Supplies	5	5/24/2021	3/2/2024
Services	1	6/22/2021	3/4/2025
Services	1	6/21/2021	5/1/2025
aining Services	2	7/1/2021	5/12/2022
aining Services	2	4/3/2021	5/19/2023

LEMBRE-SE

Nem todos os conjuntos de dados atingem o nível de granularidade desejado. Exemplos em que você precisa refinar dados, incluindo quando novas colunas são introduzidas, são comuns. Em alguns casos, mesmo tabelas não suportadas podem ser filtradas, mas os resultados não produzem o que se deseja. Como discuto nos Capítulos 15 e 16, o uso da função ISFILTERED é útil ao se avaliar melhor a granularidade dos dados.

> **NESTE CAPÍTULO**
>
> » Detalhando os requisitos técnicos para projetar um modelo de dados
>
> » Projetando um modelo de dados básico no Power BI Desktop
>
> » Publicando um modelo de dados do Power BI Desktop no Service

Capítulo **9**

Projetando e Implantando Modelos

Manipular dados depois de eles estarem no Power BI é uma arte e uma ciência. Os dados que você importou para qualquer aplicativo exigem uma atenção também com relação ao modo como foram definidos. Se aprendeu uma coisa sobre dados, sabe que precisa refiná--los desde o início. Isso significa explorar tabelas, criar novas hierarquias, estabelecer associações e relações que façam sentido e classificá-los. Claro, os resultados precisam ser significativos, então preste muita atenção em como você os organiza no modelo. Neste capítulo, você descobre como modelar dados no Power BI Desktop para projetar e implantar modelos eficazes para visualização, relatórios e dashboards. Este capítulo começa ensinando como projetar e desenvolver um modelo de dados básico no ambiente do Power BI Desktop e, em seguida, mostra como publicá-lo no Power BI Service quando você estiver pronto para o show.

Modelo ou Obra-prima?

Criar visualizações requer um modelo de dados — faz parte do processo. A fonte deles também precisa ser correta, específica e bem elaborada. É verdade que o Power BI faz algumas coisas incríveis, transformando dados em vários conjuntos, utilizando sua estrutura ETL (extrair, transformar e carregar) para apoiar o desenvolvimento e a atividade de design. Depois que os dados estiverem em segurança no aplicativo Desktop, ainda precisam de atenção. É preciso tomar ações específicas para prepará-los para que o modelo seja criado e funcione como um conjunto viável para visualização e relatórios. Um conjunto de dados bem definido ajuda você a analisá-los, bem como a obter insights prescritivos e descritivos.

LEMBRE-SE

A criação do modelo não para na ingestão de dados. Ela requer a definição de tipos de dados, a exploração do design de tabelas, a criação de hierarquias, a criação de associações e de relações e a classificação dos dados no modelo.

Trabalhando com Data View e Model View

Após importar dados para o ambiente do Power BI Desktop, seu objetivo é manipular os dados para que funcionem da maneira necessária para os modelos. A primeira parada na jornada é explorar a guia Data View e a Model View. A diferença entre as duas é que Data View apresenta todos os dados importados para o modelo. Em contraste, Model View é a visualização do modelo com base no que o Power BI acredita que o modelo é em um momento.

Você é responsável por atualizar o modelo, porque é parte de sua responsabilidade após a importação dos dados. Você pode fazer isso na guia Data View (exibindo todas as instâncias de dados) ou na Model View (revisando o próprio modelo). Um exemplo da saída de Data View é mostrado na Figura 9-1; a Figura 9-2 mostra a saída de Model View.

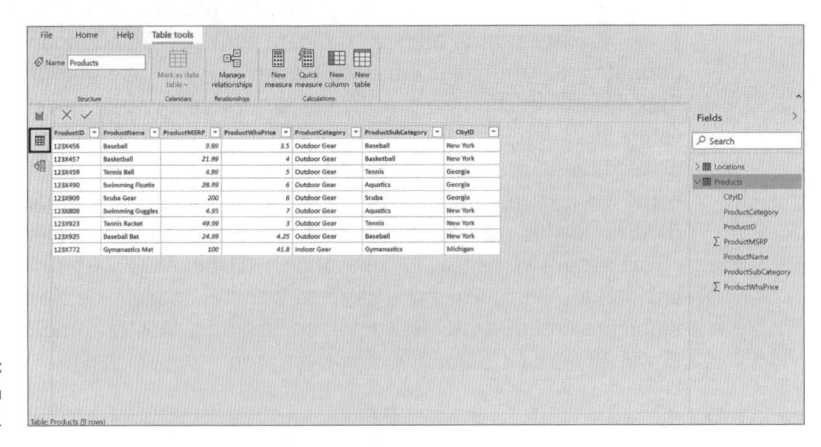

FIGURA 9-1: A guia Data View.

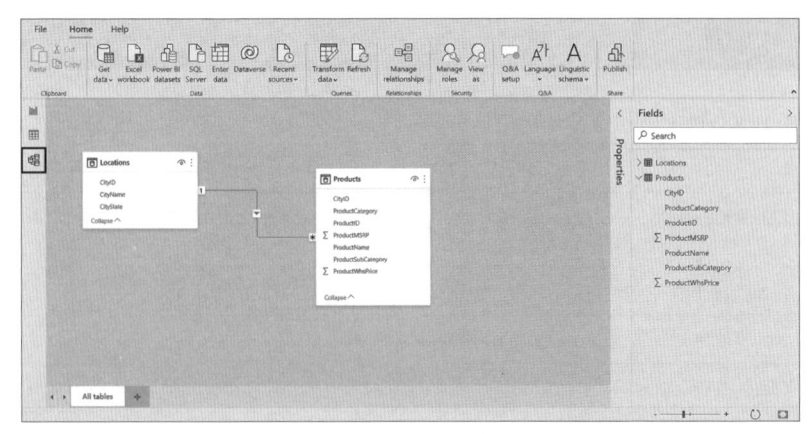

FIGURA 9-2:
A guia
Model View.

A guia Home em Model View é considerada o cockpit para gerenciar muitas de suas ações de dados, não importa em qual exibição esteja no Power BI Desktop. Como mostra a Figura 9-3, a guia é dividida em áreas distintas: Data, Queries, Relationships, Calculations, Security e Share. Cada área tem seu próprio conjunto de recursos, conforme listado na Tabela 9-1.

FIGURA 9-3:
Home, em
Model View.

TABELA 9-1 Botões do Power BI em Model View

Botão	O que Ele Faz
Get Data	Obtém dados de uma fonte. Você pode escolher entre mais de cem opções de fonte de dados, tanto relacionais quanto não relacionais.
Excel Workbook	Obtém dados de um arquivo Excel, uma fonte de dados comum da Microsoft.
Power BI Dataset	Obtém dados de um conjunto de dados do Power BI criado anteriormente.
SQL Server	Obtém dados de uma conexão do SQL Server.
Enter Data	Cria novas tabelas dentro do Power BI.
Dataverse	Conecta-se a um ambiente do Power BI usando uma string de consulta, incluindo as suportadas pelo DirectQuery.
Recent Sources	Permite que os usuários acessem as fontes mais recentes do Power BI.
Transform Data	Serve como um gateway para o Power Query Editor com ferramentas que podem ser encontradas para editar e transformar conjuntos de dados.
Refresh	Atualiza os dados de forma fácil.

(continua)

(continuação)

Botão	O que Ele Faz
Manage Relationships	Estabelece cardinalidade entre tabelas no Power BI.
New Measure	Cria uma nova métrica calculada usando a barra Formula.
Quick Measure	Usa cálculos predefinidos para campos específicos e os constrói para o usuário.
New Column	Cria uma nova coluna para uma tabela específica.
New Table	Cria uma nova tabela.
Manage Roles	Determina quem é capaz de visualizar modelos específicos de dados.
View As	Limita o conjunto de dados a usuários específicos.
Publish	Publica o conjunto de dados no Power BI Service.

O Power Query Editor compartilha muitos dos mesmos recursos mostrados na Tabela 9-1, embora também tenha (sem surpresa) recursos específicos para edição de consultas, como mostrado na Figura 9-4.

FIGURA 9-4: A faixa de opções do Power Query Editor.

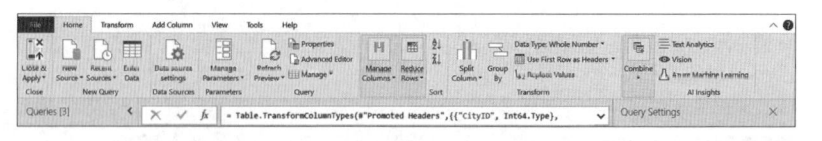

Uma diferença notável entre o Model View e o Power Query Editor é que o Editor permite definir configurações de fonte de dados, gerenciar e configurar parâmetros, configurar linhas e colunas, agrupar, classificar e manipular tipos de dados. Também se concentra em recursos de inteligência artificial para análise de texto. À medida que você começa a gerenciar o design de seus conjuntos de dados, naturalmente, precisa saber mais sobre o gerenciamento de linhas e colunas, porque configurá-las para se comportarem como achar adequado faz parte do comportamento do conjunto de dados. Portanto, como você provavelmente adivinhou, tem mais opções no Power Query Editor, por manipular consultas versus construção de modelos.

Importando consultas

Eu o conduzirei pela importação de arquivos do Excel em inúmeros capítulos, mas não faz mal praticar a importação de um ou mais arquivos do Excel para estabelecer novas consultas — estou lhe dando outra chance. Lembre-se de que você pode importar suas consultas para o Power BI Desktop usando uma das várias opções. Comece usando o painel Navigation, do lado esquerdo da tela, para alternar para Data View, onde todas as tabelas existentes estão disponíveis. Se quiser começar de novo, abra um novo arquivo escolhendo File ⇨ New no menu principal. Se, no entanto, quiser importar, siga estas etapas:

1. **Selecione o tipo de arquivo ou fonte que deseja importar para o Power BI em Get Data.**

   Depois de selecionar sua fonte de dados, a janela Navigator será aberta, conforme mostrado na Figura 9-5.

2. **Para carregar dados, escolha um ou mais conjuntos e clique em Load.**

3. **Para transformar dados, escolha um ou mais conjuntos de dados e clique no botão Transform Data.**

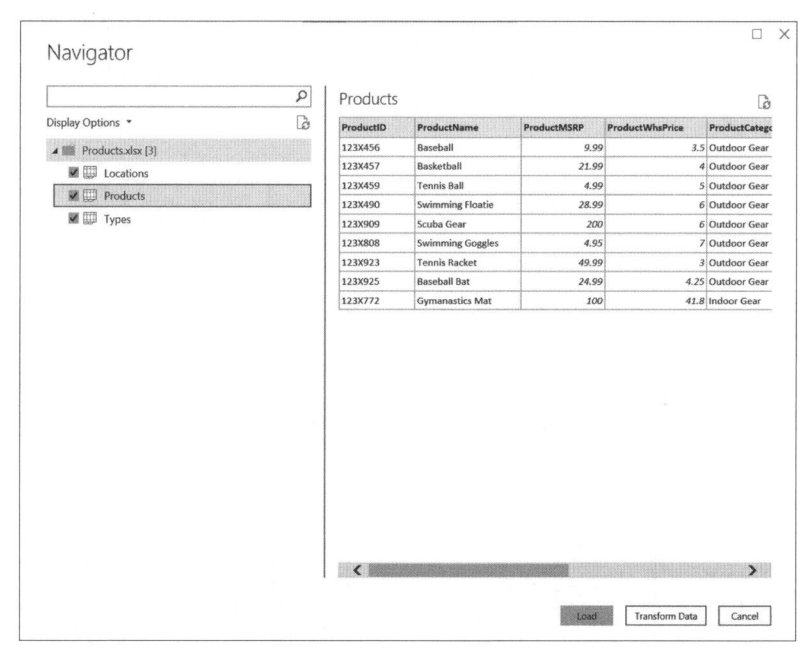

FIGURA 9-5: A janela Navigator em Data View.

Se escolher Load, isso significa que os dados não serão mapeados para um tipo de dados específico. Se escolher Transform Data, o Power BI fará o possível para mapear o tipo de dados adequado com base nas propriedades ETL.

Embora a exibição de dados seja semelhante à do Power Query Editor, lembre-se de que apenas uma amostra dos dados é exibida no Power Query Editor, enquanto todos os dados estão disponíveis na exibição após serem importados para o modelo. Em Data View, você trabalha com todo o conjunto de dados, e as modificações são feitas ao vivo, com os requisitos e

CAPÍTULO 9 **Projetando e Implantando Modelos** 151

especificações do dashboard. No entanto, tanto a visualização de dados quanto o Power Query Editor podem lidar com a criação de colunas calculadas em tempo real.

Depois que os dados são carregados, você pode manipulá-los, adicionar consultas, adicionar ou excluir colunas ou gerenciar as relações existentes. As seções a seguir explicam em detalhes como concluir cada uma dessas atividades.

Definindo tipos de dados

Quando o Power BI importa um conjunto de dados, o padrão é um tipo de dados específico. Por exemplo, na Figura 9-6, você vê que a tabela Products tem várias colunas, e duas delas indicam números decimais como opções. As colunas representadas aqui são a ProductMSRP e a ProductWhsPrice. O tipo de dado pode não ser preciso, porque essas colunas são de natureza monetária. Você tem a escolha do número decimal ou do decimal fixo. Nesse caso, os valores monetários requerem número decimal. Um usuário também pode colocar a formatação na coluna para representar melhor o contexto dos dados em cada uma das células.

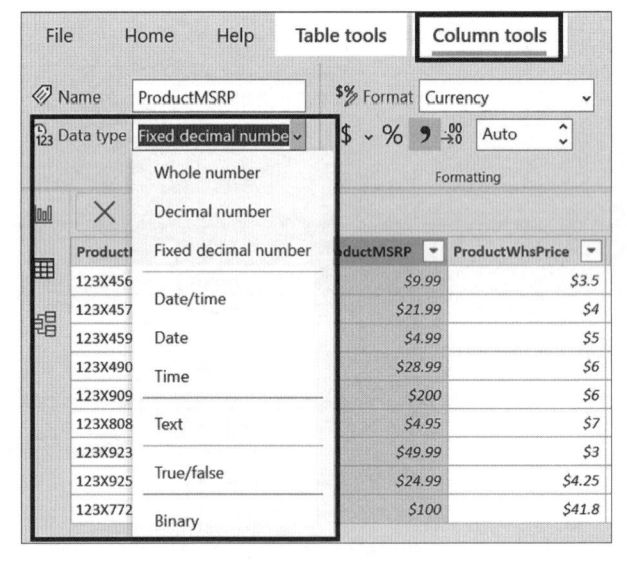

FIGURA 9-6: Usando a guia Column Tools para alterar o tipo de dado.

Para revisar os tipos de dados de uma determinada coluna, siga estas etapas.

1. **Vá para Data View.**

2. **Selecione a coluna que deseja revisar e destaque-a.**

3. **Verifique se você está na guia Column Tools. (Veja a Figura 9-6.)**

4. Na guia Column Tools, verifique a propriedade Name para ter certeza.

5. Verifique se o menu suspenso Data Type (veja a Figura 9-7) está definido para o tipo correto de dado.

   Nesse caso, está definido como Decimal Number.

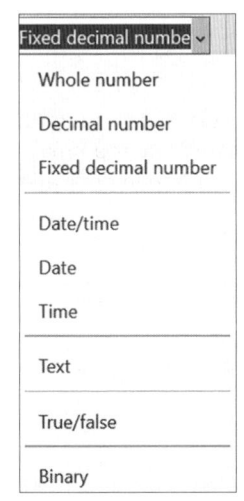

FIGURA 9-7: Uma lista de opções de tipos de dados.

6. Altere a opção para Fixed Decimal Number.

7. Usando o menu suspenso Format (novamente, veja a Figura 9-6), altere a opção para Currency.

Esse processo é consistente em todo o Power BI para modificar tipos de dados, quer você esteja tentando alterar dados numéricos para texto, quer texto para numérico.

Manipulando propriedades de formatação e tipo de dados

Dependendo se a coluna é de texto ou numérica, você pode usar o menu suspenso Format, na guia Column Tools, para também aplicar propriedades específicas a uma coluna para garantir comportamentos específicos. No final da seção anterior, apliquei o formato de moeda às minhas colunas, mas, se a coluna for numérica, você também pode aplicar outros comportamentos, incluindo números decimais, números inteiros, porcentagem e formatação de números científicos. (Veja a Figura 9-8.)

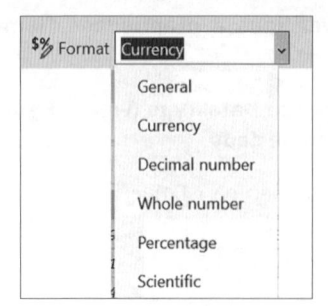

FIGURA 9-8:
Opções de formatação numérica.

Suponha que esteja procurando aplicar propriedades como Medidas, posições Geográficas ou dados Científicos e Matemáticos a uma coluna. Nesse caso, você pode aplicar uma *sumarização* (um modo de avaliar ainda mais os dados matematicamente) ou uma categoria de dados (um modo de classificar dados de base geográfica). As opções de sumarização para a guia Column Tools são mostradas na Figura 9-9, e as opções de Data Category são exibidas na Figura 9-10.

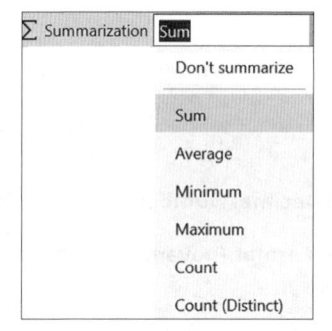

FIGURA 9-9:
As opções de Summarization na guia Column Tools.

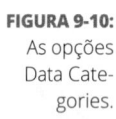

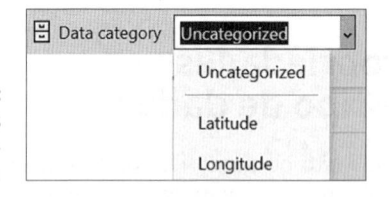

FIGURA 9-10:
As opções Data Categories.

LEMBRE-SE

As opções de sumarização permitem que qualquer coluna de dados numéricos em uma tabela seja resumida como um único valor. As opções de Data Categories são aplicáveis para mapeamento de Power BI — latitude e longitude ou graus.

Gerenciando tabelas

Você importou pelo menos uma tabela e criou um conjunto de dados. Às vezes, o nome da tabela pode não ser exatamente o que você quer. Ou talvez você queira excluir uma tabela. Essas são todas ações comuns que um especialista em dados enfrenta no Power BI Desktop à medida que passa pelo design, pelo desenvolvimento e pela implantação do modelo.

Adicionando tabelas

Haverá momentos em que você precisará adicionar uma ou mais tabelas ao modelo depois de importar o conjunto de dados para o Power BI Desktop. Talvez você queira criar uma tabela de fatos adicional para a atividade transacional ou uma de dimensões para viabilizar uma nova pesquisa. Ambos os cenários são bastante comuns, mas, felizmente, adicionar uma tabela é simples. Você ainda precisa fazer um pouco de configuração depois de definir os nomes das colunas.

De qualquer forma, aqui está como você adiciona uma tabela:

1. **Em Model View, clique no botão Enter Data, em Home, conforme mostrado na Figura 9-11.**

    Uma tela de criação de tabela é exibida.

FIGURA 9-11:
O botão Enter Data.

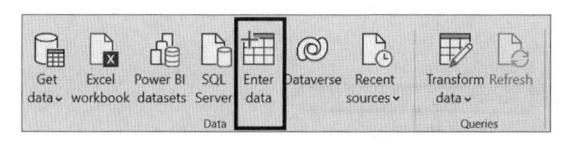

2. **Insira os nomes das colunas e os dados desejados nas células da tabela apropriadas.**

3. **Digite um nome de tabela no campo Name.**

    A tabela será parecida com a mostrada na Figura 9-12.

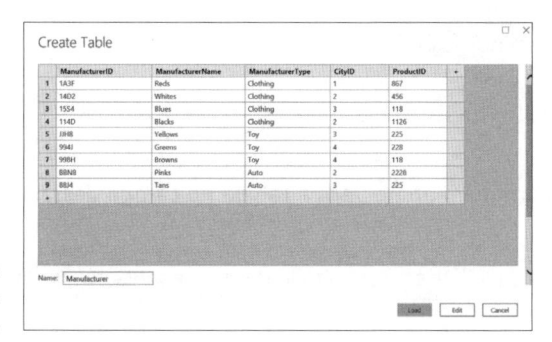

FIGURA 9-12:
Criando uma tabela.

4. Clique em **Load** assim que terminar de criar sua tabela.

O resultado é uma nova tabela, que aparece como parte do modelo de dados que você pode acessar em Data View, bem como em Model View.

Renomeando tabelas

Renomear uma tabela é uma atividade simples, desde que nenhuma tabela já tenha o mesmo nome. Com o Power BI, cada tabela em um modelo de dados deve ter um nome exclusivo. Por exemplo, duas tabelas não podem ter o nome Products. (Você pode ter uma tabela chamada Product, e outra, Products, mas isso seria bastante confuso.) As melhores práticas indicam ser o mais descritivo possível. Para renomear uma tabela no Power BI Desktop, siga estas etapas:

1. Em Data View ou em Model View, vá para o painel Fields.

2. Clique com o botão direito do mouse na tabela que deseja alterar.

3. Escolha Rename no menu exibido, conforme mostrado na Figura 9-13.

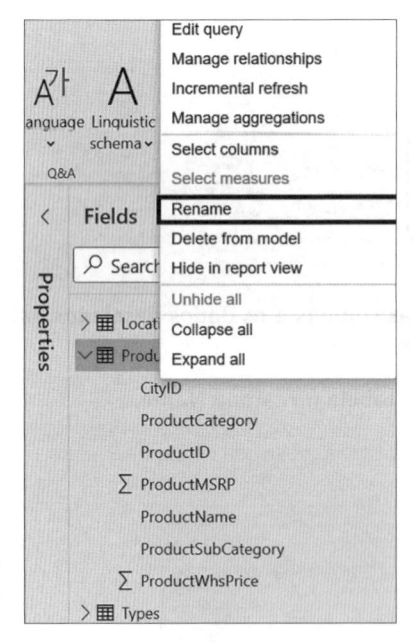

FIGURA 9-13: Atualizando o nome da tabela em View Model.

4. Insira um novo nome para a tabela no campo destacado e aperte Enter.

O nome da tabela será atualizado dentro de trinta segundos.

Excluindo tabelas

Se quiser excluir uma tabela de um modelo, enfrentará alguns riscos. Se as relações estiverem associadas à tabela, elas serão interrompidas. Além disso, se os campos calculados forem incorporados em um relatório, também desaparecerão. Dito isso, remover uma tabela, como mover uma coluna, é um processo relativamente simples. Para remover uma tabela, siga estas etapas:

1. **Em Data View ou em Model View, vá para o painel Fields.**

2. **Clique com o botão direito do mouse em uma tabela para removê-la e escolha Delete from Model, no menu exibido, como mostra a Figura 9-14.**

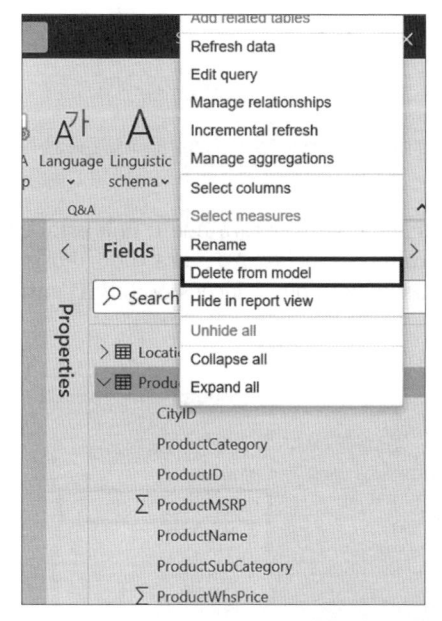

FIGURA 9-14: Excluindo uma tabela do modelo.

Aparecerá um prompt perguntando se você tem certeza de que deseja excluir a tabela, conforme mostrado na Figura 9-15.

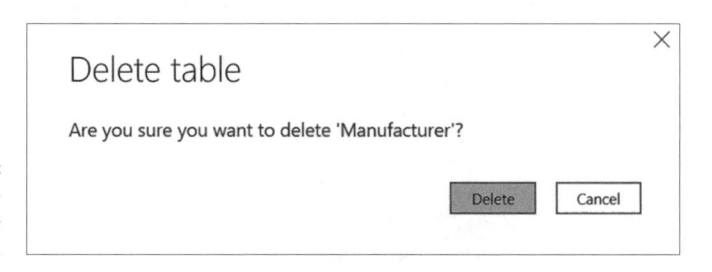

FIGURA 9-15: Perguntando se você tem certeza.

3. **Clique em Delete.**

   A tabela é excluída do modelo.

Renomeando e excluindo colunas

Renomear ou excluir uma coluna segue a mesma prática de uma tabela. A única ressalva é que, quando ocorrem dependências, como execuções de chaves, a exclusão de uma coluna resulta em relações quebradas.

Para renomear uma coluna, siga estas etapas:

1. **Em Data View ou em Model View, vá para o painel Fields.**
2. **Clique com o botão direito do mouse na coluna que deseja renomear.**
3. **Renomeie a coluna de dados.**

   O nome da coluna é atualizado automaticamente.

   Se as relações exigirem atualização, elas serão revisadas de acordo com essa necessidade.

Quando a coluna for excluída, você notará que o link estará quebrado se existir uma relação entre duas tabelas. A Figura 9-16 mostra as visualizações antes e depois da exclusão das relações do CityID entre Products e Location.

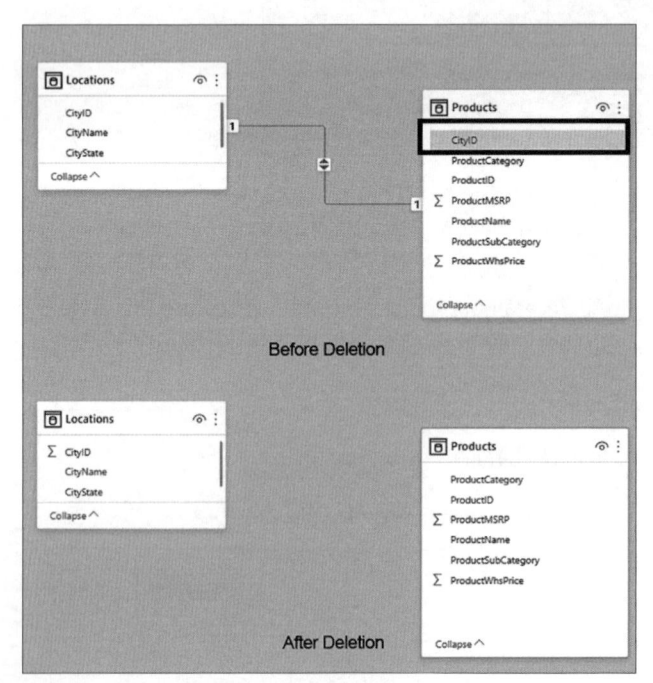

FIGURA 9-16: Visualizações Before e After para remoção da coluna.

Para excluir uma coluna, siga estas etapas:

1. **Em Data View ou em Model View, vá para o painel Fields.**
2. **Clique com o botão direito do mouse na coluna e escolha Delete from Model no menu exibido.**

   Você será avisado de que a coluna está prestes a ser excluída.

3. **Pressione Delete.**

   A coluna é excluída, e o modelo é atualizado automaticamente.

   Se as relações forem rompidas, os links entre as tabelas serão atualizados de acordo.

Adicionando e modificando dados em tabelas

Às vezes você quer adicionar ou modificar dados em uma tabela existente. Esse processo é um dos menos simples, pois requer que um usuário entre no Power Query Editor para concluí-lo. Se criou os dados no Power BI, o processo para adicionar ou modificar é mais simples do que com conjuntos de dados importados usando um arquivo ou ingeridos usando o DataQuery. Para adicionar linhas ou modificar células a linhas de tabelas que você mesmo criou, siga estas etapas:

1. **Na área Queries, em Home, em View Model, clique em Transform Data.**

   O Power Query Editor aparece na tela.

2. **Selecione o conjunto de dados que criou.**
3. **Vá para a fonte em Applied Steps.**
4. **Clique no ícone da engrenagem. (Veja a Figura 9-17.)**

   Isso abre uma janela para adicionar ou atualizar linhas ou campos adicionais.

FIGURA 9-17: O ícone engrenagem, em Applied Steps.

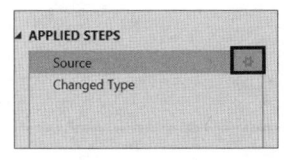

Como você vê na Figura 9-18, a tabela Manufacturers tem um campo vazio, bem como uma linha indicando que ele deve ser alterado.

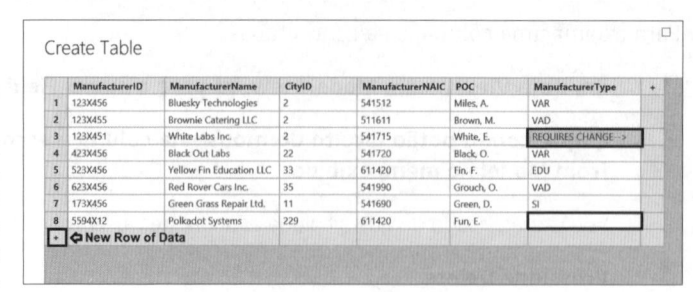

FIGURA 9-18:
A tabela modificada com nova linha e dados alterados.

	ManufacturerID	ManufacturerName	CityID	ManufacturerNAIC	POC	ManufacturerType
1	123X456	Bluesky Technologies	2	541512	Miles, A.	VAR
2	123X455	Brownie Catering LLC	2	511611	Brown, M.	VAD
3	123X451	White Labs Inc.	2	541715	White, E.	REQUIRES CHANGE -->
4	423X456	Black Out Labs	22	541720	Black, O.	VAR
5	523X456	Yellow Fin Education LLC	33	611420	Fin, F.	EDU
6	623X456	Red Rover Cars Inc.	35	541990	Grouch, O.	VAD
7	173X456	Green Grass Repair Ltd.	11	541690	Green, D.	SI
8	5594X12	Polkadot Systems	229	611420	Fun, E.	
*	New Row of Data					

Modelos importados, DirectQuery e compostos

Quando você importa ou usa o DirectQuery e transforma os dados no Power BI, sua capacidade de adicionar dados ou alterá-los pode ocorrer apenas na fonte de dados nativa. Há uma exceção, é claro: se criar colunas personalizadas ou calculadas, elas serão editáveis e gerenciadas no Power BI.

Suponha que deseje fazer uma modificação na tabela Location, na Figura 9-19. Os dados estão no arquivo `Products.xlsx`. Você pode adicionar mais três cidades ou estados ou alterar o nome de uma cidade ou estado diretamente no Excel. Assim que atualizar o arquivo, clique em Refresh, em Queries, em Model View. Os resultados são atualizados instantaneamente, como mostrado na Figura 9-20.

FIGURA 9-19: Antes de uma alteração no arquivo Products.xlsx.

1		1	Brooklyn	NY
2		2	Bronx	NY
3		3	Staten Island	NY
4		4	Atlanta	GA
5		5	Marietta	GA
6		6	Boise	ID
7		7	Detroit	MI

FIGURA 9-20: Vendo as alterações feitas no arquivo Products.xlsx.

1		1	Brooklyn	NY
2		2	Bronx	NY
3		3	Staten Island	NY
4		4	Atlanta	GA
5		5	Athens	GA
6		6	Boise	ID
7		7	Detroit	MI
8		8	Chicago	IL
9		9	Denver	CO
10		10	Dallas	TX

Gerindo Relações

Quando duas tabelas se conectam por um vínculo comum, muitas vezes isso significa que há uma + por meio de uma chave. Pode ser uma chave primária-primária ou primária-estrangeira. Em certas circunstâncias, uma tabela pode até ser unida em um único campo. Esse único campo pode mapear para outra tabela com um campo semelhante, criando uma pesquisa. Nesta seção, abordo o valor das relações na concepção e no desenvolvimento do modelo de dados.

Criando relações automáticas

O Power BI reconhece que, quando os dados são transformados, há uma relação. Por exemplo, se há duas tabelas com um tipo de dados numéricos e elas forem nomeadas da mesma forma, elas serão consideradas em relação. O Power BI detecta essas relações como parte do processo ETL. A detecção automática ajuda a reduzir o trabalho manual que é necessário para identificar as relações. Além disso, você pode reduzir o risco de ocorrência de erros entre as tabelas.

Para ver como o Power BI visualiza relações entre conjuntos, siga estas etapas:

1. **Vá para Home, em Model View.**
2. **Na área Relationships, clique no ícone Manage Relationships.**

    As relações que existem quando os conjuntos de dados são importados são correspondidas automaticamente.

3. **(Opcional) Se deseja que os sistemas detectem automaticamente as relações, clique no botão Autodetect.**

Criando relações manuais

Às vezes, os nomes das chaves primárias e estrangeiras podem não coincidir, mas você sabe que os dados entre elas criam uma relação. Por exemplo, LocationID e CityID podem ser um e o mesmo, ou talvez StateID e StateAbbreviation. Todos esses são exemplos em que os analistas de dados precisam mapear manualmente a relação entre duas tabelas, mesmo que o Power BI tenha sido capaz de captar o padrão. Para estabelecer manualmente relações entre tabelas e chaves, siga estas etapas:

1. **Vá para Home, em View Model.**
2. **Na área Relationships, clique no ícone Manage Relationships.**

3. Clique no botão New.

4. A interface Create Relationship é exibida, como mostrado na Figura 9-21.

Create relationship

Select tables and columns that are related.

Locations		
CityID	CityName	CityState
1	Brooklyn	NY
2	Bronx	NY
3	Staten Island	NY

Products				
ProductWhsPrice	ProductCategory	ProductSubCategory	ProductLocation	ProductSubLocation
3.5	Outdoor Gear	Baseball	New York	Bronx
4	Outdoor Gear	Basketball	New York	Brooklyn
5	Outdoor Gear	Tennis	Georgia	Atlanta

Cardinality: One to one (1:1)

Cross filter direction: Single

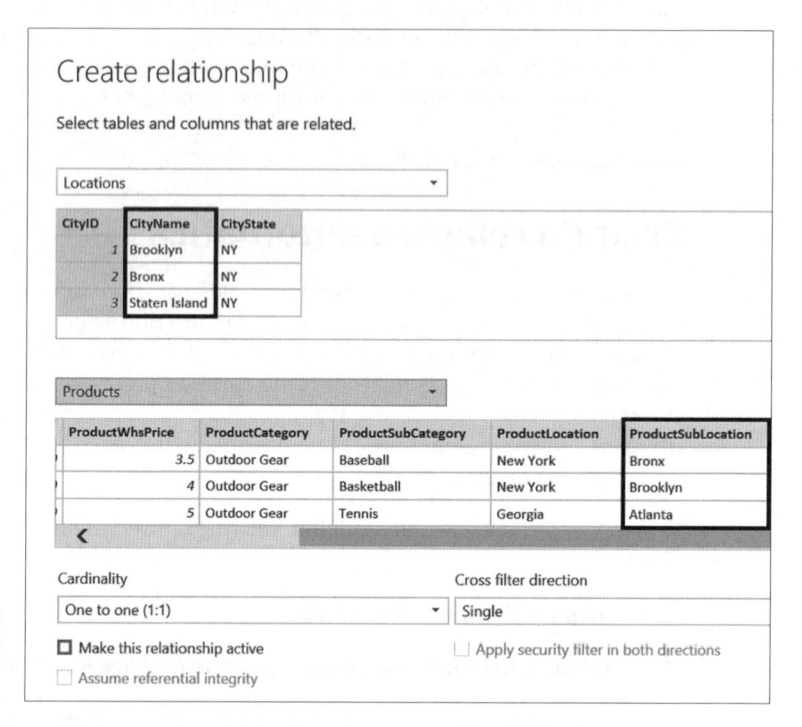

☐ Make this relationship active
☐ Apply security filter in both directions
☐ Assume referential integrity

FIGURA 9-21: A interface Create Relationship.

5. Selecione as duas tabelas que estão em relação.

6. Usando os menus suspensos Cardinality e Cross-Filter Direction, escolha as configurações desejadas.

7. Pressione Ok quando terminar.

Excluindo relações

A exclusão de relações ocorre de uma de três maneiras. Você remove o campo de uma das duas tabelas que configura a associação entre elas ou usa a interface Manage Relationships para desconectar a relação, da mesma maneira que a criou. Desmarque a caixa Active e, então, pressione Delete. Um aviso aparece mostrando uma ruptura na relação. Você reconheceria que a relação foi quebrada e depois pressionaria Ok.

A maneira mais fácil de quebrar uma relação é ir para Model View e clicar com o botão direito do mouse no link. Selecione Delete. Você é solicitado a reconhecer que a relação será desfeita.

Classificando e codificando em tabelas

À medida que forma sua coleção de dados no Power BI ao longo do tempo, é importante adicionar contexto para que qualquer usuário que acesse os conjuntos que começou a criar possa montar as peças do quebra-cabeça. Quer seus dados descritivos estejam vinculados a um único conjunto ou a muitos, é uma atividade contínua para a pessoa responsável pelo gerenciamento dos dados. Uma forma de ajudar qualquer usuário que se deparar com seus dados a entender melhor o que está revisando é adicionar *metadados* — para detalhar os dados, em outras palavras — dentro de cada propriedade de tabela ou coluna.

Para adicionar metadados a cada tabela ou coluna, siga estas etapas, dependendo se é uma tabela ou uma coluna:

1. **Vá para Model View.**

2. **Selecione a tabela (para descrever uma tabela inteira) ou uma coluna dentro dela. (É preciso selecionar a coluna específica entre as tabelas.)**

3. **No painel Properties, insira uma descrição na caixa Description.**

    Pode ser uma frase estendida em relação ao item específico.

4. **Insira sinônimos que também descrevem o nome da tabela ou da coluna.**

> **CUIDADO**
> Tenha cuidado para não confundir categorias de dados com tipos de dados. As *categorias* são uma forma de agrupá-los em um modelo, enquanto os *tipos* qualificam se eles são de texto, numéricos ou mistos. Pense em Cities como uma categoria e em Text como tipo.

Organizando Dados

Organizar dados em um conjunto é diferente daquilo que você experimenta quando eles são transformados na visualização. A organização de dados no Power BI pode acontecer de algumas maneiras diferentes: classificar, agrupar e ocultar [Sort By, Group By e Hide Data]. As próximas seções detalham cada uma delas.

Classificando e agrupando

Você pode ser confundido por Sort By e Group By. Sort By classifica os dados em ordem crescente (A–Z) e decrescente (Z–A) em uma base de coluna. Para subir ou descer os dados em um conjunto, você precisa ir para o Power Query Editor para concluir a classificação. Você pode classificar apenas uma coluna de cada vez.

Group By permite que um campo seja agrupado por meio de uma operação matemática (contagem, soma e divisão, por exemplo) com outro. As opções avançadas permitem agrupar um ou mais campos, como mostrado na Figura 9-22.

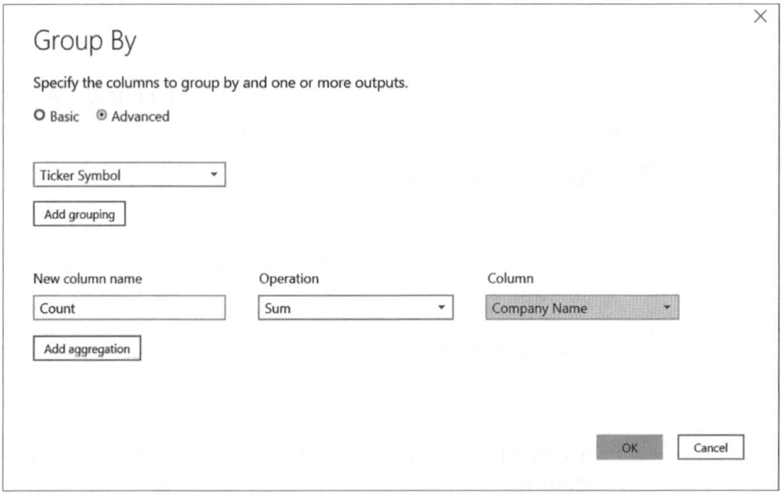

FIGURA 9-22: Agrupamento por capacidades.

Ocultando dados

Às vezes você quer suprimir os dados da coluna de uma tabela. Talvez a coluna ofereça pouco valor no conjunto de dados ao apresentar resultados, ou talvez os dados adicionem muita complexidade à visualização. Pode ser que a coluna, quando incluída no conjunto, forneça dados imprecisos. As razões para ocultá-los podem ser muitas. No entanto, em vez de simplesmente excluir uma coluna quando você ainda pode precisar dos dados mais tarde, você pode ocultá-la temporariamente.

Para ocultar uma coluna, como mostrado na Figura 9-23, siga estas etapas:

1. **Em Model View, vá para a tabela que contém a coluna em questão.**
2. **Clique para selecionar o campo.**
3. **Vá para o painel Properties.**
4. **Localize o controle deslizante Is Hidden.**
5. **Deslize a opção de No para Yes.**

Você vê um olho com uma linha através dele aparecer no campo, indicando que ele foi escondido.

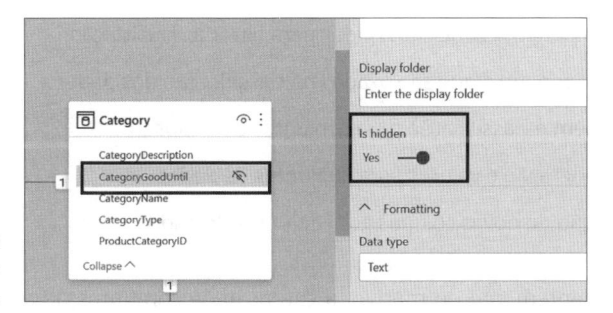

FIGURA 9-23: Ocultando dados.

Se em algum momento você quiser exibir a coluna, basta repetir essas etapas, mas dessa vez deslize o controle deslizante Is Hidden para No.

Modelos de Dados Estendidos

Independentemente do método de importação usado para o Power BI Desktop, você enfrenta limitações. Nem todos os modelos de dados exigem cálculos, mas o requisito subjacente é o de que os cálculos matemáticos sejam necessários para ajudar a analisar dados qualitativos em algum momento. Cálculos de porcentagens e números de comparação são muito comuns.

DAX (abreviação de Data Analysis eXpression) é a linguagem escrita para cálculo no Power BI Desktop. Essa linguagem baseada em fórmulas consiste em mais de trezentas fórmulas usadas isoladamente ou em combinação para criar métricas orientadas à matemática. Muitas das fórmulas do DAX são idênticas às do Excel.

Conhecendo os tipos de cálculo

Toda vez que você importa dados ou se conecta a uma fonte deles via DirectQuery para criar uma visualização, pode se surpreender ao descobrir o quão mais fácil o Power BI torna sua vida, porque é fácil transformar os conjuntos de dados. No entanto, há um problema: suponha que você precise quantificar os dados que está visualizando. Seu objetivo pode ser desenvolver cálculos a partir de tabelas para estender seus conjuntos. O Power BI Desktop permite que todos os tipos de métricas sejam calculados e importados da fonte.

Esses componentes são importantes não apenas para os esforços de visualização, mas também para os cálculos DAX:

» Componentes que são usados para filtrar a visualização.

» Componentes que são usados na classificação dos dados.

» Ordem e classificação para conjuntos de dados.

» Ponderação e valores para conjuntos de dados.

» Adição de novas colunas aos conjuntos de dados.

Independentemente do motivo, a extensão de conjuntos de dados usando uma dessas técnicas surge porque a importação de dados ou a conexão a conjuntos ativos não oferece aos usuários opções prontas para o quantitativo e ricas em fórmulas. Tenha em mente que essa lista não é exaustiva. Existem outras razões para abordar o cálculo de dados quantitativamente. Não há como saber os padrões, as tendências e as necessidades de um conjunto de dados desde o início.

Conteúdo de coluna e associações

Embora eu tenha tendido a falar neste capítulo sobre a importação de dados de apenas uma única fonte, não é incomum que as corporações importem dados de várias fontes para uma única. Nessas circunstâncias, as organizações devem mesclar as colunas dessas fontes de dados e conectá-las em tabelas e colunas.

Digamos que você queira criar uma coluna com os dados de todos os símbolos de ticker de ações associados aos dados para os locais da empresa. As fontes estão alojadas em dois locais diferentes. O que você precisa fazer é criar uma nova coluna que pegue os dados de ambas as colunas e crie uma única entrada em uma das tabelas após ser importada e transformada. Para fazer isso, siga estas etapas:

1. Abra ambas as fontes de dados no Power BI Desktop.
2. Vá para Report View.
3. No painel Fields, selecione Locations e Ticker Symbol em ambas as tabelas. (Veja a Figura 9-24.)

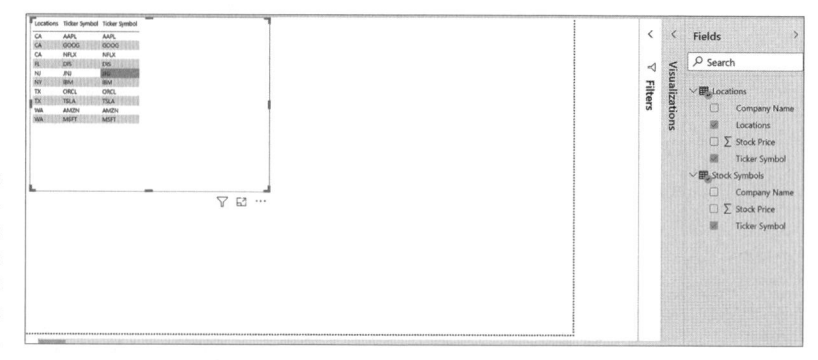

FIGURA 9-24: Combinando conteúdo e associações em Report View.

4. Vá para Data View.

Isso cria uma visão conjunta do conteúdo da coluna que agrega conteúdo com base em um campo comum — o campo Ticker Symbols. A diferença é que os locais não estavam em ambas as tabelas, conforme mostrado na Figura 9-25.

Ticker Symbol	Company Name	Stock Price	Locations
NFLX	Netflix	516.49	CA
JNJ	Johnson and Johnson	171.89	NJ
DIS	Disney	178.74	FL
TSLA	Tesla	657.82	TX
AMZN	Amazon	3699.82	WA
MSFT	Microsoft	289.05	WA
GOOG	Google	2680.7	CA
AAPL	Apple	148.99	CA
ORCL	Oracle	87.86	TX
IBM	IBM	142.96	NY

FIGURA 9-25: Agregado de duas fontes de dados usando associações.

CAPÍTULO 9 **Projetando e Implantando Modelos**

Modelos de Dados de Publicação

Quando um modelo de dados está pronto para ser publicado no Power BI Service, o processo é tão fácil quanto pressionar um botão — supondo que você tenha configurado sua conta online com o Power BI Service da Microsoft, em inglês, em `https://powerbi.microsoft.com`. Você deve fornecer seu nome de usuário e o endereço de e-mail que faz login em todos os aplicativos do Power Platform/Office 365. Dependendo do tipo de licença que tenha, o volume de dados e a atualização do modelo variam.

Para publicar seu modelo, vá para a guia Home, no Power BI Desktop, e pressione Publish, conforme mostrado na Figura 9-26.

FIGURA 9-26: O botão Publish para implantar o modelo de dados e os relatórios no Power BI Service.

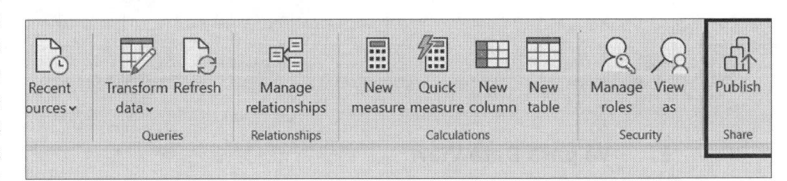

> **NESTE CAPÍTULO**
>
> » Determinando quais fatores afetam o desempenho durante a modelagem
>
> » Aprimorando modelos de dados para o desempenho ideal
>
> » Otimizando modelos de dados para relatórios e visualização comerciais

Capítulo 10
Aperfeiçoando o Modelo de Dados

Eis o impasse: você tem relatórios que correm espetacularmente em um ambiente de teste e desenvolvimento. Por quê? Porque o ambiente é um cenário controlado. Mas, quando o implanta na produção — seja importando-o, seja usando o DirectQuery ou um modelo composto —, surgem problemas de desempenho. Relatórios e visualizações levam muito tempo para serem carregados ou precisam de mais tempo para atualizar do que deveriam. O resultado é uma má experiência do usuário. Os profissionais de dados passam a maior parte do tempo brincando de detetive tentando rastrear erros de dados e preocupações de desempenho. E adivinha? Na maioria das vezes, o modelo é o culpado. Expressões DAX mal elaboradas, ou talvez relações defeituosas entre tabelas, retardam muito um modelo de dados. E, ainda por cima, à medida que os dados crescem, os problemas também. É por isso que se deve resolver os problemas em desenvolvimento para corrigi-los antes que seja tarde. Neste capítulo, você aprende as etapas, os processos e os conceitos necessários para otimizar um modelo de dados para ter desempenho em nível corporativo sob várias condições.

Consultas com Capacidade

Dependendo da versão do Power BI que estiver usando, é certo experimentar restrições de taxa de transferência. Quando você publica um modelo no Power BI, o número máximo de consultas simultâneas que se comunicam com a fonte subjacente influencia o ambiente. No caso do Power BI Desktop, Power BI Pro, Power BI Premium e até mesmo do Power BI Report Server, cada um tem diferentes restrições de capacidade. Portanto, esta influencia a consulta. Com a capacidade, o desempenho varia significativamente. É por isso que podar elementos desnecessários é uma forma de melhorar o desempenho. Limitar a quantidade de dados espremidos em uma lacuna garante que mais dados realmente passem.

Excluindo colunas e linhas desnecessárias

Já ouviu que muita coisa boa é algo perigoso? É melhor carregar apenas as colunas e linhas necessárias para o modelo e as instâncias de relatório — ou esperar até que esteja pronto para o crescimento. Isso significa desativar o carregamento de consultas desnecessárias para executar relatórios. Além disso, você deve filtrar os dados apenas para as linhas ou colunas necessárias antes de carregar um modelo.

Colunas suspensas

As colunas em seus modelos de dados servem a um ou mais propósitos. Elas são usadas para dar suporte a visualizações, a cálculos ou a ambos. A menos que a coluna esteja sendo usada para um propósito específico — basta dizer não. Se a coluna tiver um número elevado de valores distintos, considere modificar o modelo. E se quiser uma atualização sobre como excluir colunas, volte ao Capítulo 9 para ver como remover essas colunas estranhas.

PAPO DE ESPECIALISTA

Se estiver importando dados de um data warehouse, avalie seu conjunto de dados e suas chaves primárias para tabelas de fatos. Embora as chaves primárias sejam úteis para auditar dados, podem criar muita complexidade. Como as chaves primárias têm um valor exclusivo em cada linha, as tabelas de fatos associadas se tornam desnecessariamente grandes no nível da coluna. Você realmente quer uma tabela inflada e com pouco valor?

Limitando o número de linhas desde o início

Incluir um critério de filtragem é essencial para um conjunto de dados desde o início ao construir um modelo de dados no Power BI. Os critérios podem ser qualquer coisa, desde um conjunto de atributos até uma série de datas. Mas é essencial limitar o número de linhas. Suponha que esteja preocupado apenas com a análise de um conjunto de dados finito. Por que não reduzir o número de linhas desde o início? É inútil incluir dados com pouco valor ou parâmetros que você pode adicionar mais tarde se isso criar preocupações de desempenho estranhas com os relatórios.

De números para métricas e variáveis

Muitos usuários do Power BI se desesperam quando se trata de gerenciar colunas, mas não há uma boa razão para ficar tão frustrado. Criar métricas e variáveis de autoria em suas fórmulas DAX fornece opções de código e cálculo muito menos complexas. Não é incomum que os recém-chegados ao Power BI Desktop subutilizem variáveis ao criar modelos de dados.

Quando você encarna o modelador de dados, muitas vezes é encarregado de ser o guru do código, detetive de depuração e artista emergente para essas visualizações incríveis que produz. Mas, para entregar com sucesso em cada uma dessas funções, é preciso criar um código bacana (e tirar algumas cartas da manga de vez em quando), especialmente ao criar cálculos DAX. Você já viu exemplos de DAX e sabe que é preciso uma pitada de expressões compostas e complexas para criar uma fórmula. Uma expressão composta envolve o uso de muitas funções aninhadas e uma grande quantidade de reutilização de lógica de expressão. É por isso que você pega seu amigo pau para toda obra, a variável, para a mistura (o que abordamos em profundidade no Capítulo 16). Uma variável é um modo de armazenar um cálculo DAX de forma eficiente, com o objetivo de reutilização. As variáveis o ajudam a escrever cálculos mais complexos, com eficiência e estilo. Melhor ainda, uma variável o ajuda a fortalecer o desempenho e confiabilidade de seus códigos, a legibilidade e, claro, a reduzir a complexidade.

LEMBRE-SE

Muitas vezes, você é forçado a usar funções aninhadas e reutilizar a lógica — os processos associados ao cálculo de dados, em outras palavras — para criar expressões eficazes. E, para ser bem-sucedido, o atalho mais eficaz que pode usar é alavancar variáveis. Isso significa que, muitas vezes, leva muito tempo para as expressões serem processadas. E, como os cálculos são muitas vezes difíceis de ler, a solução de problemas naturalmente se torna um pouco complicada. O uso de métricas e variáveis DAX ajuda a reduzir o tempo de processamento.

Variáveis em um modelo de dados oferecem os seguintes benefícios:

» **Melhoram o desempenho:** Reduzem a necessidade de avaliar expressões várias vezes. O tempo para consultar os resultados é em torno de 50% daquele de processamento.

» **Melhoram a legibilidade:** As variáveis são ideais quando você procura substituir expressões estendidas. Se precisar de uma forma para ler e entender fórmulas mais facilmente, as variáveis o ajudarão.

> **Auxiliam na depuração:** As variáveis também são uma ferramenta de depuração. Se precisar testar fórmulas ou expressões de teste, as variáveis são o utilitário para a solução de problemas.

Um exemplo de transformação de uma expressão DAX tradicional em uma que inclui variáveis para melhorar o desempenho, melhorar a legibilidade e facilitar a depuração inclui:

Sem variáveis

SalesGrowth % =

DIVIDE(([ProductSales] - CALCULATE([ProductSales],

PARALLELPERIOD('Date'[Date], -12, MONTH))),

CALCULATE([ProductSales], PARALLELPERIOD('Date'[Date], -12,

MONTH))

)

Com variáveis

SalesGrowth % =

VAR SalesLastYear = CALCULATE([ProductSales],

PARALLELPERIOD('Date'[Date], -12, MONTH))

RETURN

DIVIDE(([Sales] - SalesLastYear), SalesLastYear)

Redução da cardinalidade

Você pode não ter percebido, mas falamos sobre cardinalidade em capítulos anteriores, disfarçadamente. Ao olhar para o número de elementos em um conjunto de dados, avalia-se a cardinalidade. Considere este exemplo: morei em muitas cidades, mas, em cada uma delas, posso ter morado em uma ou mais casas. As cidades são representadas como muitas (M), e os lugares em que morei, como um ou como muitos (1 ou M). A cardinalidade ou relação descrita em um modelo de dados provavelmente seria notada como uma relação muitos para muitos (M:M), embora alguns possam argumentar que a relação é muitos para um (M:1).

Como você quer limpar a atualização, parte do processo é reduzir a cardinalidade para criar o conjunto de dados mais confiável e firmemente acoplado possível. Quando tenta aperfeiçoar o desempenho do modelo, é provável que desconsidere que a cardinalidade cria atrasos no desempenho — embora possa definitivamente desempenhar um papel nele. Uma evidência que torna esse ponto cristalino é que, ao usar o Power Query Editor para conduzir a análise de dados de entidades (tabelas) e atributos (campos), são oferecidas opções de distribuição de colunas que fornecem estatísticas sobre quantos itens distintos e exclusivos estão disponíveis por coluna.

LEMBRE-SE

Os valores *distintos* representam os vários valores encontrados nas colunas. Em contraste, valores *exclusivos* aparecem apenas uma vez em uma coluna.

Quando há colunas com muitos valores, especialmente quando os valores são repetitivos, há uma forte probabilidade de que o nível de cardinalidade seja insignificante. As colunas que contêm muitos valores exclusivos têm um alto nível de cardinalidade. É por isso que se deve *diminuir* a cardinalidade — isso otimiza o desempenho do modelo. Em outras palavras, deve-se reduzir o número de colunas o máximo possível para apenas aqueles valores significativos.

Dependendo de como as relações são criadas ou editadas, a configuração da coluna varia — e afeta a cardinalidade de acordo. Com esta, a direção da relação e o modelo dela são definidos pelo tipo dela. A Tabela 10-1 ilustra os quatro tipos de cardinalidade e o impacto que a redução tem nela.

TABELA 10-1 Cardinalidade e Direção

Cardinalidade	Descrição
Um para um (1:1)	Ambas as tabelas têm apenas uma instância de determinado valor.
Muitos para um (M:1)	A cardinalidade mais comum e, portanto, o tipo padrão. A coluna em uma tabela pode ter muitas instâncias de um valor. A outra tabela relacionada é, muitas vezes, uma tabela de pesquisa com apenas uma instância.
Um para muitos (1:M)	Quando uma coluna em uma tabela tem uma única instância de um valor específico. A tabela relacionada tem um ou mais valores.
Muitos para muitos (M: M)	Apropriado para modelos compostos e pode ser usado como muitos para muitos entre tabelas. Não há requisito específico para valores exclusivos. Também não há necessidade de estabelecer novas tabelas para relações.

DICA

Durante o desenvolvimento do modelo de dados, criar e editar relações é o padrão. Não importa a relação (ou a cardinalidade selecionada) em seu modelo, o tipo de dados aplicado é consistente. Lembre-se, no entanto, de que as relações falham se duas colunas tiverem uma incompatibilidade de tipo de dados.

O Power BI Desktop oferece diferentes técnicas para ajudar a reduzir a quantidade de dados carregados no modelo — sumarização, por exemplo. Reduzir os dados carregados no modelo melhora a cardinalidade da relação. É por isso que você quer que seus modelos sejam os menores possíveis, especialmente se sabe que eles crescerão ao longo do tempo.

Reduzindo consultas

Em Options and Settings, no Power BI Desktop (no menu File), há uma página sobre reduções de consulta [Query Reductions]. (Veja a Figura 10-1.) Existem algumas opções nesse menu, categorizadas em três títulos principais: reduce number of queries sent by, slicers e filters. O objetivo de cada um deles é:

» **Reduce number of queries sent by:** Permite desativar o realce cruzado em relatórios. As consultas de back-end também são reduzidas, fornecendo uma experiência de navegação mais eficiente. A menos que queira que as consultas sejam reduzidas, não selecione disabling cross-highlighting/filtering por padrão.

» **Slicers:** Coloca um botão Apply sob condições específicas, em particular quando uma das duas condições é atendida. Aplique instantaneamente as alterações do slicer ou adicione um botão Apply a cada um para aplicar as alterações quando estiver pronto. Em geral, você usará Instantly Apply Slicer Changes, a menos que haja um processo de várias etapas na avaliação da consulta.

» **Filters:** Permite que um botão Apply apareça quando uma das opções é selecionada. Você pode escolher entre aplicar instantaneamente alterações básicas de filtro, adicionar um botão Apply a todos os filtros básicos para aplicar alterações quando estiver pronto ou adicionar um único botão Apply ao painel Filter para aplicar alterações de uma só vez. Selecione Apply Basic Filter Changes, a menos que o filtro seja necessário para viabilizar consultas mais complexas.

FIGURA 10-1: Opções de redução de consulta.

Quando você deseja enviar menos consultas para um relatório ou desativar certas interações que resultam em uma experiência de desempenho ruim (supondo que as consultas demorem um pouco mais do que gostaria), a aplicação de uma opção de redução de consulta é altamente recomendada. Para ativar as opções de redução de consulta, vá para o Power BI Desktop e siga estas etapas:

1. **Escolha File ⇨ Options and Settings no menu principal e, em seguida, escolha Options no menu que aparece.**

2. **Sob o cabeçalho Current File, na listagem que é executada no lado esquerdo da tela, selecione Query Reduction.**

3. **A janela principal é atualizada para mostrar suas opções de redução de consulta, conforme mostrado na Figura 10-1.**

Convertendo para um modelo composto

Às vezes, os resultados de importação direta e DirectQuery devem ser combinados em um único modelo para suportar melhor a configuração de armazenamento. O modelo de armazenamento de tabela pode ser duplo, com importação direta e suporte ao DirectQuery. Quando ambos os tipos de modelo estão disponíveis, você finalmente cria um modelo composto. Como atualização, um modelo composto permite combinar duas ou mais conexões de dados de diferentes tipos de fonte. Você pode ter uma ou mais conexões DirectQuery, bem como uma conexão de importação direta, ou talvez ter várias conexões DirectQuery. Existe também a possibilidade de uma combinação de todas as opções anteriores.

Então, por que converter suas conexões de um tipo de modelo específico para um composto? A chave é o desempenho. Você descobrirá que a experiência funcional e a de desempenho são significativamente melhoradas para as opções DirectQuery e importação direta, porque você pode integrar mais de um DirectQuery ou importar o modelo em um modelo composto, que então suporta a agregação. Ao lidar com um modelo composto derivado de fontes agregadas, você está diminuindo a carga de consulta, o que produz melhores resultados muito mais rápido.

CUIDADO

Não seja tão rápido em desenvolver um modelo composto — sua primeira escolha deve ser sempre criar um modelo de importação direta. Ele oferece o maior controle, a flexibilidade de design mais significativa e as melhores opções de desempenho. Claro, há exceções à regra. Grandes volumes de dados e relatórios em tempo real não podem ser resolvidos apenas com modelos de importação direta. O DirectQuery é uma boa segunda escolha se souber que seus dados serão armazenados em um único modelo.

Aqui estão os momentos em que é sábio ignorar a regra geral e considerar a modelagem composta:

» É preciso aumentar o desempenho consolidando muitas fontes em uma única fonte de verdade, daí o foco na agregação de dados.

» Você deseja combinar modelos DirectQuery com conjuntos de dados adicionais que devem ser importados para um novo modelo.

» É preciso combinar duas ou mais fontes de dados DirectQuery em um modelo.

LEMBRE-SE

O método DirectQuery envolve conectar-se diretamente aos dados em seu repositório de origem a partir do Power BI Desktop. Como tal, é uma alternativa à importação para o Power BI Desktop. O problema é que, com o DirectQuery, a experiência do usuário depende do desempenho da fonte de dados subjacente. Os problemas vão desde problemas de tempo limite até o número de usuários simultâneos que acessam a fonte, afetando a fonte de dados e de carga.

Infelizmente, o desempenho de seu modelo Power BI não será afetado apenas pelo desempenho da fonte subjacente, mas também por outros fatores incontroláveis, incluindo latência da rede e desempenho do servidor. Ambos os fatores estão além do controle do usuário. Portanto, o uso do DirectQuery representa um risco para a qualidade do modelo se a otimização do desempenho for o objetivo principal. Se você tem controle limitado sobre os arquivos de origem ou banco de dados, o DirectQuery tem eficácia limitada.

Criando e gerenciando agregações

Um tema importante deste capítulo é o fato de que muitos dados podem criar problemas de desempenho. Portanto, resumi-los e apresentá-los em um nível mais alto é benéfico. É possível *agregar* todos os dados relativos a fornecedores, vendas, produtos e agências — em outras palavras, pegando os dados brutos e resumindo-os. Ao agregá-los, você reduz os tamanhos das tabelas em um modelo. Em vez de ter muitas tabelas, há só algumas nas quais se concentrar, melhorando a consulta.

Sua empresa pode usar agregações nos modelos pelos seguintes motivos:

» **Manipulação de big data**: A agregação é uma alternativa melhor para o desempenho de consultas ao lidar com big data. Você analisa e avalia insights para grandes conjuntos rapidamente, sobretudo quando são armazenados em cache. Como um número menor de recursos é necessário, é provável que você transfira mais recursos de modelo para essa alternativa de design.

» **Otimização de atualizações de dados:** A agregação ajuda a reduzir a velocidade do processo de atualização. Como você está reduzindo o tamanho do cache com um modelo pequeno, o tempo de atualização é reduzido. Os usuários obtêm acesso aos dados mais rapidamente. O conjunto de dados é comprimido a partir de um grande conjunto de registros.

» **Gerenciamento do tamanho do modelo**: Alguns modelos são robustos. Se consolidar tabelas por meio de agregação, garantirá que o modelo de dados não fique fora de controle à medida que o conjunto de dados cresce.

» **Manutenção do modelo relevante:** Agregação é um método proativo para garantir que o modelo de dados não sofra problemas de desempenho. Quando tiver problemas de atualização e consulta causados por preocupações de volume de dados, uma forma de contorná-los é agregando o modelo de dados.

A parte da criação

Agregação não é uma atividade boba. É preciso fazer o trabalho duro de decidir o nível no qual agregar o conjunto de dados. Veja meu conjunto de dados Award. Devo agregar os dados ao nível de Agency, de NAICS Code ou a outro? Defendo a agregação dos dados ao nível de Agency, porque é o agrupamento de dados com o maior número possível de sinergias, que também podem ter atributos associados em um nível inferior. No conjunto de dados Award, você pode ter dez agências que suportam um ou mais códigos NAICS. (Muitos podem se sobrepor.) É provável que você também tenha um ou mais prêmios associados à agência e ao código NAICS. O tópico comum que produzirá o melhor insight em todo o conjunto de dados é Agency, pois oferece a maior precisão em todos os dados.

Depois de decidir a granulação, você precisa descobrir como deseja criar a agregação. Embora existam muitos métodos para agregações, os resultados para cada um são essencialmente os mesmos.

Com o método Direct Import, você pode criar uma tabela com a agregação necessária se tiver acesso diretamente ao banco de dados. Isso significa que precisa adicionar outra tabela ao banco de dados com os campos que deseja combinar em uma única tabela. Quando a tabela estiver concluída, importe o conjunto de dados diretamente para o Power BI Desktop. A realidade é que você pode não ter acesso ao banco de dados de origem, portanto, considere o plano B, que está diretamente no Power BI Desktop.

Suponha que prefira fazer o trabalho no Power BI Desktop. Nesse caso, pode ser mais fácil e eficiente usar o Power Query Editor para criar a agregação. A Figura 10-2 lhe permite dar uma olhada no processo. A ideia é abrir a consulta no Power Query Editor e agregar os dados em três das colunas da tabela Award List: a coluna AgencyID, a VendorID e a NAICSID. Para acessar a tabela, siga estas etapas:

1. **Vá para o Power Query Editor.**
2. **No painel Queries, selecione a tabela Award List.**
3. **Clique no botão Choose Columns, em Manage Columns, em Home.**
4. **Escolha Columns. (Veja a Figura 10-2.)**

    Ao selecionar a tabela Awards List, todos os campos disponíveis nela aparecerão na tela Choose Columns.

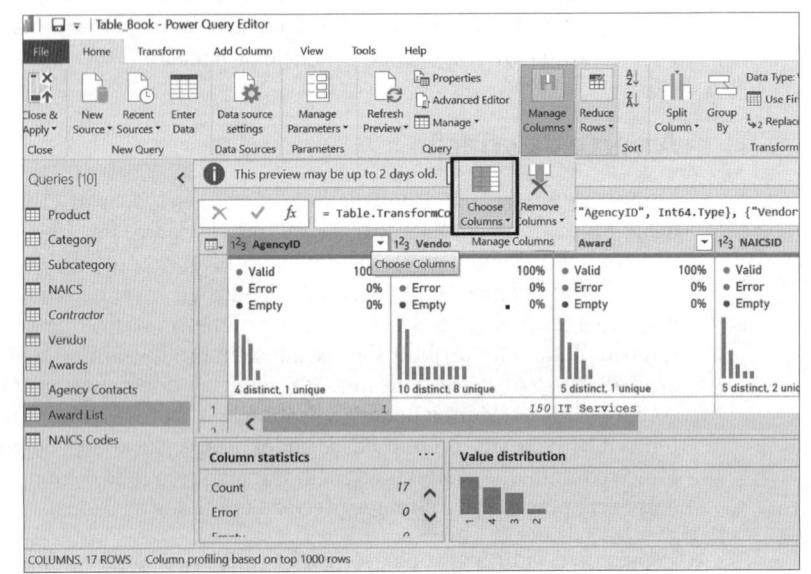

FIGURA 10-2: O ícone Choose Columns, em Home.

5. **Selecione AgencyID, VendorID e NAICSID na tela Choose Columns. (Veja a Figura 10-3.)**

Selecionar essas três colunas é o primeiro passo para criar uma entrada de agregação.

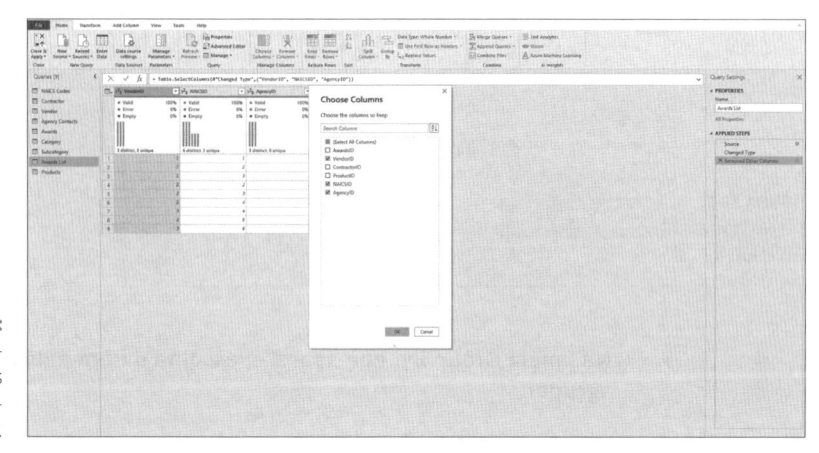

FIGURA 10-3: Selecionando colunas para agregar.

6. **Pressione OK.**

Agora você removeu todas, exceto três colunas. Conforme observado no painel Query Settings, o Power Query Editor reconhece as colunas que estão sendo removidas (Remove Other Columns). Na tela, há apenas essas três colunas no Power Query Editor. (Figura 10-4.)

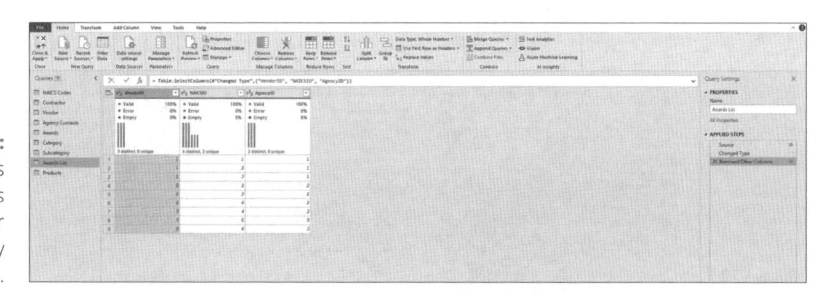

FIGURA 10-4: Colunas agregadas no Power Query Editor.

CAPÍTULO 10 **Aperfeiçoando o Modelo de Dados** 179

7. **Depois que as três colunas forem exibidas no Power Query Editor, clique no ícone Group By, na área Transform, em Home. (Veja a Figura 10-5.)**

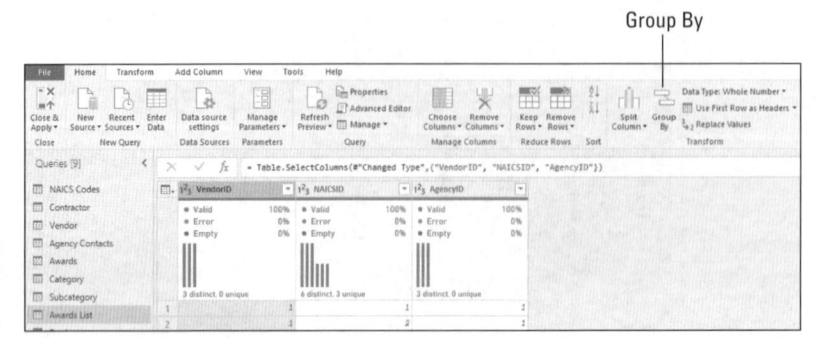

FIGURA 10-5:
O ícone Group By, em Home.

8. **Na janela Group By, que aparece, escolha o item pelo qual deseja agrupar.**

    Nesse caso, escolho AgencyID.

    Crie um nome para a nova coluna. O nome que criei é AgencyAwardedByVendor. Nesse caso, criei um novo nome de coluna, selecionei Sum Column como ação de agregação e escolhi VendorID para ser o item agregado ao agrupar por ID de agência [Agency ID], conforme mostrado na Figura 10-6.

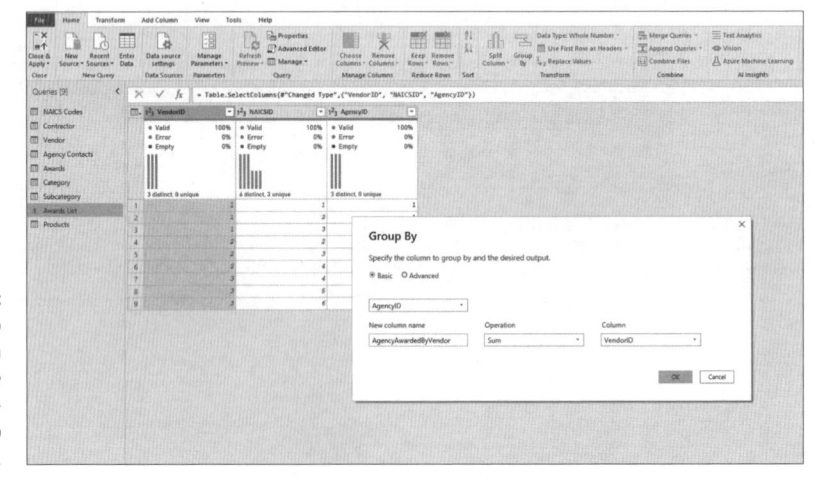

FIGURA 10-6:
Adicionando uma nova coluna de soma usando Group By.

180 PARTE 3 **A Arte e a Ciência do Power BI**

O resultado é a soma dos valores agrupados por AgencyID, de modo que, em vez de ter várias colunas, você agora tem apenas uma com cada AgencyID. Você combinou várias colunas em uma, o que viabiliza um melhor desempenho. O resultado agregado está na Figura 10-7.

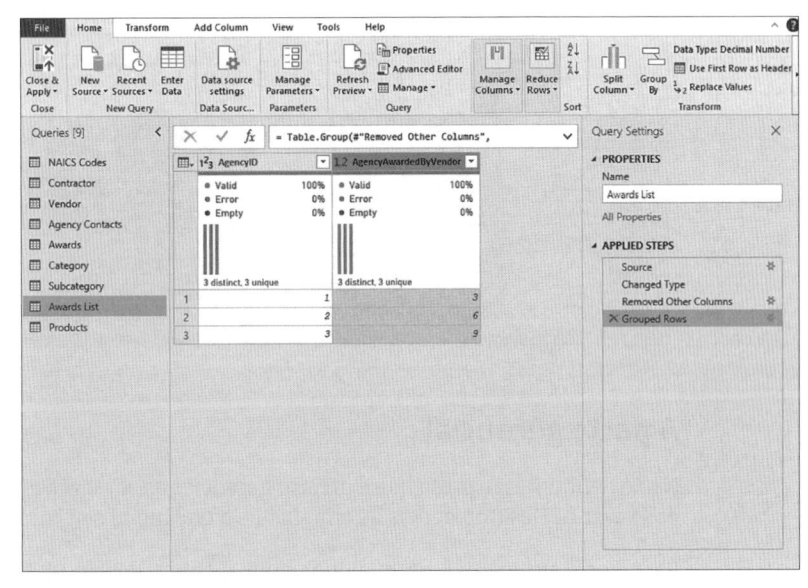

FIGURA 10-7:
A coluna agregada.

9. **Clique no botão Close & Apply, em Home, para fechar o Power Query Editor.**

Agora você fecha o Power Query Editor e volta para Data Model View. Essa ação salva todas as alterações do modelo de dados. Ele é atualizado automaticamente, resultando em um modelo muito menor, porque você acabou de analisar os critérios usando as condições de agregação. Você verá na Figura 10-8 que todas as tabelas que estavam vinculadas agora estão separadas, o que significa que elas devem ser usadas apenas para fins de pesquisa, quando necessário. As duas únicas tabelas no modelo em que a atividade significativa agora se materializa são a tabela Agency Contacts e a Awards List.

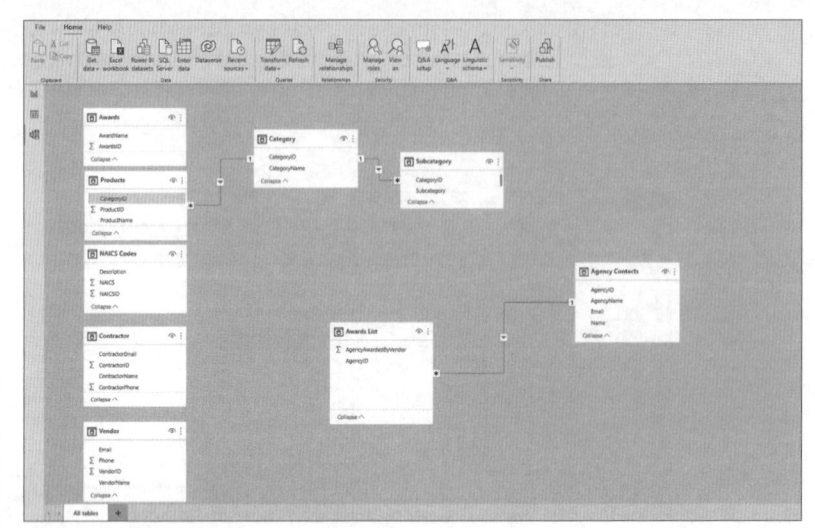

FIGURA 10-8:
A visualização atualizada do modelo de dados.

A parte gerencial

Não é nenhuma surpresa que é preciso gerenciar as agregações no ambiente do Power BI Desktop depois de criá-las — o que inclui seu comportamento.

Para gerir agregações de qualquer ambiente do Power BI Desktop, siga estas etapas:

1. **Na visualização do modelo de dados, navegue até o painel Fields, do lado direito do modelo.**

2. **No painel Fields, clique com o botão direito do mouse em uma tabela cujas agregações deseje gerenciar.**

    Nesse caso, selecionei a tabela Awards List para gerir a agregação criada na última seção.

3. **Selecione Manage Aggregations, no menu exibido. (Veja a Figura 10-9.)**

    A janela Manage Aggregations é exibida, conforme mostrado na Figura 10-10.

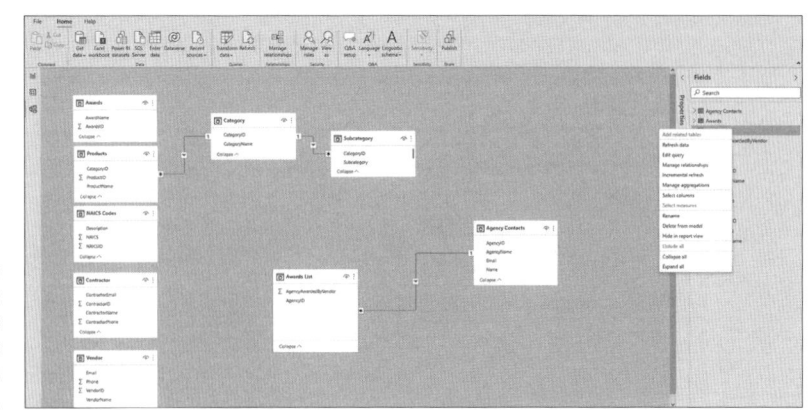

FIGURA 10-9:
Gerencie agregações acessíveis na guia Data View.

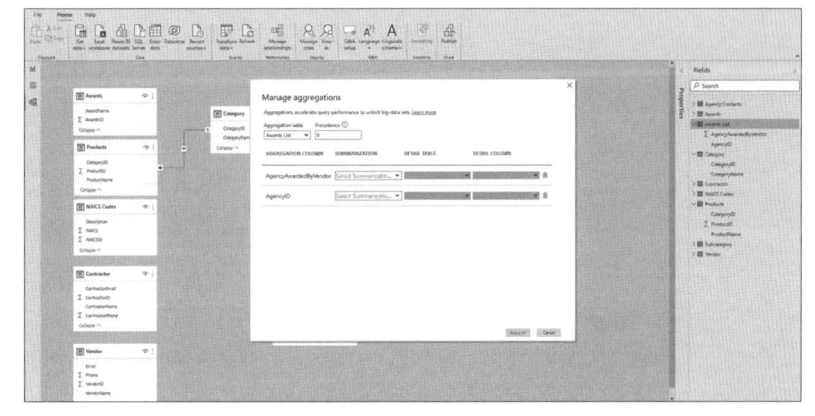

FIGURA 10-10: Gerenciando agregações.

4. **Para cada agregação criada, você pode selecionar uma escolha na lista suspensa Summarization.**

   Você pode alterar a tabela e as colunas com base em condições predefinidas decididas pelo Power BI Desktop para cada tipo de resumo selecionado.

5. **Quando terminar, clique no botão Apply All. (Novamente, veja a Figura 10-10.)**

   Agora você alterou a agregação do modelo original com base nas condições atualizadas que acabou de especificar.

CAPÍTULO 10 **Aperfeiçoando o Modelo de Dados** 183

> **NESTE CAPÍTULO**
>
> » Dominando as várias opções de visualização disponíveis no Power BI
>
> » Decidindo quando usar técnicas de visualização específicas
>
> » Entendendo o básico das diferenças de configuração de visualização entre as versões do Power BI

Capítulo **11**

Dados na Mira

O ditado "Uma imagem vale mais que mil palavras" é uma das razões pelas quais tantas pessoas usam o Power BI. Você importou os dados, talvez milhões de registros, e agora quer entender o que eles dizem. É provável que uma visualização seja um pouco mais fácil para você ou sua organização do que um conjunto de dados grande e complexo ou um relatório de página única. E, claro, dependendo do número de variáveis ou do tipo de dado a explorar, um tipo específico de visualização só melhora a legibilidade e fluência da experiência. Neste capítulo, você verá como acessar as visualizações, selecionar uma escolha adequada e configurar a visualização para a criação de relatórios.

O Básico de Relatórios e Visualizações

Há uma divisão simples de trabalho no Power BI: você usa a versão Desktop para criar o modelo de dados e as visualizações, e o Service está lá para você implantar conjuntos de dados, relatórios e dashboards na web. Em outras palavras, se quiser compartilhar seus dados, deve se familiarizar com o Power BI Desktop, bem como com as variações nas opções do Service. Isso não significa que não se podem manipular visualizações ou atualizá-las no Service. Você pode colaborar ou fazer edições por conta própria em seus relatórios. No entanto, a maior parte da manipulação da visualização ocorre no Power BI Desktop, não no Power BI Service.

Criando visualizações

Suponha que tenha um conjunto de dados armazenado no Power BI Desktop e queira compartilhá-lo como uma visualização. Vá para a guia Report (veja a Figura 11-1) clicando na guia Report View, na navegação do lado esquerdo.

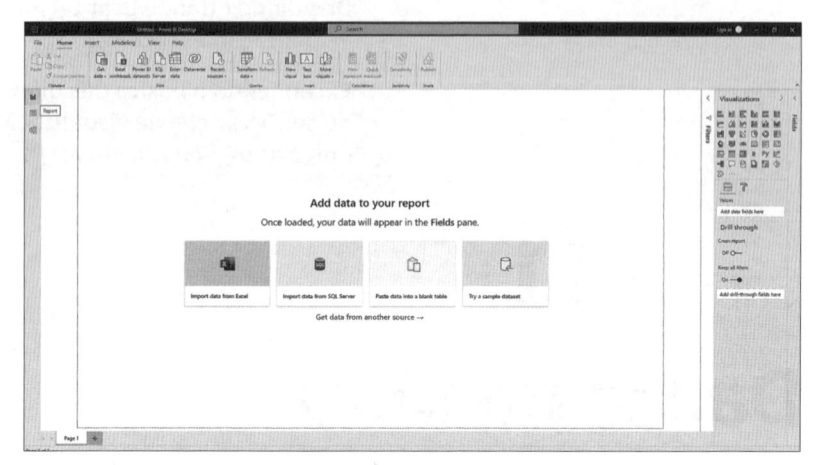

FIGURA 11-1:
O ícone Report View.

Nesse ponto, você será apresentado à interface de visualização, onde terá a opção de arrastar e soltar um tipo de visualização do painel Visualizations, do lado direito dessa tela. A Figura 11-2 apresenta um exemplo de Report View no Power BI Desktop, onde ocorre a visualização.

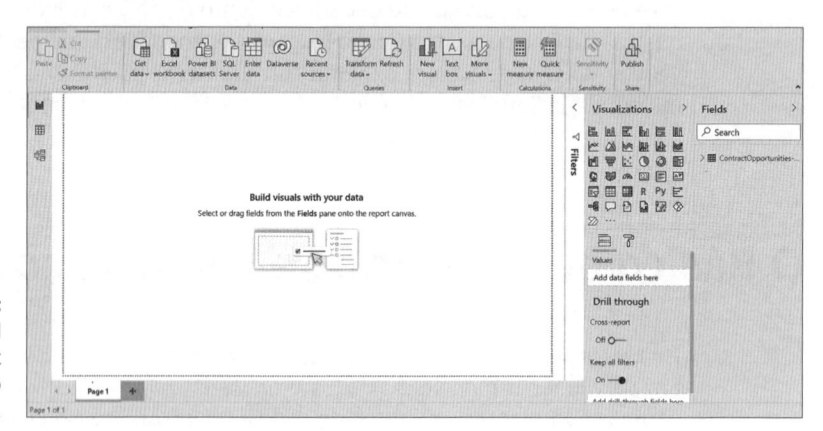

FIGURA 11-2:
Visão geral de Report View, no Power BI.

186 PARTE 3 **A Arte e a Ciência do Power BI**

Na Report View, você conclui uma série de atividades associadas à visualização, como:

» Selecionar um ícone visual no painel Visualizations.
» Selecionar os campos a serem utilizados na visualização.
» Arrastar campos do painel Fields para a tela para a criação de visualizações.
» Utilizar a faixa de opções [Ribbon] para criar e gerenciar os recursos visuais.
» Interpretar os resultados dos recursos visuais com o editor de Q&A.

Para melhorar a compreensão de um relatório, o usuário pode integrar caixas de texto, formas personalizadas e imagens. Para aqueles que desejam criar relatórios de várias páginas usando visualizações, há a opção de adicionar botões, favoritos e navegação de página em cada visualização.

Escolhendo uma visualização

O painel Visualizations de Report View, do Power BI Desktop, hospeda mais de vinte opções de visualização que podem ser arrastadas para a tela Visualizations. Cada visualização requer que o usuário selecione um ou mais campos no painel Fields após arrastar o elemento visual para o canvas. O usuário deve selecionar a caixa para incluir o campo no painel Fields. A Figura 11-3 fornece um exemplo do painel Visualizations, e a Figura 11-4 ilustra o painel Fields, associado.

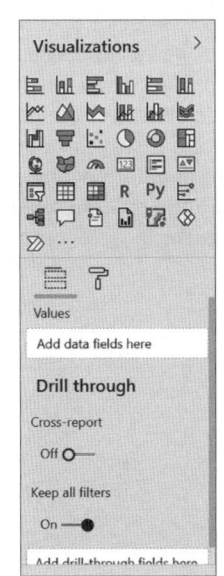

FIGURA 11-3: O painel Visualizations.

CAPÍTULO 11 **Dados na Mira** 187

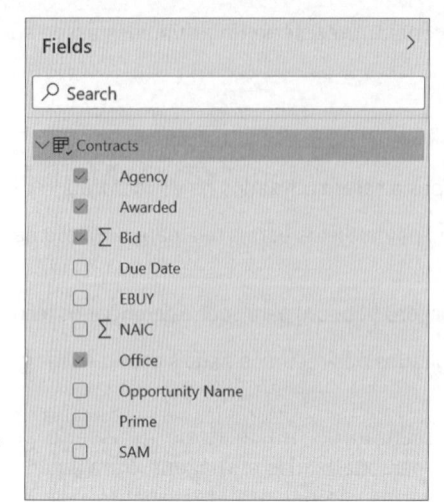

FIGURA 11-4:
O painel Fields.

> **DICA** — Limite o número de caixas de seleção, do contrário, você criará uma visualização ruim. Selecione apenas as variáveis relevantes do painel Fields. Use os campos que contribuem para a especificidade do relatório. Lembre-se de que "Quanto mais, melhor" nem sempre é o melhor cenário.

Filtrando dados

Muitas vezes, você atenderá à necessidade de filtrar dados ao criar uma visualização. Toda vez que seleciona um novo campo para incorporar à visualização, ele aparece como outro valor que pode ser filtrado. Dependendo do tamanho do conjunto de dados para um valor específico, será preciso restringir o foco. Por exemplo, você selecionou um valor chamado Award como uma escolha. Em Award, há cinco opções para filtrar, incluindo Select All. Em condições em que os dados são baseados em uma categoria ou métrica qualitativa, há a opção de selecionar quais campos você prefere. (Esse é o caso da Figura 11-5.) Há instâncias em que a redução de um conjunto de dados com base em um valor encontrado é sempre necessária. Por exemplo, se estivesse procurando qualquer dado de prêmio cujo valor seja superior a US$100 mil, você usaria isso como condição de filtragem, conforme mostrado na Figura 11-6.

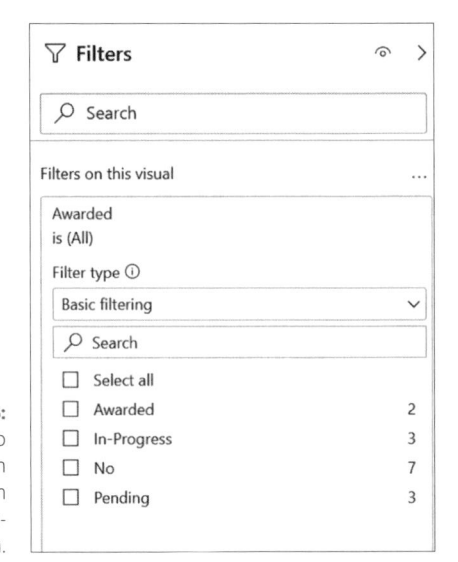

FIGURA 11-5:
Filtrando dados com base em uma categoria.

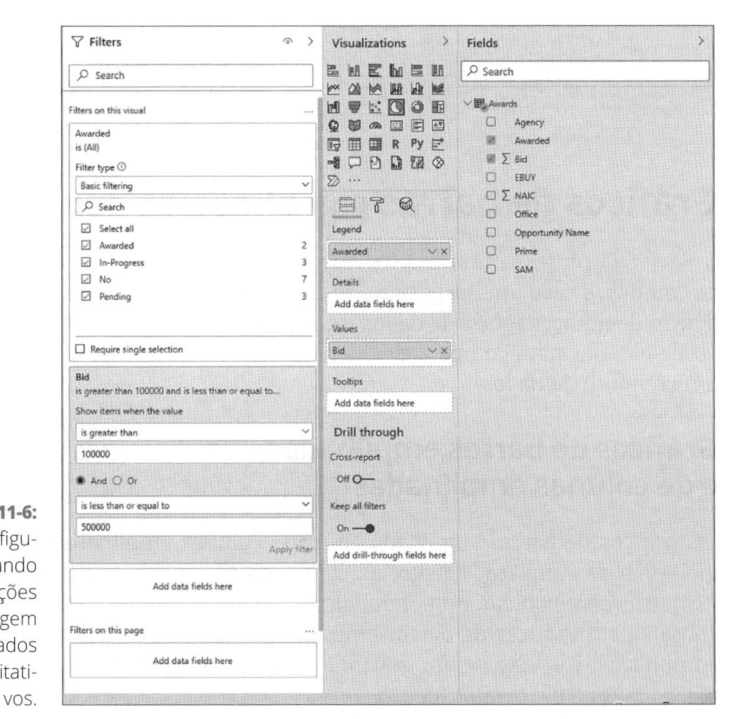

FIGURA 11-6: Configurando condições de filtragem com dados quantitativos.

DICA

Os usuários podem filtrar os dados apenas na visualização específica ou em todas as visualizações usando as opções Filter on This Page ou Filter on All Pages, no painel Filter, conforme mostrado na Figura 11-7.

CAPÍTULO 11 **Dados na Mira** 189

FIGURA 11-7:
As opções Filter on This Page e Filter on All Pages.

Gráficos de barras e gráficos de colunas

O Power BI oferece inúmeras variedades do gráfico de barras e do gráfico de colunas, e cada um lhe permite resumir e comparar dois ou mais valores dentro de uma categoria de dados focada. Você usaria um gráfico de barras ou de colunas para comparações porque eles oferecem um instantâneo de um conjunto de dados.

Gráficos de barras empilhadas e de colunas empilhadas

Os gráficos de barras empilhadas e os de colunas empilhadas funcionam melhor para comparar categorias com uma variável quantitativa padrão. As barras são exibidas proporcionalmente com base nos valores — horizontais para gráficos de barras empilhadas e verticais para os de colunas empilhadas. Um eixo de um gráfico apresenta uma categoria para comparação, e o outro é o valor focado.

DICA

Em geral, começa-se comparando duas variáveis, mas, se houver mais, o Power BI suporta a divisão de conjuntos de dados em detalhes de granulação mais fina. Na Figura 11-8, há um gráfico de barras empilhadas com uma única categoria de dados, Bid. Bid é dividido em segmentos com valor atribuído às diferentes categorias de Award (No, Awarded, Pending e In-Progress). A proporção das barras é a razão No, Awarded, Pending e In-Progress para o valor total de Bid (soma).

Se adicionar uma segunda dimensão, Agency, os gráficos de barras empilhadas são desenvolvidos ainda mais. (Veja a Figura 11-9.) Pode haver apenas um status com algumas barras empilhadas e vários em outras.

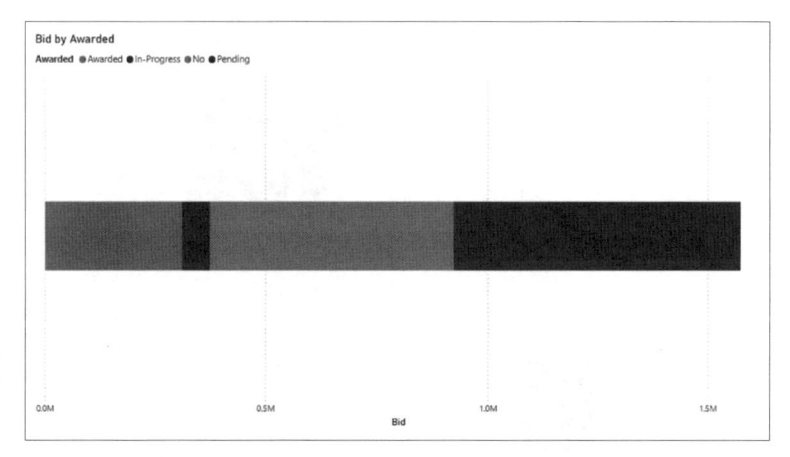

FIGURA 11-8: Gráfico de barras empilhadas.

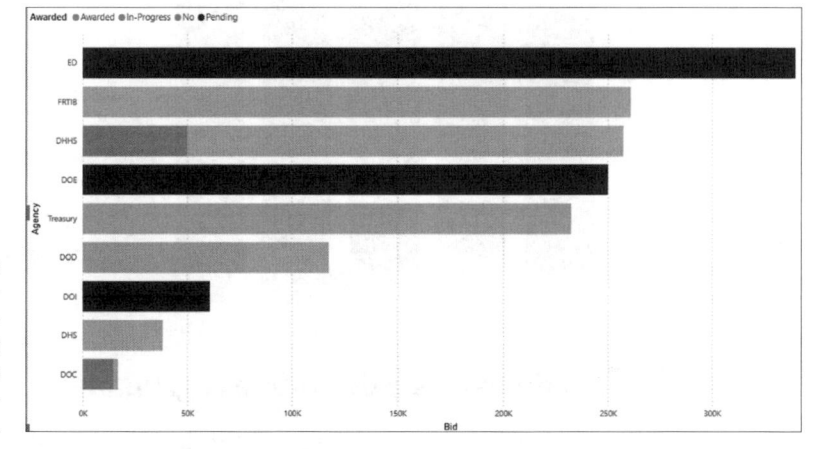

FIGURA 11-9: Usando várias dimensões em um gráfico de barras empilhadas.

Um gráfico de colunas empilhadas altera a direção dos dados de horizontal para vertical. Não há diferença real na sumarização dos dados — apenas na visualização do conjunto. A Figura 11-10 mostra os mesmos dados da Figura 11-8, mas desta vez exibidos verticalmente. O mesmo é verdadeiro para as múltiplas dimensões mostradas na Figura 11-11.

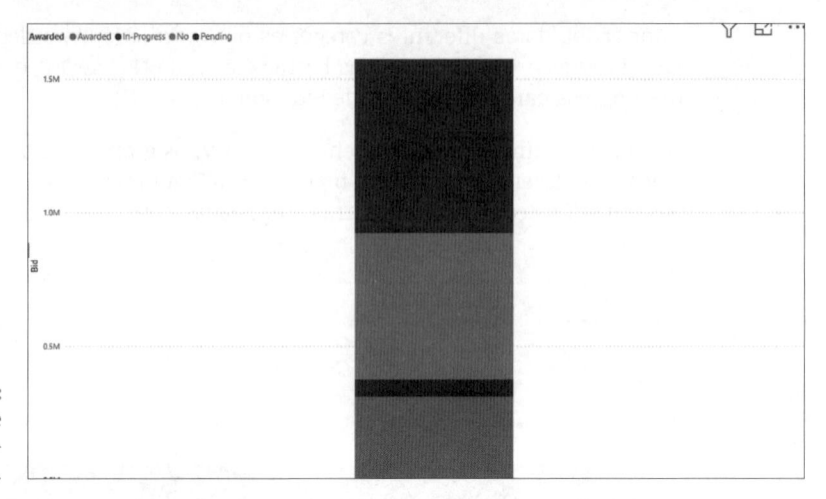

FIGURA 11-10: Gráfico de colunas empilhadas.

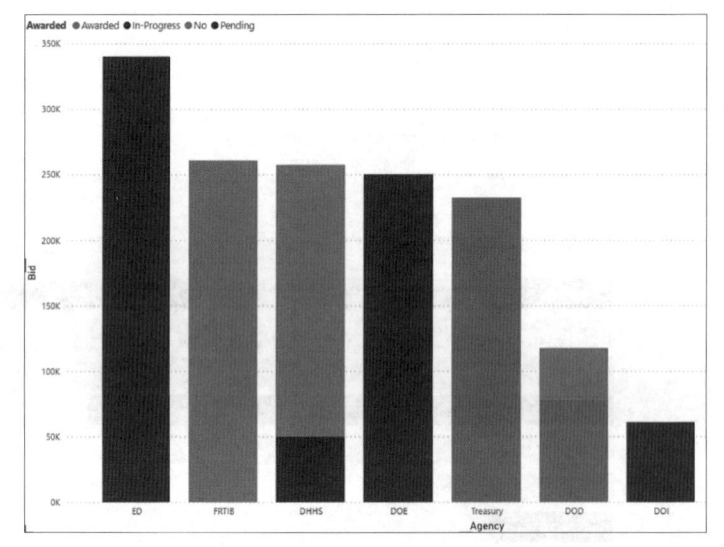

FIGURA 11-11: Usando várias dimensões em um gráfico de colunas empilhadas.

Gráficos de barras e de colunas agrupadas

Diferentemente dos gráficos de barras e de colunas empilhadas, nos quais os dados são compactados em uma única barra ou coluna por categoria, os dados são divididos de forma mais discreta em gráficos de barras e de colunas agrupadas. É mais fácil discernir valores como maiores ou menores quando eles são divididos em um cluster. Por exemplo, o cenário Bid by Awarded é apresentado na Figura 11-12 com um gráfico de barras agrupadas, e na Figura 11-13 com um de colunas agrupadas. Conforme observado em In-Progress, poucas oportunidades estão sendo trabalhadas, enquanto Pending tem o volume em dólar mais significativo.

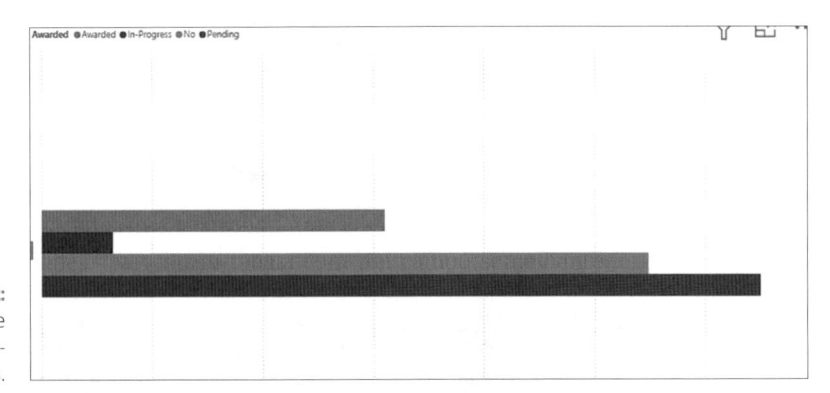

FIGURA 11-12:
Gráfico de barras agrupadas.

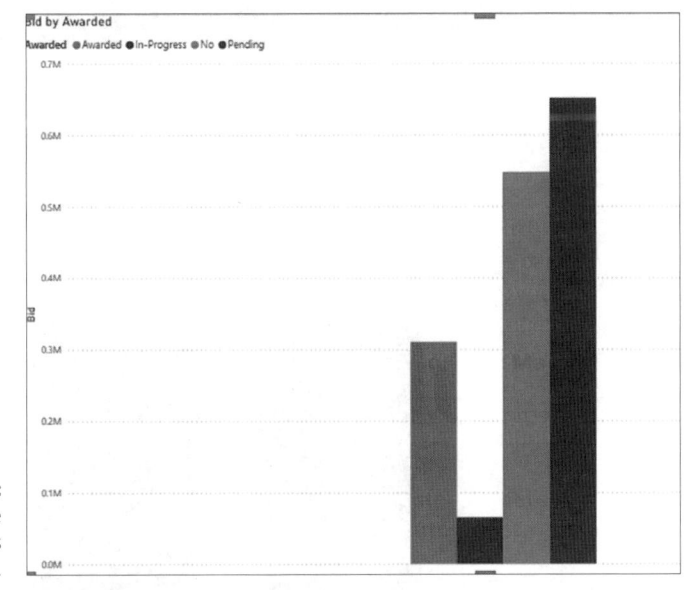

FIGURA 11-13:
Gráfico de colunas agrupadas.

LEMBRE-SE

Os dados impulsionam a escolha de visualização. Às vezes, você precisa mostrar como os dados dentro de uma categoria são consistentes. Em outras, precisa mostrar que são extremos. A necessidade de uso comercial, o número de categorias e campos de dados e o impacto esperado ditam as escolhas de visualização.

Gráficos de barras e de colunas 100% empilhadas

Ao comparar várias séries de dados em um gráfico de barras empilhadas, você usa um gráfico de barras 100% empilhadas ou de colunas 100% empilhadas. Para esse tipo de visualização, o total de cada barra ou coluna empilhada sempre é igual a 100%. O objetivo dessa visualização é mostrar como uma parte está em relação ao todo. Nas Figuras 11-14 e 11-15, duas séries estão sendo comparadas: Bid Role (Prime ou Sub-Contractor) e Awarded Status. A esquerda mostra todas as categorias ligadas a Prime, e a direita, os status relacionados a Sub-Contractor.

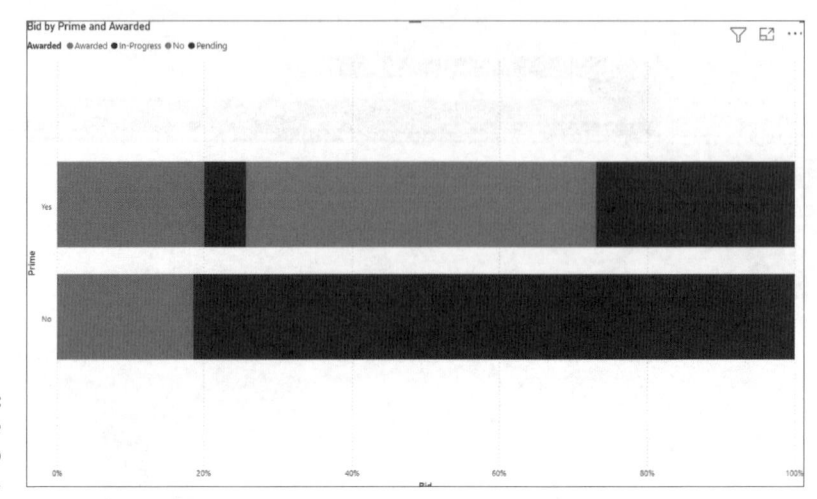

FIGURA 11-14: Gráfico de barras 100% empilhadas.

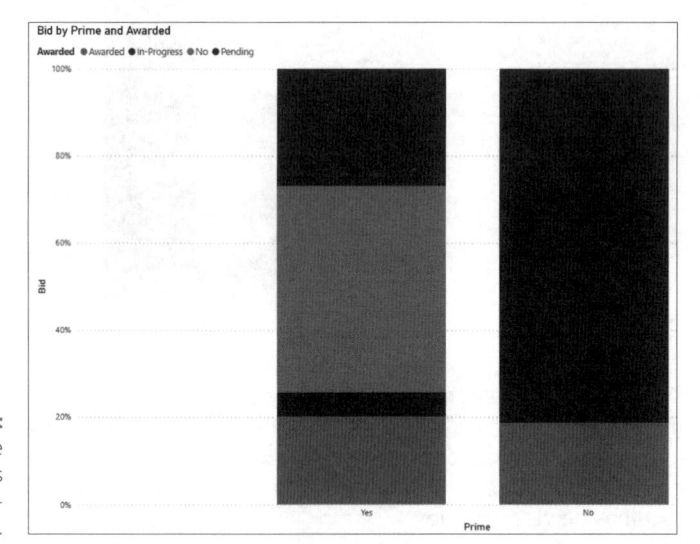

FIGURA 11-15: Gráfico de colunas 100% empilhadas.

CUIDADO

Pense duas vezes antes de usar o gráfico de barras 100% empilhadas e o de colunas 100% empilhadas como primeira opção. A saída pode ser problemática por não ter a precisão necessária. Se os dados forem insuficientes, o nível de precisão desejado não será alcançado. O contrário é que esses gráficos podem ser benéficos ao mostrar a soma dos valores. Em suma: funciona apenas se resumir dados for seu único objetivo.

Gráficos básicos de linhas e de áreas

Quando a análise de tendências durante um período for seu objetivo, considere usar um gráfico de linhas ou um de áreas. Para ambos os tipos, você atribui ao eixo x um valor numérico, enquanto o eixo y atua como uma métrica-chave. Um gráfico de linhas conecta pontos de dados específicos usando um segmento de linha reta. O gráfico de áreas é mais adequado para buscar alterações entre um conjunto de dados. Embora ambos sigam uma tendência, o gráfico de áreas é preenchido com uma cor ou textura específica para mostrar a variação dos dados.

Nos exemplos mostrados na Figura 11-16 (gráfico de linhas) e na Figura 11-17 (gráfico de áreas), há um instantâneo dos prêmios [award] perdidos durante um período específico, bem como os valores para o valor do lance [bid]. O lance mais alto foi de US$261 mil, e o mais baixo, de US$2 mil. O objetivo é ver o valor exato do lance e a taxa de perda entre as agências [agency], não necessariamente apenas a agência que concedeu o lance a contratados específicos.

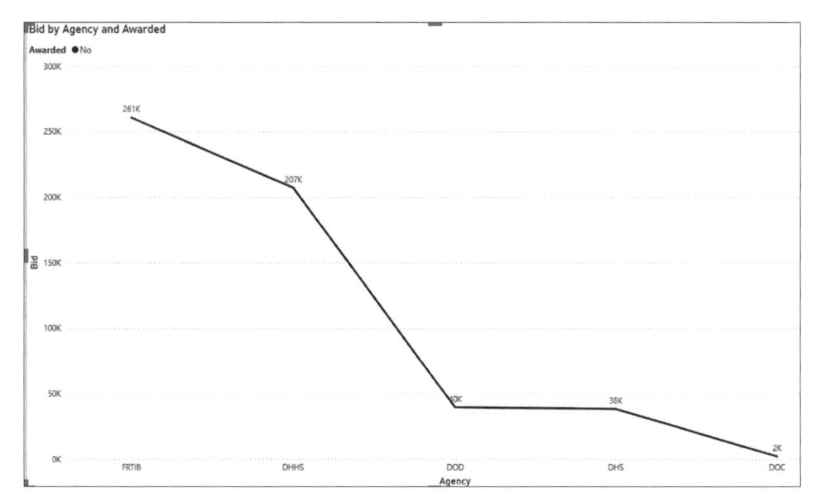

FIGURA 11-16: Um gráfico de linhas.

CAPÍTULO 11 **Dados na Mira** 195

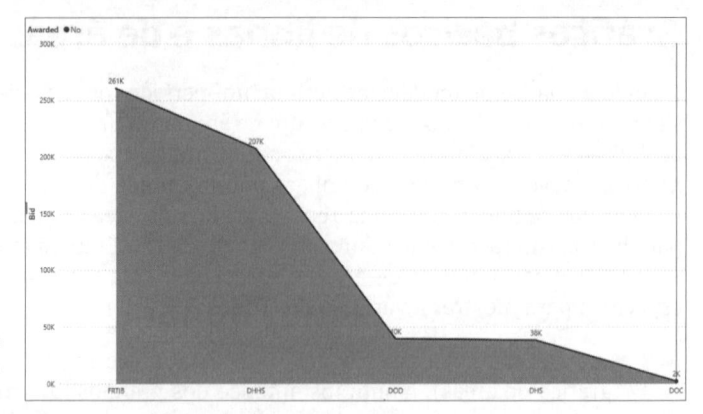

FIGURA 11-17:
Um gráfico
de áreas.

Combinando gráficos de linhas e de barras

Pode haver momentos em que você tentará concluir uma análise para várias tendências. Quando o conjunto de dados é significativo e você deseja colocar o máximo de informações possível em uma única visualização, combinar tipos de gráficos é uma possibilidade. Duas opções a serem consideradas são o gráfico de linhas de colunas empilhadas e o de linhas de colunas agrupadas.

Veja o exemplo apresentado na Figura 11-18, que mostra uma avaliação específica do maior número de dólares obrigatórios em três estados diferentes. Essa é uma medida de comparação. A segunda medida de comparação é quantos códigos NAICS exclusivos estão associados ao conjunto de dados. Dois estados estão associados a quatro códigos NAICS, e um estado está associado a apenas três. O volume de atividade de concessão, o valor em dólares dessa atividade na obrigação máxima e o número de códigos NAICS distintos dizem que foram emitidos mais prêmios para o estado de Maryland do que para o da Geórgia.

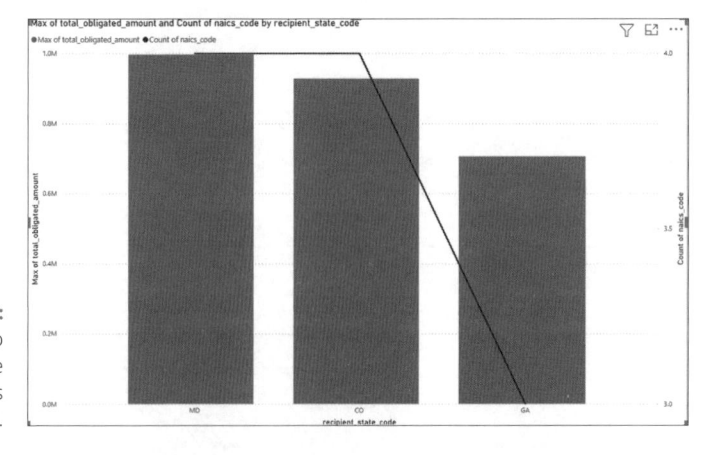

FIGURA 11-18:
Um gráfico
de linhas e
de colunas
empilhadas.

PARTE 3 **A Arte e a Ciência do Power BI**

LEMBRE-SE Ao criar comparações para gráficos conjuntos, verifique se eles são relevantes um para o outro. A comparação de dados não deve ser ambígua, porque isso mitiga o valor do relatório. Além disso, certifique-se de não adicionar muitas camadas de comparação.

Gráficos de faixa de opções

Se quiser ver os valores na ordem em que aparecem como itens em uma legenda, a melhor escolha é considerar o *gráfico de faixa de opções*, que ordena itens com base em qual deles tem a maior parte das métricas em um eixo específico. Quando uma categoria tem vários valores sendo avaliados, cada tipo de categoria é representado de forma diferente.

Na Figura 11-19, observe que o estado que recebeu o maior número de dólares obrigatórios foi a Virgínia. Em contraste, o Distrito de Columbia tem a menor alocação. Em proporção, o número de aquisições associadas a um determinado código NAICS também é visível e diferenciado por cores diferentes.

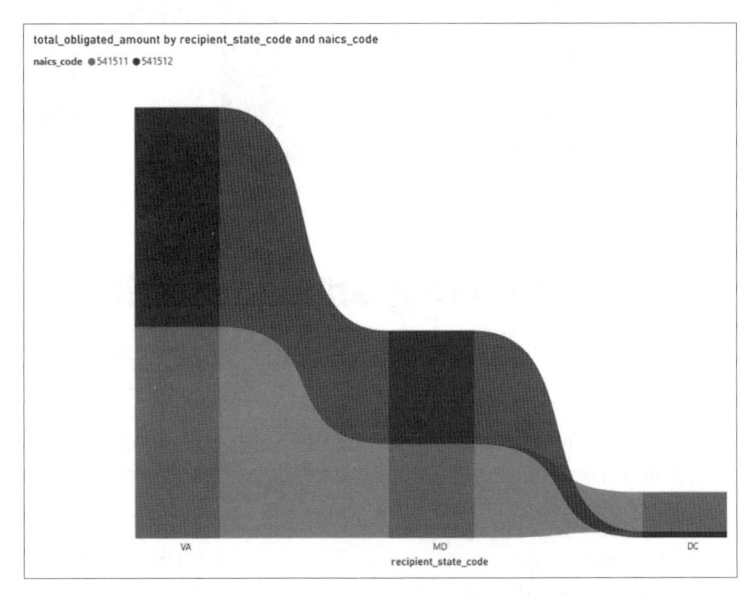

FIGURA 11-19: Um gráfico de faixa de opções.

Seguindo o fluxo com gráficos de cascata

Ao comparar a força ou fraqueza de determinado valor desde o início e entender como ele se transforma com base em uma ou mais condições, considere o uso de um gráfico em cascata. Um caso de uso clássico para um gráfico de cascata é uma análise de custo ou saldo de conta-corrente. Há ações intermediárias exibidas no gráfico que mostram positivos e negativos.

No exemplo mostrado na Figura 11-20, observe que a obrigação financeira total mais significativa está vinculada ao estado da Virgínia. A diferença entre os dois códigos NAICS, 541511 e 541512, cria o fosso entre as obrigações financeiras em relação ao segundo estado mais financiado (além de Maryland). Nesse caso, a resposta é Virgínia. O negativo representado mostra a diferença (ou o *agregado*) de fundos atribuídos a um determinado código NAICS entre estados.

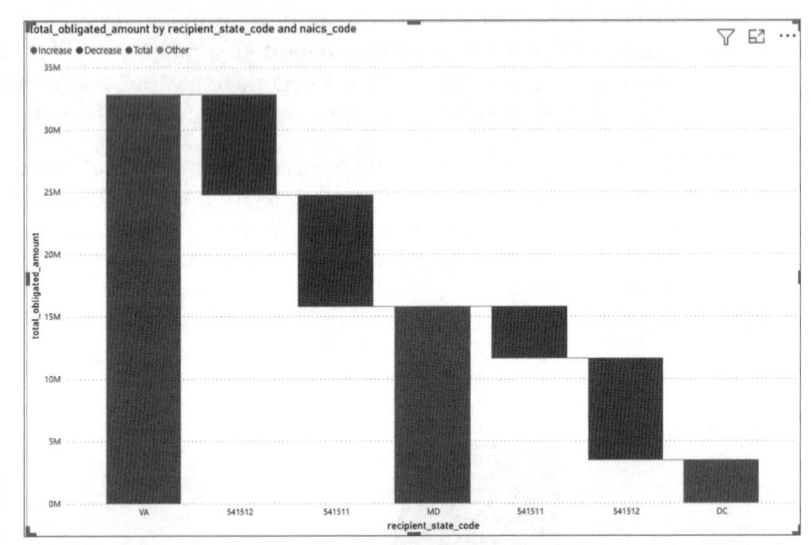

FIGURA 11-20: Um gráfico de cascata.

Afinando com gráficos de funil

Se procura uma forma de entender processos lineares, visualizar estágios sequenciais ou racionalizar o peso de itens críticos em um conjunto de dados, o gráfico de funil é o caminho. Usando a analogia de modelagem do funil de vendas, se o pipeline incluísse lances de vários valores, você poderia entender melhor onde a maior parte do foco estaria.

Na Figura 11-21, a oportunidade de lance [bid] mais significativa é, hipoteticamente, o Departamento de Educação, com US$340 mil. O menor lance foi do Departamento de Comércio, com cerca de US$16.800. O menor valor é de 4,9% da previsão geral de lances. Em contraste, os US$340 mil são o lance mais significativo, representado por 100% no funil.

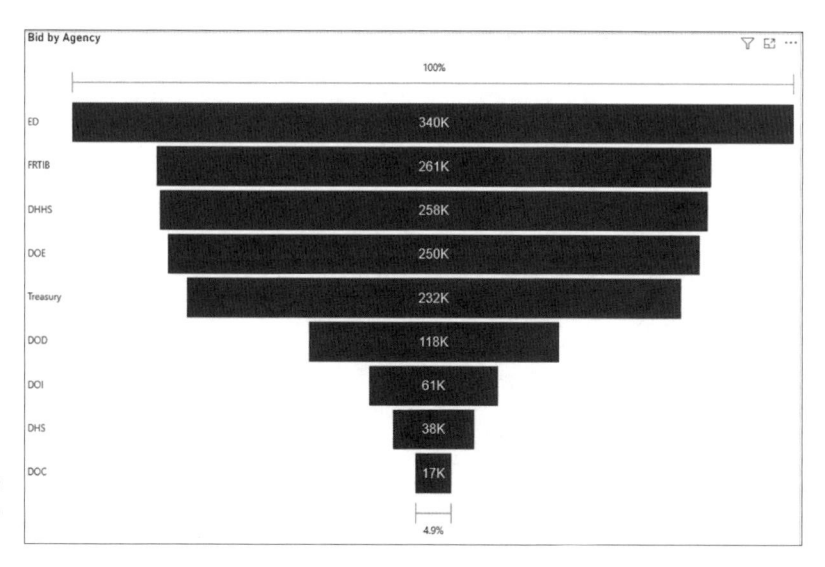

FIGURA 11-21:
Um gráfico de funil.

PAPO DE ESPECIALISTA

Você provavelmente notou que alguns dos relatórios descritos neste capítulo se tornam específicos quando se trata de filtragem. Grande parte da especificidade se correlaciona com a associação de campo no painel Visualizations. Independentemente da visualização, é necessário personalizar as seguintes áreas em Formatting, em Visualizations:

» **Categories:** Representa as colunas no eixo horizontal. Você pode adicionar mais de uma categoria e detalhá-las.

» **Breakdown:** Permite exibir alterações entre categorias.

» **Values:** Designa o campo numérico-chave que será plotado.

» **Tooltip:** Adiciona descrições de campo automaticamente à medida que o usuário passa o cursor sobre uma barra ou coluna na visualização.

Dispersando com gráficos de dispersão

Suponha que tenha um conjunto de dados extenso no qual deseje encontrar a relação entre uma variável encontrada entre dois eixos e, em seguida, decidir a *correlação* — a semelhança ou falta dela. Nesse caso, um gráfico de dispersão é uma escolha decisiva. Quanto mais casos se correlacionam com um comportamento específico, mais restritos e alinhados são os pontos, como é o caso da Figura 11-22, na qual você vê os extremos atípicos de CA, MD e VA, bem como pequenos atípicos de OH, DC e CO. Cada um desses estados teve uma proporção mais significativa de fundos concedidos a serviços relacionados a TI (NAICS 54151 Series) do que os 44 estados restantes agrupados no quadrante inferior esquerdo.

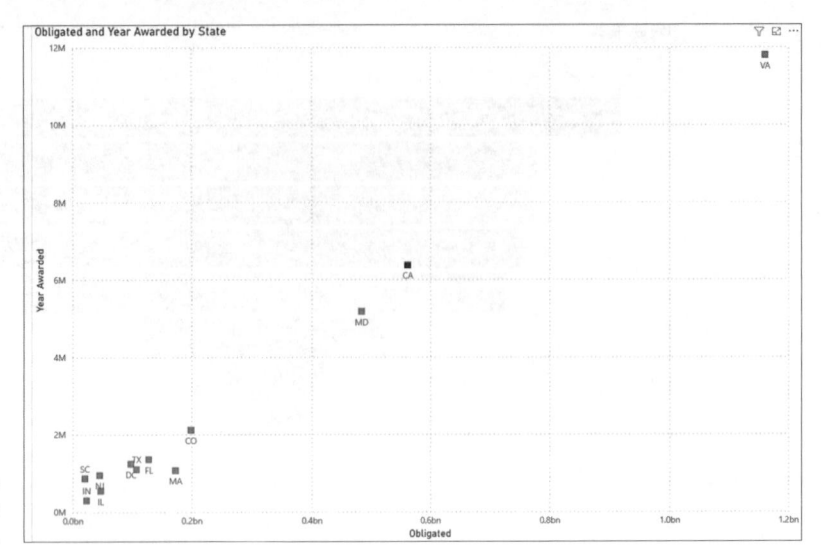

FIGURA 11-22: Gráfico de dispersão.

Salivando com gráficos de pizza e de rosca

Gráficos de pizza são gráficos circulares que dividem os valores de uma categoria individual em fatias (ou porcentagens). A peça inteira soma 100%. O *gráfico de rosca* é uma extensão daquele de pizza na medida em que exibe categorias como arcos com um grande buraco no centro. Os valores são precisamente os mesmos — o que muda é mais a estética.

Na Figura 11-23 (gráfico de pizza) e na Figura 11-24 (gráfico de rosca), você vê um detalhamento dos status de licitação totalizando 100% distribuídos para as várias categorias de premiação com base na posição atual premiada.

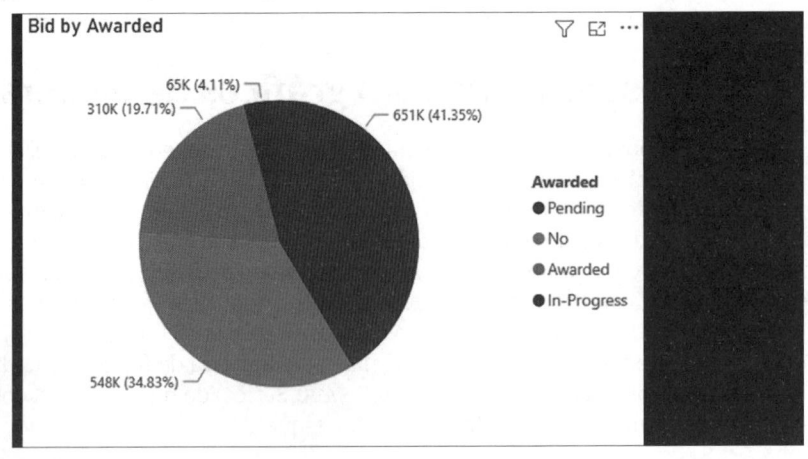

FIGURA 11-23: Um gráfico de pizza.

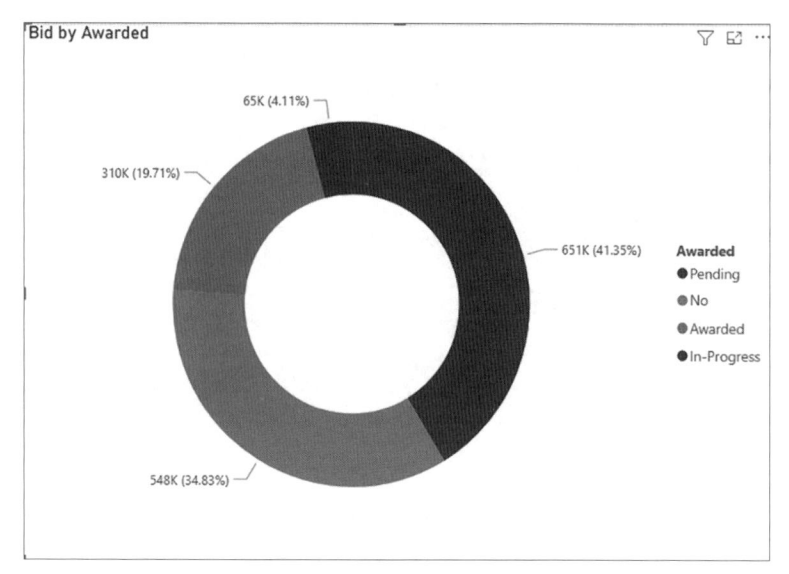

FIGURA 11-24: Um gráfico de rosca.

Ramificando com mapas de árvores

O peso e a proporcionalidade exigem que o usuário tenha uma melhor compreensão dos dados a partir de uma perspectiva hierárquica. O mapa de árvore, com sua série de retângulos aninhados de vários tamanhos, oferece tal perspectiva. Correspondendo à sumarização de valores ou frequência, representações mais proeminentes mostram mais atividade. Em contraste, retângulos menores representam um subconjunto menor de dados dentro de uma ramificação. O volume de dados no lado esquerdo de um mapa de árvore é sempre proporcionalmente maior do que o da direita, como se você estivesse lendo um livro pela capa da esquerda para a direita para contar uma história.

No exemplo mostrado na Figura 11-25, todos os estados onde o governo dos EUA forneceu financiamento relacionado à Covid-19 para um projeto de TI são contabilizados. Quanto mais empresas dentro de um determinado estado se beneficiaram dessa alocação especial, maior o quadrado no mapa de árvore. Usando o mapa de árvore, o estado de Maryland teve mais aquisições relacionadas ao projeto, seguido pelo estado da Virgínia. Quatro outros estados (CA, DC, OH, CO) tiveram um número desproporcionalmente maior de compras de TI adicionadas. O restante dos estados dos EUA teve apenas uma ou duas aquisições de emergência relacionadas à Covid-19.

CAPÍTULO 11 **Dados na Mira** 201

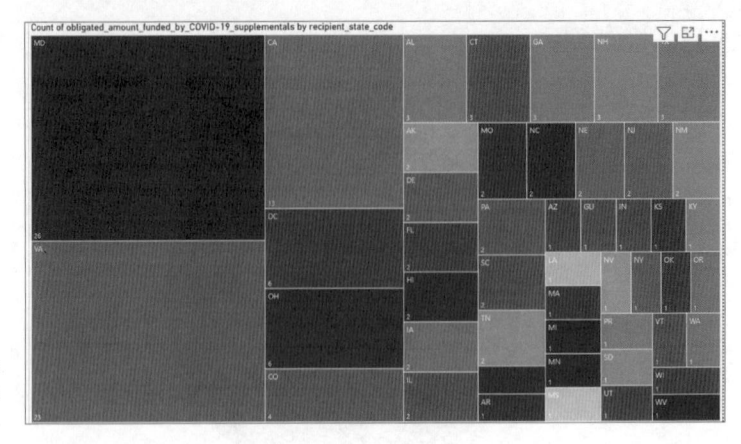

FIGURA 11-25: Um mapa de árvore.

Mapeando com mapas

Se achou que o Power BI não incluía análises geoespaciais, pense novamente. Você pode realizar várias avaliações analíticas usando o Power BI, com base na localização, latitude e longitude como parâmetros de campo.

Você usaria esse tipo de recurso de mapeamento para entender o impacto dos dados espaciais em comparação com a distribuição geográfica. O Power BI pode ampliar automaticamente para mostrar a distribuição geográfica mais adequada de um elemento visual. Para garantir que os usuários tenham uma experiência otimizada, eles podem escolher entre as opções Maps e Filled Maps. A Figura 11-26 mostra a distribuição do financiamento fornecido nos Estados Unidos para despesas obrigatórias de emergência de TI relacionadas à Covid-19, usando a distribuição geográfica como consideração principal.

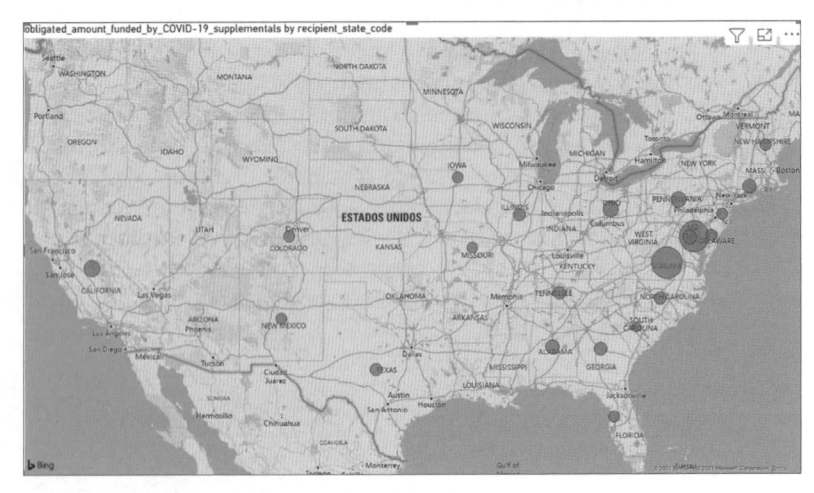

FIGURA 11-26: Um exemplo de mapa.

202 PARTE 3 **A Arte e a Ciência do Power BI**

A granularidade é vital quando se trata de mapeamento. No caso de especificidade geoespacial, adicionei um filtro ao exemplo de mapa. O conjunto de parâmetros trata de todas as obrigações maiores que US$500 mil e menores que US$10 milhões. O mapa preenchido [Filled Map] da Figura 11-27 é uma resposta precisa para os estados que recebem alocações nesse intervalo em toda a distribuição geoespacial.

> **DICA**
>
> O mapeamento requer precisão e exatidão. É possível geocodificar o maior número de campos possível selecionando no painel Fields a categoria de dados cujo foco será o mais minucioso.

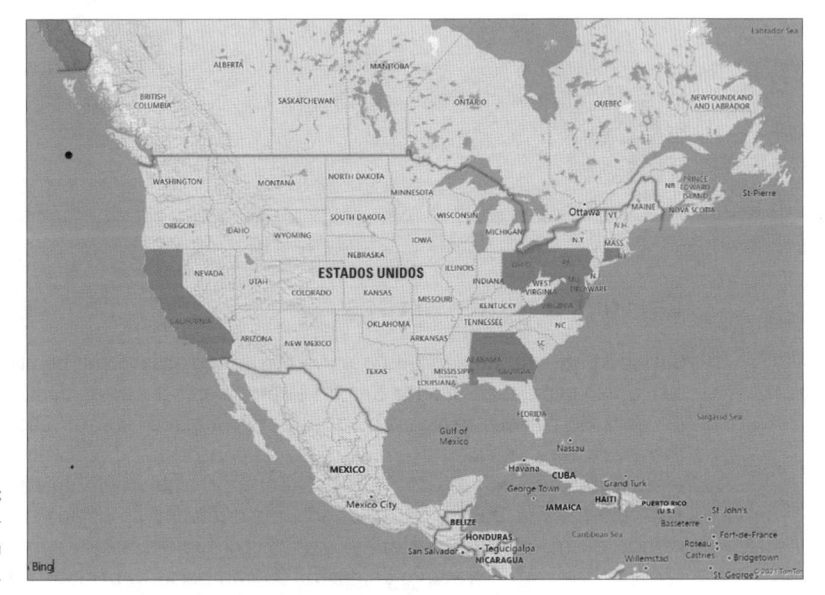

FIGURA 11-27: Um exemplo de mapa preenchido.

Indicando com indicadores

Sempre que estiver tentando medir a eficácia de uma meta de negócios, será preciso comparar uma ou mais métricas semelhantes. Os indicadores disponíveis no Power BI permitem que um usuário se concentre em medir o valor que sua empresa fornece em relação a uma ou mais variáveis. Vários tipos de visualizações de indicadores críticos de desempenho estão disponíveis.

Medidores

Para indicadores-chave de desempenho (KPI), um medidor é um modo rápido de exibir um ponto de dados comparando valor e intervalo-alvo. Por exemplo, ao monitorar orçamento, se quiser ter certeza de que está alinhado com o alcance, use um *medidor* — uma representação pictórica de quão perto está do alvo. Na Figura 11-28, o orçamento total do ano fiscal de 2021 para pequenas empresas com prêmios inferiores a US$1 milhão distribuídos foi de US$784,81 milhões. Desse valor, US$741,07 milhões foram distribuídos. A área cinza mostra que o quadro fiscal geral está no caminho certo, porque o medidor não mostra excessos.

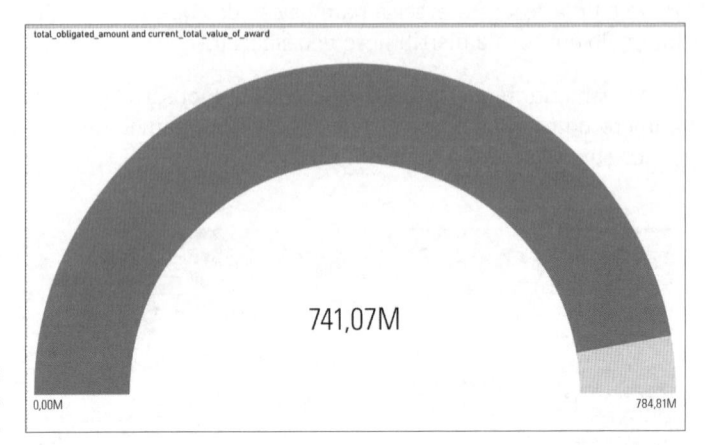

FIGURA 11-28: Usando um medidor.

Cartões e multicartões

Suponha que queira um único número para abordar uma estatística específica. No caso, o indicador de cartão ajuda a rastrear os dados. Exemplos de usos de cartões são vendas totais, participação de mercado ou, como mostrado na Figura 11-29, o número de contratos adjudicados. Ao avaliar vários indicadores em um único cartão, é preciso adicionar cada um desses valores à visualização, criando um indicador de vários cartões. Cada campo é um novo indicador no cartão. Na Figura 11-30, três indicadores são listados como exemplo de gastos do ano fiscal. O primeiro é o estado; o segundo, o valor obrigatório; e o terceiro, o total obrigatório.

FIGURA 11-29: Um exemplo de cartão.

FIGURA 11-30:
Um exemplo de cartão múltiplo.

VA	
1.160.950.897,10	3.307.595.447,32
Obligated	Total Value

CA	
561.921.668,21	603.294.692,94
Obligated	Total Value

MD	
484.031.557,03	534.245.543,22
Obligated	Total Value

Indicadores-chave de desempenho (KPI)

Insights textuais e gráficos contam uma história com um verdadeiro impacto. Considere usar a visualização de KPI: ele analisa uma única métrica, avaliando o valor e o status atuais em relação a um alvo definido. Você precisa de uma métrica base, de natureza numérica — uma métrica-alvo ou um valor —, bem como de uma meta de limite. A saída para um KPI pode ser textual e visual, com base no tipo de tendência que queira produzir. Com a Figura 11-31, usando um subconjunto de dados no exercício fiscal de 2021, que foi filtrado, mostro que os indivíduos altamente remunerados que fazem negócios e que ganharam pelo menos um contrato com o governo federal dos EUA durante o FY21 receberam uma média de US$1,382 milhão. A tendência de remuneração é visível em segundo plano em muitas empresas que pagam a seus executivos cerca de US$100 mil, com menos pagando US$1,5 milhão ou mais em pacotes de remuneração do lado direito.

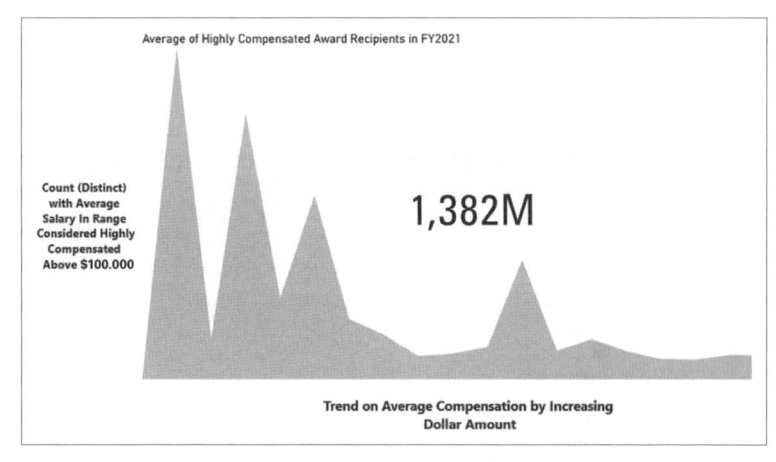

FIGURA 11-31:
Um exemplo de KPI.

PAPO DE ESPECIALISTA Com muitos indicadores, você só pode atribuir um único valor. É preciso ajustar os parâmetros de categoria de dados para calcular com precisão a saída, se estiver procurando média, soma, distinção (instâncias únicas) ou outra métrica.

DICA Use cartões somente se houver um único valor a ser exibido. Se precisar comparar um valor com mais de um alvo, use o KPI — ele é capaz de adicionar tendências em segundo plano. Embora tenha informações limitadas, os dados são focados. A escolha de vários cartões cumpre o requisito de negócios para aqueles que desejam montar métricas não relacionadas em uma única página.

Visualizações Complexas e Tabelas

Às vezes, você precisa de um pouco mais de insight do que uma única representação gráfica para contar a história. Você pode até querer manipular o conjunto de dados ou executar a atividade de classificação em um subconjunto de dados com base em uma condição definida. O necessário são visualizações baseadas em tabelas, e o Power BI está pronto para ajudá-lo, com opções de visualização que variam de slicers a tabelas e matrizes. Em outras ocasiões, é bom detalhar um conjunto de dados de várias camadas usando árvores de decomposição ou influenciadores principais. Com cada escolha, você pode manipular um extenso conjunto de dados com a ajuda dos recursos de filtragem do Power BI.

Cortando com slicers

Suponha que queira criar um filtro visual detalhado em uma tela para que o usuário classifique e filtre um relatório cheio de dados relevantes para suas necessidades. No caso, um slicer — uma ferramenta de dashboard integrada ao relatório, permitindo que os usuários selecionem valores à medida que analisam os dados — é aquilo de que você precisa. Um exemplo de slicer está na Figura 11-32.

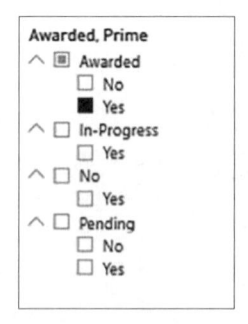

FIGURA 11-32: Um exemplo de slicer.

Visualizações de tabela

Você pode coçar a cabeça e se perguntar por que não deve simplesmente ir para o conjunto de dados se quiser vê-los em formato de tabela. A razão pela qual a visualização de tabela é melhor que uma simples tem a ver com a classificação e a pesquisa. As visualizações lhe dão um vislumbre do mundo. Ainda assim, uma tabela é útil para exibir dados numéricos precisos e informações resumidas encontradas em linhas e colunas. Quando uma tabela é habilitada para classificação e filtragem, o usuário final entende melhor o que os valores por trás dos gráficos significam. Confira a Figura 11-33, que usa classificação e filtragem para mostrar quais entidades únicas da empresa (DUNS) receberam contratos abaixo de US$1 milhão para três códigos NAICS (541511, 541512, 541519).

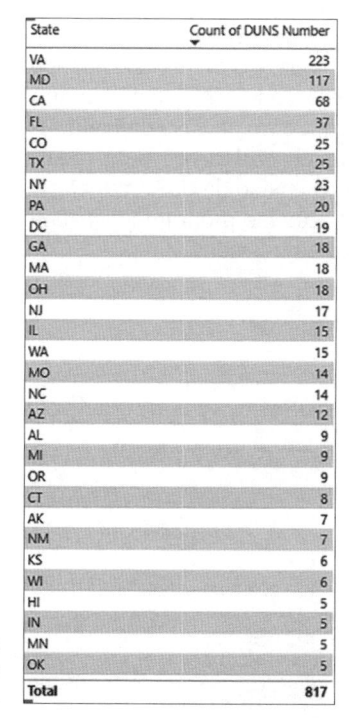

State	Count of DUNS Number
VA	223
MD	117
CA	68
FL	37
CO	25
TX	25
NY	23
PA	20
DC	19
GA	18
MA	18
OH	18
NJ	17
IL	15
WA	15
MO	14
NC	14
AZ	12
AL	9
MI	9
OR	9
CT	8
AK	7
NM	7
KS	6
WI	6
HI	5
IN	5
MN	5
OK	5
Total	817

FIGURA 11-33: Visualização de tabela.

Combinando dados com matrizes

Suponha por um momento que você esteja procurando agregar dados em um ou mais conjuntos. Talvez precise detalhar a seção transversal de dados para encontrar a agulha no palheiro. Sua melhor escolha para misturar e combinar dados agregados para destacar elementos que requerem atenção é usar uma matriz. Você pode selecionar muitas linhas e colunas e até mesmo descer para o nível das células para realçar os dados. Na

Figura 11-34, há uma seção transversal do status de adjudicação do contrato para a empresa fictícia Data Power, destacando valores concedidos, valores pendentes, valores em andamento e prêmios perdidos em várias agências federais.

FIGURA 11-34:
Um exemplo de Matriz.

Awarded	DHHS	DHS	DOC	DOD	DOE	DOI	ED	Treasury	Total
Awarded				78.000,00				232.254,00	310.254,00
In-Progress	50.000,00		14.683,20	0,00					64.683,20
No	207.252,45	38.248,10	2.110,24	39.567,00					287.177,79
Pending					250.000,00	60.898,25	340.000,00		650.898,25
Total	257.252,45	38.248,10	16.793,44	117.567,00	250.000,00	60.898,25	340.000,00	232.254,00	1.313.013,24

Árvores de decomposição

Quando você pensa em um organograma, provavelmente imagina um gráfico de hierarquias. Uma *árvore de decomposição* é um tipo de gráfico que permite visualizar dados em várias dimensões. Olhando para o valor superior como um agregado, você pode então detalhar um conjunto de dados para um escopo mais finito. Como no caso da Figura 11-35, a árvore de decomposição mostra o total de obrigações para todas as pequenas empresas que receberam contratos abaixo de US$1 milhão em um ano fiscal (obrigação total). A decomposição é o montante distribuído por estado (agregado) em todos os contratos adjudicados.

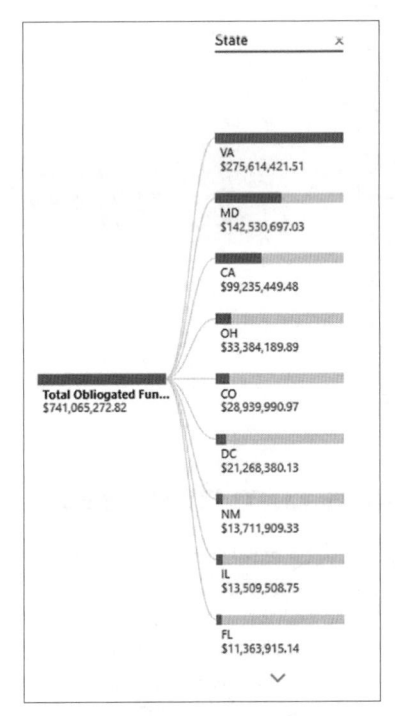

FIGURA 11-35:
Uma árvore de decomposição.

Ampliando os principais influenciadores

Já se perguntou o que é driver de dados em um gráfico? Talvez você queira medir o desempenho respectivo de uma ou mais métricas com base em alguma classificação. É realista entender que nem tudo desencadeia uma condição explícita. Em outras ocasiões, há elementos visuais apontando para um cenário ao qual atentar. Conjuntos de dados que são um alerta são os sinais de quedas incomuns no volume de vendas ou uma redução significativa em outra métrica dada. Outro extremo é um outlier que se destaca como bater o dedão na quina. Os principais influenciadores usam a IA da Microsoft, da Azure, para ilustrar métricas impactantes em velocidade e escala. Se um influenciador é designado como identificador, o usuário pode completar várias análises, incluindo de segmento. Conforme a Figura 11-36, alguns estados dos EUA têm uma enorme presença de contratação governamental com base na concessão e em dólares em relação a outros.

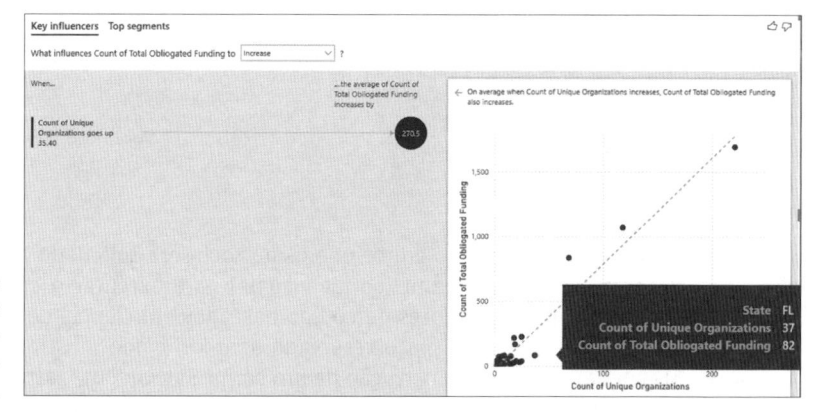

FIGURA 11-36: Trabalhando com influenciadores-chave.

Todos os conjuntos de dados deste capítulo, incluindo o `DataPower.xls` e o `SmallBusinessAwards.xls`, estão no arquivo zip disponível para download em www.dummies.com/go/microsoftpowerBIfd.

A Afamada Ciência de Dados

O Microsoft Power BI inclui o uso de um editor de script Python e um R. Python e R são duas linguagens baseadas em cálculo e orientadas à ciência de dados. Quando combinadas com o Power BI, expandem a análise de conjuntos de dados que podem estar entre milhões de registros em velocidade e escala com uma abordagem estruturada. Ambos os editores estão acessíveis no painel Visualizations. (Veja a Figura 11-37.) Um usuário pode executar qualquer tipo de script no Power BI Desktop. Alternativamente, pode importar o conjunto de dados resultante de um editor R ou Python para um modelo de dados do Power BI.

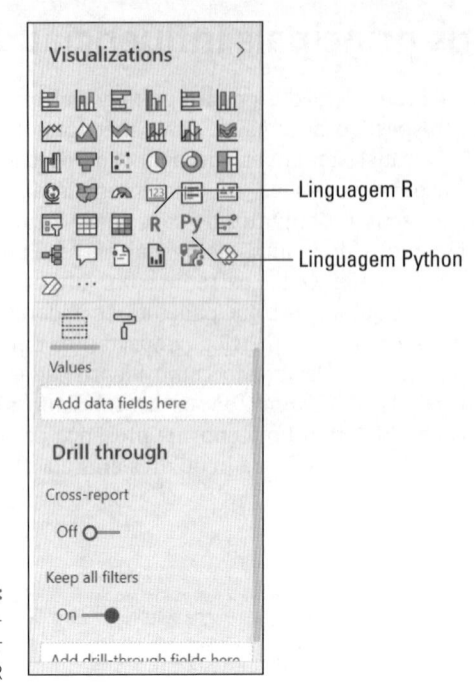

FIGURA 11-37: Selecionando o editor de script R ou Python.

Independentemente do editor que usar, você será solicitado a habilitar os recursos visuais do script [script visuals] para executar o código proveniente de um dos editores de código baseados em ciência de dados. (Veja a Figura 11-38.) Um espaço reservado aparece, como mostrado na Figura 11-39. Para iniciar a construção de um script Python ou R, arraste os campos do painel Fields para o painel Visualizations, em Values. Se precisar alterar as configurações, clique no ícone Settings (a pequena engrenagem) no canto inferior direito da interface de script para acessar as opções.

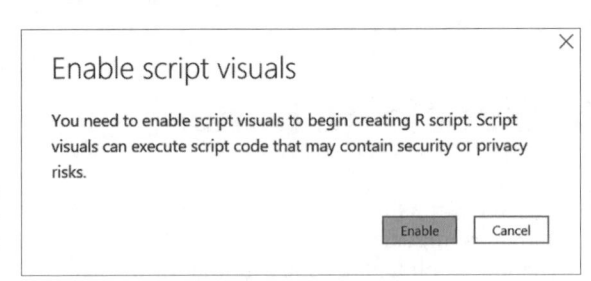

FIGURA 11-38: Habilitando o script visuals.

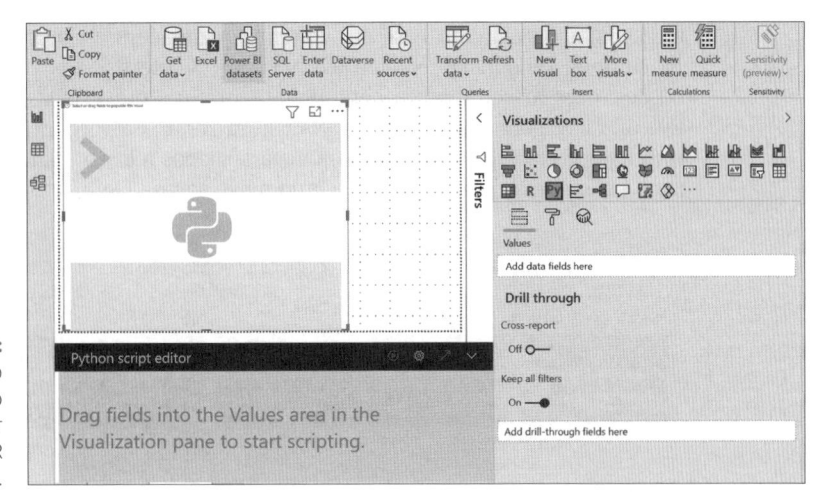

FIGURA 11-39:
Um espaço reservado para criar um script R ou Python.

DICA

Python e R requerem uma imagem para produzir um elemento visual. A menos que você siga esse processo, nenhuma outra forma de saída, incluindo quadros de dados, funcionará. Além disso, as saídas baseadas em ciência de dados não permitem a filtragem cruzada. Embora você não possa filtrar de forma cruzada um elemento visual R ou Python com outro, pode selecionar vários elementos para misturar.

CUIDADO

O editor de ciência de dados no Power BI é leve, e a Microsoft sabe disso! É por isso que permite a integração com editores externos para criar rapidamente código R e Python. Embora a Microsoft faça você acreditar que todos os editores de ciência de dados trabalharão com as versões Desktop e Service do Power BI, adivinhe novamente: o Power BI Service tem limitações técnicas com os editores suportados. Portanto, para ver se o editor que deseja usar é compatível com Python ou R, confira uma destas páginas de documentação da Microsoft para obter os relatórios de compatibilidade mais recentes:

```
https://docs.microsoft.com/pt-BR/power-bi/connect-data/
service-r-packages-support
```

```
https://docs.microsoft.com/pt-BR/power-bi/connect-data/
service-python-packages-support
```

Perguntas e Respostas

Não deve ser nenhuma surpresa que a Microsoft tenha integrado suas poderosas ferramentas de IA e aprendizado de máquina no Power BI para ajudar os usuários a fazer perguntas e fornecer respostas sobre seus dados. O mecanismo de IA da Microsoft decide perguntas para o recurso de perguntas e respostas [Q&A] com base em volume, qualidade e atribuição de dados. Procurando tendências e relações, o Power BI oferece aos usuários duas opções: acessar cenários de perguntas hipotéticas pré-criadas pelo aplicativo ou fazer perguntas pontuais. Na Figura 11-40, há perguntas elaboradas com base no número finito de campos associados a dado relatório. Ou você pode fazer sua própria pergunta, como mostrado na Figura 11-41.

FIGURA 11-40: Perguntas e respostas prescritas.

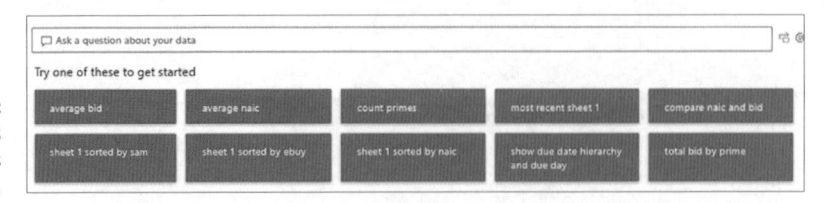

FIGURA 11-41: Perguntas e respostas autocriadas.

OPÇÕES ADICIONAIS DE VISUALIZAÇÃO

Se já usou a internet (quem nunca?), você pode ter adivinhado que outros fornecedores criaram ou integraram outros tipos de visualização para suas soluções de business intelligence. A maioria dos fornecedores também tem lojas de apps e sites de terceiros nos quais você pode baixar modelos adicionais. A Microsoft não é diferente.

O que abordo neste livro são as principais visualizações prontas para uso para o Power BI Desktop. A Microsoft oferece um conjunto adicional de visualizações de Power BI por meio do mercado AppSource. Para acessar as opções de visualização adicionadas, vá para a opção que tem as reticências (três pontos), encontrada no painel Visualizations. (Veja a figura a seguir.) A partir daí, selecione Get More Visuals no menu que aparece. (Veja a figura a seguir.) Você pode então selecionar entre centenas de outros modelos, incluindo os de advanced analytics, KPIs, medidores e um quadro de outras alternativas de visualização, conforme mostrado nas figuras a seguir.

Se quiser tentar criar seu próprio modelo ou importar um de uma fonte fora da plataforma Microsoft AppSource, isso também é possível. Vá para as reticências e escolha a opção Import a Visual from a File.

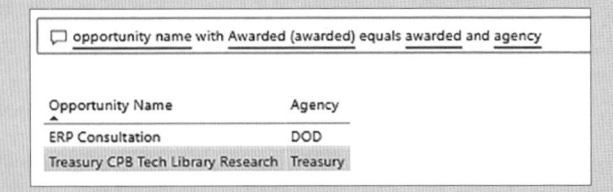

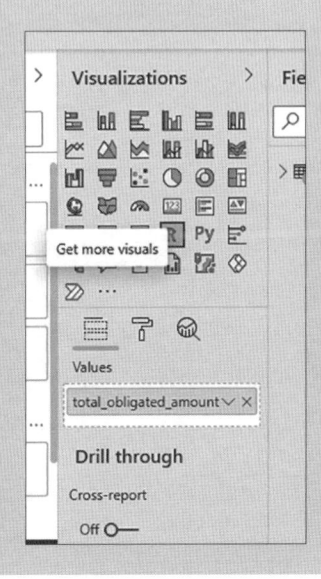

> **NESTE CAPÍTULO**
>
> » Configurando relatórios
>
> » Adotando várias abordagens de filtragem de relatórios
>
> » Explorando recursos avançados
>
> » Resumindo o processo de publicação

Capítulo 12
Relatórios a Rodo

Pense em cada visualização que criar usando o Power BI como oferecendo um conjunto diferente de insights para um conjunto de dados. As visualizações também podem ser independentes ou combinadas com muitos outros recursos visuais. De qualquer forma, a saída de uma visualização é um resultado final: um relatório. Embora não seja incomum que um relatório inclua uma única visualização, ter muitas visualizações confere uma perspectiva tremenda para uma empresa. Dependendo do papel do usuário, o relatório assume muitas vidas diferentes. Alguns usuários podem ser o designer do relatório, e outros, o consumidor dos dados. Este capítulo mostra como configurar elementos visuais e de relatório para o consumo do usuário final com o Power BI Desktop e o Service.

Formatando e Configurando Visualizações de Relatórios

Todos os recursos visuais do Power BI são configuráveis. Embora alguns tenham configurações específicas de relatório com base em critérios predefinidos, muitos itens são um padrão em todas as visualizações. Você pode formatar um elemento visual selecionando o item e clicando no ícone Paint Roller, em Visualizations (veja a Figura 12-1), para acessar as ferramentas de formatação.

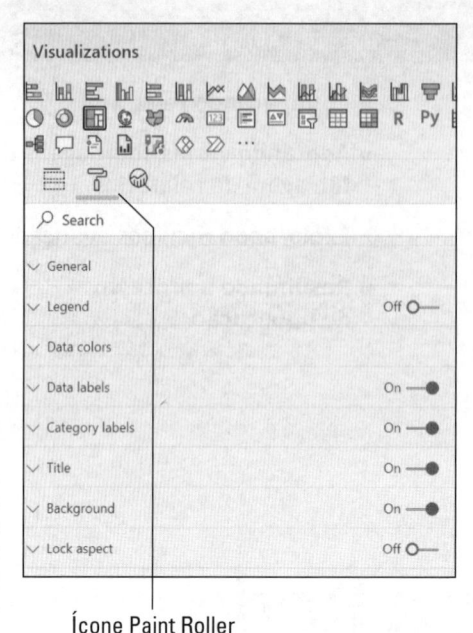

FIGURA 12-1. Recursos de formatação encontrados no painel Visualizations.

Ícone Paint Roller

Aqui está uma descrição de algumas opções de formatação comuns:

- **General formatting:** Selecione **posição** *x*, **posição** *y*, largura, altura e *texto alternativo* — a descrição usada para opções de acessibilidade.
- **Title:** Formate o texto do título, texto e quebra de palavras, cor (fonte e plano de fundo) e recursos de texto (alinhamento, tamanho da fonte e face da fonte).
- **Background:** Defina a página e o plano de fundo da visualização.
- **Lock aspect:** Bloqueie um elemento visual com base na proporção do objeto específico na tela.
- **Borders:** Formate cores de bordas e proporções de seus elementos visuais.
- **Shadow:** Defina a cor e a posição da sombra.
- **Tooltips:** Formate qualquer padrão ou dicas de ferramentas específicas do relatório (descritores).
- **Headers:** Oculte ou mostre cabeçalhos com base em condições.

LEMBRE-SE

Muitas outras opções estão disponíveis, dependendo da visualização. A lista que criei aqui cobre apenas as que você vê em todas as visualizações.

Configurações básicas de visualização

Não confunda configurações *de visualização* e de *relatório*. A diferença é que, cada vez que você inclui uma visualização em um relatório, é livre para configurá-la de forma específica. A configuração de *relatório* se aplica ao layout e ao design de todas as visualizações em uma única página.

LEMBRE-SE

Você precisa ter uma ou mais visualizações em uma página para gerar um relatório. Cada vez que quiser configurar a visualização, selecione-a na área de trabalho principal e clique no ícone Paint Roller, em Visualizations. Essa ação mostra as configurações de formatação da visualização.

Ao configurar a posição e o tamanho de uma visualização, vá para a seção General (veja a Figura 12-2) e escolha uma das seguintes opções:

- » **Responsive:** Isso permite que a visualização seja ajustável com base no tamanho da tela. Ela se ajusta automaticamente em seu nome.
- » **X-Position:** O elemento visual é nivelado à esquerda a partir dessa posição.
- » **Y-Position:** O elemento visual é nivelado no topo a partir dessa posição.
- » **Width:** Este é o tamanho padrão horizontal para a visualização.
- » **Height:** Este é o tamanho padrão vertical para a visualização.
- » **Maintain layer order:** Selecionar essa opção traz a visualização para a frente, acima de outras sobrepostas. Desmarcá-la a empurra para trás.
- » **Alt-Text:** A capacidade de descrever textualmente a visualização para aqueles que precisam de ajuda usando tecnologias adaptativas.

FIGURA 12-2: As configurações gerais para formatar uma visualização.

Você pode adicionar uma legenda para ajudar a diferenciar as caixas, linhas ou pontos de gráfico, dependendo da visualização. Você pode posicionar a legenda em várias regiões de uma página, bem como personalizar a apresentação da legenda, com base na localização na página, como mostrado na Figura 12-3.

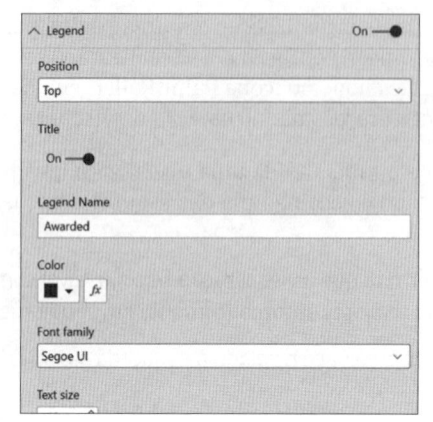

FIGURA 12-3: Configurando a legenda.

As opções Data Colors, Data Labels e Total Labels variam de visualização para visualização. Por exemplo, se tiver um gráfico de barras, poderá alterar as cores de cada barra além da sugestão da Microsoft para o padrão. Da mesma forma, pode alterar a cor do texto para quaisquer rótulos de dados, conforme mostrado na Figura 12-4. Um excelente exemplo de quando fazer isso é ao usar um monte de cores escuras como fundo. É provável que você queira alterar os rótulos de dados para uma cor clara, como branco ou amarelo, para facilitar a leitura.

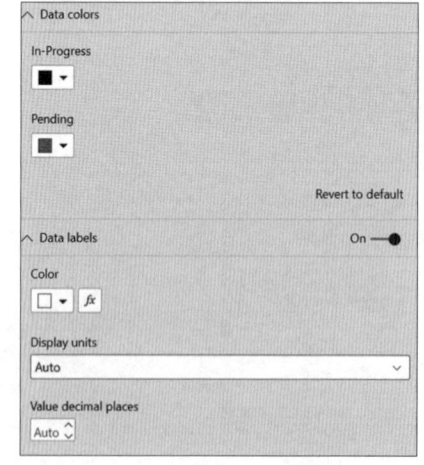

FIGURA 12-4: As opções Data Colors e Data Labels.

As visualizações têm um título separado do título do cabeçalho do relatório. Portanto, você pode atualizá-lo se quiser alterar a forma como a Microsoft intitula a visualização. Além disso, você altera o tamanho da fonte na opção Title Heading. Se o posicionamento, a cor, o alinhamento e até mesmo a cor de fundo do título significarem muito para você, também pode fazer esses ajustes. Essas características são mostradas na Figura 12-5.

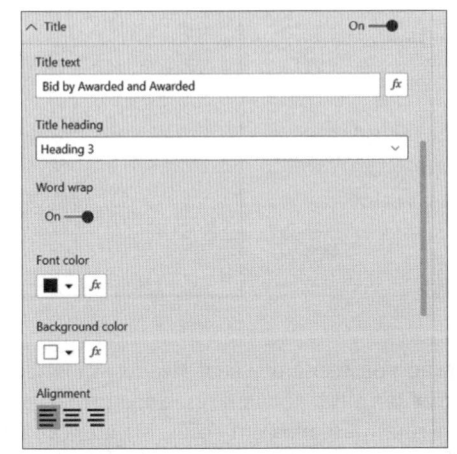

FIGURA 12-5: Configurações do título.

Se quiser destacar a cor de fundo de uma visualização, altere-a e coloque transparência para outros objetos na página, como mostrado na Figura 12-6. Exemplos de itens que exigem transparência são legenda, cabeçalho e o texto dos eixos x e y.

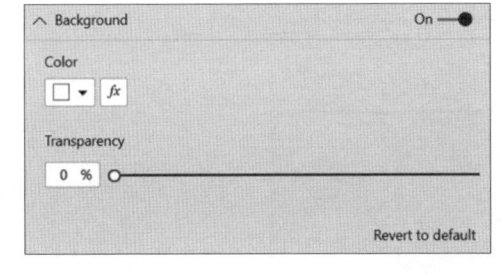

FIGURA 12-6: Definindo a cor de fundo.

Aqui estão outros recursos de formatação a serem configurados caso a caso:

» **Lock aspect:** Dimensiona as visualizações com base no tamanho e na posição.

» **Border:** Configura as bordas com base na espessura e na cor.

» **Shadow:** Configura a sombra da borda de visualização com base em cor, direção e posição.

A Figura 12-7 mostra essas opções.

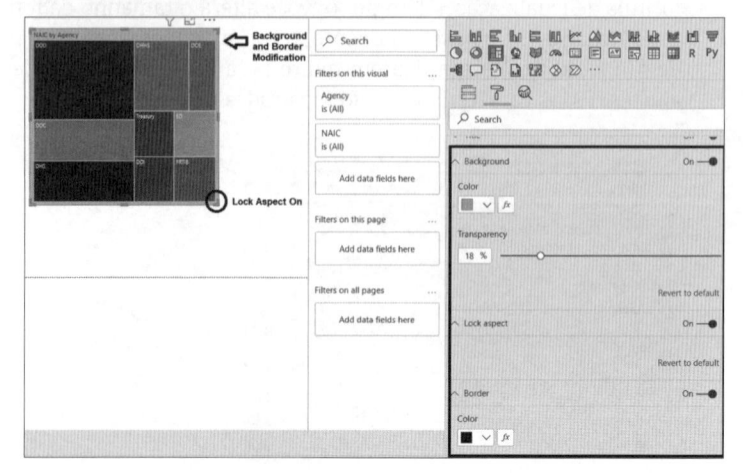

FIGURA 12-7: Integração de lock aspect, background e border.

Uma última configuração possível é o Visual Header, mostrado na Figura 12-8. Cada visualização permite ao usuário transformar a experiência visual por meio de controles baseados em ações. Há a opção de ocultar ou mostrar o cabeçalho de cada elemento visual do relatório. Você pode ativar ou desativar o cabeçalho visual enquanto projeta as visualizações e configura a estética, incluindo a funcionalidade do filtro. Os indicadores visuais incluem os ícones Visual Warning, Visual Error e mais de dez opções, e é possível ativar ou desativar todas elas.

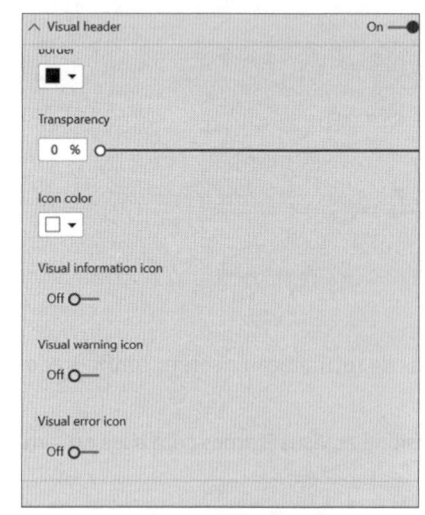

FIGURA 12-8: Opções de configuração de Visual Header.

Aqui estão alguns outros ícones incluídos no campo Visual Header:

- **Drill on:** Revisa pontos de dados específicos dentro de um relatório.
- **Drill Up:** Fornece uma perspectiva de nível superior da visualização atual.
- **Drill Down:** Fornece uma visualização mais granular da visualização atual.
- **Expand to Next Level:** Adiciona um nível de hierarquia extra à exibição atual.
- **Filter:** Fornece ao usuário a capacidade de filtrar os dados, assumindo que há campos configurados para a filtragem.
- **Focus Mode:** Permite que um usuário veja os dados do relatório exclusivamente.
- **More Options:** Dá ao usuário acesso a opções adicionais.
- **Pin:** Permite fixar um item em uma tela.
- **See Data Layout:** Permite revisar os dados no formato tabular, se disponível.
- **Show Next Level:** Supondo que haja uma hierarquia, o usuário pode usar esse ícone para mostrar o próximo nível dela.
- **Visual Header Tooltip:** Fornece dicas de ferramentas personalizadas ao usuário, presumindo que você as tenha configurado.

Aplicando formatação condicional

Há um ícone em certas áreas de formatação dentro do painel Visualizations com o símbolo *fx*. Saiba que você pode personalizar um ou mais aspectos da experiência de visualização sempre que os vir. Um exemplo desse botão está sob o título Data Labels, mostrado na Figura 12-9.

FIGURA 12-9: O botão Conditional Formatting.

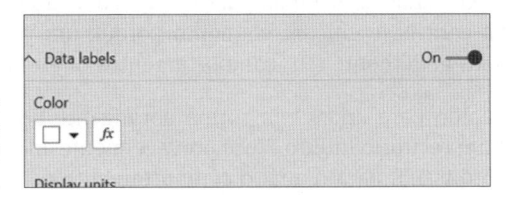

Uma tela de configuração aparece sempre que você pressiona o símbolo *fx*, permitindo que o usuário configure um ou mais lados da experiência do usuário sob certas condições. (Veja a Figura 12-10.) Por exemplo, para Data Labels, um usuário pode formatar por escala de cores, regras ou valor de campo. Ao selecionar a escolha preferida, há a opção de selecionar a condição com base nas opções Field, Summarization, Minimum e Maximum. Claro, há um parâmetro de formatação padrão que é considerado a linha de base do usuário.

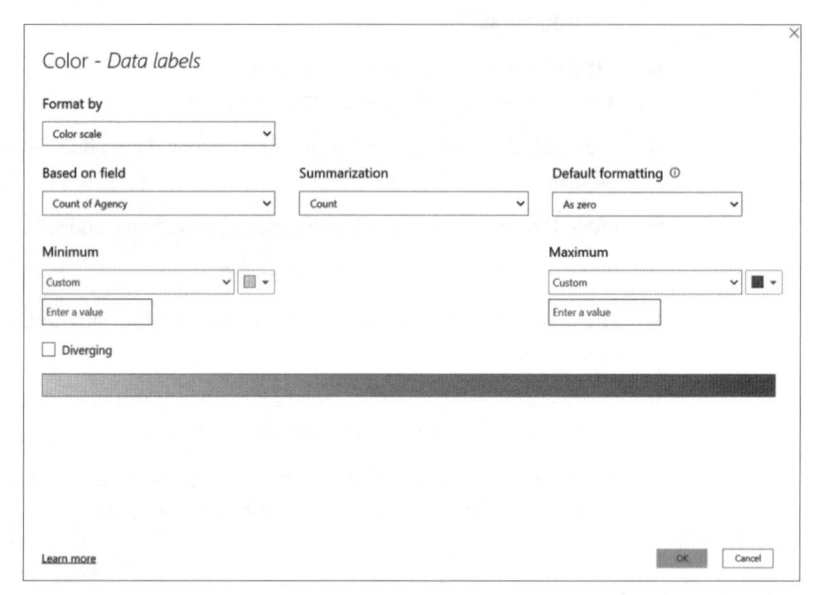

FIGURA 12-10: A interface de Conditional Formatting.

Filtrando e Classificando Dados

Você pode filtrar dados com base no próprio elemento visual, em uma página inteira ou em todas as páginas para cada visualização. A maioria dos usuários filtra com base em um elemento porque um relatório com vários recursos deles geralmente tem comportamentos diferentes.

DICA

Não seja muito rápido para criar uma rotina abrangente de filtragem e classificação para um relatório inteiro. Você provavelmente encontrará pelo menos um elemento visual para o qual o comportamento de um campo é ligeiramente diferente, mesmo que no início pareça que todos os campos são iguais.

Independentemente da opção de filtragem e classificação escolhida, você precisa selecionar Filter on This Visual, Filter on This Page ou Filter on All Pages. Na Figura 12-11, selecionei e coloquei campos específicos nos recursos visuais específicos em Filters, em Visual.

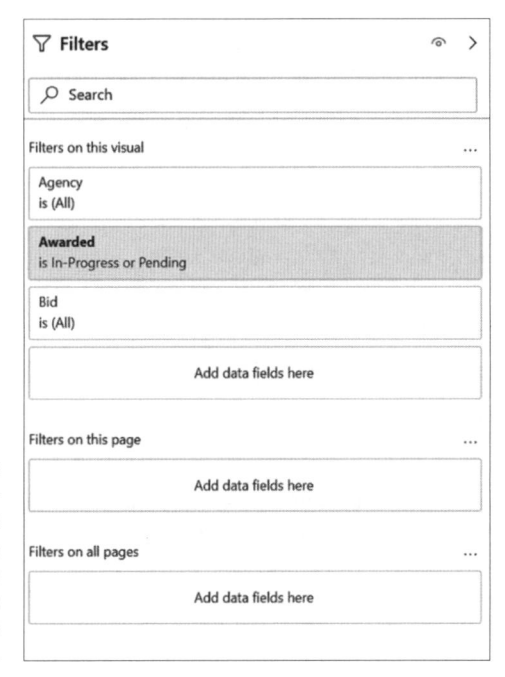

FIGURA 12-11: Configurando campos para um exemplo específico de elemento visual.

Veja como gerenciar isso:

1. **Em Report View, arraste um ou mais campos do painel Fields para uma das caixas de texto Add Data Fields, no painel Filter.**

2. **Expanda (ou reduza) os campos que acabou de trazer do painel Fields.**

   Cada campo cria um objeto chamado *filter card* — uma forma de filtrar o conjunto de dados visualmente.

3. **Configure o filtro com base na condição necessária.**

   As condições baseadas em texto são diferentes das numéricas.

LEMBRE-SE

Um usuário pode escolher entre Basic Filtering, Advanced Filtering e Top N Filtering — a Figura 12-12 mostra um exemplo de filtragem avançada [advanced filtering]:

» **Basic filtering** limita o usuário nesses campos no conjunto de dados.

» **Advanced filtering** integra o uso de condições booleanas, como AND, OR e NOT, além de o valor atender a uma condição específica.

» **Top N filtering** está associado à ordem de classificação dos itens.

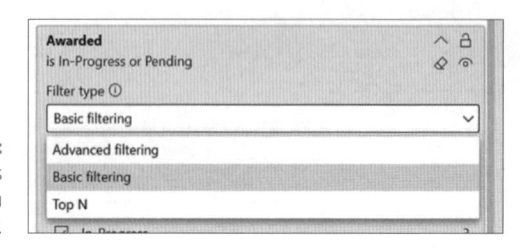

FIGURA 12-12: Suas opções no menu Filtering.

LEMBRE-SE

A filtragem excessiva é um problema para alguns relatórios, portanto, certifique-se de não adicionar muitos campos. Quanto mais complexo o relatório se tornar, pior será para você. Se decidir filtrar vários campos, certifique-se de não adicionar muitas condições, a menos que o relatório exija um nível específico de granularidade. A caixa Search, na parte superior do painel Filter, é uma forma de encontrar esses campos e seus valores, se precisar de ajuda.

CUIDADO

Se olhar cada campo, verá a opção Lock, bem como Hiding, no nível do campo, veja a Figura 12-12. Esses recursos só funcionam no Power BI Service, não no Desktop.

Configurando a Página de Relatório

Formatar uma página de relatório não é muito diferente de formatar um elemento visual, exceto que um relatório pode ter vários deles. Para lidar com isso, vá direto para o painel Visualizations. Uma vez lá, clique no ícone Paint Roller. Na tela exibida, há muitas opções para alterar o layout e o design da página do relatório, conforme mostrado na Figura 12-13. A maioria das opções se concentra em posicionamento, alinhamento e cor da experiência geral do relatório.

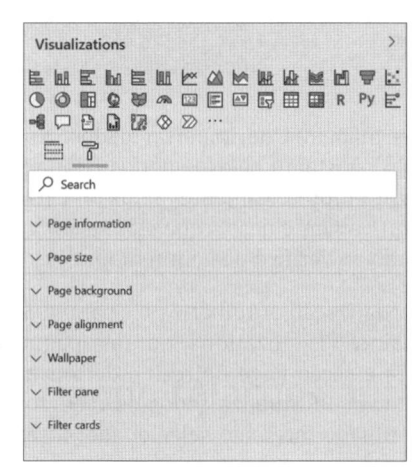

FIGURA 12-13: Configurando uma página de relatório.

Um usuário pode formatar os seguintes recursos relacionados à página:

» **Page information:** Mude o nome do relatório, ative e desative as dicas e ative as perguntas e respostas em uma página, não apenas no elemento específico.

» **Page size:** Escolha o tamanho e/ou tipo de papel. Dependendo de como deseje implantar o relatório, há tamanhos de papel e opções de interface disponíveis.

» **Page background:** Configure a cor de fundo da página do relatório.

» **Page alignment:** Decida se o conteúdo dos relatórios deve ser alinhado à esquerda ou ao centro da página.

» **Wallpaper:** Marque um relatório com cores específicas ou talvez insira um logotipo com a opção Wallpaper.

» **Filter pane:** Para alterar o painel Filter, parte da visualização de relatórios online, um usuário pode configurar a experiência para combinar a interface de estilo de papel com cor, transparência, bordas e texto específico.

» **Filter cards:** Como ocorre com o painel Filter, as placas de filtro são específicas para dado campo (uma coluna em uma tabela, por exemplo). Eles permitem ao usuário destacar um ou mais objetos em um relatório por meio de várias ferramentas estéticas.

LEMBRE-SE A melhor maneira de garantir consistência quando se trata de formatar relatórios é criar uma página uma vez e duplicar a configuração dela várias vezes. Isso economiza o esforço desperdiçado de reinventar a roda.

Atualizando Dados

O Power BI oferece várias maneiras de importar dados. Embora alguns métodos exijam atualização constante pelos usuários (Import, por exemplo), outros podem atualizar automaticamente. Se usa o DirectQuery para importar dados, você definitivamente deseja que eles sejam atualizados de forma automática, sobretudo ao verificá-los em tempo real.

Há a opção de definir a atualização automática da página habilitando o botão Page Refresh, no painel Visualizations, de uma página de relatório. É preciso alternar para a seção Page Refresh e definir a opção como On. Uma vez ativada, o Power BI atualiza todos os recursos visuais em uma página em um determinado intervalo selecionado: intervalo fixo ou detecção de alterações.

DICA

Embora um intervalo fixo esteja disponível em todas as edições do Power BI Service, a detecção de alterações está disponível apenas no Premium. A detecção de alterações atualiza o conjunto de dados do Power BI assim que detecta (ok, não no exato segundo, mas logo depois) que está em um servidor host com dados novos.

LEMBRE-SE

Você pode usar Page Refresh apenas no Power BI Service. Além disso, se optar pela atualização automática de página, ela deve ser ativada por um administrador.

Trabalhando com relatórios

Pode parecer que há *muito* a ser feito com o Power BI Desktop para que um relatório seja compartilhado com as massas, mas a verdade é que só descrevi uma fração das possibilidades. Seu trabalho árduo na preparação de um relatório para distribuição pela internet usando o Power BI Desktop economizará tempo mais tarde.

LEMBRE-SE

Se o objetivo de sua empresa for criar relatórios no cliente Desktop e distribuir versões em PDF de suas saídas, você não precisará usar o Power BI Service. Em suma: seu público não pode manipular ou visualizar dados de forma interativa em tempo real. Um pedaço de papel é apenas um instantâneo no tempo.

No momento em que decide que mais de um usuário deve manipular seus dados, mesmo que seja filtragem básica ou classificação na internet, você precisa publicar seus conjuntos de dados e visualizações na internet. Se o escopo de seu compartilhamento for limitado a apenas visualização em uma plataforma como o SharePoint, o Power BI Service Free é adequado. Se, no entanto, deseja que os usuários tenham a oportunidade de colaborar com seu workspace, a versão Pro ou Premium do Power BI Service é necessária.

DICA

Tudo o que você leu neste capítulo pode ser feito online, em vez de em um desktop, mas o nível de esforço para configurar toda a experiência é altamente dependente de uma conexão com a internet. É por isso que é bom começar em sua área de trabalho e, em seguida, enviar as visualizações e se reportar ao site do Service.

Para publicar um relatório, siga estas etapas:

1. **Vá para a guia Home, na guia principal, no Power BI Desktop.**

2. **Clique no botão Publish, na extremidade direita da guia principal.**

   Você será solicitado a salvar todo seu trabalho na área de trabalho.

3. **Salve seu trabalho clicando em Save.**

4. **Na nova caixa de diálogo exibida, selecione o local no qual deseja que seu conjunto de dados e suas visualizações sejam armazenados.**

   A suposição é a de que você criou um ou mais workspaces no site do Service. Do contrário, você será solicitado a criar uma área de trabalho ou salvá-la em My Workspace. (Veja a Figura 12-14.)

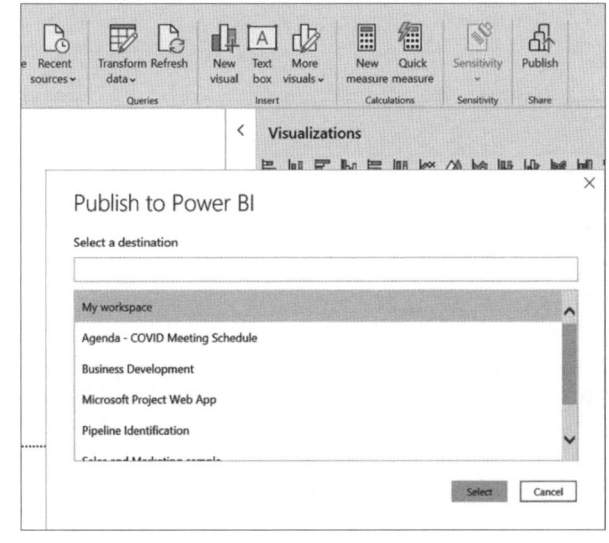

FIGURA 12-14: Salvando conjuntos de dados e visualizações no relatório em um workspace.

5. **Após escolher um workspace como local de salvamento, clique em Select.**

6. **Se for a primeira vez que o salva no workspace, clique em Save. Se já salvou um item nele, é necessário substituí-lo, como mostra a Figura 12-15.**

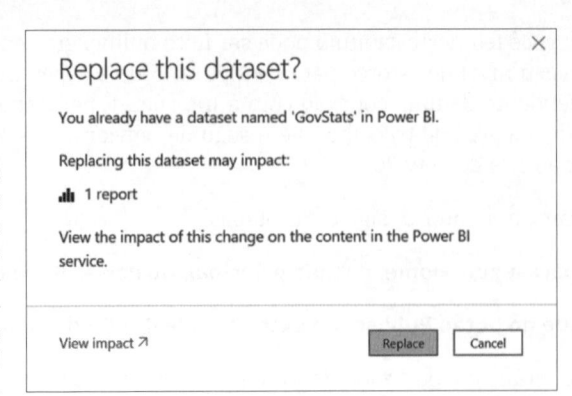

FIGURA 12-15: Criando uma versão atualizada de um pacote de relatórios para o Power BI Service.

Encontrando dados migrados

Há duas maneiras de obter acesso aos dados que acabou de publicar no Power BI Service. Primeiro, encontre todos eles clicando no botão Recent, na barra de navegação do lado esquerdo. Lá estão todos os itens mais recentes, em ordem cronológica. (Veja a Figura 12-16.) Após encontrar o arquivo importado, clique duas vezes para continuar fazendo modificações na internet.

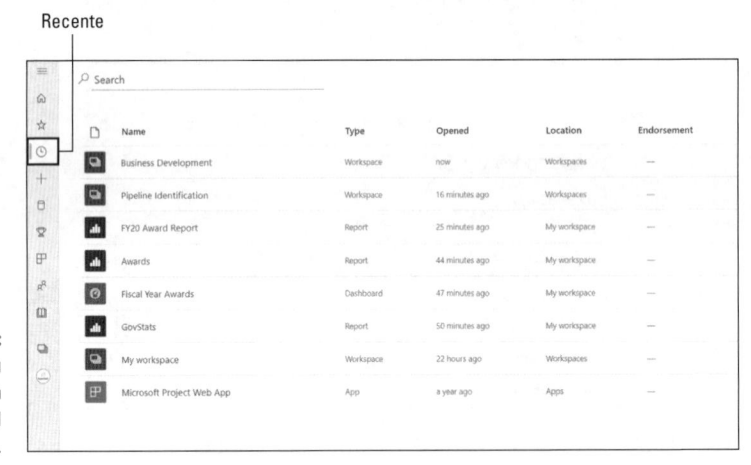

FIGURA 12-16: O menu Recent em Power BI Service.

A segunda possibilidade é ir diretamente para a seção Workspace, do Power BI Service, na qual você importou os dados após iniciar o processo de publicação. Uma vez lá, selecione os itens importados na lista que deseja revisar, conforme mostrado na Figura 12-17.

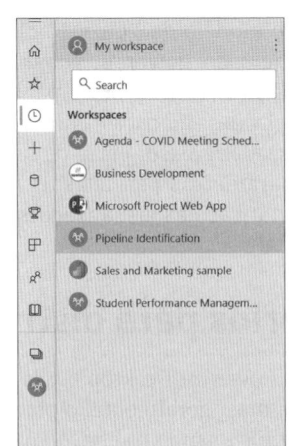

FIGURA 12-17:
Selecionando um item no menu My Workspace, no Power BI Service.

Exportando relatórios

Suponha que não deseje salvar o relatório que criou no Power BI Service. Seu objetivo singular é imprimir um instantâneo, salvando os dados em um arquivo PDF. Isso é totalmente possível usando o Power BI Desktop. Para exportar um relatório sem o salvar no Power BI Service, siga estas etapas:

1. **Escolha File ⇨ Export no menu principal.**

2. **Escolha Export no menu que aparece.**

3. **Salve o arquivo como um modelo do Power BI fornecendo uma descrição e pressionando Ok ou selecionando o arquivo PDF gerado automaticamente para seu navegador da web, como mostra a Figura 12-18.**

   A exportação é salva na área de trabalho.

FIGURA 12-18: Suas escolhas de exportação.

CAPÍTULO 12 **Relatórios a Rodo** 229

Um usuário que seleciona a opção de modelo do Power BI obtém o equivalente a um arquivo zip. Um modelo de Power BI é baseado em um modelo de relatório de desktop existente. Tem layout e páginas de relatório, e recursos visuais, esquema, relações, métricas, conjuntos de dados e modelos de dados pré-construídos. Além disso, parte de um arquivo de definição pode incluir consultas e parâmetros para elas. O arquivo PDF, por outro lado, tem apenas cópias estáticas das visualizações acumuladas em todas as guias.

Aperfeiçoando relatórios para distribuição

Sim, você pode criar um relatório no Power BI Desktop e salvá-lo em formato PDF ou até mesmo imprimi-lo, mas, geralmente, o objetivo real dos relatórios é compartilhar os dados online usando o serviço Power BI ou um aplicativo móvel. A Microsoft facilitou para um designer criar relatórios avançados que cabem em uma tela de computador ou em um dispositivo móvel. A empresa reconheceu que nem tudo cabe em uma página também — portanto, o gerenciamento de guias.

Às vezes, faz todo o sentido manter qualquer relatório local na área de trabalho. Um exemplo é a previsão de desempenho de vendas ou distribuição de gestão de recursos humanos. Suponha que seu objetivo seja distribuir por impressão ou entregar um documento digital sem uma conexão com a internet. Nesse caso, considere a criação de um relatório paginado.

DICA

Exportar recursos visuais de relatórios para um PDF simplesmente não é suficiente às vezes! É por isso que é preciso usar o Power BI Report Builder, uma extensão encontrada em `www.microsoft.com/en-us/download/details.aspx?id=58158`.

Você pode usar quase qualquer fonte de dados que esperaria encontrar com os Relatórios do Power BI em sua área de trabalho. Na verdade, pode até usar dados do Power BI Service se decidir criar um no aplicativo.

Siga estas etapas para criar um relatório paginado com base em dados do Power BI usando o Power BI Service:

1. **Acesse My Workspace e encontre a área de trabalho que contém os dados que deseja usar para um relatório paginado.**

2. **Abra o workspace.**

3. **Clique no botão New, no workspace, e escolha Paginated Report no menu exibido, conforme mostrado na Figura 12-19.**

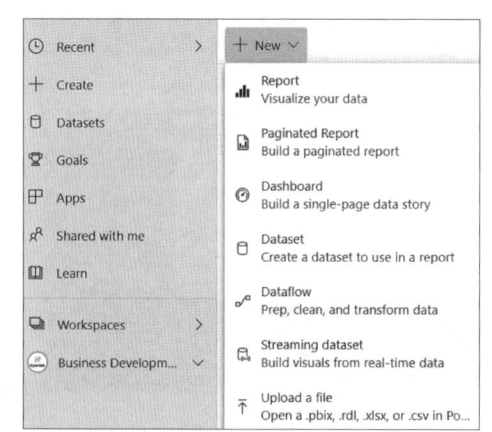

FIGURA 12-19:
O menu Paginated Report.

Se for sua primeira vez usando o Power BI Report Builder, baixe o aplicativo. Caso contrário, ele iniciará o Power BI Desktop junto com o Report Builder.

Depois que o Report Builder for iniciado, você será solicitado a criar um relatório usando o assistente ou um relatório em branco, como mostrado na Figura 12-20.

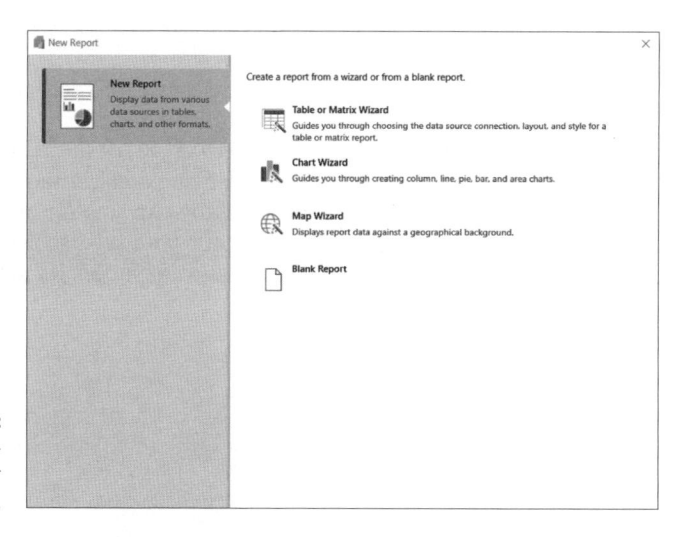

FIGURA 12-20:
A tela Report Builder Wizard.

4. **Escolha Blank Report.**

5. **Usando o painel à esquerda, conecte suas fontes de dados ao Report Builder para começar a criar um relatório paginado.**

Observe a tela em branco com algum texto digitado, conforme mostrado na Figura 12-21.

CAPÍTULO 12 **Relatórios a Rodo** 231

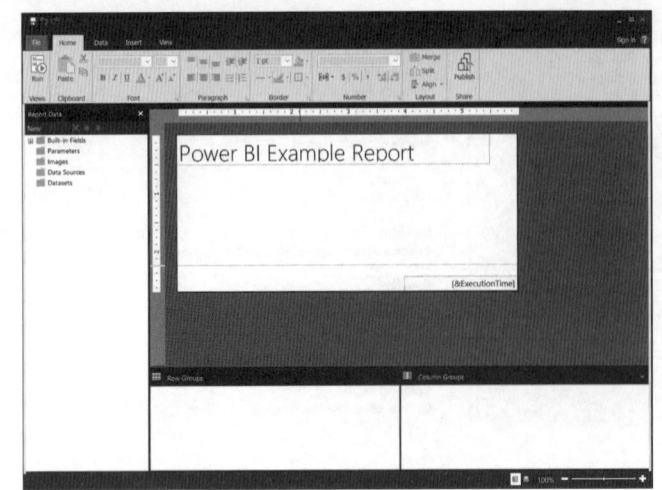

FIGURA 12-21:
A interface do Report Builder.

NA INTERNET — Você pode paginar um relatório de várias maneiras, dependendo da escolha que selecionar usando o assistente. Se selecionar uma matriz ou uma tela em branco, as etapas para fazê-lo são extensas. Para seguir as abordagens mais recentes sugeridas pela Microsoft e sua oferta de soluções, acesse https://docs.microsoft.com/en-us/power-bi/paginated-reports/paginated-reports-quickstart-aw.

LEMBRE-SE — Se chegou ao final deste capítulo e deseja saber como formatar visualizações para relatórios, lembre-se de que o Power BI Service oferece uma experiência praticamente idêntica à do Power BI Desktop, incluindo a experiência do usuário. A grande diferença é que a colaboração é possível no Power BI Service ao usar o cliente Desktop. Apenas um usuário pode gerenciar o aplicativo simultaneamente. O que você sabe sobre a configuração de um relatório é consistente em todas as experiências do usuário.

NESTE CAPÍTULO

» Configurando dashboards

» Integrando recursos de relatórios em dashboards

» Usando recursos baseados em IA para aprimorar a experiência de dashboards

» Definindo alertas com base nas regras do dashboard

Capítulo **13**

Surfando no Dashboarding

I magine isto: uma mistura de imagens e texto organizados ordenadamente como uma bela tela. Ela diz que tudo em sua organização está funcionando sem problemas, mas, em seguida, um dos recursos visuais muda. Sinos de alerta tocam — figurativos, pelo menos —, fazendo com que muitos telefones toquem e mensagens SMS sejam enviadas. E a pessoa que responde à emergência também não precisa cavar muito fundo. *Por quê?*, você se pergunta. A organização coletou uma série de conjuntos de dados, disponíveis na forma de uma única experiência de usuário, não uma coleção de relatórios *ad hoc*. Todos os conjuntos de dados em uma única tela fornecem acesso em tempo real ao estado atual das operações. O dashboard parece uma grande quantidade de dados, mas são dados significativos apresentados de uma forma que aqueles que dominaram as complexidades do dashboard podem ver imediatamente o que está errado. Neste capítulo, apresento os mistérios do dashboard usando o Power BI Service.

Antes de sua iniciação nos mistérios, aqui estão alguns princípios críticos sobre dashboard com o Power BI:

» **Você só pode criar um dashboard usando o Power BI Service.** Para ter toda a amplitude do dashboard, é preciso uma licença Pro ou Premium.

» **Um dashboard destina-se a preencher um vazio de negócios.** Um relatório pode conter apenas um único conjunto de dados. Embora seja aceitável usar apenas um conjunto de dados em um dashboard, usá-lo como uma forma de apresentar vários conjuntos de dados é muito mais comum.

» **Um dashboard é uma compilação de muitos objetos.** Ele gerencia essa compilação limitando-se a apenas uma tela.

» **Cada elemento visual em um dashboard é referido como um *tile*.** Nos relatórios, os recursos visuais são referidos como *outputs [saídas]*.

» **O Power BI Service é um serviço baseado na web.** O Power BI Desktop não requer conexão com a internet. Os alertas de dados só estão disponíveis no Services.

Configurando Dashboards

Um *dashboard*, em sua forma mais simples, é apenas uma colagem de muitos objetos de dados que podem ser fixados a uma única página. Na maioria das vezes, os itens são visuais; em outras, seu conteúdo tem texto, vídeo, áudio ou navegação para outros dashboards e fontes de dados. Os dashboards podem integrar recursos usando relatórios, workbooks do Excel, insights, resultados de perguntas e respostas e multimídia entre provedores de conteúdo.

Criando um Dashboard

Se estiver conectado ao Power BI Service, certifique-se de ter um conjunto de dados e alguns recursos visuais que podem ser colocados em um dashboard. Se nunca criou um, siga estas etapas:

1. No Power BI Service, vá para My Workspaces.

2. Clique em New, na parte superior de My Workspaces.

3. Escolha Dashboard no menu que aparece, como mostrado na Figura 13-1.

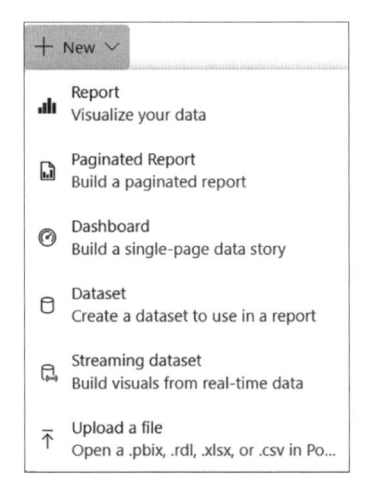

FIGURA 13-1: Criando um dashboard.

4. Insira o nome do novo dashboard (veja a Figura 13-2) e clique em Create.

   Uma tela em branco é configurada para você, como mostrado na Figura 13-3.

FIGURA 13-2: Nomeando um novo dashboard.

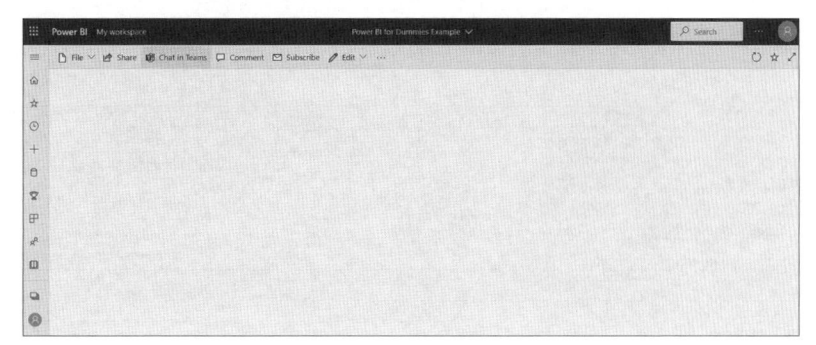

FIGURA 13-3: Uma tela do dashboard em branco.

CAPÍTULO 13 **Surfando no Dashboarding** 235

Contendo Conteúdo

É preciso ter alguns pontos em mente ao tentar integrar um objeto na tela do dashboard. A primeira coisa a considerar é que tipo de objetos são necessários para acentuar uma compilação de relatório planejada em um dashboard. A segunda tem a ver com o layout e o número de objetos que se pretende fixar na tela.

Nesse ponto, você pode adicionar alguns itens além dos relatórios:

- **Web content:** Conteúdo da web baseado em HTML.
- **Images:** Imagens acessíveis exclusivamente **ao público.**
- **Text boxes:** Texto estático que pode ser formatado.
- **Video:** Vídeos que podem ser incorporados no YouTube ou no Vimeo.
- **Custom streaming data:** Dados em tempo real provenientes de uma fonte API, Azure Stream ou PubNub.

PAPO DE ESPECIALISTA

Você provavelmente está familiarizado com a maioria das fontes de conteúdo listadas, mas, se estiver interessado em conjuntos de dados extremamente grandes sendo apresentados em um dashboard, considere usar o Azure Stream ou o PubNub. Azure Stream é o nome abreviado de Azure Stream Analytics, um mecanismo de análise em tempo real e complexo de processamento de eventos projetado para analisar e processar altos volumes de dados (geralmente, ao vivo) de várias fontes simultaneamente. O PubNub, como o Azure Stream, é outro serviço de streaming de análise em tempo real focado na entrega de conteúdo usando um processo de mensagens de publicação/assinatura em tempo real, principalmente para dispositivos de Internet das Coisas (IoT).

Para adicionar objetos baseados em conteúdo à tela — *tiles*, na linguagem do Power BI —, siga estas etapas:

1. **Na tela do dashboard, vá para o menu Edit.**
2. **Escolha Add a Tile, como mostrado na Figura 13-4.**

FIGURA 13-4: Acessando o menu Add a Tile.

3. **No novo menu exibido, escolha um dos tipos de objeto listados. (Veja a Figura 13-5.)**

    Observe que o menu não tem opção Report.

    > **CUIDADO:** Todo o conteúdo que você coloca em um dashboard deve ser acessível ao público. Mesmo que a autenticação ou o upload seja necessário para que um usuário visualize os dados, o Power BI atualmente não oferece suporte a esses recursos.

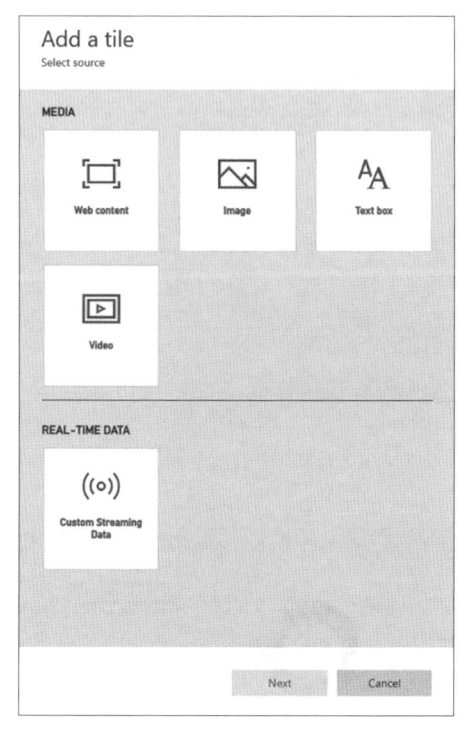

    FIGURA 13-5: Selecionando um tipo de tile.

4. **Depois de escolher uma opção, use os recursos de personalização para deixar seu conteúdo como você deseja.**

    Por exemplo, se escolher a opção Text Box, uma nova tela aparecerá (veja a Figura 13-6), na qual poderá adicionar títulos, legendas e texto. Você pode até ajustar o que adicionou usando qualquer um dos comandos de formatação exibidos. Quando terminar, clique em Apply. Quaisquer alterações feitas são exibidas no dashboard, conforme mostrado na Figura 13-7.

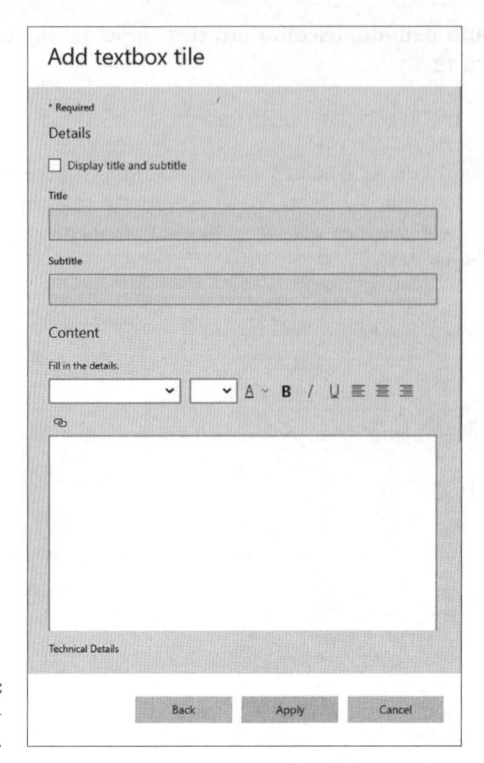

FIGURA 13-6: Configurando um tile.

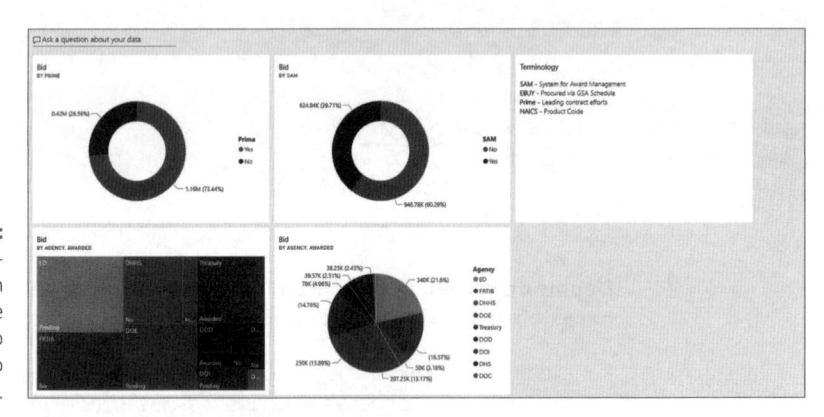

FIGURA 13-7: Personalizando um bloco de conteúdo na tela do dashboard.

Assim que o tile estiver na tela do dashboard, você poderá movê-lo para onde quiser. Por padrão, ele fica embutido na parte superior esquerda, a menos que outras peças estejam na região. No exemplo anterior, movi a peça para o canto superior direito para poder adicionar outras mais tarde.

Fixando Relatórios

Criar visualização de relatórios dentro do Power BI é um processo ligeiramente diferente de outras adições de conteúdo. Basicamente, você fixa a visualização de relatório existente no dashboard, em vez de criar um novo tile — o ativo já está armazenado no Power BI, então você não precisa "criar" nada. Para fixar uma visualização de relatório, siga estas etapas:

1. Acesse um workspace que contenha um relatório, incluindo uma ou mais visualizações que você gostaria de incluir em um dashboard.

2. Localize o ícone Pin no cabeçalho Visual. (Veja a Figura 13-8.)

FIGURA 13-8: O ícone Pin.

3. Na nova tela exibida, clique em um botão de opção para especificar se a visualização fará parte de um novo dashboard ou se será adicionada a um dashboard existente. (Veja a Figura 13-9)

   Você adicionará a visualização a um dashboard existente, portanto, escolha essa opção. Em seguida, use o menu suspenso para selecionar o dashboard desejado.

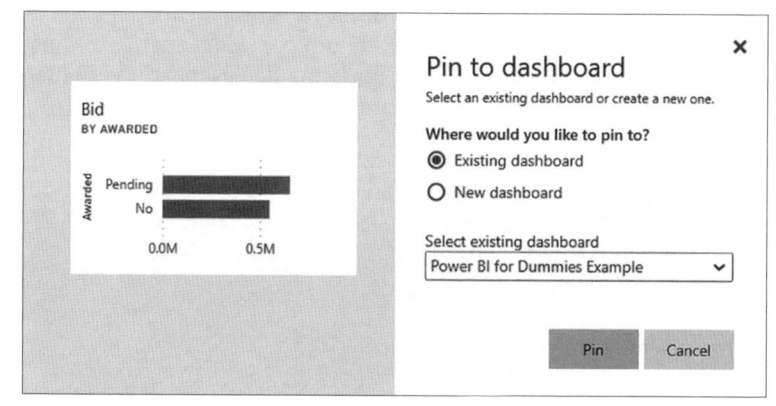

FIGURA 13-9: Optando por um dashboard novo ou existente.

4. Depois de fazer suas seleções, clique em Pin.

Repita as etapas de 1 a 4 para quantas visualizações quiser incluir em seu dashboard. O resultado é um dashboard como o que se vê na Figura 13-10.

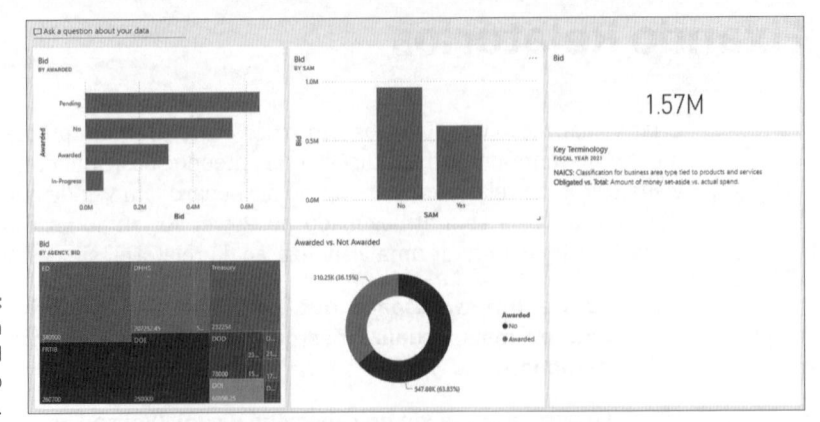

FIGURA 13-10: Um dashboard acabado com tiles.

> **LEMBRE-SE** As visualizações fixas não são interativas. As atualizações só são visíveis depois de atualizar o conjunto de dados do qual a visualização foi derivada. Se estiver procurando dados em tempo real, use o tile Custom Streaming Data.

Personalizando com Temas

Os usuários que gostam de uma aparência unificada adicionam um tema a uma visualização do Power BI. Acontece que dá para fazer o mesmo com um dashboard. Na verdade, a necessidade de um tema abrangente é até maior em um dashboard. Basta pensar nisto: suponha que tenha que integrar vários relatórios, cada um com uma aparência diferente, em um dashboard. Ao desenvolver um tema de dashboard, você mantém a experiência do usuário consistente.

Configurar um tema de dashboard é como adicionar um tile. Vá para o dashboard ao qual deseja adicionar o tema. Logo acima dele, no menu, selecione Edit. Em seguida, escolha Dashboard Theme na lista de opções, como mostra a Figura 13-11.

FIGURA 13-11: Escolhendo a opção Dashboard Theme.

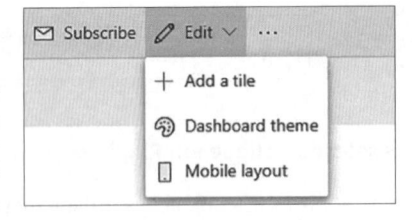

Um usuário pode usar um tema pré-construído na tela Dashboard Theme, como mostrado na Figura 13-12, ou desenvolver seu próprio tema. Ao escolher Custom no menu suspenso, você tem o controle completo sobre imagens, cor, cor da fonte e plano de fundo do tile. A Figura 13-13 mostra as opções do menu Custom Theme.

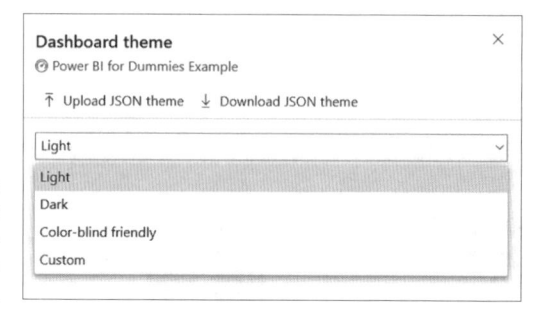

FIGURA 13-12: Escolhendo um tema pré-construído.

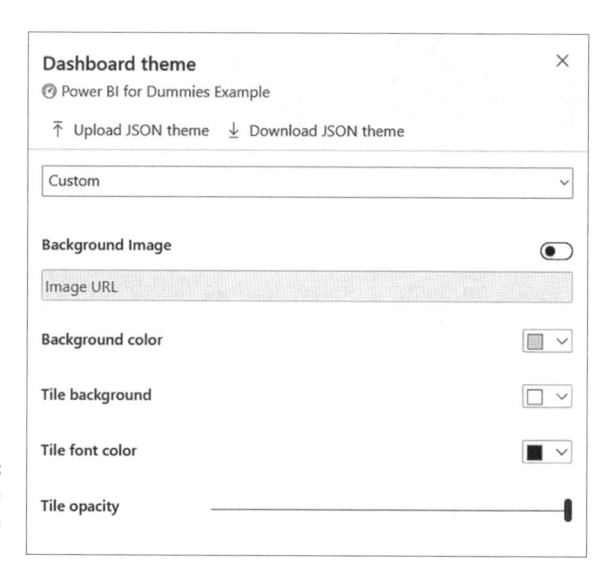

FIGURA 13-13: Personalizando um tema.

PAPO DE ESPECIALISTA

Você deve ter notado a opção Upload JSON theme. Se quiser adicionar designs de tema mais complexos, insira esses scripts selecionando essa opção. Para baixar temas adicionais criados pela Microsoft que aplicam o esquema de temas JSON, acesse `https://community.powerbi.com/t5/Themes-Gallery/bd-p/ThemesGallery`.

Layouts de Dashboard

Como ocorre com os relatórios do Power BI, os dashboards também têm diferentes opções de layout para atender a vários fatores de forma do dispositivo. Para dashboards, uma visualização da web e uma visualização móvel estão disponíveis — um layout da web ocupa muito mais a tela do que um móvel. A Figura 13-14 mostra um exemplo de um layout da web.

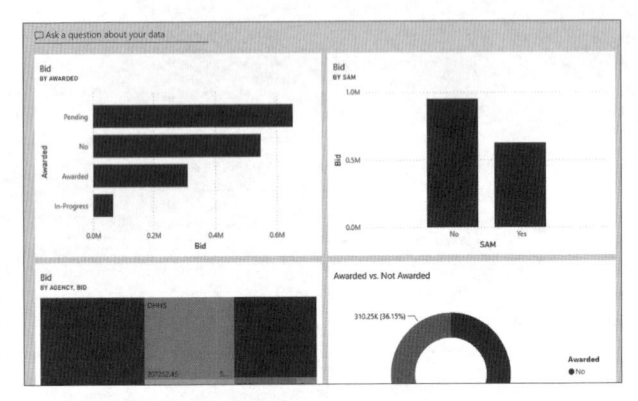

FIGURA 13-14: O layout da web para um dashboard.

O layout móvel organiza cada elemento visual como um ativo empilhado. Só há uma imagem fixada horizontalmente, por padrão. Um usuário pode alterar o layout de um dashboard para consumo móvel escolhendo Edit ⇨ Mobile Layout no menu de navegação do dashboard. Um usuário que deseje mais de uma peça do dashboard horizontalmente pode redimensionar cada uma delas. A Figura 13-15 mostra um exemplo de layout móvel.

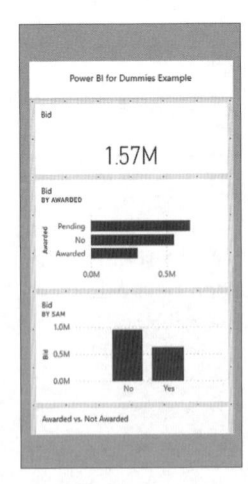

FIGURA 13-15: Layout móvel de um dashboard.

Integrando Q&A

Como discuti no Capítulo 11, o recurso de perguntas e respostas é poderoso, baseado no aprendizado de máquina, incorporado ao aplicativo Power BI Desktop e no Service. Um usuário pode fazer uma pergunta sobre um ou mais conjuntos de dados usando consultas de linguagem natural. As perguntas e respostas não estão disponíveis apenas para relatórios, mas também para dashboards.

Você pode começar a usar o recurso imediatamente, porque nenhuma configuração é necessária. Para começar a usar Q&A em um dashboard de layout da web, selecione Ask a Question About Your Data, na parte superior de um dashboard, preenchendo uma pergunta usando a caixa de consulta. (Veja a Figura 13-16.)

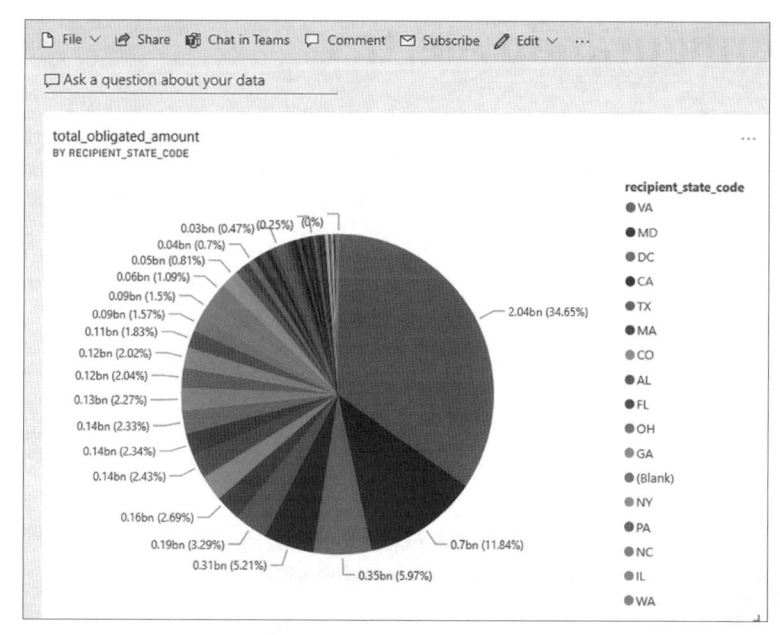

FIGURA 13-16: Fazendo uma pergunta.

Para o exemplo mostrado na Figura 13-17, adicionei um relatório para todos os prêmios de estado ao meu dashboard usando a fonte de dados Awards.xlsx. Em seguida, criei uma consulta para determinar todas as cidades do Alasca (AK) onde um contrato foi adjudicado. Usando o código de linguagem natural, que é preenchido automaticamente à medida que você o digita, um conjunto de resultados foi produzido e refinado em segundos.

recipient_state_name	recipient_state_code	recipient_city_name
ALASKA	AK	ALLAKAKET
ALASKA	AK	ANCHORAGE
ALASKA	AK	EAGLE RIVER
ALASKA	AK	FAIRBANKS
ALASKA	AK	JUNEAU
ALASKA	AK	KAKE
ALASKA	AK	NOME
ALASKA	AK	SKAGWAY

FIGURA 13-17: Um exemplo de perguntas e respostas.

Configurando Alertas

No início deste capítulo, descrevo um cenário de pior caso: tudo está correndo bem, e, em seguida, o caos repentino irrompe. Os e-mails começam a surgir em níveis insustentáveis, assim como as mensagens SMS.

Nos negócios, essa é uma realidade muito comum. Com o Power BI, no entanto, você pode criar alertas de dados com base em condições comerciais específicas que acionam notificações.

Os recursos do dashboard do Power BI permitem que os usuários criem alertas com base em condições orientadas por dados encontradas usando recursos visuais, como cartões, indicadores de KPI e medidores. Se tiver um ou mais desses recursos visuais em seu dashboard, poderá configurar um alerta. Para tal, siga estas etapas:

LEMBRE-SE

1. **Clique nas reticências do tile para o qual deseja criar uma notificação no dashboard selecionado.**

   Suas opções estão limitadas a três tipos de visualização: cartões, indicadores de KPI e medidores [cards, KPI indicators e gauges].

2. **No menu que aparece, escolha More Options ⇨ Manage Alerts, conforme mostrado na Figura 13-18.**

244 PARTE 3 A Arte e a Ciência do Power BI

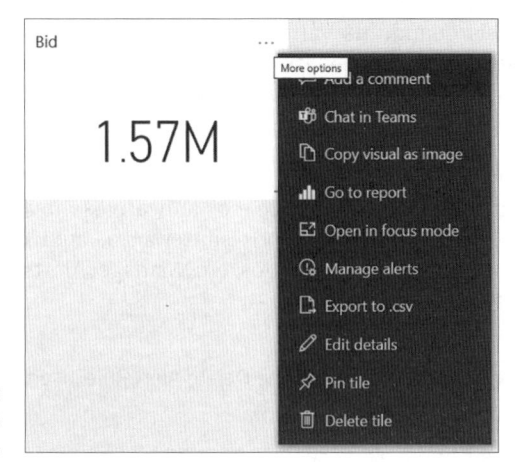

FIGURA 13-18:
Adicionando alertas.

3. No painel Alert, selecione Add Alert Rule.

4. Preencha o formulário com seus critérios definidos, conforme mostrado na Figura 13-19.

   Nesse caso, um alerta é acionado a cada hora quando o valor da oferta excede US$2 milhões no total de envios pendentes.

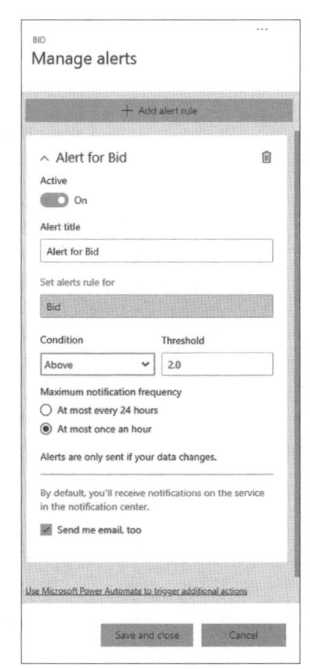

FIGURA 13-19:
Configurando alertas.

CAPÍTULO 13 **Surfando no Dashboarding** 245

DICA Os alertas são úteis quando há várias condições que precisam ser atendidas, além de atingir limites específicos. Os alertas podem ser alterados com base na frequência de entrega ou sempre que ocorrer uma alteração no conteúdo.

Somente os usuários que configuram um alerta o veem, e os alertas são sincronizados entre o Power BI Service e os aplicativos móveis do Power BI. Se deseja gerenciar os alertas após sua criação, aqui estão alguns recursos importantes, todos concluídos em Manage Alerts, onde você acabou de criá-los.

» Se quiser excluir um alerta, selecione Delete Alert Rule, usando o ícone Trashcan.

» Se quiser desativar um alerta sem o excluir, alterne o botão Active para Off. (Veja a Figura 13-20.)

» Se quiser receber um e-mail quando esses limites forem atingidos, selecione Send Me an Email.

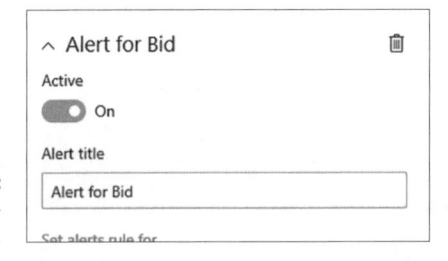

FIGURA 13-20: Gerenciando alertas.

LEMBRE-SE Somente o usuário que configura um alerta pode receber alertas, portanto, não suponha que todos em uma organização receberão notificações automaticamente. Além disso, por padrão, as notificações são enviadas por e-mail.

4
Ou DAX ou Desce!

NESTA PARTE...

Manipule conjuntos de dados com expressões de análise de dados (DAX) usando o Power BI.

Trabalhe com os principais componentes do DAX.

Aprofunde-se nas mais de 250 funções DAX para reduzir a complexidade associada à programação no Power BI.

Descubra como o DAX pode ajudá-lo a concluir atividades complexas de análise de dados.

Depure e otimize rapidamente seu código DAX usando ferramentas e técnicas baseadas em codificação.

> **NESTE CAPÍTULO**
>
> » Vendo os elementos críticos do DAX
>
> » Definindo os princípios básicos de sintaxe para o DAX
>
> » Buscando métodos alternativos para implantar dados com DAX no Power BI

Capítulo **14**

Toma Lá DAX Cá

Trabalhar com linguagens de programação às vezes assusta até mesmo o desenvolvedor mais experiente. E adivinha? Isso não é diferente com o Power BI. Em capítulos anteriores, nos quais código é necessário, eu o poupei ao máximo de se envolver em algumas equações (veja bem: *algumas*). Mas, agora, o pior está por vir.

Primeiro, por que é tão importante entender o funcionamento de uma linguagem de programação como o Data Analysis Expressions (DAX)? Bem, acontece que essa linguagem de expressão de fórmula é usada para análise de dados em muitos produtos da Microsoft, não apenas no Power BI — Excel's Analysis Service e seu Power Pivot são apenas dois exemplos, entre muitos. As fórmulas DAX integram funções, operadores e valores tradicionais para realizar cálculos avançados e consultas em conjuntos de dados, além de oferecer suporte a dados em tabelas e colunas de modelos de dados tabulares relacionados. Este capítulo aborda a estrutura conceitual do DAX. Nos dois capítulos seguintes, você tem a chance de se aprofundar um pouco mais no design e na manipulação da linguagem.

Descobrindo o DAX

Então, o que são Expressões de Análise de Dados (DAX)? O DAX é um tipo de linguagem de sintaxe que faz uso de fórmulas e expressões para manipular dados em ferramentas de análise como o Power BI. Funções, fórmulas, constantes e operadores são usados como parte do DAX para criar as expressões necessárias. Simplificando, o DAX é uma versão avançada do Microsoft Excel no sentido de que usa fórmulas com recursos sofisticados de manipulação de dados como parte de seu conjunto de ferramentas de business intelligence e modelagem de dados.

Em muitos dos capítulos deste livro, mostro como concluir tarefas sem ter que escrever uma única linha de código. Então por que o estou apresentando à programação? Tudo se resume a isto: todas as funções que não requerem codificação são executadas por ferramentas que foram programadas para completar tarefas definidas. Às vezes, no entanto, você precisa manipular tipos de dados, mas não pode fazê-lo com ações predefinidas configuradas pelas ferramentas no Power BI. O produto produzido usando alguns recursos de arrastar e clicar pode não ser aquilo de que precisa, seja um problema com sintaxe, seja com contexto, seja com função. É quando você introduz uma linguagem de sintaxe como DAX na mistura.

Espreitando sob o capô do DAX

Em essência, o DAX combina três conceitos fundamentais: sintaxe, contexto e funções. Quando combinadas, essas entradas criam os comandos específicos que produzem os resultados desejados, conforme descrito nesta lista:

» A **sintaxe** se refere aos componentes dentro da fórmula que você faz. É a linguagem usada na fórmula, como comando, sinal, operadores, coluna ou linha ou tabelas. Em outras palavras, a sintaxe é a estrutura da programação.

» O **contexto** se refere à linha de destino incorporada à fórmula para recuperação ou cálculo. Há dois tipos: contexto de linha e de filtro.

» As **funções** se referem aos comandos predefinidos e conhecidos em um sistema. São aqueles que são prontamente usados para manipular dados sem ter que criar amostras de codificação estendidas.

Estabelecendo a sintaxe

A primeira coisa que você precisa aprender sobre o DAX é a composição de uma fórmula. Na Figura 14-1, há uma fórmula de amostra para uma medida.

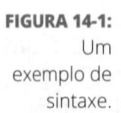

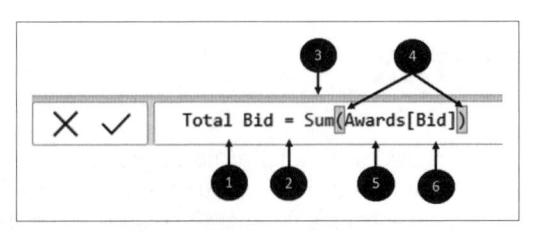

FIGURA 14-1: Um exemplo de sintaxe.

Numerei estes seis componentes essenciais da Figura 14-1:

1. **O nome da métrica [Measure] é** `Total Bid`.
2. **O operador de sinal de (=) indica o início da fórmula.**

   Depois que a fórmula é calculada, o resultado é retornado.
3. **A função DAX soma [`SUM`] é usada nessa fórmula, que adiciona todos os números na coluna** `Awards [BID]`.

   Você lerá muito sobre funções no Capítulo 15, então fique atento.
4. **Parênteses `()` quase sempre envolvem uma expressão contendo um ou mais argumentos.**

   Os argumentos lidam com a passagem de valores para funções.
5. **A tabela de referência é** `Awards`.
6. **A coluna de referência específica `[Bid]` está na tabela** `Awards`.

   Usando o argumento especificado, a função SUM agrega todos os dados para essa coluna específica.

Uma medida calculada retorna um valor de todas as propostas concedidas. A fórmula também inclui uma *função* — uma fórmula predefinida. As fórmulas facilitam a conclusão de cálculos complexos e a manipulação de grandes conjuntos de dados, especialmente quando vários números, datas, horas e textos estão envolvidos. Uma coluna se chama Bid. Agora, ela pertence à tabela de prêmios [Awards], mas incluir o nome da tabela junto com um nome de coluna — *qualificando totalmente* um nome de coluna, em outras palavras — é, no entanto, uma prática recomendada.

DICA

Quando um nome de tabela tiver espaços, palavras-chave reservadas ou palavras com caracteres não permitidos, certifique-se de usar aspas simples para incluir o nome da tabela. Certifique-se também de incluir qualquer tabela entre aspas se o nome dela tiver caracteres alfanuméricos não ANSI.

CUIDADO

Se ocorrer um erro de sintaxe na sua fórmula, na maioria das vezes, o Power BI lhe avisará exibindo uma mensagem de erro. Às vezes, no entanto, você pode cometer um erro tipográfico que o Power BI não sinaliza — o resultado produz algo bastante diferente do esperado. Como o editor DAX no Power BI Desktop inclui um editor de sugestões integrado, recomendo usá-lo para criar fórmulas corretas e aliviar suas preocupações.

Concebendo o contexto

Contexto é um conceito crítico no DAX porque ajuda a moldar os dados dinamicamente. Existem dois contextos com que se preocupar — linha e filtro:

» O **contexto de linha** é avaliado cada vez que uma expressão é repetida em uma tabela. Isso significa que, para cada linha individual, há um contexto diferente. O contexto de linha existe como uma coluna calculada ou uma função DAX. As funções de exemplo podem ser `SUMX`, `AVERAGEX` ou `FILTER`.

Suponha que uma coluna calculada tenha sido criada anteriormente. Nesse caso, você pode assumir que o contexto de linha consiste nos valores em cada linha individual. Isso significa, então, que os valores nas colunas estão relacionados a uma linha. A Figura 14-2 fornece um exemplo de contexto de linha.

» O contexto de filtro é a aplicação desses filtros durante a avaliação de métricas ou expressões. Um filtro pode ser aplicado diretamente a uma coluna, como em Awarded na tabela Opportunities. No caso da Figura 14-3, o filtro é aplicado apenas às oportunidades em processo. Embora haja potencial para ter várias barras no gráfico, apenas uma aparece, porque um slicer filtra todos os dados, exceto para a condição única em processo. Os filtros podem ser aplicados indiretamente quando as relações do modelo afetam outras tabelas com relações-chave estrangeiras também.

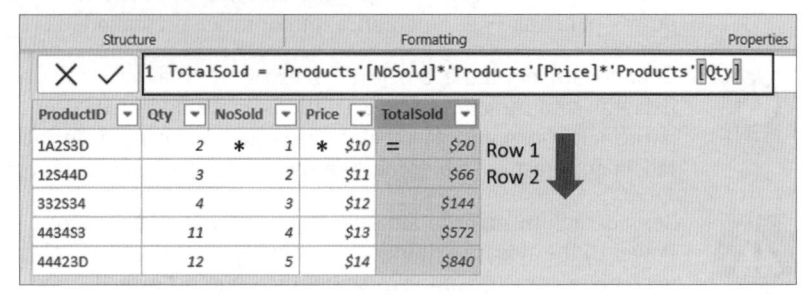

FIGURA 14-2: Um exemplo de contexto de linha.

ProductID	Qty	NoSold	Price	TotalSold
1A2S3D	2	1	$10	$20
12S44D	3	2	$11	$66
332S34	4	3	$12	$144
4434S3	11	4	$13	$572
44423D	12	5	$14	$840

1 TotalSold = 'Products'[NoSold]*'Products'[Price]*'Products'[Qty]

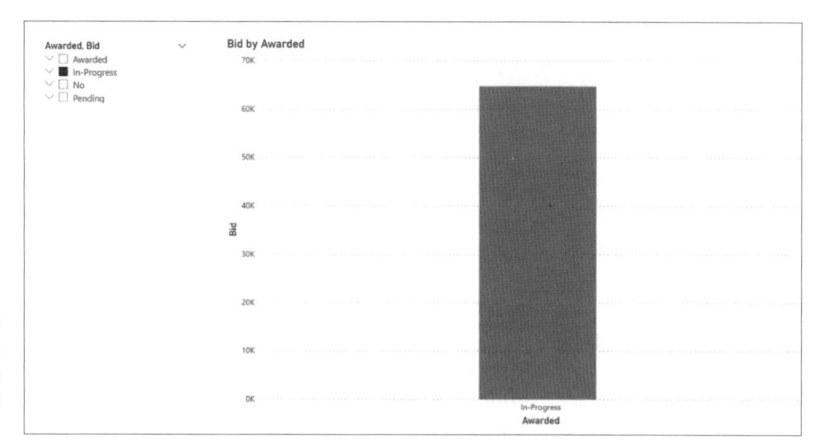

FIGURA 14-3: Um exemplo de contexto de filtro.

Formulando funções

Funções são as fórmulas predefinidas que realizam cálculos complexos. Ao combinar valores específicos, também conhecidos como argumentos, uma função produz uma saída em uma ordem específica. Os argumentos assumem a forma de outras funções, fórmulas, expressões, referências de colunas, constantes, números, texto e uma variedade de opções que não cabe aqui. (O Capítulo 15 passa muito mais tempo explicando os catorze tipos de funções.)

Trabalhando com cálculos

As fórmulas DAX são usadas em métricas, colunas, tabelas e segurança de nível de linha. Para criar novas métricas calculadas ou colunas calculadas, vá para a guia Data View, na guia principal, no Power BI. Após navegar até Data View, procure a área Calculations, na guia principal. Há quatro opções, conforme mostrado na Figura 14-4, e esta lista descreve o que você pode fazer escolhendo-as:

» **New Measure:** Escreva uma expressão DAX a partir dos dados.

» **Quick Measure:** Escolha entre uma lista de cálculos predefinidos no Power BI.

» **New Column:** Escreva uma expressão DAX que cria uma nova coluna na tabela selecionada e calcula os valores para cada linha.

» **New Table:** Crie uma expressão DAX para criar uma nova tabela.

FIGURA 14-4: Opções de cálculo.

As seções a seguir apresentam todas as quatro opções para que você entenda melhor como criar métricas, métricas rápidas, colunas calculadas e tabelas calculadas [measures, quick measures, calculated columns e calculated tables].

Measures

Métricas — também chamadas de *métricas calculadas* — ajudam-no a desenvolver insights sobre os dados, abordando questões típicas de análise. Exemplos de métricas incluem *sumarizações* (soma, média, mínimo, máximo e contagem). Elas estão vinculadas a campos. Cada vez que você faz uma alteração em um campo que inclui uma métrica, descobre que os cálculos mudam. É claro que essas alterações são (potencialmente) refletidas em relatórios e dashboards.

No Power BI Desktop, uma métrica é criada e exibida em Report View ou em Data View. Cada vez que você cria uma métrica, ela aparece no painel Fields com o ícone de calculadora. Quando você cria uma nova métrica, pode nomeá-la como quiser. Mais tarde, pode adicioná-la a uma visualização, como qualquer campo.

No exemplo mostrado na Figura 14-5, peguei os dados de Awards e criei uma taxa de desconto geral para todos os prêmios a uma taxa de 8%. Isso significa que a métrica calculada a ser criada é DiscountRate = SUM(Awards[BID])*.92. (A Figura 14-6 mostra que o calculado fica disponível como um novo campo, DiscountRate.)

FIGURA 14-5: Métrica calculada no editor DAX.

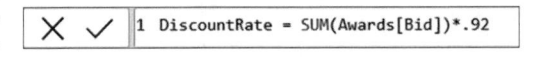

FIGURA 14-6: Métrica calculada adicionada ao painel Fields.

Quick measures

Para realizar cálculos típicos de forma rápida e fácil, considere as medidas rápidas [quick measures], porque reduzem uma quantidade significativa de entrada no teclado. Uma quick measure executa um conjunto de comandos DAX nos bastidores sem que você precise fazer nada de codificação. Selecione os parâmetros específicos na caixa de diálogo de interface gráfica do usuário. (Veja a Figura 14-7.) Ao terminar, os resultados são apresentados a você na forma de um relatório.

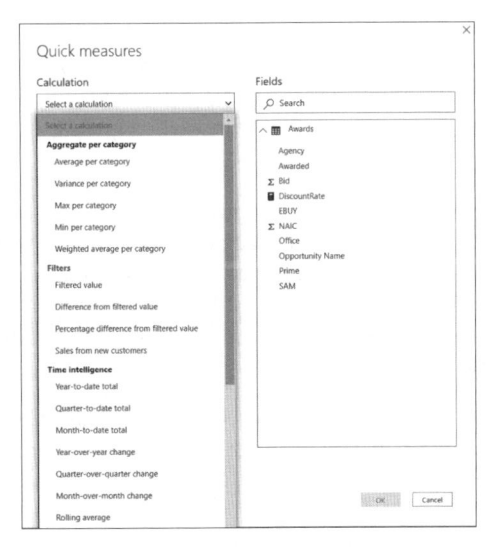

FIGURA 14-7: A caixa de diálogo Quick Measures.

Você cria uma quick measure de duas maneiras: selecione o botão Quick Measures, na barra de ferramentas Modeling; ou clique com o botão direito do mouse em qualquer um dos campos no painel Fields e escolha New Quick Measure no menu exibido, conforme mostrado na Figura 14-8.

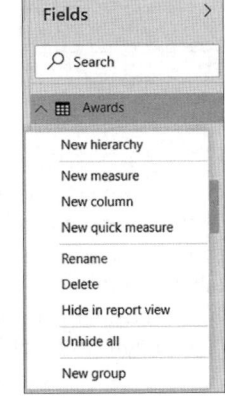

FIGURA 14-8: Acessando a opção New Quick Measure no painel Fields.

CAPÍTULO 14 **Toma Lá DAX Cá** 255

Calculated columns

Vamos supor que você já tenha um modelo. Às vezes, não é fácil simplesmente carregar novos dados em uma tabela e encerrar o dia. Por isso, considere as *colunas calculadas* um tipo de fórmula DAX que define os valores das colunas. Você pode usar esse recurso para adicionar novos dados a uma tabela no modelo existente. Em vez de carregar os dados usando uma fonte, você cria uma fórmula DAX para fazer o trabalho. As colunas calculadas são criadas usando o recurso New Column, disponível em Report View ou em Data View.

PAPO DE ESPECIALISTA

Não confunda colunas calculadas com colunas personalizadas. Embora as colunas personalizadas sejam criadas como parte do Power Query com o recurso Add Column no Query Editor, uma coluna calculada é criada em Report View ou em Data View com base nos dados que já foram carregados no modelo.

Ao criar uma coluna calculada, o produto resultante aparece no painel Fields. Ela tem um ícone mostrando que seus valores são o resultado de uma fórmula. Tal como acontece com as métricas, você pode nomeá-la como quiser. Depois que ela é adicionada à lista de campos encontrados no painel Fields, pode integrar o produto resultante em uma visualização de relatório, como faria com outros campos.

Na Figura 14-9, está uma nova coluna produzida em Report View. O ícone mostra que uma coluna calculada foi criada no painel Fields. O produto resultante é *Profit is 10% of the Bid Amount*, conforme a Figura 14-9.

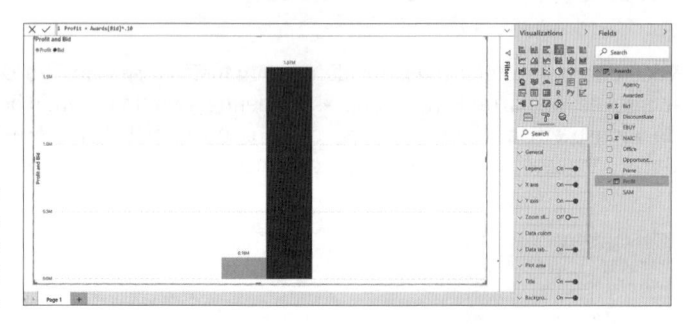

FIGURA 14-9:
Colunas calculadas em Report View.

Calculated tables

Ao usar o Power BI, é mais do que provável que você crie tabelas importando dados para o modelo de uma fonte externa. Há, no entanto, outra maneira de criar tabelas programaticamente — as tabelas calculadas. Dessa forma, você pode adicionar novas tabelas com base nos dados já carregados no modelo. A ideia aqui é criar uma fórmula DAX para definir os valores da tabela, em vez de consultar e carregar os valores em suas colunas a partir de uma fonte.

DICA
As tabelas calculadas funcionam melhor para cálculos e dados mais complexos armazenados como parte de um modelo do que para cálculos ad hoc. Na verdade, combinar tabelas com o uso de declarações como JOIN, UNION ou CROSS JOIN é um ótimo uso para tabelas calculadas, porque elas podem ter relações com outras.

As colunas de tabela calculadas incluem tipos de dados e formatação específica; também tendem a pertencer a uma categoria específica. Como ocorre com outros elementos do Power BI, você pode nomear uma coluna da maneira que achar melhor e adicioná-la a um relatório, assim como outros campos. Cada vez que os dados são alterados em uma tabela, os resultados são recalculados, supondo que tenha ocorrido uma atualização deles. A exceção é com o uso do DirectQuery. Nesse caso, as tabelas refletem as alterações somente depois que um conjunto é atualizado em sua totalidade. Se uma tabela precisar usar o DirectQuery, é melhor tê-la calculada na instância do DirectQuery para garantir a atualização dos dados.

Para criar uma tabela calculada, siga estas etapas:

1. Escolha Data View na barra no lado esquerdo da tela do Power BI.

2. Escolha New Table, em Calculations, em Home.

3. Na nova tela exibida, clique no botão New Calculations, que permite criar um cálculo baseado em DAX.

4. Digite a expressão DAX que deseja associar à tabela calculada no campo, como visto na Figura 14-10.

Ao inserir a expressão, você verá as tabelas calculadas pré-preenchidas na tela. Nesse caso, usei o conjunto de dados Awards para criar uma nova tabela calculada, Listing. A tabela fornece informações sobre três itens: agência, nome da oportunidade e valor do lance [agency, opportunity name e bid amount].

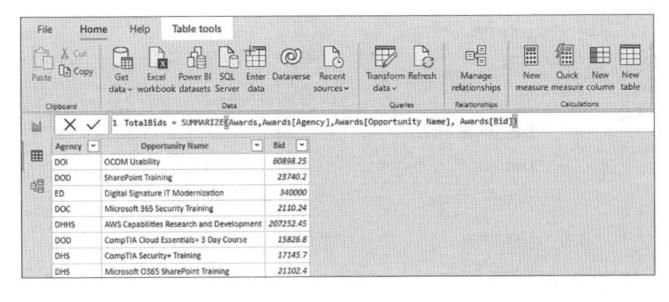

FIGURA 14-10:
Criando uma tabela calculada a partir de Data View.

5. Assim que estiver satisfeito com sua entrada DAX, pressione Enter.

A expressão agora está comprometida como uma nova tabela para as tabelas de conjunto de dados existentes.

Lidando com Tipos de Dados

O Power Query permite importar dados de uma variedade de fontes, e as expressões DAX oferecem a mesma flexibilidade. Com o DAX, cada fonte suporta vários tipos de dados, embora o intervalo seja limitado, em comparação com o Power Query. As Figuras 14-11 e 14-12 comparam as diferenças entre os tipos de dados no DAX e no Power Query. Com o DAX, quando você importa dados em um modelo, eles são transformados em um tipo de dado de modelo tabular.

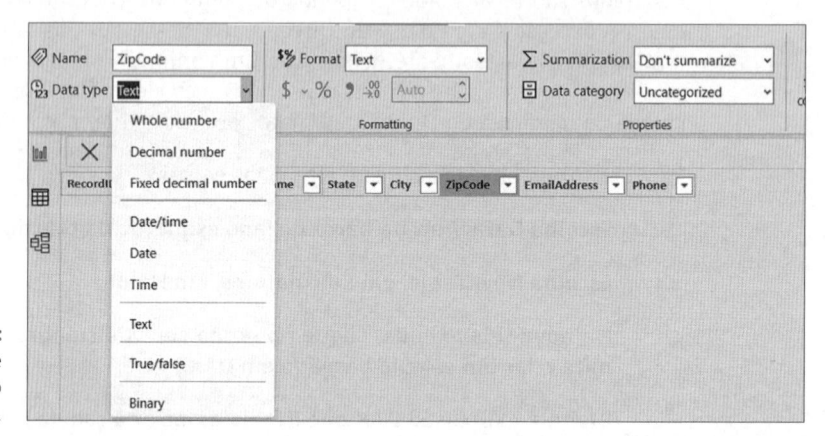

FIGURA 14-11: Tipos de dados do DAX.

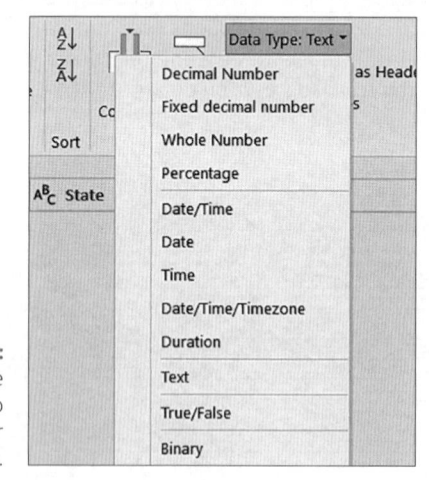

FIGURA 14-12: Tipos de dados do Power Query.

> **DICA** A Figura 14-11 mostra o menu DAX Data Type. Observe que os tipos de dados para o DAX são um pouco diferentes dos encontrados no Power Query. Veja a Figura 14-12.

Cada dado de modelo de tempo é usado como parte de um cálculo; os dados são transformados em um tipo de dados DAX, precisamente para a saída de um cálculo. Quando você cria uma fórmula DAX, os termos que usa determinam qual tipo de dado é retornado. A Tabela 14-1 ilustra os tipos de dados DAX.

TABELA 14-1 **Tipos de Dados DAX**

Tipos de Dados do Modelo	Tipos de Dados do DAX	Descrição
Número inteiro	Número inteiro de 64 bits (8 bytes)	Números sem casa decimal. Pode ser um número inteiro com um valor positivo ou negativo. O intervalo negativo começa em 9.223.372.036.854.775.808 (-2^63) a um positivo não superior a 9.223.372.036.854.775.807 (2^63-1).
Número decimal	Número real de 64 bits (8 bytes)	Números reais com uma ampla gama de parâmetros. Os valores negativos variam de -1,79E +308 a -2,23E -308. Os positivos, de 2,23E -308 a 1,79E + 308. O limite é de dezessete dígitos decimais.
Número decimal fixo	Número real de 64 bits (8 bytes)	Representativo dos valores monetários. A faixa de valores pode ser de -922.337.203.685.477.5808 a 922.337.203.685.477.5807. Quatro dígitos decimais podem ser usados para garantir a precisão.
Data/Hora	Data/Hora	Representação de data/hora. O intervalo começa depois de 1° de março de 1900, à 0h.
Data	Data	Apenas a data (sem a hora). Após a conversão, o valor da data é o mesmo que um valor de data/hora sem os dígitos para o posicionamento correto.
Hora	Hora	Apenas a hora (sem a data). Após a conversão, o valor da hora é o mesmo que um de data/hora sem os dígitos para o posicionamento à esquerda.
Texto	String	String de dados de caracteres unicode. Pode ser uma string alfanumérica representada em um formato de texto. O comprimento máximo da string é de 268,435,456.
Booleano	Verdadeiro/Falso	Um valor booleano que é TRUE ou FALSE (verdadeiro ou falso).
Binário	Binário	Usado para representar quaisquer outros dados com formato binário não incluído nesta lista.
Em branco	Em branco	Equivalente a um valor NULL em SQL. Pode usar a função BLANK. Para consultar, você pode usar ISBLANK.

LEMBRE-SE Ao importar dados usando o Power Query, os tipos de dados são definidos automaticamente. Você deve estar familiarizado com a forma como os tipos de dados se aplicam às fórmulas DAX. A razão mais comum para erros em uma fórmula ou em um conjunto de resultados é ter um tipo de dado impróprio. Um exemplo é o operador errado sendo usado com um tipo de dado em um argumento.

Operando com Operadores

Há quatro tipos de operadores para criar fórmulas no DAX. Eles são descritos na Tabela 14-2, com exemplos.

TABELA 14-2 Operadores Aritméticos

Operador	Descrição	Exemplo
+	Adição	4+2
−	Subtração	4−2
*	Multiplicação	4*2
/	Divisão	4/2
^	Exponencial	4^2

Os *operadores aritméticos* retornam valores numéricos com base nos cálculos aritméticos realizados. Os operadores aritméticos disponíveis no DAX encontram-se na Tabela 14-2.

Os *operadores de comparação* retornam um valor TRUE ou FALSE com base em valores de comparação. A Tabela 14-3 mostra os operadores de comparação do DAX.

TABELA 14-3 Operadores de Comparação

Operador	Descrição	Exemplo
=	Igual a	[State] = "CA"
==	Igual a (estritamente)	[Country] = "USA"
>	Maior que	[Close Date] > "June 2000"
<	Menor que	[Close Date] < "June 2000"
>=	Maior ou igual a	[Price] >= 500

Operador	Descrição	Exemplo
<=	Menor ou igual a	[Price]<= 100
<>	Diferente de	[County] <> "CANADA"

Um *operador lógico* retorna um único resultado ao combinar duas ou mais expressões. A Tabela 14-4 mostra os operadores lógicos do DAX.

TABELA 14-4   Operadores Lógicos

Operador	O que Cria	Exemplo
&&	Uma condição AND	([State] = "NJ") && ([Visitor] = "yes")
||	Uma condição OR	(([State] = "NY") || ([Visitor] = "yes"))
IN	Uma condição lógica OR ou BETWEEN	'Product'[Size] IN { "Square", "Box", "Circle" }

LEMBRE-SE Há uma diferença muito pequena entre os operadores OR e AND de comparação e os lógicos. Com os de comparação, você avalia números. Com os lógicos, texto.

O *operador de texto* retorna um valor baseado em operadores concatenados/que unem dois ou mais valores de string. A Tabela 14-5 mostra o único operador de texto do DAX.

TABELA 14-5   Operador de Texto

Operador	O que Faz	Exemplo
&	Conecta dois valores para criar uma string de texto	[City] & "," & [State]

Operadores de ordem

Os operadores de ordem, formalmente conhecidos como *precedência de operadores* no DAX, ajudam a gerenciar a ordem em que os cálculos são realizados, o que afeta o valor retornado. Assim, a precedência do operador no DAX segue a antiga regra matemática de PEMDAS (da esquerda para a direita: *p*arênteses, *e*xponentes, *m*ultiplicação e *d*ivisão, e *a*dição e *s*ubtração) na especificação de qual ordem de operadores é necessária para alcançar o resultado desejado.

Todas as expressões avaliam uma ordem de operação específica. Uma expressão sempre começa com um sinal de igual, que é destinado a indicar os caracteres que constituem a expressão. Após o sinal de igual, você encontra os elementos calculados, que são referidos como *operandos*. Cada operando é separado pelos operadores de cálculo. Embora as expressões sejam sempre lidas da esquerda para a direita, a ordem em que os elementos são agrupados pode ser totalmente manipulada se você usar parênteses. A Tabela 14-6 exibe a ordem do operador para uma equação DAX.

TABELA 14-6 Operadores de Ordem

Operador	Descrição
^	Exponencial
–	Sinal (negativo)
* e /	Multiplicação e divisão
!	NÃO (operador unário)
+ e –	Adição e subtração
&	Conexão de strings (concatenação)
=,==,<,>,<=,>=,<>	Comparação

PAPO DE ESPECIALISTA

Frequentemente, você combina vários operadores para uma fórmula. Se os operadores forem iguais em precedência, a ordem permanece da esquerda para a direita. Suponha que uma expressão contenha uma combinação de operadores de multiplicação ou divisão, bem como de adição e subtração. Nesse caso, o cálculo é avaliado com base na ordem em que eles aparecem, que é da esquerda para a direita.

Parênteses e ordem

No DAX, como na matemática da velha escola, um simples parêntese pode mudar o resultado de um cálculo. Vamos dar uma olhada nesta equação. Qual é a diferença entre estes dois itens?

= 2+2*3

= (2+2)*3

A primeira equação ordena os dados de forma diferente da segunda. Os parênteses alteram a ordem de cálculo da equação. Na primeira equação, 2*3 é calculado primeiro. Então você adiciona dois, o que resulta em 8. Por outro lado, os parênteses na segunda equação mudam a ordem de cálculo, porque 2+2 é igual a 4. Você então multiplica 4 vezes 3. O resultado é 12.

Você Vai Ouvir Minha Declaração

Há quatro tipos de declaração DAX: DEFINE, EVALUATE, ORDER BY e VAR. Ao tentar estabelecer uma fórmula ou função DAX, muitas vezes você precisa definir parâmetros específicos ou apresentar a expressão DAX de uma certa maneira, o que exige uma consulta altamente configurável. Você usa um desses tipos de declaração para estabelecer a expressão DAX. A Tabela 14-7 descreve os quatro tipos de declaração.

TABELA 14-7 **Declarações**

Tipo de Declaração	O que Faz
DEFINE	Define uma ou mais entidades que existem exclusivamente para a duração de uma entrada do DAX.
EVALUATE	Necessário para executar qualquer tipo de consulta no DAX.
ORDER BY	Usado, para uma ou mais expressões, para classificar resultados em uma consulta no DAX.
VAR	Armazena o resultado de uma expressão como uma variável nomeada e pode ser passado para praticamente qualquer argumento, incluindo outras expressões de métrica.

Garantindo a Compatibilidade

O DAX está enraizado no Microsoft Excel. Embora muitos dos recursos do mecanismo de computação de linha de base sejam os mesmos, você precisa estar ciente de algumas diferenças. É por isso que o DAX fornece uma gama mais rica de recursos avançados, incluindo suporte a armazenamento de dados relacionais e mais tipos de dados do que o Excel no Power BI Desktop.

Em qualquer caso, os tipos de dados às vezes precisam de um pouco de coerção para trabalhar corretamente juntos. Uma regra geral é que os dois operandos de qualquer operador nos lados esquerdo e direito devem ter tipos de dados correspondentes. É claro que, se houver diferenças, o DAX precisa converter o operador em um tipo de dado comum para aplicá--lo corretamente. Dois casos que exigem esse comportamento são quando ambos os operandos convertem para o maior tipo de dado possível e quando os operadores são potencialmente aplicados.

Suponha que tenha dois números para combinar. Um número é de uma fórmula como =[Cost] * .50, e o resultado tem decimais. O outro valor é um número inteiro que é apresentado como uma string.

Sob essas condições, o DAX converte ambos os números em valores numéricos reais. Os valores são convertidos em um formato numérico, usando o maior possível para armazenar ambos os tipos de números. A multiplicação é, então, aplicada. Existem, é claro, exceções: dependendo do tipo de dado, a coerção não é possível para operações de comparação.

> **NESTE CAPÍTULO**
>
> » **Conhecendo as funções no DAX**
>
> » **Criando fórmulas bem definidas usando funções DAX**
>
> » **Descobrindo quais funções resolvem cálculos complexos de dados ou suas necessidades de manipulação**

Capítulo **15**

Funcionando com DAX

No Capítulo 14, falo sobre como as funções fazem parte de uma fórmula nomeada dentro de uma expressão calculada. Como a pessoa que vem com a expressão calculada, você é o único que fornece a função com argumentos específicos — alguns necessários, alguns opcionais — que especificam o tipo de entrada fornecida. (Tais argumentos são muitas vezes referidos como parâmetros.) Cada vez que uma função é executada, um valor é produzido. Com o DAX, muitos tipos de função permitem realizar cálculos usando datas e horas, condicionais baseados em string de caracteres, pesquisas e pesquisas baseadas em relações. Claro, o DAX também tem funções padrão baseadas em cálculo. A função é um recurso proeminente no DAX — aprenda a usá-las bem e você aumentará sua produtividade imensamente. Neste capítulo, descrevo mais de duzentas funções entre as catorze categorias para ajudar a tornar suas expressões DAX mais eficientes.

Parâmetros e Nomenclatura

Como ocorre com qualquer linguagem de programação, o DAX tem uma convenção de nomenclatura que facilita seu uso, especialmente ao incorporar prefixos ao nome do parâmetro (na verdade, alguns parâmetros DAX admitem o prefixo exclusivamente para nomes). A Tabela 15-1 explora a estrutura da convenção de nomenclatura.

TABELA 15-1 Nomeação de Parâmetros

Parte	Nome e Descrição do Parâmetro
Expressão [Expression]	Uma expressão DAX retornando um único valor. A expressão pode ou não ser avaliada várias vezes, dependendo do contexto de linha.
Valor [Value]	Uma expressão DAX retornando um único valor. O valor associado à expressão é avaliado exatamente uma vez antes de outros operadores.
Tabela [Table]	Uma expressão DAX retornando dados da tabela.
Nome de tabela [tableName]	Qualquer tabela existente usando sintaxe DAX padrão, embora não possa ser uma expressão.
Nome de coluna [columnName]	Uma coluna existente usando sintaxe DAX padrão, em geral totalmente qualificada. Não pode ser uma expressão.
Nome [Name]	Uma constante de string de caracteres deve ser usada para fornecer o nome de um novo objeto.
Ordenar [Order]	Use *enumeração* — citando coisas uma a uma, em outras palavras — para encontrar a ordem de classificação.
Laços [Ties]	Use a enumeração para encontrar o manuseio do valor do laço.
Tipo [Type]	Use a enumeração para encontrar os tipos de dados PathItem (posição específica de uma string) e PathItemReverse (posição específica reversa de uma string).

Prefixando nomes de parâmetros

Cada vez que você qualificar um parâmetro, pode incluir um *prefixo* — um valor exclusivo para diferenciar um determinado parâmetro. Um exemplo é adicionar as iniciais de um estado na frente de um nome de parâmetro. Para qualificar um parâmetro com um prefixo, certifique-se de que o prefixo seja descritivo com base no argumento. Além disso, não deixe nenhuma ambiguidade lendo um parâmetro — por exemplo:

`Hide_ColumnName` faz referência a uma coluna usada para ocultar valores na função `DAX LOOKUPVALUE ()`.

`Seek_ColumnName` faz referência a uma coluna usada para mostrar um valor na função `DAX LOOKUPVALUE ()`.

> **DICA** Nomes de parâmetros às vezes podem ser omitidos. Você usaria apenas o prefixo, assumindo que ele é claro o suficiente para descrever o parâmetro. Seguir essa estratégia evita confusões mais tarde ao ler o código. Um exemplo seguindo essa abordagem é `DATE (Year_value, Month_value, Day_value)`.

Brincando com parâmetros

Para começar este capítulo, listo os diferentes tipos de funções disponíveis para você, bem como uma regra básica para nomear uma função usando parâmetros. Na Figura 15-1, há um exemplo de função com parâmetros totalmente qualificados.

FIGURA 15-1: Um exemplo de função.

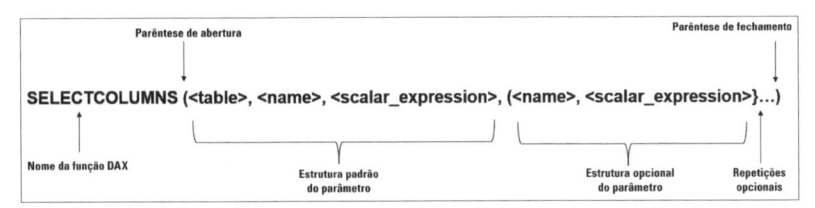

```
                    Parêntese de abertura                              Parêntese de fechamento
                           ↓                                                      ↓
    SELECTCOLUMNS (<table>, <name>, <scalar_expression>, (<name>, <scalar_expression>}...)
    └─────┬─────┘ └──────────────┬──────────────┘       └──────────────┬──────────────┘ └────┬────┘
    Nome da função DAX      Estrutura padrão                     Estrutura opcional        Repetições
                             do parâmetro                           do parâmetro            opcionais
```

Cada função DAX tem uma estrutura de parâmetros distinta. Na Figura 15-1, você notará que cada parâmetro para uma função DAX específica é incorporado como parte da tabela com uma descrição. Para o exemplo fornecido, a função DAX SELECTCOLUMNS tem os seguintes atributos:

» **Tabela [Table]:** A expressão retorna uma tabela.

» **Nome [Name]:** O nome dado a uma coluna; requer aspas duplas.

» **scalar_expression:** Retorna um valor escalar, um número inteiro ou string.

PAPO DE ESPECIALISTA

Uma convenção de nomenclatura rigorosa é essencial com funções DAX, especialmente quando se tratam de valores para parâmetros. Um nome de tabela é específico para um modelo de dados, assim como o da coluna. Ainda assim, há colchetes a envolvendo. Um exemplo é [Purchase Amount].

Usando Fórmulas e Funções

Se você já usou fórmulas no Excel, provavelmente está familiarizado com o DAX em algum grau. A estrutura e o design das fórmulas Excel e DAX são de natureza semelhante, com algumas exceções:

» **As funções DAX referenciam colunas e tabelas completas.** Para referenciar um valor específico em uma tabela ou coluna, é preciso incorporar um filtro.

» **O DAX tem uma variedade de funções que retornam uma tabela cheia de dados, em vez de apenas um valor.** Embora a tabela não esteja presente em um relatório, é usada para inserir outras funções.

» **O DAX inclui mais do que apenas funções numéricas.** Na verdade, há recursos que incluem inteligência de tempo e dados baseados em string de caracteres. Essas fórmulas permitem definir ou selecionar intervalos de dados e até mesmo realizar cálculos em um ou mais intervalos de dados.

» **O DAX viabiliza cálculos personalizados, mesmo para uma única linha de dados.** Você pode usar o DAX para uma linha ou uma série de linhas aplicando um parâmetro para executar cálculos assumindo um contexto conhecido.

Como o DAX é uma linguagem funcional, qualquer exemplo de código completo, incluindo uma fórmula, contém uma função. As fórmulas DAX podem ser uma combinação de declarações, funções e referências condicionais. Além disso, elas têm dois tipos: variações numéricas e não numéricas. Os dados numéricos incluem valores como números inteiros, decimais e valores baseados em moeda. O não numérico é composto de strings e objetos binários.

Como você pode ver na próxima seção, catorze categorias são compostas de mais de 250 funções baseadas em DAX.

PAPO DE ESPECIALISTA

Ao ler uma expressão DAX, certifique-se de avaliar da função mais interna para a mais externa. As expressões também seguem as regras do operador, o que torna a elaboração de uma fórmula DAX uma tarefa que exige precisão.

Funções agregadas

"Agregar" significa "combinar muitos itens (muitas vezes não relacionados) em um". É por isso que você não deve se surpreender que haja uma função para combinar em uma única forma. Funções agregadas cobrem valores baseados em escalares, como contagem, soma, média, mínimo e máximo. Você pode usá-los para todas as linhas em uma coluna ou tabela com base na expressão. A Tabela 15-2 inclui todas as funções disponíveis para esse tipo de função.

TABELA 15-2 Funções Agregadas

Função	O que Faz
APPROXIMATEDISTINCTCOUNT	Conta o número aproximado de valores distintos em uma coluna; usado apenas com uma tabela do Power BI DirectQuery.
AVERAGE	Faz a média de todos os números da coluna.
AVERAGEA	Recupera a média de todos os valores possíveis em dada coluna, incluindo o manuseio dos caracteres alfanuméricos.

Função	O que Faz
AVERAGEX	Calcula a média em um conjunto de expressões na tabela.
COUNT	Conta o número de linhas na tabela quando uma ou mais colunas especificadas tiverem um valor não em branco.
COUNTA	Conta o número de valores em uma única coluna.
COUNTAX	Conta o número de valores que resultam da avaliação de expressões por linha.
COUNTBLANK	Conta o número de entradas em branco em uma coluna.
COUNTROWS	Conta o número de linhas em uma única tabela.
COUNTX	Conta os valores que resultam da avaliação de uma expressão por linha para uma tabela.
DISTINCTCOUNT	Conta o número de valores de coluna distintos.
DISTINCTCOUNTNOBLANK	Conta o número de valores de coluna em branco distintos.
MAX	Retorna o maior valor de coluna ou o maior valor entre duas expressões escalares. O valor ignora valores lógicos; strings são comparadas em ordem alfabética.
MAXA	Revisa o maior valor em uma coluna, não ignorando valores lógicos e texto.
MAXX	Revisa o maior valor do conjunto de resultados para cada linha. As strings são comparadas em ordem alfabética.
MIN	Revisa o menor valor do conjunto de resultados em uma coluna ou o menor entre duas expressões escalares. O valor ignora valores lógicos. As strings são comparadas em ordem alfabética.
MINA	Revisa o menor valor em uma coluna. O valor não ignora valores lógicos ou texto.
MINX	Revisa o menor valor de um conjunto de resultados ao avaliar uma expressão para cada linha da tabela. As strings são comparadas em ordem alfabética.
PRODUCT	Revisa a devolução de um produto em dada coluna.
PRODUCTX	Revisa as devoluções de um produto para um valor de expressão em uma tabela.
SUM	Adiciona todos os números da coluna.
SUMX	Soma uma expressão usando critérios de avaliação para cada linha em uma tabela.

Funções de data e hora

As funções de data e hora são derivadas do tipo de dado `datetime`, que começa em 1º de março de 1900. Todas as funções disponíveis estão na Tabela 15-3.

TABELA 15-3 Funções de Data e Hora

Função	O que Faz
CALENDAR	Revisa uma tabela com uma coluna de todas as datas entre uma determinada `StartDate` e `EndDate`.
CALENDARAUTO	Revisa uma tabela com uma coluna de datas em que os valores do modelo são calculados automaticamente.
DATE	Revisa uma data específica no formato `datetime`.
DATEDIFF	Revisa o número de unidades, com base em um intervalo, entre um conjunto de datas de entrada.
DATEVALUE	Converte uma data em formato `text` para uma data específica em formato de data e hora.
DAY	Revisa um número de 1 a 31, que representa o dia do mês.
EDATE	Revisa a data considerada o número de meses antes ou depois da data de início fornecida.
EOMONTH	Revisa a data no formato de data e hora — precisamente, o último dia do mês antes ou depois, especificado pelo número de meses.
HOUR	Revisa a hora como um número de 0 a 23 (0h às 23h).
MINUTE	Revisa o número de minutos de 0 a 59.
MONTH	Revisa o mês de 1 (janeiro) a 12 (dezembro).
NOW	Revisa a data e a hora atuais no formato `datetime`.
QUARTER	Revisa o trimestre de 1 (janeiro–março) a 4 (outubro–dezembro).
SECOND	Revisa o número de segundos de 0 a 59.
TIME	Converte horas, minutos e segundos como um número em uma hora usando o formato `datetime`.
TIMEVALUE	Converte uma hora usando um formato `text` para uma hora usando um formato `datetime`.
TODAY	Retorna a data atual no formato `datetime`.
UTCNOW	Retorna a data e a hora atuais no formato de data e hora expressas em hora universal coordenada (UTC).

Função	O que Faz
UTCTODAY	Retorna a data atual em formato de data e hora expressa em hora universal coordenada (UTC).
WEEKDAY	Identifica o dia da semana como uma data. O intervalo pode ser 1-7 ou 0-6 com base no parâmetro ReturnType.
WEEKNUM	Identifica o número da semana no ano como um número.
YEAR	Representa o ano como um número inteiro de quatro dígitos.
YEARFRAC	Divide o ano como uma fração, representando o número de dias inteiros entre as datas de início e término.

Funções de filtro

A função de filtro suporta DAX retornando tipos de dados específicos, procurando valores e filtrando por opções de valor relacionadas. A filtragem usando as funções de pesquisa funciona como um banco de dados, porque suporta o uso de tabelas e relações. Quando estiver preocupado com o contexto, saiba que as funções de filtragem permitem manipulá-lo, criando cálculos dinâmicos. A Tabela 15-4 apresenta uma lista de todas as funções de filtro disponíveis no Power BI.

TABELA 15-4 Funções de Filtro

Função	O que Faz
ALL	Retorna todas as linhas. Todos os valores da coluna também podem ser retornados, assumindo que os filtros sejam ignorados mesmo quando aplicados.
ALLCROSSFILTERED	Limpa todos os filtros quando aplicada a uma tabela específica.
ALLEXCEPT	Retorna todas as linhas, exceto aquelas afetadas por um filtro de coluna específico.
ALLNOBLANKROW	Retorna todas as linhas, exceto linhas de tabela em branco ou todos os valores de coluna. Quaisquer filtros aplicados são ignorados.
ALLSELECTED	Retorna todas as linhas em uma tabela. Alternativamente, quando os filtros são ignorados, mas aplicados em uma consulta, todos os valores na coluna são aplicados. Os filtros permanecem intactos mesmo quando aplicados de fora.
CALCULATE	Avalia todas as expressões com base no contexto modificado por um ou mais filtros.
CALCULATETABLE	Avalia todas as expressões da tabela em um contexto modificado por filtros.

(continua)

(continuação)

Função	O que Faz
FILTER	Filtra todas as tabelas que são devolvidas.
KEEPFILTERS	Altera todas as instâncias da semântica de filtragem das funções CALCULATE e CALCULATETABLE.
LOOKUPVALUE	Recupera um valor de uma tabela.
REMOVEFILTERS	Limpa filtros com base em uma tabela ou conjunto de colunas especificado.
SELECTEDVALUE	Revisa os valores quando há apenas um valor em uma determinada coluna; caso contrário, resultados alternativos são apresentados.

Funções financeiras

Ao fazer cálculos financeiros, como taxa de retorno, juros acumulados ou taxa de depreciação, você usa uma função financeira. A Tabela 15-5 lista todas as que estão disponíveis no Power BI.

TABELA 15-5 Funções Financeiras

Função	O que Faz
ACCRINT	Retorna os juros acumulados de um título que paga juros periódicos.
ACCRINTM	Retorna os juros acumulados de um título que os paga no vencimento.
AMORDEGRC	A depreciação para cada período contábil. A função é específica para os sistemas de contabilidade franceses. Se os ativos forem adquiridos no meio de um ciclo contábil, a depreciação proporcional é aplicada a uma conta. A função é como AMORLINC. A exceção é que o coeficiente de depreciação é aplicável no cálculo da dependência da vida útil do ativo.
AMORLINC	A depreciação para cada período contábil. A função é específica para os sistemas de contabilidade franceses. A depreciação proporcional é aplicada à conta se os ativos forem adquiridos no meio de um ciclo contábil.
COUPDAYBS	Retorna o número de dias do começo do período do cupom até a liquidação.
COUPDAYS	O número de dias para o período de cupom que contém uma data de liquidação aplicável.
COUPDAYSNC	O número de dias desde o início da data de liquidação até a próxima data do cupom.

Função	O que Faz
COUPNCD	A próxima data de cupom após a data de liquidação atribuída.
COUPNUM	O número de cupons a pagar entre duas datas: a data de liquidação e a data de vencimento. As datas são arredondadas para o valor inteiro mais próximo.
COUPPCD	Retorna a data anterior do cupom antes da data de liquidação.
CUMIPMT	Os juros acumulados pagos sobre um instrumento de empréstimo desde o período inicial até ao período final.
CUMPRINC	O capital acumulado pago sobre um instrumento de empréstimo desde o período inicial até ao período final.
DB	A depreciação de um ativo por um período definido usando um método de saldo de declínio fixo.
DDB	A depreciação de um ativo por um período especificado usando o método de declínio duplo de saldo ou outro método conforme especificado.
DISC	A taxa de desconto de um título específico.
DOLLARDE	O preço em dólar expresso como uma parte inteira e uma parte de fração, como 9,25, um preço expresso como um número decimal. Os números fracionários em dólares às vezes são usados para preços de títulos.
DOLLARFR	O preço do dólar expresso como um número decimal combinando uma parte inteira e uma parte de fração, como 0,07. Ao contrário de DOLLARDE, o primeiro número no formato DOLLARFR pode ser 0 ou uma variação de uma fração, enquanto você nunca terá um número que não seja inteiro no DOLLARDE. O DOLLARFR aparece com menos frequência, mas pode ser usado para valores mobiliários.
DURATION	Retorna a duração Macauley de um valor par assumido de US$100. A duração é a média ponderada do valor dos fluxos de caixa. Essa medida determina os preços das obrigações em resposta à variação dos rendimentos.
EFECT	A taxa de juros anual efetiva com base na taxa nominal e nos períodos compostos por ano.
FV	O valor futuro pretendido de um investimento com base em sua taxa de juros constante. Qualquer combinação de taxas de juros: periódica, constante ou montante fixo único.
INTRATE	O retorno de um título totalmente investido.
IPMT	O pagamento de juros para um determinado período de um investimento com base em um pagamento periódico, constante e taxa de juros.

(continua)

(continuação)

Função	O que Faz
ISPMT	Os juros calculados pagos ou recebidos em dado período de um empréstimo ou investimento em que os pagamentos são distribuídos uniformemente.
MDURATION	Uma duração de Macauley modificada para segurança em que o valor nominal assumido é US$100.
NOMINAL	Os juros nominais anuais, dada a taxa de juros efetiva e o número de períodos compostos em um determinado ano.
NPER	O número de períodos para um determinado investimento, assumindo pagamentos periódicos, constantes e taxas de juros fixas ou variáveis.
ODDFPRICE	O preço por valor nominal de US$100 de dado título de primeiro período ímpar.
ODDFYIELD	O rendimento do título que tem um primeiro período ímpar.
ODDLPRICE	O preço por valor nominal de US$100 de dado título de último período ímpar.
ODDLYIELD	Um rendimento de segurança que tem um último período ímpar.
PDURATION	O número de períodos para um investimento atingir o valor desejado.
PMT	O pagamento principal de um empréstimo, parte fixa e taxa de juros.
PPMT	O pagamento principal de dado período para um investimento com base em um pagamento periódico, constante e uma taxa de juros constante.
PRICE	O preço por US$100 do valor nominal de pagamentos periódicos de juros.
PRICEDISC	O preço por US$100 do valor nominal de um título que foi descontado.
PRICEMAT	O preço por valor nominal de US$100 de um título que pode pagar juros no vencimento.
PV	O valor presente calculado de um empréstimo ou investimento com base em uma taxa de juros fixa.
RATE	A taxa de juros por período de uma anuidade.
RECEIVED	Um montante financeiro recebido no vencimento por um título totalmente investido.
RRI	O equivalente de taxa de juros para um investimento e sua trajetória de crescimento.
SLN	O valor de depreciação linear de um ativo para um único período.

Função	O que Faz
SYD	A soma dos dígitos dos anos do valor de depreciação para um ativo dado um período definido.
TBILLEQ	O equivalente em títulos de uma nota do Tesouro.
TBILLPRICE	O preço por US$100 de valor nominal de uma nota do Tesouro.
TBILLYIELD	O rendimento da conta do Tesouro.
VDB	A depreciação de um ativo para praticamente qualquer período definido. VDB também é conhecido como *d*eclining *v*ariable *b*alance.
XIRR	A taxa interna de retorno para um cronograma de fluxo de caixa que pode não ser consistente ou periódico.
XNPV	O valor presente líquido para um cronograma de fluxo de caixa.
YIELD	O rendimento de dado título que paga juros periódicos. Use YIELD para calcular os juros de rendimento dos passivos.
YIELDDISC	O rendimento anual de dado título com um desconto.
YIELDMAT	O rendimento anual de dado título que paga juros no vencimento.

Funções de informação

Se estiver procurando uma função que avalie uma célula ou linha com um argumento, as funções de informação demonstram se o valor corresponde ao tipo esperado. A Tabela 15-6 exibe todas elas.

TABELA 15-6 Funções de Informação

Função	O que Faz
COLUMNSTATISTICS	Exibe estatísticas relativas a cada coluna em cada tabela ao longo de um modelo de dados.
CONTAINS	Exibe TRUE se existir pelo menos uma linha em que as colunas contêm um valor especificado.
CONTAINSROW	Exibe TRUE se existir pelo menos uma linha em que todas as colunas tenham um valor especificado.
CONTAINSSTRING	Exibe TRUE se uma string de texto estiver replicada. Não é sensível a maiúsculas e minúsculas, mas o é a acentos.
CONTAINSSTRINGEXACT	Exibe TRUE se uma string de texto contiver outra. Diferencia maiúsculas de minúsculas e acentos.

(continua)

(continuação)

Função	O que Faz
CUSTOMDATA	Exibe o valor de uma propriedade CUSTOMDATA de string de conexão, assumindo que ela está definida. Caso contrário, é deixado em branco ().
HASONEFILTER	Exibe TRUE quando uma tabela ou coluna especificada tem apenas um valor de filtro direto.
HASONEVALUE	Exibe TRUE quando uma determinada coluna contém apenas um único valor.
ISAFTER	Exibe TRUE se uma lista de parâmetros Value1 for igual à de parâmetros Value2.
ISBLANK	Exibe se um valor está em branco. Caso contrário, o valor retornado é TRUE ou FALSE.
ISCROSSFILTERED	Exibe TRUE se uma tabela ou coluna específica for filtrada de forma cruzada.
ISEMPTY	Exibe TRUE se a tabela específica estiver vazia ou as expressões associativas estiverem vazias.
ISERROR	Avalia se um valor é considerado um erro. Retorna um valor de TRUE ou FALSE.
ISEVEN	Exibe TRUE, assumindo que um número é par, ou FALSE, se ímpar.
ISFILTERED	Exibe TRUE se uma coluna específica tiver filtros diretos.
ISINSCOPE	Exibe TRUE se colunas específicas tiverem níveis em uma hierarquia de níveis associativos.
ISLOGICAL	Avalia se um valor é lógico com base nas condições definidas. O valor retornado é TRUE ou FALSE.
ISNONTEXT	Avalia se um valor *não* é considerado texto. (Células em branco não são consideradas texto.) Retorna TRUE ou FALSE.
ISNUMBER	Avalia se um valor é um número. Retorna TRUE ou FALSE.
ISODD	Avalia se um número é ímpar. Retorna TRUE se ímpar ou FALSE se par.

Função	O que Faz
ISONORAFTER	Uma função booleana; considera o comportamento da cláusula START AT e retorna TRUE para uma linha que atende a todas as condições mencionadas em um determinado parâmetro.
ISSELECTEDMEASURE	Avalia se uma condição é TRUE com base em uma métrica especificada que esteja sendo avaliada.
ISSUBTOTAL	Exibe TRUE quando a linha atual contém o subtotal para uma determinada coluna.
ISTEXT	Avalia se um valor é texto; retorna TRUE ou FALSE.
SELECTEDMEASURE	Exibe a métrica em avaliação.
SELECTEDMEASUREFORMATSTRING	Exibe uma string de formato para dada métrica em avaliação.
SELECTEDMEASURENAME	Exibe o nome de uma métrica que esteja sendo avaliada.
USERCULTURE	Exibe as configurações específicas do sistema de um determinado usuário, o que inclui suas configurações do sistema operacional e/ou do navegador.
USERNAME	Exibe o nome de domínio e as credenciais de usuário para uma conexão de usuário atual, seguindo uma convenção de formatação de nome de domínio/nome de usuário.
USEROBJECTID	Exibe um ID de objeto do usuário atual ou ID exclusivo, que é disponibilizado pelo Azure Active Directory. Isso é possível quando o Azure Analysis Server e um identificador de segurança do usuário (SID) são qualificados com o Power BI.
USERPRINCIPALNAME	Exibe o nome do usuário principal.

Funções lógicas

Suponha que precise responder a uma expressão com base nas informações retornadas sobre os valores. Nesse caso, as funções lógicas são uma escolha adequada. Alguns exemplos são IS, AND, OR e NOT. TRUE e FALSE também são operadores lógicos, que são descritos na Tabela 15-7.

TABELA 15-7 Funções Lógicas

Função	O que Faz
AND	Avalia se todos os argumentos são verdadeiros; se for esse o caso, TRUE é retornado como resposta.
COALESCE	Exibe o primeiro argumento que não avalia um valor em branco. Se todos os argumentos estiverem em branco, BLANK é a resposta final.
FALSE	Exibe a resposta lógica, FALSE.
IF	Avalia se uma condição é atendida. Se puder ser atendida, a resposta é TRUE; caso contrário, é FALSE.
IF.EAGER	Avalia se uma condição é atendida com base em diferentes condições de IF onde TRUE ou FALSE estão presentes. Se o valor for TRUE e outro, FALSE, pode-se usar a função para estruturar a condição para otimização.
IFERROR	Exibe o valor IF_ERROR quando a primeira expressão é um erro e seu valor, de outra forma, pode ou não ser preciso.
NOT	Avalia quando uma condição converte de TRUE para FALSE ou de FALSE para TRUE.
OR	Exibe TRUE se qualquer condição puder ser atendida; caso contrário, exibe FALSE se nenhum dos argumentos puder ser atendido.
SWITCH	Exibe um conjunto de resultados diferente dependendo do valor de uma expressão.
TRUE	Exibe o valor lógico TRUE.

Funções matemáticas e trigonométricas

Funções baseadas em matemática em DAX executam a gama de todas as operações matemáticas padrão, incluindo equações trigonométricas. Essa categoria tem mais de trinta opções, como mostrado na Tabela 15-8.

TABELA 15-8 Funções Matemáticas e Trigonométricas

Função	O que Faz
ABS	Exibe o valor absoluto de um número.
ACOS	Exibe o arco cosseno/cosseno inverso de um número.
ACOSH	Exibe o cosseno hiperbólico inverso de um número. O número exibido deve ser maior ou igual a 1.
ACOT	Exibe o valor principal da cotangente inversa/arco tangente de um número.

Função	O que Faz
ACOTH	Exibe a cotangente hiperbólica inversa de um número.
ASIN	Exibe o arco seno, ou seno inverso, de um número.
ASINH	Exibe o seno hiperbólico inverso de um número.
ATAN	Exibe o arco tangente, ou tangente inversa, de um número.
ATANH	Exibe a tangente hiperbólica inversa de um número. O número avaliado deve estar entre –1 e 1, mas não pode ser o valor real de –1 ou 1 em si.
CEILING	Exibe um valor que representa o número inteiro ou métrica de significância mais próxima.
CONVERT	Converte uma expressão para um tipo de dado específico.
COS	Exibe o cosseno do ângulo específico.
COSH	Exibe o cosseno hiperbólico de determinado número.
COT	Exibe a cotangente de um ângulo com base em radianos.
COTH	Exibe a cotangente hiperbólica de um único ângulo hiperbólico.
CURRENCY	Exibe um valor como um tipo de dados de moeda.
DEGREES	Converte radianos em graus.
DIVIDE	Aplica a função de divisão segura para lidar com casos divididos por zero.
EVEN	Exibe um número arredondado para o inteiro par mais próximo.
EXP	Exibe *e* elevado à potência de um determinado número.
FACT	Exibe o fatorial de um número.
FLOOR	Suporta o arredondamento do número para baixo, em direção a 0, para o múltiplo de significância mais próximo.
GCD	Exibe o valor divisível comum mais significativo entre dois números inteiros.
INT	Suporta o arredondamento para baixo de números para o número inteiro mais próximo.
ISOCEILING	Suporta o arredondamento de números para o inteiro mais próximo ou para o múltiplo de significância mais próximo.
LCM	Exibe o menor múltiplo comum de números inteiros.
LN	Exibe o logaritmo natural de um número.
LOG	Exibe o logaritmo de um número para a base especificada.
LOG10	Exibe o logaritmo de base 10 de um número.

(continua)

(continuação)

Função	O que Faz
MOD	Exibe o restante de um número por um valor divisível.
MROUND	Exibe um número arredondado para o múltiplo desejado.
ODD	Arredonda um número até o número inteiro mais próximo.
PI	Exibe o valor de π, até 15 dígitos.
POWER	Exibe o resultado de um número elevado a uma potência.
QUOTIENT	Exibe a parte inteira de uma divisão.
RADIANS	Converte graus em radianos.
RAND	Exibe um número aleatório maior ou igual a 0. O valor também deve ser menor que 1. O valor é distribuído uniformemente. Os valores mudam em um novo cálculo.
RANDBETWEEN	Exibe um número aleatório entre dois números especificados.
ROUND	Exibe um número que é arredondado para um número específico de dígitos.
ROUNDDOWN	Exibe um número que é sempre arredondado para baixo em direção a 0.
ROUNDUP	Arredonda sempre um número, longe de 0.
SIGN	Exibe o sinal de um número: se o número for positivo, ele exibe 1; se o número for 0, ele exibe 0; se o número for negativo, ele exibe –1.
SIN	Exibe o seno do ângulo fornecido.
SINH	Exibe o seno hiperbólico de um número.
SQRT	Exibe a raiz quadrada de um número.
SQRTPI	Exibe a raiz quadrada de (número * π).
TAN	Exibe a tangente do ângulo fornecido.
TANH	Exibe a tangente hiperbólica de um número.
TRUNC	Exibe um número truncado, que é apresentado como um número inteiro, removendo a parte decimal ou fracionária dele.

Outras funções

Algumas funções não se encaixam em nenhuma categoria específica — ERROR e BLANK, por exemplo. A Tabela 15-9 exibe todas essas funções.

TABELA 15-9 Outras Funções

Função	O que Faz
BLANK	Exibe um valor em branco.
EARLIER	Exibe o valor na coluna antes do número especificado de varreduras de tabela; o padrão é 1.
EARLIEST	Exibe o valor na coluna para a primeira instância em que o contexto de linha existe.
ERROR	Exibe um erro especificado pelo usuário.
HASH	Exibe um hash de computação sobre um número variável com base em expressões de entrada, o que retorna uma expressão.
KEYWORDMATCH	Exibe uma condição TRUE se houver uma correspondência entre a expressão de correspondência e o texto.

Funções pai-filho

As funções pai-filho são opções a considerar ao lidar com conjuntos de tabelas hierárquicas e manipular datas com uma função. A Tabela 15-10 apresenta todas elas.

TABELA 15-10 Funções Pai-filho

Função	O que Faz
PATH	Exibe uma string contendo uma lista delimitada de IDs. PATH começa com o topo/raiz de uma hierarquia. Termina com um ID especificado.
PATHCONTAINS	Exibe TRUE se o item dado estiver contido em um caminho especificado.
PATHITEM	Exibe o *enésimo* item na lista delimitada usando a função PATHITEM.
PATHITEMREVERSE	Exibe o *enésimo* item na lista delimitada, que é produzido pela função PATH. O caminho é calculado de trás para frente.
PATHLENGTH	Exibe o número de itens em dada string de caracteres de caminho.

Funções de relação

As funções de relação são apropriadas se o objetivo de negócios for gerenciar relações entre tabelas. Muitas vezes, elas envolvem a integração entre uma ou mais tabelas. A Tabela 15-11 descreve as funções de relação.

TABELA 15-11 Funções de Relação

Função	O que Faz
CROSSFILTER	Exibe a direção de filtragem cruzada a ser usada em um cálculo para expor a relação entre duas colunas.
RELATED	Exibe um valor correspondente de outra tabela.
RELATEDTABLE	Exibe uma tabela correspondente que é filtrada para que inclua apenas linhas relacionadas.
USERELATIONSHIP	Exibe a relação específica a ser usada em um cálculo, como a que pode existir entre dois nomes de coluna.

Funções estatísticas

Ao lidar com dados estatísticos e complicações matemáticas mais complexas que não podem ser concluídas usando outras bibliotecas numéricas, você descobrirá que as funções estatísticas são bastante valiosas. Como mostrado na Tabela 15-12, alguns exemplos são distribuições, dados de probabilidade e desvios-padrão.

TABELA 15-12 Funções Estatísticas

Função	O que Faz
BETA.DIST	Exibe a distribuição beta.
BETA.INV	Exibe o inverso da função de densidade de probabilidade cumulativa beta (BETA.DIST).
CHISQ.DIST	Exibe a distribuição qui-quadrado.
CHISQ.DIST.RT	Exibe a probabilidade caudal direita de uma distribuição qui-quadrado.
CHISQ.INV	Exibe o inverso da probabilidade de cauda esquerda de uma distribuição qui-quadrado.
CHISQ.INV.RT	Exibe o inverso da probabilidade de cauda direita de uma distribuição qui-quadrado.
COMBIN	Exibe várias combinações para dado número de itens. Use COMBIN para definir o número total possível do grupo para dado número de itens.
COMBINA	Exibe o número de combinações para dado número de itens repetidamente.
CONFIDENCE.NORM	O uso da distribuição normal exibe o intervalo de confiança para uma média populacional.

Função	O que Faz
CONFIDENCE.T	Usando uma distribuição t de Student, CONFIDENCE.T exibe o intervalo de confiança para uma média populacional.
EXPON.DIST	Exibe a distribuição exponencial.
GEOMEAN	Exibe a média geométrica para uma referência de coluna.
GEOMEANX	Exibe a média geométrica de um valor de expressão em uma tabela.
MEDIAN	Exibe o percentil 50 para um valor de coluna.
MEDIANX	Exibe o percentil 50 para uma expressão de tabela.
NORM.DIST	Exibe a distribuição normal para uma média e desvio padrão específicos.
NORM.INV	Retorna o inverso da distribuição normal cumulativa para uma determinada média e desvio padrão.
NORM.S.DIST	Exibe a distribuição normal padrão.
NORM.S.INV	Exibe o inverso da distribuição cumulativa normal padrão. A distribuição tem uma média de 0 e um desvio padrão de 1.
PERCENTILE.EXC	Exibe o *k-ésimo* percentil (exclusivo) de um valor para uma coluna.
PERCENTILE.INC	Exibe o *k-ésimo* (inclusivo) percentil de um valor para uma coluna.
PERCENTILEX.EXC	Exibe o *k-ésimo* percentil (exclusivo) de um valor para uma tabela.
PERCENTILEX.INC	Exibe o *k-ésimo* (inclusivo) percentil de um valor para uma tabela.
PERMUT	Exibe o número de permutações para vários objetos que podem ser selecionados a partir de vários objetos.
POISSON.DIST	Exibe a distribuição Poisson.
RANK.EQ	Exibe o número de classificação em uma coluna de números. Se um valor tiver a mesma classificação, é exibida a superior do conjunto.
RANKX	Exibe a classificação de uma única expressão avaliada em seu contexto atual. A classificação é baseada em uma lista de valores para a avaliação de expressão para cada linha em uma tabela.
SAMPLE	Exibe um subconjunto de uma determinada expressão de tabela.
STDEV.P	Calcula o desvio-padrão com base em uma população inteira usando argumentos enquanto ignora valores lógicos e texto.
STDEV.S	Estima o desvio-padrão usando uma amostra enquanto ignora valores lógicos e texto na amostragem.
STDEVX.P	Estima o desvio-padrão para uma população inteira usando resultados ao avaliar uma expressão para cada linha da tabela.

(continua)

(continuação)

Função	O que Faz
STDEVX.S	Estima o desvio-padrão para uma amostra usando resultados ao avaliar uma expressão para cada linha da tabela.
T.DIST	Exibe a distribuição *t* de Student cauda esquerda.
T.DIST.2T	Exibe a distribuição *t* de Student bicaudal.
T.DIST.RT	Exibe a distribuição *t* de Student cauda direita.
T.INV	Exibe o inverso de cauda esquerda da distribuição *t* de Student.
T.INV.2T	Exibe o inverso bicaudal da distribuição *t* de Student.
VAR.P	Calcula a variância com base em toda a população, ignorando valores lógicos e texto em uma população.
VAR.S	Estima a variância com base em uma amostra, ignorando valores lógicos e texto em uma amostra.
VARX.P	Estima a variância com base em uma população inteira, resultante da avaliação de uma expressão para cada linha em uma tabela.
VARX.S	Estima a variância com base em uma amostragem que avalia uma expressão para cada linha em uma tabela.

Funções de manipulação de tabela

Pense nas funções de manipulação de tabelas como outra maneira de manipular os dados da tabela usando o DAX sem ter que lidar com o modelo. De instruções de JOIN a GROUPBY, há muitas funções semelhantes aqui que são comuns em soluções de banco de dados relacionais corporativos, como o SQL Server do Azure, para manipular dados de tabela, como mostrado na Tabela 15-13.

TABELA 15-13 Funções de Manipulação de Tabela

Função	O que Faz
ADDCOLUMNS	Exibe uma tabela com novas colunas aplicando expressões DAX.
ADDMISSINGITEMS	Adiciona novamente em linhas com valores de métrica vazios.
CROSSJOIN	Exibe uma tabela que é uma associação cruzada de duas tabelas.
CURRENTGROUP	Oferece ao usuário acesso à (sub)tabela que representa o grupo atual usando a função GROUPBY.

Função	O que Faz
DATATABLE	Exibe uma tabela com dados definidos em linha.
DETAILROWS	Exibe dados de tabela que correspondem à expressão DetailRows definida com base em métricas específicas.
DISTINCT	Exibe uma tabela de uma coluna assumindo que uma coluna contém um valor exclusivo.
EXCEPT	Exibe as linhas de uma tabela do lado esquerdo. As linhas não aparecem em uma tabela do lado direito.
FILTERS	Exibe uma tabela com base em um valor de filtro aplicado diretamente à coluna especificada.
GENERATE	Exibe a associação cruzada da primeira tabela com os resultados se os dados estiverem disponíveis. Sendo uma segunda expressão de tabela, a condição é avaliada para cada linha na primeira.
GENERATEALL	Exibe a associação cruzada da primeira tabela com os resultados, incluindo linhas quando a segunda expressão da tabela estiver vazia. Sendo uma segunda expressão de tabela, a condição é avaliada para cada linha na primeira.
GENERATESERIES	Exibe uma tabela com uma única coluna preenchida. Os valores da tabela são sequenciais do início ao fim.
GROUPBY	A condição configura um resumo pelo qual a tabela de entrada agrupa os dados por uma coluna específica.
IGNORE	Permite uma expressão de métrica especificada em uma chamada para a função SUMMARIZECOLUMNS para uma tag, que determina linhas não em branco.
INTERSECT	Exibe as linhas dos dados da tabela do lado esquerdo que aparecem na tabela do lado direito.
NATURALINNERJOIN	Permite uma associação na tabela esquerda com a direita usando a semântica de associação interna.
NATURALLEFT OUTERJOIN	Permite uma associação na tabela esquerda com a direita usando a semântica de associação externa esquerda.
NONVISUAL	Marca um filtro como NonVisual.
ROLLUP	Localiza o subconjunto de colunas dado na chamada para a função SUMMARIZE, porque são calculadas como grupos de subtotais.
ROLLUPADDISSUBTOTAL	Localiza um subconjunto de colunas dado na chamada para a função SUMMARIZECOLUMNS, porque são calculadas como grupos de subtotais.

(continua)

(continuação)

Função	O que Faz
ROLLUPGROUP	Localiza um subconjunto de colunas dado na chamada para a função SUMMARIZE, porque são calculadas como grupos de subtotais.
ROLLUPISSUBTOTAL	Localiza um subconjunto de colunas dado para a função SUMMARIZECOLUMNS que pode ser usado em suporte ao cálculo de subtotais de grupo.
ROW	Exibe uma tabela de linha única com novas colunas especificadas pelas expressões DAX.
SELECTCOLUMNS	Exibe uma tabela com colunas selecionadas e novas colunas, que podem ser especificadas pelas expressões DAX.
SUBSTITUTEWITHINDEX	Exibe uma tabela em pé para uma semiassociação de duas tabelas fornecidas. O conjunto padrão de colunas é substituído por uma coluna de índice baseada em 0. Uma coluna de índice é baseada em linhas dentro da segunda classificação de tabela com base na ordem das expressões.
SUMMARIZE	Exibe um resumo da tabela de entrada, agrupada por colunas específicas.
SUMMARIZECOLUMNS	Exibe uma tabela de resumo para os totais solicitados em um conjunto de grupos.
TOPN	Exibe um número definido de linhas superiores de acordo com uma expressão especificada.
TOPNSKIP	Exibe a eficiência das linhas ignorando as desnecessárias. Em relação a TOPN, é menos flexível, mas tem melhor desempenho.
TREATAS	Suporta colunas onde a tabela de entrada é tratada como colunas de outras tabelas. No nível da coluna, você pode filtrar os valores não presentes na respectiva coluna de saída.
UNION	Exibe a união de tabelas cujas colunas correspondem.
VALUES	Exibe uma tabela de coluna única de valores exclusivos quando o nome de coluna está presente. Supondo que o nome de tabela seja fornecido, ela é exibida com suas mesmas colunas e linhas. Duplicatas com linhas em branco adicionais podem estar presentes.

Funções de texto

Como o conjunto de funções de texto na biblioteca de funções de string de caracteres do Excel, as funções de texto DAX lhe permitem trabalhar com tabelas e colunas em um modelo tabular. A Tabela 15-14 incorpora todas elas.

TABELA 15-14 Funções de Texto

Função	O que Faz
COMBINEVALUES	Exibe um valor combinado com base em um conjunto de operandos usando um delimitador específico.
CONCATENATE	Junta duas strings de texto como uma única.
CONCATENATEX	Avalia uma expressão para cada linha em uma tabela. O resultado exibe a concatenação de valores em um único resultado de string, separados por um delimitador específico.
EXACT	Determina se duas strings de texto são idênticas e exibem TRUE ou FALSE. EXACT é um termo sensível a maiúsculas e minúsculas.
FIND	Exibe a posição inicial de uma string de texto com outra. FIND é sensível a maiúsculas e minúsculas.
FIXED	Arredonda um número para um número específico de casas decimais. Exibe o resultado como texto usando vírgulas opcionais, quando apropriado.
FORMAT	Transforma um valor para texto aplicando um formato numérico específico.
LEFT	Exibe um número dado de caracteres desde o início de uma string de texto.
LEN	Exibe o número de caracteres na string de texto.
LOWER	Converte todos os caracteres de uma string de texto em minúsculos.
MID	Exibe uma string de caracteres do meio da string de texto, com base na posição inicial e no comprimento dela.
REPLACE	Exibe parte de uma string de texto com outra completamente diferente.
REPT	Repete o texto várias vezes.
RIGHT	Exibe um número dado de caracteres a partir do final de uma string de texto.
SEARCH	Exibe a posição inicial de uma única string de texto dentro de outra.

(continua)

(continuação)

Função	O que Faz
SUBSTITUTE	Substitui o texto existente por um novo dentro de uma string de texto.
TRIM	Remove todos os espaços de uma string de texto, exceto um único entre palavras ou frases.
UNICHAR	Exibe caracteres Unicode referenciados por dado valor numérico.
UNICODE	Exibe o número correspondente ao primeiro caractere dentro da string.
UPPER	Converte todos os caracteres de uma string de texto em maiúsculos.
VALUE	Permite a conversão de texto numérico para um número real.

Funções de inteligência de tempo

As funções de inteligência de tempo permitem manipular dados com base em períodos de tempo. Os intervalos incluem dias, meses, trimestres e anos. A Tabela 15-15 lista todas as funções relevantes desse tipo.

TABELA 15-15 Funções de Inteligência de Tempo

Função	O que Faz
CLOSINGBALANCEMONTH	Avalia uma expressão específica para a data correspondente ao final do mês atual e após a aplicação de filtros específicos.
CLOSINGBALANCEQUARTER	Avalia uma expressão específica para a data correspondente ao final do trimestre atual e após a aplicação de filtros específicos.
CLOSINGBALANCEYEAR	Avalia uma expressão específica para a data correspondente ao final do ano atual e após a aplicação de filtros específicos.
DATEADD	Move uma ou mais datas por um intervalo específico.
DATESBETWEEN	Exibe as datas entre duas datas fornecidas.
DATESINPERIOD	Exibe as datas do período especificado.
DATESMTD	Exibe um conjunto de datas no mês até a última data visível no contexto de filtro.
DATESQTD	Exibe um conjunto de datas no trimestre até a última data visível no contexto de filtro.
DATESYTD	Exibe um conjunto de datas no ano até a última data visível no contexto de filtro.

Função	O que Faz
ENDOFMONTH	Exibe o final do mês.
ENDOFQUARTER	Exibe o final do trimestre.
ENDOFYEAR	Exibe o final do ano.
FIRSTDATE	Exibe a primeira data não em branco.
FIRSTNONBLANK	Exibe o primeiro valor na coluna para a qual a expressão tem um valor não em branco.
FIRSTNONBLANKVALUE	Exibe o primeiro valor não em branco da expressão avaliada para a coluna.
LASTDATE	Exibe a última data não em branco.
LASTNONBLANK	Exibe o último valor na coluna para a qual a expressão tem um valor não em branco.
LASTNONBLANKVALUE	Exibe o último valor não em branco da expressão avaliada para a coluna.
NEXTDAY	Exibe um dia subsequente.
NEXTMONTH	Exibe um mês subsequente.
NEXTQUARTER	Exibe o trimestre seguinte.
NEXTYEAR	Exibe um ano subsequente.
OPENINGBALANCEMONTH	Avalia uma expressão específica para a data correspondente ao final do mês anterior após a aplicação de todos os filtros.
OPENINGBALANCEQUARTER	Avalia uma expressão específica para a data correspondente ao final do trimestre anterior após a aplicação de todos os filtros.
OPENINGBALANCEYEAR	Avalia uma expressão específica para a data correspondente ao final do ano anterior após a aplicação de todos os filtros.
PARALLELPERIOD	Exibe um período paralelo de datas pelo conjunto de datas fornecido e um intervalo especificado.
PREVIOUSDAY	Exibe um dia anterior.
PREVIOUSMONTH	Exibe um mês anterior.
PREVIOUSQUARTER	Exibe um trimestre anterior.
PREVIOUSYEAR	Exibe um ano anterior.
SAMEPERIODLASTYEAR	Exibe um conjunto de datas na seleção atual do ano anterior.

(continua)

(continuação)

Função	O que Faz
STARTOFMONTH	Exibe o início do mês.
STARTOFQUARTER	Exibe o início do trimestre.
STARTOFYEAR	Exibe o início do ano.
TOTALMTD	Avalia uma expressão específica ao longo de um determinado período de tempo (intervalo), com início na primeira data do mês. A data termina com a última data na coluna de data específica, assumindo que os filtros são aplicados.
TOTALQTD	Avalia uma expressão específica ao longo de um determinado período de tempo (intervalo), com início na primeira data do trimestre. A data termina com a última data na coluna de data específica, assumindo que os filtros sejam aplicados.
TOTALYTD	Avalia uma expressão específica ao longo de um determinado período de tempo (intervalo), começando na primeira data do ano. A data termina com a última data na coluna de data específica, assumindo que os filtros sejam aplicados.

> **NESTE CAPÍTULO**
>
> » Implementando práticas de codificação avançadas no DAX
>
> » Estendendo fórmulas usando métricas DAX
>
> » Codificando e depurando DAX usando o Power BI

Capítulo **16**

Quem DAX Mais?

Nos Capítulos 14 e 15, falo sobre o ABC do DAX. Nesses capítulos, faço várias referências ao que é preciso para criar fórmulas e cálculos mais sofisticados para gerar melhores insights para uma empresa. Este capítulo fecha o loop ajudando-o a entender melhor os elementos técnicos por trás da codificação e depuração de suas fórmulas DAX no Power BI.

Trabalhando com Variáveis

Uma das primeiras coisas que você aprende em Programação 1 é como usar variáveis. Bem, adivinha só?! As variáveis também são um construto fundamental no DAX. Você pode declarar variáveis DAX em suas expressões de fórmula. Desde que declare pelo menos uma variável, uma cláusula RETURN é usada para definir a expressão. O resultado, então, se refere à variável.

Por muitos motivos, é bom usar variáveis à medida que iniciar a programação, seja por sintaxe, seja por contexto, seja por funcionalidade. Aqui estão alguns deles:

- » Melhor legibilidade e manutenção de fórmulas.
- » Maior desempenho, permitindo que o usuário, desenvolvedor ou observador avalie o código uma vez, conforme necessário.
- » Suporta testes de tempo de design de estratégias fáceis e direcionadas para fórmulas complexas, retornando apenas *variáveis-chave* — as que são chamadas.

Escrevendo Fórmulas DAX

Se seu modelo de dados for baseado em um tipo de cálculo, tabela calculada ou coluna calculada, ou for medido no Power BI, você descobrirá que há uma convenção padrão para a criação de fórmulas.

Uma fórmula tem uma estrutura definida, começa com um nome, seguido por um símbolo de igual, que é seguido por uma fórmula DAX. Aqui está um exemplo:

```
<Calculation> = <DAX Formula>
```

Vejamos um exemplo hipotético. A definição de uma tabela de Awarded Status calculada que duplica os dados da tabela Awarded é:

```
Awarded Status = 'Awarded'
```

Indo fundo nas fórmulas DAX

As fórmulas DAX consistem em mais do que algumas variáveis e um sinal de igual. Pelo contrário! Uma expressão DAX destina-se a retornar um resultado — um objeto de tabela ou um valor escalar. Vamos detalhar. Se tiver uma fórmula de tabela calculada, o resultado é um objeto de tabela retornado. Em contraste, tanto as colunas calculadas quanto as fórmulas de métrica retornam valores singulares.

Vamos dar um passo para trás por um momento. O que uma fórmula pode ter? Uma fórmula pode ter todas as características descritas na Tabela 16-1.

TABELA 16-1 Indo Fundo nas Fórmulas

Característica	Descrição
Funções	Realizam objetivos específicos. Uma função tem um argumento que permite a passagem de uma variável. A fórmula pode usar uma chamada de função e, muitas vezes, precisa de funções dentro da outra. Seus nomes são um tipo de fórmula com condições que devem ser sempre seguidas por parênteses. Dentro deles, você tem uma variável passada.
Operadores	Os operadores realizam cálculos aritméticos, comparam valores, trabalham com strings e testam condições de estados variados.
Variáveis	Fórmulas as usam para armazenar resultados como parte de uma expressão calculada.
Espaço em branco	Com o DAX, alguns caracteres ajudam os usuários a formatar fórmulas para facilitar a compreensão de expressões. Caracteres de espaço em branco diferentes incluem espaços, guias e retornos. Você não precisa incluir espaço em branco como parte de sua lógica de fórmula. Não prejudica o desempenho. No entanto, terá um impacto positivo no estilo e na consistência do formato.
Referências a objetos do modelo	Fórmulas referenciam tabelas, colunas e métricas. Uma fórmula não faz referência a uma hierarquia ou a um nível de hierarquia. Portanto, para uma referência de tabela, um nome de tabela deve ser incluído dentro de uma única citação. Da mesma forma, uma referência de coluna requer colchetes. Sob condições específicas, um nome de coluna pode ser precedido por seu nome de tabela. Por fim, os nomes das métricas devem estar sempre entre colchetes.

Expandindo fórmulas com métricas

Entender o *conceito* de funções, fórmulas e métricas é fácil demais, mas, em algum momento, você precisa reunir as três no Power BI Desktop para criar cálculos estendidos. É chegada a hora.

Uma forma de estender os cálculos é usando métricas. O DAX usa dois tipos de métricas: implícita e explícita. A maioria dos usuários começa criando métricas simples, que resumem uma única coluna ou tabela. Então, com o tempo, eles percebem que, à medida que seus dados crescem, precisam criar métricas mais detalhadas com base em outras métricas no modelo.

Métricas implícitas e explícitas

As *métricas implícitas* são comportamentos automáticos que permitem que os elementos visuais resumam os dados da coluna do modelo. Os *dados explícitos* (exclusivamente referidos como uma métrica) são cálculos adicionados ao modelo.

Sempre que vir o símbolo sigma (Σ) no painel Fields, saiba que é para alertar o usuário ou modelador de dados de que:

» Os dados são numéricos.

» Os dados usarão o valor resumido da coluna em visualizações e campos para dar suporte à sumarização.

Na Figura 16-1, a tabela `Awards` inclui apenas campos que podem ser resumidos, incluindo a coluna calculada `AwardID`.

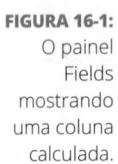

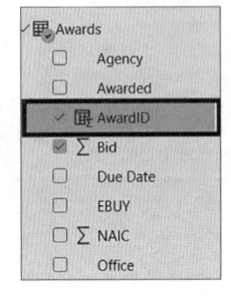

FIGURA 16-1: O painel Fields mostrando uma coluna calculada.

Você controla a forma como a coluna sumariza os dados, definindo a propriedade Summarization como Don't Summarize ou para uma função de agregação específica usando DAX. Ao definir a propriedade Summarization como Don't Summarize, o símbolo sigma ignora a próxima coluna no painel Fields.

LEMBRE-SE

Criei um novo relatório do Power BI que inclui uma tabela contendo três colunas da tabela `Awards`: Bid, Awarded e Prime. A saída da tabela, na Figura 16-2, mostra que há vários status que estou acompanhando, variando de In-Progress a No to Pending e a Yes. Para ver como a coluna foi sumarizada, vá para o painel Fields e escolha o campo Bid. Você verá que o painel agora mostra que os dados do campo Bid serão sumarizados, como mostrado na Figura 16-3. Agora os dados podem ser tabulados de outras maneiras, mas provavelmente não fornecerão uma resposta ideal ao leitor da tabela.

Bid	Awarded	Prime
50,000.00	In-Progress	Yes
606,665.80	No	Yes
252,110.24	Pending	Yes
246,937.20	Yes	Yes
340,000.00	Pending	No
78,000.00	Yes	No
1,573,713.24		

FIGURA 16-2: A saída da tabela.

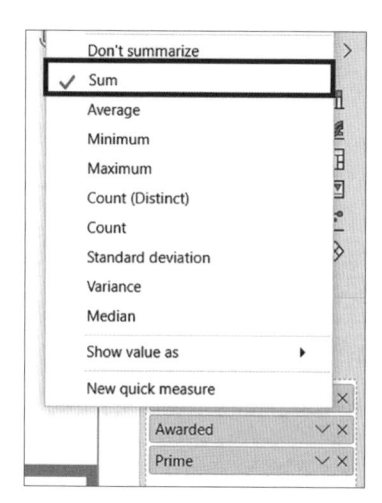

FIGURA 16-3:
Definindo o tipo de cálculo de uma coluna.

Colunas numéricas usando funções DAX oferecem uma ampla gama de funções de agregação. Você pode programá-las ou usar um menu suspenso. As opções de coluna numérica mais usadas incluem estas:

» Soma [Sum]

» Média [Average]

» Mínimo [Minimum]

» Máximo [Maximum]

» Contagem (distinta) [Count Distinct]

» Contagem [Count]

» Desvio padrão [Standard deviation]

» Variação [Variance]

» Mediana [Median]

LEMBRE-SE Ao formatar cálculos DAX, volta e meia você verá a palavra "distinta". Então haverá outra escolha quase idêntica. Qual é a diferença exatamente? Por exemplo, Count versus Count Distinct. A opção Count Distinct mostra apenas instâncias exclusivas de um determinado valor, enquanto Count mostra resultados de todos os registros.

Resumo dos dados não numéricos

Não presuma que os dados numéricos não podem ser sumarizados. Sim! Por padrão, a única diferença é que não terão o símbolo sigma (Σ) ao lado da coluna não numérica no campo. As colunas de texto são resumidas para agregações. Aqui estão os tipos de exemplo:

» Primeiro (alfabético)

» Último (alfabético)

» Contagem (distinta)

» Contagem

Há também dados e colunas booleanas que permitem agregações. Essas colunas, no entanto, serão usadas caso a caso.

Fundamentando as métricas implícitas

Você pode argumentar que métricas explícitas são melhores para o Power BI porque são orientadas por cálculos. Mas a verdade é que as implícitas são mais fáceis de aprender e usar. Elas fornecem muito mais flexibilidade, porque os autores dos relatórios podem usá-las para visualizar os dados rapidamente. É preciso um pouco mais de esforço com métricas explícitas ao criar cálculos.

Claro, tudo tem um lado positivo e um negativo. Métricas implícitas permitem que o autor do relatório crie designs desleixados, se preferirem. Isso significa que a agregação pode ser feita da maneira errada. Os dados agregados podem não ser adequados ou úteis, com base nas colunas representativas. Na Figura 16-4, há um exemplo desse cenário. A variação está bem fora de proporção com os valores reais de qualquer valor de lance. Na verdade, se olhar atentamente para a tabela apresentada antes, na Figura 16-2, observe que o pool total de lances é um tímido US$1,6 milhão. A variância o excede bem.

Variance of Bid	Awarded	Prime
625,000,000.00	In-Progress	Yes
9,086,058,333.85	No	Yes
15,362,333,278.21	Pending	Yes
11,834,263,253.16	Yes	Yes
0.00	Pending	No
0.00	Yes	No
12,794,741,006.68		

FIGURA 16-4: Má representação dos dados.

Métricas simples e compostas

Você pode escrever praticamente qualquer fórmula DAX para adicionar uma métrica a qualquer tabela no modelo. A única restrição é que uma fórmula de métrica deve retornar um valor escalar ou único.

PAPO DE ESPECIALISTA As métricas não armazenam valores no modelo de dados. Em vez disso, são usadas no momento da consulta para retornar as instâncias de sumarização dos dados do modelo. Além disso, uma métrica não pode fazer referência a uma tabela ou coluna diretamente. É por isso que precisam de uma função para a sumarização.

A complexidade da métrica resume-se a quantas colunas são agregadas. Uma métrica simples agrega o valor de uma única coluna. Ele faz o que métricas implícitas fazem automaticamente. No exemplo mostrado na Figura 16-5, você adiciona uma métrica à tabela Awards. Veja como:

1. **No painel Fields, selecione a tabela Awards.**

2. **Na área Calculations da guia Table Tools, clique no ícone New Measure, que lhe permite criar uma nova fórmula DAX.**

3. **Na barra Formula, insira a seguinte definição de métrica:**

   ```
   AwardedOppty = SUM(Awards[Bid])
   ```

4. **Quando terminar, pressione Enter.**

   Observe que, uma vez pressionado o Enter, Home muda para Measure Tools, para que você possa formatar a fórmula, conforme mostrado na Figura 16-5.

FIGURA 16-5: Formação de métrica simples.

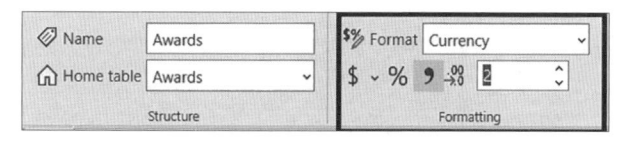

DICA Altere a formatação assim que possível. Nesse caso, você altera o formato do número para moeda e define a posição decimal para dois. Isso ajuda a criar valores consistentes.

A métrica está agora estruturando adequadamente os dados financeiros, alterando o tipo de formatação para moeda e posição decimal para dois pontos. Agora, sempre que você adicionar dados financeiramente orientados, como Awards, a mesma estrutura seguirá o exemplo. Para provar essa afirmação, criei uma nova métrica: TypicalBid:

```
TypicalBid = AVERAGE(Awards[Bid])
```

Assim que a nova fórmula, TypicalBid, foi inserida no Power BI Desktop, foi reconhecida com base no contexto. As alterações incluíram a mudança para o formato da moeda, uma vez que a tabela era Awards, e a coluna, Bids. Os resultados de um tipo de formato modificado (moeda) estão na Figura 16-5, o que é importante, porque o Power BI reconheceu a alteração automaticamente.

LEMBRE-SE

Se mais de uma métrica estiver envolvida na equação, como `Profit = Bid - Earned`, é conhecida como *métrica composta*.

Comparação de métricas e colunas

Você usou colunas e métricas calculadas. Então, qual escolher e em qual situação?

- » As colunas calculadas e as métricas permitem adicionar dados aos modelos.
- » Ambas são definidas usando fórmulas DAX.
- » Ambas são referenciadas em fórmulas DAX anexando seus nomes com parâmetros.

As diferenças, no entanto, residem em seu propósito, avaliação e critérios de armazenamento. A Tabela 16-2 explora as diferenças.

TABELA 16-2 Coluna Calculada versus Métricas

	Colunas Calculadas	Métricas
Finalidade	Estende uma tabela com novas colunas.	Resume os modelos de dados.
Ponto de avaliação	Contexto de linha na atualização de dados.	Filtra contexto durante a consulta.
Armazenamento	Armazena valores para cada linha.	Nunca armazena valores.
Visualizações	Filtra, agrupa e classifica dados.	Objetiva a sumarização.

Sintaxe e contexto

As expressões DAX analisam dados críticos para uso em relatórios de Power BI. Essas expressões devem usar sintaxe e contexto específicos como resultado. As expressões DAX aceitam tabelas e colunas como referências. Tenha em mente:

- » Os operadores DAX não exigem que os usuários digitem funções repetidamente para criar expressões diferentes nas tabelas.
- » As operações DAX se aplicam à totalidade das colunas de dados selecionadas, não apenas a um subconjunto.

- » Com DAX, você pode retornar o valor de uma tabela inteira, em vez de um único.
- » O DAX suporta o cálculo de variáveis de data, hora e ano a partir de dados de coluna.
- » Com DAX, você pode criar até 64 funções aninhadas em uma única expressão.

A sintaxe de uma expressão

Se olhar para a fórmula a seguir, verá que há uma arquitetura específica para a equação tirada de uma tabela de dados:

```
Profit = SUM(Sales([Earned])
```

A equação tem os seguintes elementos sintáticos:

- » `Profit` é o nome da métrica ou da coluna calculada.
- » O sinal de igual (=), também conhecido como operador, marca o início da função.
- » `SUM` é a função DAX que adiciona todos os números em `Sales([Earned])`.
- » `Sales` refere-se ao nome da tabela que está sendo analisada.
- » `Earned` é a coluna na tabela que a função `SUM` analisará.
- » Os parênteses `()` incluem pelo menos um argumento.

Ao criar equações e fórmulas, certifique-se sempre de aderir a uma sintaxe estrita que esteja de acordo com esses princípios.

Melhores Práticas para Codificação e Depuração DAX no Power BI

O Power BI estende o uso do DAX além do que outros aplicativos da Microsoft fazem — e por uma boa razão! Com o DAX, sua capacidade de visualizar e aumentar dados cresce exponencialmente. Este capítulo, com os Capítulos 14 e 15, explica os conceitos básicos de sintaxe, contexto e funções. No final, no entanto, você precisa focar a otimização para manter a organização do código.

O DAX tem muitas funções: é um desafio saber por onde começar. É indubitavelmente difícil memorizar as mais de 250 funções que discuto no Capítulo 15, mas você deve estar familiarizado com como os 15 tipos de funções são agrupados e ser capaz de classificar suas métricas por tipo de categoria. Você também deve estar ciente de coisas a evitar se quiser manter suas fórmulas livres de erros. As próximas seções oferecem dicas.

Usando funções de erro corretamente

Sempre que estiver escrevendo expressões DAX, há uma chance de escrever erros de tempo de avaliação. É inevitável. Considere estas duas funções para reduzi-los:

» Use a função ISERROR para pegar uma única expressão e retornar uma instrução TRUE quando ela resultar em um erro.

» Use a função IFERROR quando houver duas ou mais expressões. Se a primeira expressão resultar em um erro, a segunda será retornada.

CUIDADO

As expressões ISERROR e IFERROR são definitivamente benéficas porque contribuem de forma poderosa para a escrita de expressões fáceis de entender. Eis a desvantagem: elas degradam rapidamente o desempenho dos cálculos. Isso pode acontecer porque elas aumentam o número de acessos ao sistema ao mesmo tempo. Muitos desses erros são causados por valores inesperados BLANK ou zero, por isso é essencial saber o processamento de erros de conversão de tipo de dado no sistema.

Embora você possa estar inclinado a usar as funções ISERROR e IFERROR, muitas vezes é melhor usar estratégias defensivas ao desenvolver seus modelos e escrever expressões. Considere o seguinte:

» Garanta que os dados incorporados no modelo sejam de alta qualidade.

» Use a função IF ao testar uma expressão que visa descobrir erros.

» É melhor usar IF, em vez de ISERROR e IFERROR, como abordagem defensiva porque isso garante que dados de qualidade sejam carregados em um modelo e suporta o tratamento de erros de forma mais eficiente. Embora IF possa resultar em digitalizações adicionadas a um conjunto de dados, o desempenho é melhor devido ao tratamento de erros integrado.

» Use funções tolerantes a erros.

Tendo cuidado com os espaços em branco

Você pode ficar tentado a deixar espaços de vez em quando, porque simplesmente não há valor realizado a partir da expressão. Nesses casos, onde você encontra um valor como zero, antes de desistir, repense. Considere a seguinte métrica, que transforma um resultado BLANK em 0:

```
Bid (No Blank) =

If (
  ISBLANK ([Bid]),
  0,
  Bid
  )
```

Aqui está outra métrica que converte em zeros os resultados em branco:

```
Commissions =

DIVIDE([Commissions], [Sales], 0)
```

Em primeiro lugar, a função DIVIDE pega Commissions e as mede pela métrica Sales. Se o resultado for zero ou BLANK, o terceiro argumento — o resultado alternativo, em outras palavras — é então retornado. Nesse exemplo, a métrica é garantida para sempre retornar um valor porque zero é passado como o resultado alternativo. Como você pode ver, ambos os designs de medição são ineficientes e levam a designs de relatórios ruins.

O Power BI tenta recuperar todos os agrupamentos dentro do contexto de filtro, mesmo quando esses itens são adicionados às visualizações do relatório. O problema é que o resultado é uma consulta significativa, que leva a um relatório lento. Cada métrica de exemplo transforma um cálculo esparso em uma produção teatral, fazendo com que o Power BI vacile, porque as tarefas banais se complexificam. Os agrupamentos sobrecarregam o usuário do relatório. É por isso que você deve ser altamente eficiente com o uso de contexto de filtro, agrupamentos e variáveis. Uma fórmula de exemplo que fornece mais eficiência e uso apropriado de variáveis inclui esta linha:

```
Commission Payable = DIVIDE ([Commissions], [Sales])
```

> **DICA**
>
> Em certas circunstâncias, você deve configurar uma visualização para exibir todos os agrupamentos. Isso significa retornar valores ou BLANK dentro do contexto de filtro ativando a opção Show Items with No Data.

Com DAX, só há uma condição quando é permitido devolver um BLANK. Essa condição ocorre quando sua métrica é forçada a retornar BLANK, porque nenhum valor significativo pode ser retornado. Essa é uma abordagem eficiente, que permite ao Power BI fazer relatórios mais rápidos.

Distinguindo operadores e funções

Certa feita, você aprendeu fórmulas matemáticas básicas na escola. Lembra-se da diferença entre numeradores e denominadores? Com o DAX, é um pouco mais técnico. Você precisa saber a diferença entre a função DIVIDE e o uso do operador de divisão.

Ao usar a função DIVIDE, você passa a expressão numerador e denominador para obter o resultado. Também pode passar um valor para um resultado alternativo:

```
DIVIDE(<numerator>, <denominator> [,<alternateresult>])
```

A função de DIVIDE foi criada para lidar com a divisão por zero. Se uma alternativa não for passada, e o denominador for zero ou BLANK, a função deve retornar BLANK. O caso de uso secundário ocorre quando um resultado alternativo é passado — ele é retornado, em vez de BLANK.

As funções IF, ISBLANK ou BLANK, conforme discutido no Capítulo 15, não estão por conta própria. Você precisa de um mínimo de quatro funções DAX para completá-las. Tais requisitos de codificação são bastante ineficientes. Aqui está um exemplo de código ineficiente (e incorreto):

```
Bid Margin =
IF (
  OR (
    ISBLANK([Bids]),
    [Bids] == 0
  ),
  BLANK (),
  [Bids] / [Sales]
)
```

Esse código é ineficiente porque [Sales] é o denominador. Usando [Bids] como numerador, o resultado é BLANK infinito. Como você vê, o código está formatado incorretamente, causando erros desnecessários.

Aqui está um exemplo usando DIVIDE que oferece uma forma muito mais eficiente de produzir exatamente a mesma fórmula:

```
Bid Margin =
DIVIDE([Bids], [Sales])
```

Dado o que você sabe da revisão dessas duas equações, conseguirá seguir estas regras:

» Use a função DIVIDE sempre que o denominador for uma expressão que pode retornar 0 ou BLANK.

» Quando o denominador for um valor constante, use o operador de divisão, não a função DIVIDE. A divisão é 100% infalível, e suas expressões podem ter um melhor desempenho, porque nenhum teste é necessário.

» Antes de usar o valor alternativo, pense duas vezes. Muitas vezes, é melhor devolver um BLANK do que qualquer coisa.

» Considere se a função DIVIDE deve retornar um valor alternativo.

» BLANK é melhor para visualizações de relatórios porque ajuda a eliminar grupos quando as sumarizações assim estão. Você também pode concentrar sua atenção em grupos nos quais existem dados.

» Em caso de dúvida, configure recursos visuais para exibir todos os grupos que retornam valores ou BLANK dentro do complexo filtrado, ativando a opção Show Items with No Data.

Sendo específico

Algumas letras fazem toda a diferença no DAX. Você pode precisar escrever uma expressão DAX que teste se uma coluna pode ser filtrada usando um valor específico. Ao longo dos anos, o DAX usou valores específicos, incluindo IF, HASONEVALUE e VALUES. Por exemplo, se precisar determinar o imposto sobre vendas para um cliente na Califórnia, use o seguinte código:

```
CA State Tax =
IF (
    HASONEVALUE (Customer [State Tax]),
```

```
IF (
    VALUES (Customer [State Tax]) = "California",
    [Sales] * 0.0725
)
)
```

Como apresentada aqui, a função HASONEVALUE retorna uma condição TRUE somente se um único valor da coluna STATE TAX estiver visível no contexto de filtro. Quando for TRUE, a função VALUES deve ser comparada com o texto específico "California". Se essa condição de texto for TRUE, a métrica Sales é multiplicada por 0,0725, ou 7,25%, que é o imposto de renda estadual sobre vendas na Califórnia. Se a função HASONEVALUE retornar FALSE, o que pode ser o caso porque há mais de uma coluna de filtro de valor, a primeira função IF retorna BLANK.

Usar a técnica como estruturada aqui é algo altamente defensivo. Ela é necessária porque pode produzir vários filtros de valor para a coluna State Tax. A função VALUES pode retornar uma tabela que produz uma tabela de várias linhas. Dito isso, quando você compara uma tabela de várias linhas com um valor de escala, os resultados geram um erro significativo.

Em vez de usar o trio de funções, por que não usar apenas um único filtro, a função SELECTEDVALUE? Às vezes, simplicidade, elegância e eficiência vencem. A mesma equação de código usando uma função versus três pode ser escrita assim:

```
CA Sales Tax =
IF (
    SELECTEDVALUE (Customer [State Tax]) = "California",
    [Sales] * 0.0725
)
```

É limpo, simples e bonito!

Sabendo o que COUNTa

Você pode precisar escrever expressões DAX que contam linhas de tabela de vez em quando. Há algumas maneiras de fazer isso. Sua primeira escolha é usar a função COUNT para contar valores de coluna. Outra opção é a função COUNTROWS para contar linhas de tabela. Ambas as alternativas alcançam o mesmo resultado. Há uma ressalva: contanto que as colunas contadas não tenham BLANK, ambas as funções funcionarão.

No primeiro caso:

```
Bids Processed =
COUNT(Bids[BidDate])
```

A granularidade mostrada na tabela de lances é para uma linha por lance, e a coluna BidDate não tem BLANK. A métrica retorna o conjunto de resultados correto.

```
Bids Processed =
COUNTROWS(Bids)
```

Mais uma vez, eficiência e elegância vencem por uma variedade de razões. Não se considera BLANK em nenhuma coluna da tabela. A intenção da coluna é esclarecida, porque a função é autodescritiva.

Relações importam

Sempre que você procura revisar um par de tabelas no Power BI, pode encontrar muitas relações. Pode haver muitas relações inativas. No entanto, apenas uma relação ativa de cada vez pode ser avaliada usando o DAX.

O código DAX usa a relação ativa por padrão. O DAX pode usar uma relação inativa específica quando associado à função USERELATIONSHIP.

Atualizando-se com o contexto

No Capítulo 14, abordo brevemente o contexto. Vamos reiterar a importância do contexto, porque ele é relevante. Com o DAX, você completa uma análise dinâmica. É por isso que é essencial sempre considerar o *contexto* — os dados disponíveis para um cálculo a ser realizado. Há duas opções:

» O **contexto de linha** aplica-se sempre que uma fórmula DAX tem funções que encontram uma única linha em uma tabela. Pense em um contexto de linha como segmentando uma linha específica de dados. Ele não pode fazer referência a nenhum dado fora da linha sem usar funções. O contexto de linha é calculado no tempo de processamento, e não no de execução. Você o usa para gerar colunas calculadas.

» O contexto de filtro descreve como filtrar um ou mais cálculos para decidir resultados ou valores específicos. O contexto de filtro não substitui o de linha — apenas o estende. Com o contexto de filtro, você pode aplicar as funções ALL, RELATED, FILTER e CALCULATED.

Preferindo métricas, em vez de colunas

No início deste capítulo, discuto as diferenças entre métricas e colunas. Mas aqui está a verdade — as métricas sempre produzem melhores resultados no DAX no Power BI. Por quê? Porque uma métrica é como um cálculo virtual do topo do modelo. Uma métrica é executada apenas quando precisa ser usada, enquanto as colunas calculadas são fortemente integradas ao modelo.

Aqui estão algumas outras razões para usar métricas sobre colunas calculadas:

» As métricas são leves e implantadas quando necessário, enquanto as colunas calculadas são implantadas desnecessariamente quando você executa uma equação que inclua código.

» Embora uma coluna calculada possa ser usada em um slicer, seu tamanho aumenta junto com o modelo cada vez que se executa uma operação. Esse não é o caso com a métrica. Ela é executada apenas quando chamada.

» Uma das técnicas mais poderosas para medição complexa de cálculo é medir grupos de ramificação. Ela lhe permite começar com um cálculo básico e, em seguida, criar outros mais complicados a partir do cálculo base, como um ramo de árvore. Grupos de métricas são como pastas. Cálculos semelhantes são colocados no mesmo grupo para se executar uma tarefa.

Suponha que pretenda realizar cálculos aninhados que exijam cálculos complexos. Nesse caso, a ramificação de métrica corta uma parte significativa do código, o que melhora o desempenho dele. As colunas calculadas não melhoram seu desempenho.

Meça grupos para manter os relatórios limpos e organizados, ajudando-o a localizar os dados de forma rápida e mais eficiente.

Vendo que a estrutura importa

Se há algo que eu deveria reiterar inúmeras vezes é a simples verdade de que a estrutura importa. Se você não precisa de algo em seu código, retire-o. Se uma coluna interna estiver em uso, oculte-a, em vez de expô-la no Power BI, para que você não precise expô-la com o DAX. Se quiser chamar uma coluna usando DAX como uma variável, renomeie-a para que faça sentido, porque todos os nomes devem ser fáceis de usar. E, sempre que possível, use métricas explícitas, porque você será grato pela legibilidade do código e pelo desempenho acelerado.

> **NESTE CAPÍTULO**
>
> » Compartilhando e colaborando com o Power BI Service
>
> » Acelerando os negócios com ferramentas de monitoramento e desempenho
>
> » Solucionando problemas de dados online visualizando a linhagem deles

Capítulo **17**

Por Aí: O Workspace do Power BI

Depois de experimentar todo o ciclo de vida dos dados em todas as fontes, criar visualizações, aprender sobre o DAX e publicar relatórios, sua próxima etapa, como um usuário avançado do Power BI, é compartilhar os dados de sua área de trabalho com todos os interessados em sua empresa. Para fazer isso, você precisa mudar de marcha e ir para a web, pois é improvável que queira que os usuários alterem seus dados do Power BI Desktop. Em vez disso, eles devem usar o Power BI Service para realizar atividades usando um workspace, que é um recurso crucial para colaboração e compartilhamento. Neste capítulo, você aprende sobre workspaces e como colaborar, compartilhar e acelerar suas operações de negócios com ferramentas de monitoramento, todas disponíveis no Power BI Service.

Todos Juntos em um Workspace

Imagine-se em um museu de arte. Você pode explorar recursos visuais e ler histórias épicas sobre cada trabalho, sozinho ou com outras pessoas ao seu lado. Um workspace do Power BI, disponível no Service, é análogo à curadoria de conteúdo para um museu, mas é claro que são dados! Um workspace é criado por um designer do Power BI para gerenciar uma coleção de dashboards e relatórios. Pense em um workspace como um arquivo. O designer pode compartilhá-lo com os usuários com base em funções, responsabilidades e permissões. Na verdade, o designer pode até construir um aplicativo agrupando coleções direcionadas de dashboards e relatórios e distribuí-los para sua organização, seja envolvendo apenas alguns usuários, seja envolvendo uma comunidade inteira. Esses aplicativos, os *aplicativos de modelo*, são distribuíveis em uma variedade de dispositivos, incluindo desktop e smartphone.

Definindo os tipos de workspaces

A ideia por trás de um workspace do Power BI é que ele deve conter todo o conteúdo específico de um aplicativo. Quando os designers criam um aplicativo, agrupam todos os ativos de conteúdo necessários para uso e implantação e o disponibilizam no workspace. O conteúdo pode incluir qualquer coisa, desde conjuntos de dados a dashboards e relatórios.

LEMBRE-SE

Um workspace não precisa incluir todos os tipos de conteúdo. Ele pode conter relatórios, conjuntos de dados ou dashboards exclusivamente, conforme o propósito do negócio e o que o designer deseja compartilhar e colaborar com outros usuários.

Os workspaces mostrados na Figura 17-1 destinam-se ao compartilhamento e colaboração usando um esquema solidário. Você os acessa via My Workspace (veja a Figura 17-2), pois ele é o seu desktop na internet para Power BI. Você pode publicar dados do Power BI Desktop para o Power BI Service. Em seguida, pode organizar, armazenar e compartilhar esses ativos recém-publicados online em um ou mais workspaces que pretenda usar para colaboração. Na Figura 17-3, há ativos originalmente criados no Power BI Desktop agora disponíveis em um workspace associado ao projeto Pipeline Identification.

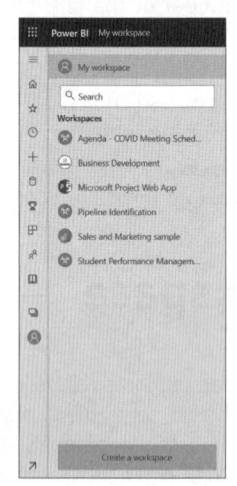

FIGURA 17-1: Uma lista de aplicativos do workspace.

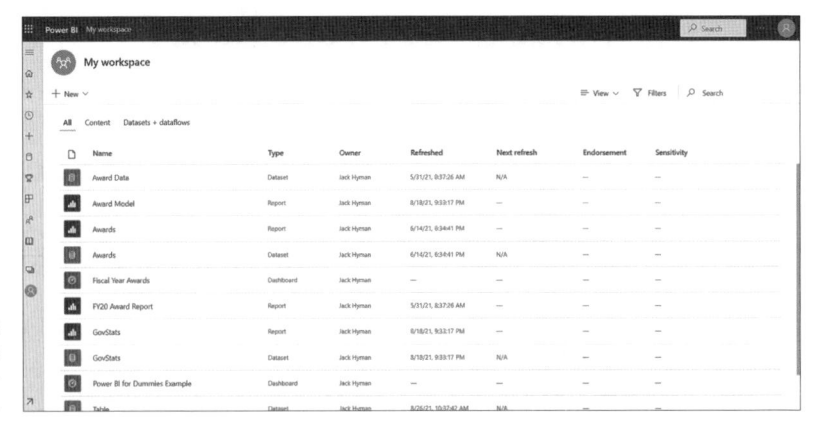

FIGURA 17-2:
A interface My Workspace.

FIGURA 17-3:
O conteúdo de um workspace no Power BI.

A princípio, pode ser difícil entender por que é necessário fazer a transição do Power BI Desktop para o Power BI Service. O principal ponto de encontro geralmente é o workspace, no qual estão os recursos de compartilhamento e colaboração no Power BI Service. Os workspaces oferecem os seguintes benefícios:

» Manter a colaboração focada entre uma equipe pequena ou globalmente dispersa.

» Usar workspaces para hospedar relatórios e dashboards para uma equipe ou várias equipes.

» Simplificar o compartilhamento e a apresentação de relatórios e dashboards, alojando-os em um único ambiente.

» Manter a segurança controlando o acesso a conjuntos de dados, relatórios e dashboards.

As minúcias dos workspaces

Ao entrar no Power BI Service, você é apresentado ao menu de navegação. (Veja a Figura 17-4.) Para a surpresa de ninguém, a ingestão e o acesso aos dados são uma grande parte do Service.

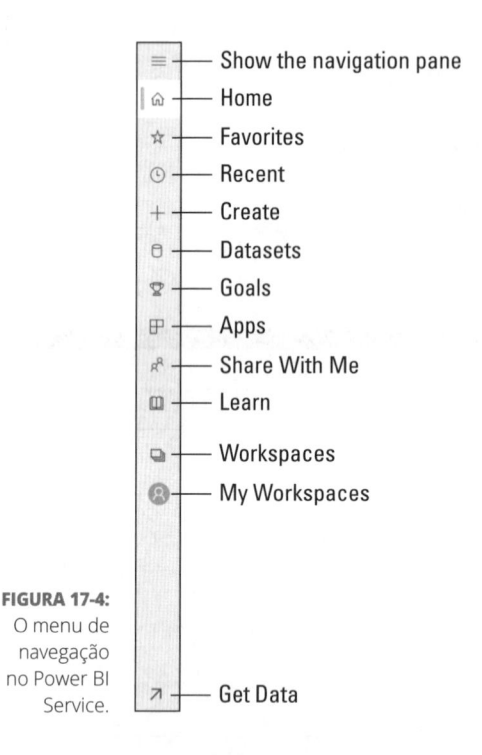

FIGURA 17-4: O menu de navegação no Power BI Service.

- Show the navigation pane
- Home
- Favorites
- Recent
- Create
- Datasets
- Goals
- Apps
- Share With Me
- Learn
- Workspaces
- My Workspaces
- Get Data

Na parte inferior da lista, estão os recursos relacionados aos workspaces. Um usuário tem um único My Workspace, mas pode ter muitos workspaces dentro dele. Basta ter em mente que um usuário pode estar ativo em apenas um workspace em um determinado momento — o destacado na navegação.

Criando e configurando o workspace

Criar um workspace requer que alguns itens sejam configurados, incluindo sua marca, nome, descrição, acesso, armazenamento, modo de licença, tipo de aplicativo e configurações de segurança. Para concluir tal configuração, siga estes passos:

1. Clique no ícone Workspace, no menu de navegação do Power BI.
2. No menu que aparece, clique em Create a Workspace. (Veja a Figura 17-5.)

FIGURA 17-5:
O botão
Create a
Workspace.

3. **Na nova janela que aparece, no lado direito, configure o novo workspace.**

   Aqui estão suas opções, divididas entre Standard (veja a Figura 17-6) e Advanced (veja a Figura 17-7):

   - *Upload:* Coloque uma imagem na sua área de trabalho para personalizar a experiência no workspace.

   - *Workspace Name:* Nomeie o workspace com base em seu conteúdo e conjuntos de dados. Pense em um nome útil para uma coleção de arquivos.

   - *Description:* Descreva a finalidade do workspace.

   - *Contact List:* Administradores do workspace ou usuários atribuídos recebem notificações sobre atualizações em cada workspace do Power BI.

   - *Workspace OneDrive:* Isso permite que um usuário configure um grupo do Microsoft 365 cuja biblioteca compartilhada do OneDrive esteja disponível para usuários do workspace atribuído.

   - *License Mode:* Selecione o tipo de licença que atribui o direito de acessar o conteúdo no workspace. Uma organização pode ter acesso a um tipo (Pro) ou a mais de um (baseado em Premium).

CAPÍTULO 17 **Por Aí: O Workspace do Power BI**   311

- *Develop a Template App:* Marque essa caixa de seleção se desejar que o workspace se torne um aplicativo.
- *Security settings:* Marque essa caixa de seleção para permitir que administradores e colaboradores façam alterações no workspace.

FIGURA 17-6: Configurando os recursos padrão de um workspace.

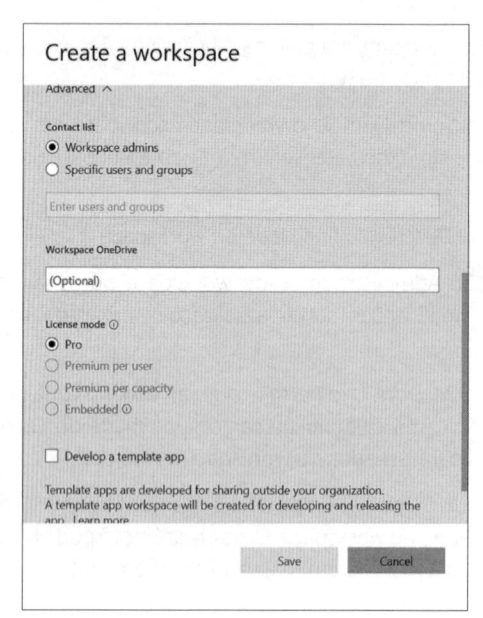

FIGURA 17-7: Configurando os recursos avançados de um workspace.

312 PARTE 4 **Ou DAX ou Desce!**

4. **Quando terminar, clique em Save.**

> **DICA:** Para obter uma atualização sobre os tipos de licença e a diferença entre o licenciamento baseado em Pro e Premium, veja o Capítulo 3.

Indo para a gestão de acesso

Uma grande parte do compartilhamento e da colaboração começa com a gestão de acesso. Configure quem obtém acesso aos workspaces e cada um dos ativos de conteúdo dentro deles. Você, como designer, pode atribuir quatro tipos distintos de funções: administrador, membro, colaborador ou espectador [admin, member, contributor ou viewer]. Para alterar o acesso, siga estas etapas:

1. **Clique no ícone Workspace, no menu de navegação do Power BI.**
2. **Escolha o workspace que deseja modificar no menu que aparece.**
3. **No lado direito do rótulo do workspace, selecione os três pontos verticais.**
4. **Clique em Workspace Access no menu que aparece, como mostrado na Figura 17-8.**

   Ao fazer isso, o painel Workspace Access é exibido no lado direito da tela, conforme mostrado na Figura 17-8.

FIGURA 17-8: Atribuindo acesso ao workspace.

5. **Insira os endereços de e-mail ou contas de grupo daqueles cujo acesso deseja controlar com as funções do workspace que deseja atribuir a eles.**
6. **Quando terminar, clique em Close.**

LEMBRE-SE

Ao criar um grupo de usuários, todos são designados a ele. Presumindo que um usuário faça parte de vários grupos, é designado a essa pessoa o nível de permissão mais alto com base em sua função atribuída. No entanto, se incorporar os grupos de usuários, todos eles obterão permissão.

CUIDADO

A capacidade de interagir com dados em workspaces é limitada, a menos que se tenha uma licença Pro ou Premium. Você pode visualizar e interagir com itens ou ler dados armazenados em fluxos do workspace — nada menos, nada mais.

Lidando com configurações e armazenamento

Lembra-se de todas as configurações de quando criou um workspace? Você pode modificá-los a qualquer momento, incluindo alterar o tipo de armazenamento de Pro para Premium per User, Premium per Capacity ou Embedded. Além disso, se deseja excluir um workspace, pode fazê-lo com o Premium. Para fazer essas alterações, siga estas etapas:

1. **Clique no ícone Workspace, no menu de navegação do Power BI.**
2. **Escolha o workspace que deseja modificar no menu que aparece.**
3. **No lado direito do rótulo do workspace, clique nos três pontos verticais.**
4. **Clique em Workspace Settings. (Veja a Figura 17-8.)**

    Ao fazer isso, o painel Workspace Settings será exibido no lado direito da tela.

5. **Vá para a guia Premium.**
6. **Selecione a escolha de capacidade que melhor reflete sua necessidade.**
7. **Quando terminar, clique em Save.**

PAPO DE ESPECIALISTA

Você pode estar se perguntando o que exatamente a opção Embedded envolve. Suponha que tenha usado um aplicativo corporativo ou visitado um site e visto os recursos de análise incorporados. Nesse caso, o Power BI pode ser apenas a solução por trás do aplicativo ou site. A opção Embedded lhe permite criar um aplicativo para que um cliente não precise se autenticar.

Criando e Configurando Aplicativos

Sem surpresa, você precisa ter algum conteúdo em um workspace para criar e configurar um aplicativo para distribuição. Pense em nossa analogia da receita para assar um bolo. Você decide que criará um workspace de aplicativo, que permitirá que todos os seus ativos de workspace sejam agrupados em um aplicativo implementável autônomo. Em seguida, você aplica o glacê, que é atribuir as funções específicas do colaborador. É claro que você pode até adicionar alguns componentes de conteúdo extra como quiser, como relatórios, dashboards, conjuntos e fluxos de dados, e arquivos importados para o Power BI Service. Ao contrário de um workspace do Power BI, que é destinado a um número finito de usuários para colaboração, um aplicativo é destinado a um número maior de usuários depois que é publicado. Um *aplicativo* é uma visualização publicada e somente leitura dos dados. Os aplicativos fornecem distribuição em massa para aqueles que querem acesso a insights analíticos. No entanto, há um problema: você deve ter, no mínimo, uma licença Pro para consumir e visualizar um aplicativo. Alternativamente, o aplicativo deve ser suportado por um dos dois tipos de capacidade Premium em uma organização.

Para adicionar qualquer tipo de conteúdo a um workspace do aplicativo uma vez configurado, selecione o botão New e escolha o conteúdo que deseja adicionar. (Veja a Figura 17-9.)

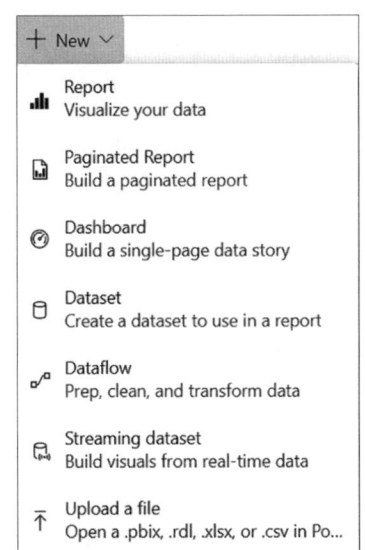

FIGURA 17-9: Adicionando novo conteúdo a um workspace.

Cada vez que você adiciona conteúdo, ele é adicionado à lista Workspace. Em seguida, você pode optar por inclui-lo no aplicativo, conforme mostrado na Figura 17-10. Você selecionaria o controle deslizante para mostrar se ele deve ser incluído. Quando estiver pronto para empacotar o aplicativo para distribuição, pressione o botão Create an App, no canto superior direito.

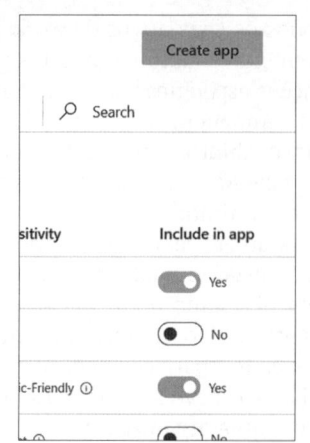

FIGURA 17-10:
Criando um aplicativo.

Esmiuçando os Dados

À medida que os usuários consomem seus relatórios, dashboards e conjuntos de dados, você pode querer saber *como* eles o fazem. É por isso que a Microsoft integrou ferramentas de monitoramento e análise de dados alternativos no Power BI, para os usuários que tenham licenciamento Pro e Premium avaliarem essas métricas.

Você pode fatiar e cortar dados de várias maneiras. As opções incluem analisar dados no Excel, bem como acessar uma exibição de alto nível deles com o relatório Quick Insights. Você também pode usar relatórios de métricas para entender quem está acessando e visualizando seus relatórios e dashboards. Clique nos três pontos verticais ao lado de quaisquer relatórios ou dashboards dentro de um workspace para acessar esses recursos. Há duas opções: uma para dashboards (veja a Figura 17-11) e outra para relatórios (veja a Figura 17-12).

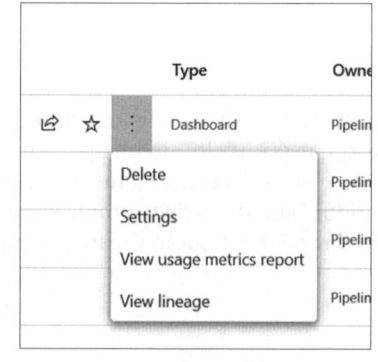

FIGURA 17-11:
O menu Dashboard, em Workspaces.

FIGURA 17-12:
O menu Report, em Workspaces.

Analisando no Excel

Às vezes, o Power BI é demais para um usuário avaliar dados corporativos confortavelmente. Os usuários podem querer revisar um subconjunto de dados — então retornamos ao Microsoft Excel. Com a opção Analyze in Excel, você pode importar conjuntos de dados do Power BI para o Excel. Em seguida, pode optar por visualizar e interagir com o conjunto de dados lado a lado ou de forma independente. Se seu objetivo de negócios for criar uma tabela dinâmica, gráfico, tabela ou saída do Excel, precisa ter o recurso de complemento do Excel do Power BI baixado. Não se assuste quando vir um prompt na primeira vez que tentar analisar no Excel, semelhante ao da Figura 17-13. Assim que o complemento for baixado, você poderá começar a avaliar seus conjuntos de dados.

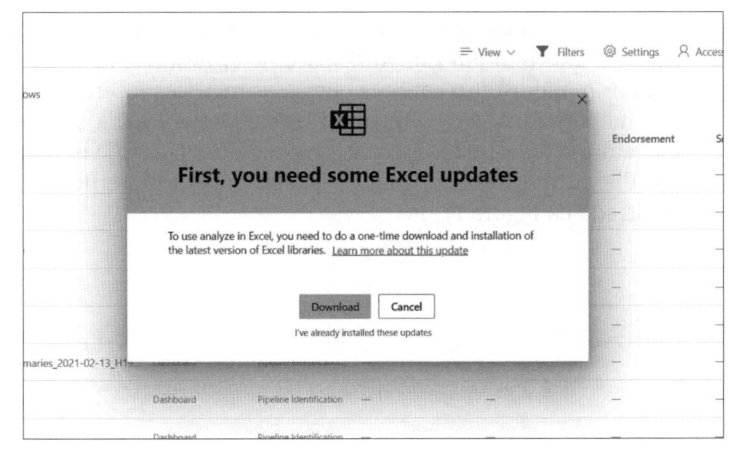

FIGURA 17-13:
O prompt de download para o complemento do Excel.

CAPÍTULO 17 **Por Aí: O Workspace do Power BI** 317

Beneficiando-se de insights rápidos

Talvez você queira uma ideia geral de um conjunto de dados. Ou talvez esteja procurando padrões, tendências e ambiguidades nos dados. As anomalias nos dados podem ser desafiadoras se você estiver começando e não souber nem o que procurar. No entanto, o Power BI faz o trabalho para você. Sua IA encontra tendências, padrões, indicadores e anomalias críticos nos dados. Com o Quick Insights, o Power BI produz automaticamente as principais tendências que acredita serem essenciais em cada conjunto de dados para um usuário avaliar. No exemplo mostrado na Figura 17-14, há um órgão federal, o Departamento de Estado, obrigando o menor valor em dólares para projetos relacionados ao Covid-19 em relação a outros órgãos federais. Da mesma forma, para os condados da Virgínia, uma maior alocação de dólares foi dada a Fairfax e Stafford, em relação a outros.

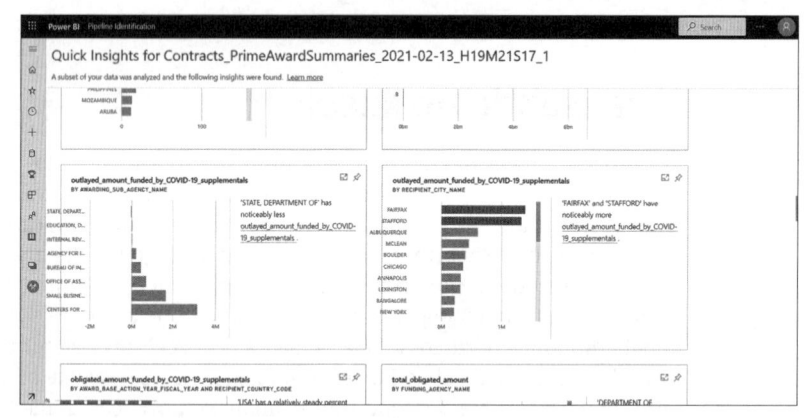

FIGURA 17-14: O recurso Quick Insights.

Usando relatórios de métrica de uso

Quer saber o quão popular é um relatório ou dashboard? Ou talvez quem acessou um item em um workspace hoje, nesta semana ou ao longo do tempo? A Microsoft reconhece que essas métricas fazem o designer fornecer melhores análises. O relatório Usage Metrics ajuda os usuários a analisarem pontos de dados, como tipos de distribuição; visualizações totais, por dia e exclusivas por dia; e visualizadores e classificação deles, como mostrado na Figura 17-15.

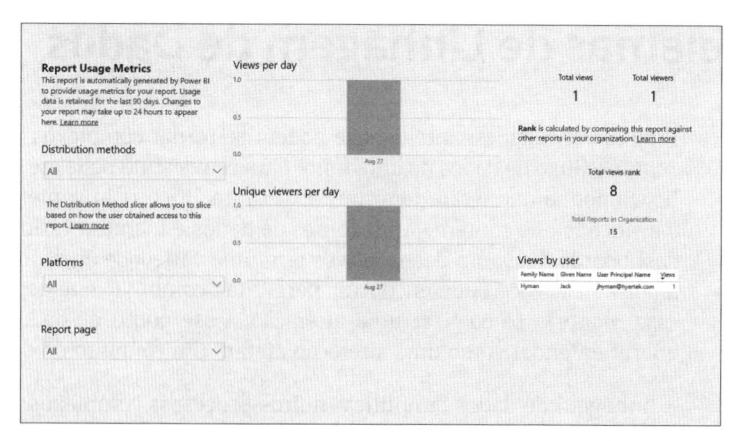

FIGURA 17-15:
Um relatório de métricas de uso.

Trabalhando com relatórios paginados

No início deste capítulo, mostro como criar, atualizar e excluir relatórios como ativos de conteúdo autônomos no Power BI Desktop e no Service. O relatório autônomo é otimizado para exploração e interatividade de dados. Outro tipo de relatório, no entanto, é específico para usuários do Pro e Premium, o *paginado*, que pode ser compartilhado diretamente ou como parte de um app Power BI.

Ao contrário dos relatórios baseados na web, os paginados destinam-se à impressão, assim, são formatados para o papel. Na verdade, você pode até chamá-los de pixel-perfeito. Suponha que esteja procurando renderizar um PDF de relatório de negócios altamente sofisticado, como de final de ano ou de declaração de lucros e perdas. Nesse caso, um relatório paginado é uma excelente escolha.

DICA

Se tiver acesso a um relatório paginado, poderá compartilhá-lo com outras pessoas. Além disso, há a opção de inscrever a si e a outras pessoas em um relatório.

LEMBRE-SE

Embora seja possível visualizar um relatório paginado como usuário Pro ou Premium, a publicação requer uma licença Premium.

Em certas estruturas de relatório, você agrupa muitos relatórios para criar um. Esse não é o caso do Power BI — na verdade, um designer de relatórios cria uma definição deles. A definição não contém dados; ela apenas diz onde adquiri-los, quais dados obter dessas fontes e como exibi-los. Depois de configurar esses três parâmetros, você executa o relatório, momento em que ele processa a definição. O resultado: um relatório que exibe os dados. Como ocorre em outros relatórios, você clica nos três pontos ao lado do relatório e escolhe Create Paginated Report para começar a desenvolver um relatório acessível.

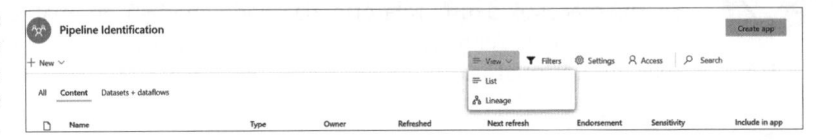

Problemas de Linhagem de Dados

Projetos de business intelligence podem se tornar complexos rapidamente. Seguir o fluxo de dados de uma fonte para seu destino pode até ser um desafio. Suponha que tenha feito um projeto analítico relativamente complexo e avançado que contém várias fontes de dados e mantém vários relatórios e dashboards. Cada um desses ativos tem uma variedade de dependências. Ao analisá-los, você pode encontrar perguntas como: "O que acontecerá com esse relatório se eu fizer uma alteração nesse ponto de dados?" Ou pode querer entender como uma alteração afetará um conjunto de dados.

A linhagem de dados simplifica muitos processos complexos ao dividi-los em etapas mais gerenciáveis. Pense nisso como seu pequeno detetive! Com a linhagem de dados, você pode ver o caminho que eles tomam do início à conclusão, o que é crucial quando houver dúvidas, tendo atingido muitos obstáculos. Se estiver gerenciando um workspace com um único relatório ou dashboard ou um com muitos, certifique-se de que o impacto de uma única alteração em um conjunto de dados seja reconhecido consultando a linhagem deles para acompanhar essas alterações. Um bônus da linhagem é resolver problemas de atualização de dados.

Para acessar as informações de linhagem de dados, siga estas etapas:

1. **Vá para o workspace que está mirando.**
2. **Clique em View.**
3. **Escolha Lineage no menu que aparece. (Veja a Figura 17-16.)**

A linhagem é exibida conforme mostrado na Figura 17-17.

FIGURA 17-16: Obtendo acesso à linhagem de dados.

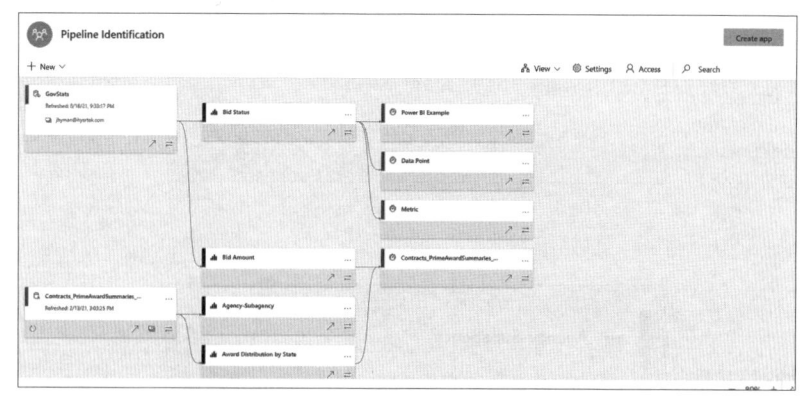

FIGURA 17-17: Um exemplo de linhagem de dados.

Tal como acontece com outros recursos do workspace, apenas funções específicas podem acessar Lineage View. Você deve ser administrador, colaborador ou membro para vê-la. Além disso, deve ter uma licença Power BI Pro ou Premium usando um workspace baseado em aplicativo para fazer uso dela.

Depois de selecionar Lineage, a exibição de todos os itens encontrados no workspace aparece na tela. A Figura 17-17, por exemplo, mostra a linhagem de dados para o workspace Pipeline Identification.

A visualização de linhagem é uma sinopse de todos os artefatos encontrados no workspace — conjuntos de dados, fluxos de dados, relatórios e dashboards, por exemplo. Como mostrado nas Figuras 17-18 a 17-21, cada um dos cartões na tela, conforme representados em Lineage View, é um ativo separado. As setas entre cada um dos cartões explicam os fluxos de dados entre os ativos. Os dados fluem da esquerda para a direita, permitindo que você os observe à medida que vão da origem ao destino. Geralmente, o fluxo conta uma história, como a desta lista:

» Uma fonte produz um ou mais conjuntos de dados. (Veja a Figura 17-18.)

» Os relatórios são gerados a partir de conjuntos de dados. (Veja a Figura 17-19.)

» Uma coleção de relatórios que apresentam um instantâneo no tempo resulta na criação de um dashboard. (Veja a Figura 17-20.)

» Os dados fluem em direções específicas. (Veja a Figura 17-21.)

FIGURA 17-18:
Exemplo de um cartão de conjunto de dados.

FIGURA 17-19: Um cartão de relatório.

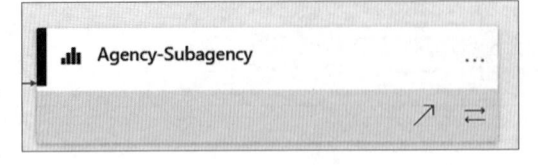

FIGURA 17-20: Um cartão de dashboard.

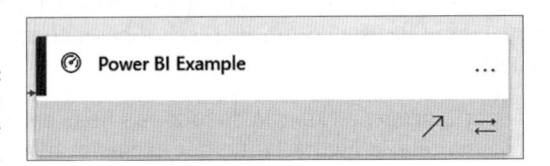

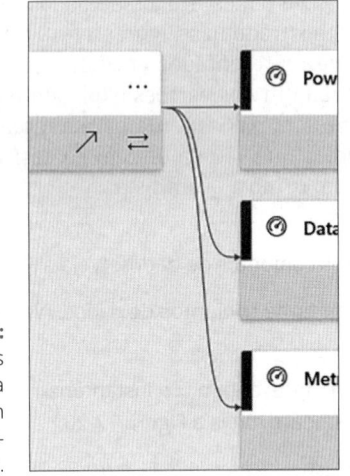

FIGURA 17-21: Setas entre cada ativo em um workspace.

Conjuntos, Fluxos e Linhagem de Dados

Não é incomum que conjuntos e fluxos de dados sejam associados a fontes externas. Alguns exemplos incluem bancos e conjuntos de dados encontrados em workspaces externos. Você vê que — ao revisar o cartão de conjunto de dados, como mostrado na Figura 17-22 — um usuário pode detalhar fatores diferentes escolhendo um desses três comandos. Cada comando revela um aspecto diferente do conjunto de dados:

» **Exibe detalhes e relatórios relacionados:** Esse comando exibe todos os relatórios vinculados aos conjuntos de dados e ao fluxo de dados associados.

» **Mostra o impacto em todo o workspace:** Esse comando fornece uma análise de impacto de como o conjunto de dados ou fluxo de dados afeta a atividade do workspace. (Veja a Figura 17-23.)

» **Mostra a linhagem**: Esse comando fornece uma visão de nível micro do conjunto de dados.

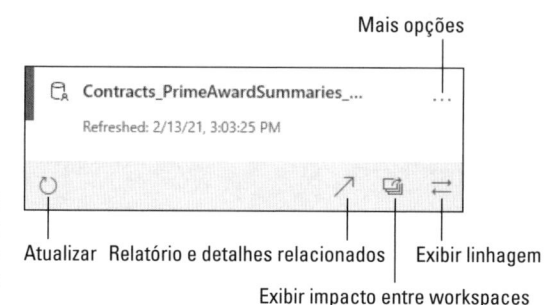

FIGURA 17-22: Esmiuçando um cartão de conjunto de dados.

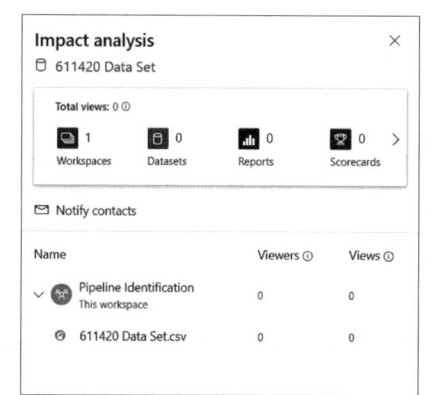

FIGURA 17-23: Mostrando o impacto de uma ação em um workspace.

CAPÍTULO 17 **Por Aí: O Workspace do Power BI** 323

Defendendo Seu Território de Dados

Você consegue imaginar um relatório ou dashboard sensível sendo exposto a um grupo de usuários não autorizados em sua empresa? Isso não ficará por isso mesmo, porque essa exposição global pode prejudicar suas práticas de segurança de dados e informações. A Microsoft integrou uma forma de codificar a proteção de seus ativos de análise de dados. Chamado de *rótulos de sensibilidade*, esse recurso (que está disponível para toda a família de produtos do Microsoft 365 e se integra ao Power BI) permite que os usuários apliquem rótulos a relatórios, dashboards, conjuntos de dados, fluxos de dados e arquivos .pbix. Esses rótulos protegem o conteúdo sensível contra acesso não autorizado. Cabe a você rotular seus dados corretamente para garantir que apenas usuários autorizados os acessem.

Embora a proteção de informações pareça inegociável, sua empresa deve ter alguns pré-requisitos de implementação em vigor primeiro, como uma licença Power BI Pro ou Premium per User. Para que os rótulos de sensibilidade funcionem, as permissões de edição devem estar ativadas para todo o conteúdo que deseje rotular no workspace. Antes que as permissões de edição sejam acessadas, um administrador de sistemas deve habilitar rótulos de sensibilidade, em Settings, para que os usuários as apliquem nos workspaces do Power BI. (Veja a Figura 17-24; leia mais sobre rótulos de sensibilidade em alguns parágrafos.)

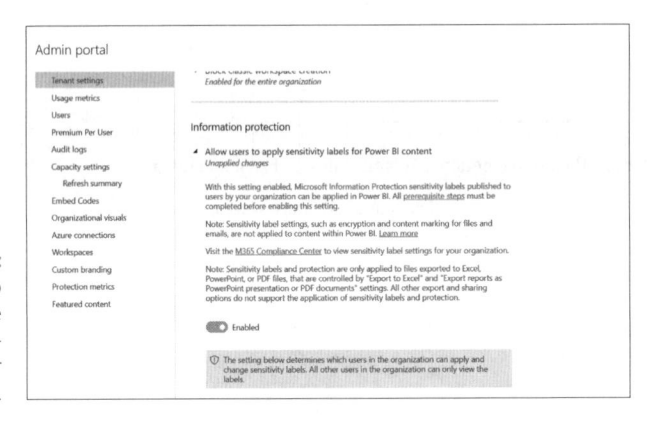

FIGURA 17-24: Ativando etiquetas de sensibilidade no Power BI.

DICA Você deve fazer parte do grupo de segurança autorizado a aplicar as etiquetas de sensibilidade, caso contrário, o acesso estará desativado.

LEMBRE-SE A proteção de dados deve ser ativada para sua instância do Power BI para que os rótulos de sensibilidade apareçam, caso contrário, você não encontrará nenhum rótulo de sensibilidade na coluna Sensitivity, na exibição em lista de dashboards, relatórios, conjuntos de dados ou fluxos de dados no seu workspace.

CUIDADO O administrador do sistema deve configurar rótulos de sensibilidade no console do Microsoft Information Protect Admin, separados do Power BI Admin. Essa etapa deve ser concluída antes que as etiquetas de sensibilidade possam ser habilitadas e utilizáveis por qualquer usuário.

Para fazer alterações em um rótulo de sensibilidade em um relatório ou dashboard, siga estas etapas:

1. Acesse o relatório ou dashboard que deseja editar.
2. Clique nos três pontos.
3. Escolha Settings no menu que aparece.
4. Localize a seção Sensitivity Label, no painel Settings, que aparece (veja a Figura 17-25).

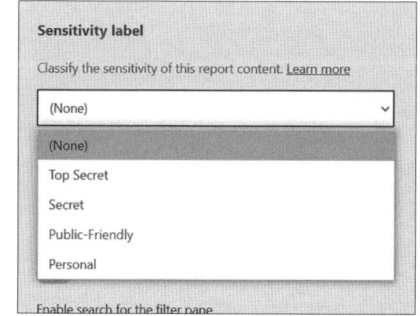

FIGURA 17-25: O menu suspenso Sensitivity Label.

5. Escolha a etiqueta de sensibilidade apropriada.
6. Ao terminar, clique em Save.

No seu workspace, o rótulo de sensibilidade aparece na coluna abaixo do relatório ou dashboard apropriado, conforme mostrado na Figura 17-26.

FIGURA 17-26: Rótulos de sensibilidade em um workspace.

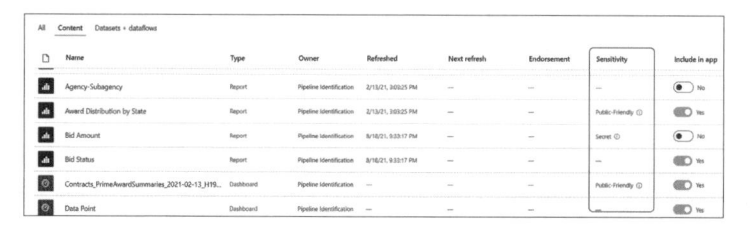

NA INTERNET Para saber como configurar rótulos de sensibilidade no console de administração de proteção de informações do Microsoft 365, acesse `https://docs.microsoft.com/en-us/microsoft-365/compliance/create-sensitivity-labels`.

5
Não É Ranger, mas Também É Power

NESTA PARTE...

Faça a transição do Power BI Desktop para o Power BI Service para compartilhar e colaborar com as partes interessadas organizacionais usando workspaces.

Obtenha insights dos dados com os dashboards e relatórios predefinidos do Power BI Service.

Estabeleça as melhores práticas e abordagens para garantir que seus conjuntos de dados estejam sempre seguros e atualizados para a experiência mais relevante.

Explore maneiras de estender o Power BI com outros aplicativos da Microsoft, incluindo Power Apps, Power Automate, OneDrive, SharePoint 365 e Dynamics 365.

NESTE CAPÍTULO

» Configurando o Power BI para que os dados sejam atualizados no processo

» Protegendo os conjuntos de dados com o Power BI Desktop e o Service

» Gerenciando grandes conjuntos de dados sem comprometer o desempenho e a integridade

Capítulo **18**

Soprando os Dados

Dados antigos não fazem bem a uma organização se dados mais novos e relevantes estiverem disponíveis. E, sejamos honestos, se os dados forem obsoletos e carecerem de integridade, os analistas que usam ativamente o Power BI para analisar números serão capazes de criar novos relatórios atraentes, observar dashboards e elaborar cálculos complexos? Duvido. Garantir que seus conjuntos de dados do Power BI sejam inigualáveis e funcionem como as bases com que você sonha para suas equipes é o objetivo de todos os usuários. É por isso que a Microsoft integrou vários recursos de atualização de dados e segurança ao Power BI. Neste capítulo, você verá como projetar, configurar e implantar conjuntos de dados corporativos do Power BI para atualização e segurança granular.

Estabelecendo um Cronograma

Para que servem os dados se não forem mantidos limpos e atualizados? Alguns analistas preferem atualizá-los manualmente no Power BI Desktop e no Service. Ainda assim, essa abordagem é ilógica quando é preciso garantir que os dados sejam atualizados periodicamente para manter sua relevância.

Usando a atualização programada

Quando você tem todos os dados em uma linha e simplesmente deseja criar uma programação de atualização online, basta configurar essa atividade no Power BI Service. Para programar uma atualização, siga estas etapas:

1. **Vá para a guia Datasets+Dataflows, no workspace.**

2. **Localize um conjunto de dados e clique no botão Scheduled Refresh.**

   Isso o leva a outra tela, na qual há a opção de configurar a atualização.

3. **No painel Scheduled Refresh (veja a Figura 18-1), modifique a programação para acomodar a atualização.**

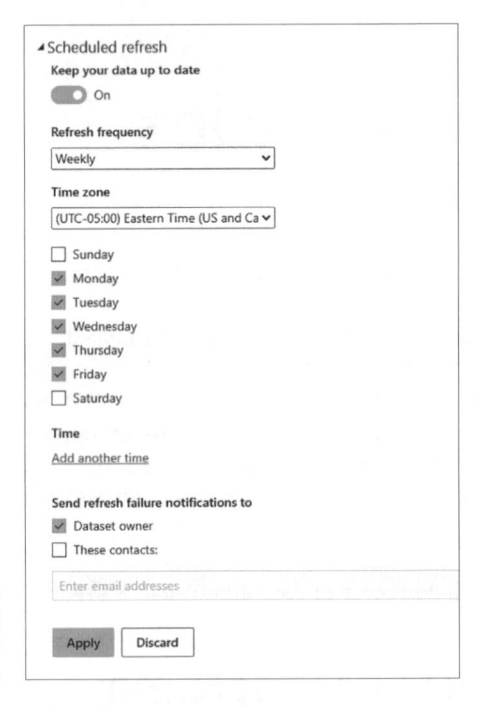

FIGURA 18-1: O painel Scheduled Refresh.

4. **Quando terminar, clique em Aplicar.**

LEMBRE-SE

O Power BI é o seu canto do mundo, enquanto o Service visa o compartilhamento.

Você pode alterar a frequência, o fuso horário e o horário das atualizações programadas em Scheduled Refresh. As notificações podem ser enviadas para um endereço de e-mail específico ou grupo do Active Directory disponível.

CUIDADO

O exemplo anterior pressupõe que você já tenha estabelecido um gateway de dados. Caso contrário, preste muita atenção à próxima seção.

Atualizando dados no local

Outro caso de uso comum para atualização envolve o acesso a dados no local. Para isso, é necessário um *gateway de dados* — um tipo de ponte que suporta detalhes e credenciais de conexão. Você baixa e instala o gateway do Power BI Service acessando o menu Settings, na parte superior da página inicial. (Você já sabe, nosso amigo, o ícone da engrenagem). Uma vez lá, escolha Settings ⇨ Download ⇨ Data Gateway, como mostrado na Figura 18-2.

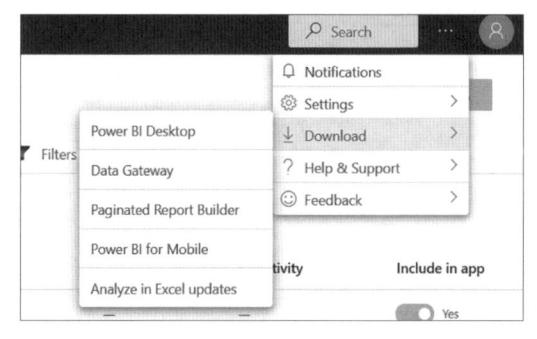

FIGURA 18-2: Baixando um gateway de dados.

Há dois modos de gateway: padrão e pessoal. Veja como se diferenciam:

» **Standard**: Quando várias pessoas precisam acessar o gateway, o modo standard [padrão] é o adequado. Você também pode usar um gateway standard com outros serviços da Microsoft, especialmente com a família Power Platform. Uma fonte de dados pode ser adicionada apenas uma vez, por isso é uma excelente escolha para ambientes corporativos que procuram a integridade deles. Você também tem a opção de aplicar credenciais genéricas para fontes de dados.

» **Personal:** Nesse modo, apenas um único usuário pode usar o gateway. Além disso, ele só pode ser usado pelo Power BI. Se o compartilhamento não for necessário, esse modo é uma possibilidade. Caso contrário, sua única escolha é o standard.

Supondo que tenha instalado o gateway ou que a administração do grupo Power BI Service lhe tenha concedido acesso a ele como usuário, agora você está autorizado a usá-lo para atualizar conjuntos de dados no local.

Para cada gateway, selecione um conjunto de dados diferente no menu Settings, de Datasets. Para fazer essas alterações, siga estas etapas de configuração:

1. Vá para a guia Datasets, no workspace.
2. Selecione um conjunto de dados para revisar.
3. Passe o cursor sobre o conjunto de dados na lista.
4. Quando as configurações do conjunto de dados que selecionou aparecerem no painel à direita, conforme mostrado na Figura 18-3, clique na opção Gateway Connection, à direita.

   Em seguida, você verá uma lista de fontes de dados com os gateways associados.

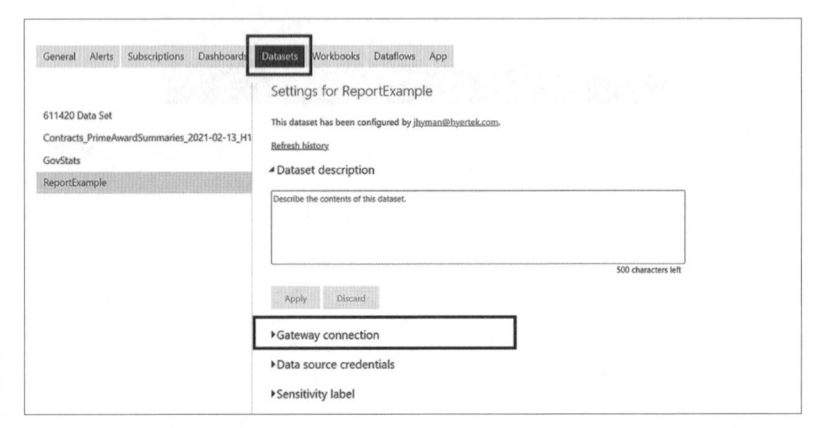

FIGURA 18-3: Opções de gateway.

5. Para cada gateway de dados, selecione uma fonte que gostaria de mapear, conforme mostrado na Figura 18-4.

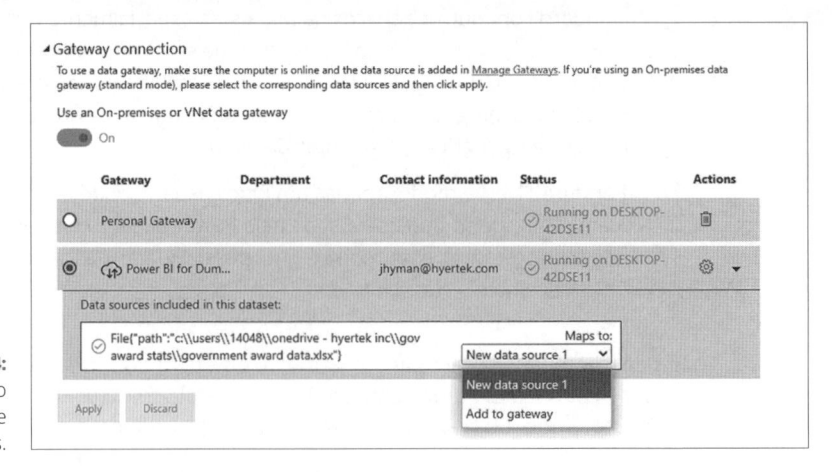

FIGURA 18-4: Modificando gateways de dados.

LEMBRE-SE Cada vez que cria uma fonte de dados, você precisa fornecer credenciais de fonte na seção Data Source. Isso significa que é preciso editar as credenciais com segurança para que possam ser armazenadas em cache no Power BI Service.

Protegendo a Fortaleza de Dados

Seus dados são preciosos. Nem todos devem ter acesso a eles. Se estiverem em sua área de trabalho, geralmente são restritos a você, a menos que compartilhe seu computador. No entanto, assim que os dados chegam à internet, todas as apostas são canceladas. Você precisa proteger as joias da coroa de sua organização. Isso significa que conjuntos de dados, relatórios e dashboards precisam de configurações de segurança focadas. É por isso que é essencial implementar a segurança em nível de linha (RLS) com o Power BI, para restringir o acesso a dados e para que usuários não autorizados não obtenham acesso a eles. Com o RLS, os filtros restringem o acesso aos dados no nível da linha. Você pode definir os filtros dentro de uma função. Os membros de um workspace atribuído têm acesso aos conjuntos de dados do Power BI Service, supondo que você esteja dentro do grupo de segurança provisionado.

PAPO DE ESPECIALISTA A configuração do RLS pode ocorrer em vários lugares diferentes. Você pode configurá-lo no Power BI Desktop ou usando o DirectQuery com o SQL Server, por exemplo. Ao usar o Analysis Services ou o Azure Analysis Services em tempo real, você configura o RLS no modelo. Evite configurar a segurança com o Power BI Desktop — suas configurações não aparecerão no conjunto de dados de conexão ao vivo.

Configurando para membros do grupo

Para criar associações de grupo, você precisa primeiro definir funções e regras no Power BI Desktop. Quando estiver pronto para publicar, esses detalhes serão associados ao modelo. Para configurar essas funções e regras, inicie o Power BI Desktop e siga estas etapas:

1. Selecione a guia Model.
2. Localize o botão Manage Roles.
3. Em Roles, pressione o botão Create e preencha a caixa com o nome de uma nova função.
4. Repita esse processo até adicionar o número de funções que achar suficiente.
5. Selecione a função e a tabela.

6. **Selecione as elipses à direita de Role ou Table para abrir um dashboard e criar uma expressão DAX para filtrar.**

Uma condição de amostra é apresentada na Figura 18-5.

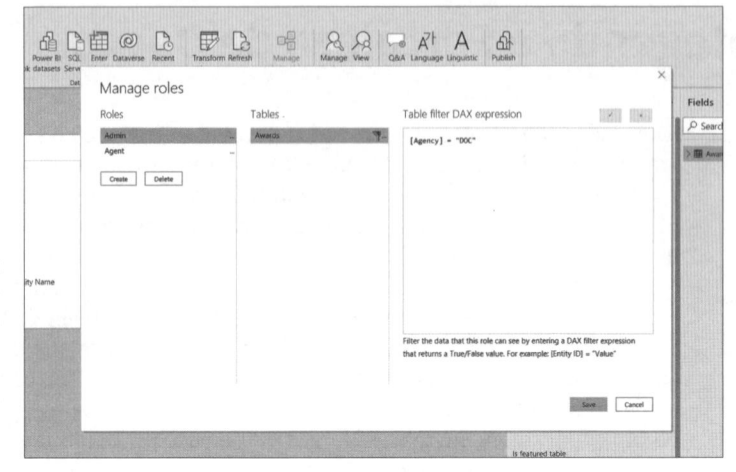

FIGURA 18-5: Configurando funções para associação de grupo no Power BI Desktop.

7. **Depois de criar todos os requisitos de função que pretende usar no Power BI Service, clique em Save.**

LEMBRE-SE

Não se atribui funções de usuários no Power BI Desktop. Isso acontece no Power BI Service. Habilita-se a atribuição de segurança no Power Desktop com o uso de expressões DAX.

Atribuindo funções no Power BI Service

Você não pode simplesmente "configurar e esquecer" quando se trata de atribuições de função no Power BI Desktop. Está simplesmente criando um plano de segurança para a publicação. Afinal, você está constantemente publicando dados na internet. Em seguida, atribui aos usuários e grupos acesso a relatórios, conjuntos de dados e dashboards em um workspace para compartilhamento e colaboração. Com o passar do tempo, sua função no Power BI Service é administrar a segurança para que os usuários acessem o conteúdo, pois ele será um especialista em dados por esse motivo.

Você precisa ir para o conjunto de dados primeiro e, em seguida, encontrar as configurações de segurança para ele nas configurações do workspace. Se não tiver definido funções, verá uma mensagem como a mostrada na Figura 18-6.

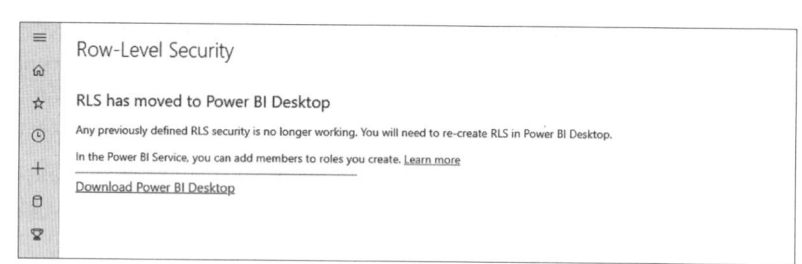

FIGURA 18-6:
Uma mensagem de erro RLS.

> **Row-Level Security**
>
> **RLS has moved to Power BI Desktop**
> Any previously defined RLS security is no longer working. You will need to re-create RLS in Power BI Desktop.
> In the Power BI Service, you can add members to roles you create. Learn more
>
> Download Power BI Desktop

Depois de configurar seu RLS e publicar o modelo no Power BI Service, o resultado será semelhante ao que você vê na Figura 18-7. À esquerda, estão as funções para esse conjunto de dados específico. Os números entre parênteses mostram quantos membros cada função tem. No lado direito, você pode controlar cada grupo de membros e suas funções associadas.

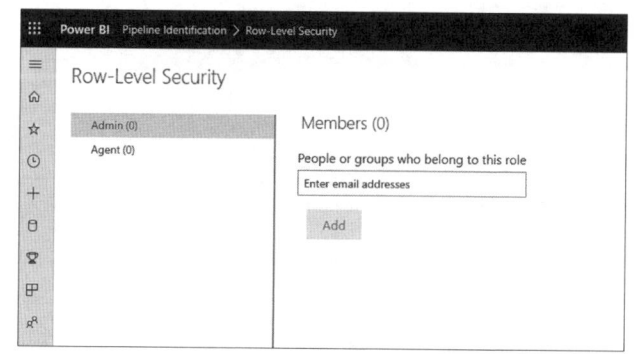

FIGURA 18-7:
Segurança de nível de linha no Power BI Service.

Cuidar de um ou dois usuários é fácil, mas que tal centenas ou até milhares? Não tem mistério. O motivo é simples. Os mesmos usuários podem estar usando as mesmas configurações de segurança de nível de linha para conjuntos de dados, o que significa atribuir esses usuários exatamente aos mesmos grupos de segurança que os membros de uma linha atribuída. Nessas condições, você pode criar um único grupo de segurança uma vez, e, em seguida, seu trabalho está concluído.

Existe Amor no BI

O Power BI Service permite a colaboração entre vários usuários e grupos. Não se trata apenas de compartilhar conjuntos de dados — também se trata de compartilhar relatórios e aplicativos. Você pode compartilhar dados em escala de várias maneiras, incluindo as descritas nesta lista:

» **Workspaces:** Ao publicar no Power BI Service, você pode fazê-lo em um workspace. Depois disso, obtém acesso automático aos conjuntos de dados publicados. Quanto a outros usuários, você pode atribuir funções, supondo que tenha o licenciamento para fazê-lo, caso a caso.

» **Apps:** Se disponibilizar seu conjunto de dados para outras pessoas por meio de um aplicativo, precisará conceder permissão aos usuários dele. Na verdade, todos os usuários devem ter as mesmas permissões de construção; é uma situação de tudo ou nada aqui. Vá para a guia Permissions ao criar um aplicativo e use as configurações para atribuir permissões, como mostrado na Figura 18-8.

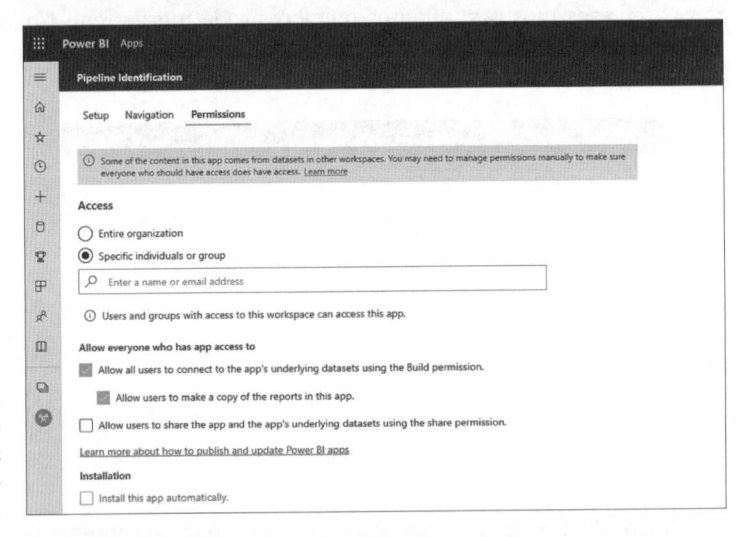

FIGURA 18-8: Definindo permissões do aplicativo.

LEMBRE-SE

Se revogar o acesso ao app para um usuário de um grupo de segurança na guia Permissions, o acesso ao conjunto não será revogado automaticamente. A exclusão de acesso requer a gestão de permissões do conjunto, não só do aplicativo.

Atualizando Pouco a Pouco

Conjuntos de dados são de todos os tipos. Alguns são minúsculos, e outros pesam vários gigabytes, mesmo quando o Power BI tenta comprimi-los em tempo real. O Power BI faz seu melhor para mitigar problemas de velocidade, uso de recursos e confiabilidade. Uma forma de contorná-los é a atualização incremental.

Uma *atualização incremental* lhe permite atualizar um subconjunto de dados, o que resulta em uma atualização mais rápida e confiável com menor uso e consumo de recursos. Suponha que saiba que seus dados serão bem escalados em gigabytes. Nesse caso, planeje uma atualização incremental como parte da estratégia de implantação no início. Para que ela funcione no Power BI Service, deve ser configurada no Power BI Desktop. Em etapas gerais, veja o que precisa ser feito:

1. Crie um parâmetro RangeStart e um RangeEnd.
2. Filtre os dados usando esses parâmetros.
3. Defina uma política de atualização incremental.

As próximas seções se aprofundam um pouco mais em cada etapa do processo.

Parâmetros RangeStart e RangeEnd

Criar os parâmetros de atualização incremental no Power BI Desktop para filtragem é o primeiro passo para garantir que seus dados sempre reluzam como ouro. Esses dois parâmetros que precisam ser criados são o RangeStart e o RangeEnd. Como os parâmetros DAX, eles são sensíveis a maiúsculas e minúsculas. Se quiser usar outros nomes de parâmetros, é por sua conta e risco.

Aqui está o que você precisa fazer:

1. Vá para o Power Query para iniciar esse processo.
2. Uma vez nele, clique em Manage Parameters, em Home, e escolha New Parameter no menu exibido.
3. No painel Parameter, insira RangeStart no campo Name.
4. Escolha Data/Time no menu suspenso Type e Any Value no menu suspenso Suggested Value.
5. Insira a seguinte data no campo Current Value: 01/01/2021.

O Power Query pode alterar o formato desse valor posteriormente, dependendo das configurações do sistema. Não entre em pânico! Além disso, as datas que você insere são baseadas em suas necessidades pessoais — não é nada definitivo.

6. **Repita as etapas para configurar RangeEnd.**

    A data do campo Current Value deve ser 31/12/2023. Seu formato de data pode variar, dependendo do esquema de formatação do sistema no Power BI.

Um exemplo do que você acabou de inserir no Power Query está na Figura 18-9.

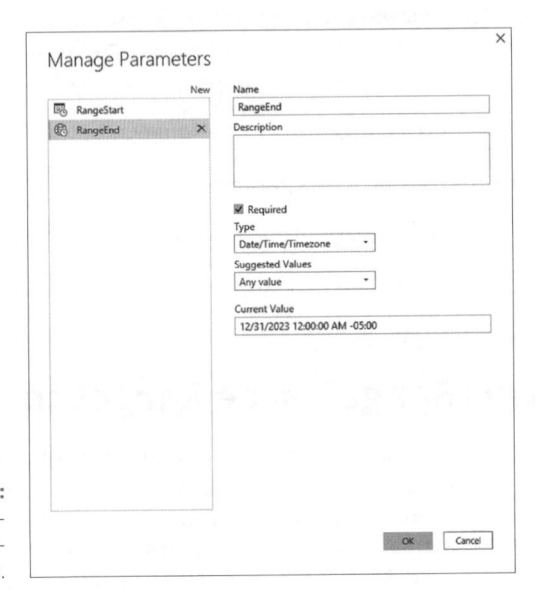

FIGURA 18-9: Gerenciando parâmetros.

Filtragem por RangeStart e RangeEnd

Para suportar uma atualização incremental, é preciso configurar um filtro com os parâmetros RangeStart e RangeEnd. Suponha que queira aprender cada vez que um arquivo é atualizado com uma nova data de concessão, seja uma vitória, seja uma perda, seja uma atualização de detalhes. Usando os dados de data no arquivo, sua equipe poderá reconhecer essas alterações. Veja como usando o Power BI Desktop:

1. **Vá para o Power Query Editor.**

2. **Selecione a tabela Awards na lista de consultas.**

3. **Selecione a coluna Date Due e escolha a opção Date/Time Filter no menu exibido.**

Você iniciará um filtro para a coluna Awards.

4. **Vá até a opção Custom Filter.**

   Agora você definirá os parâmetros de Incremental Refresh. No entanto, precisará fazer algumas modificações em relação à seção anterior.

5. **Quando a interface Filter Rows for exibida, verifique se Basic está selecionado e escolha a opção Is After or Equal To no primeiro menu suspenso.**

6. **Clique no ícone Calendar.**

   Ao fazer isso, é exibido o menu Date, Parameter, or New Parameter.

7. **Escolha a opção New Parameter.**

8. **No novo painel exibido, clique em RangeStart.**

9. **Altere o tipo de data de Date/Time para Date e pressione Ok.**

   Agora você estabeleceu o primeiro parâmetro para o filtro.

10. **Escolha a opção Is Before or Equal To no menu suspenso inferior.**

11. **Clique no ícone Calendar.**

    Fazer isso traz o menu Date, Parameter, or New Parameter (novamente).

12. **No novo painel exibido, clique em RangeEnd.**

13. **Altere o tipo de data de Date/Time para Date e pressione Ok.**

    Agora você estabeleceu o segundo parâmetro para o filtro.

    Nesta fase, você criou com sucesso as condições de filtro que devem imitar as da Figura 18-10.

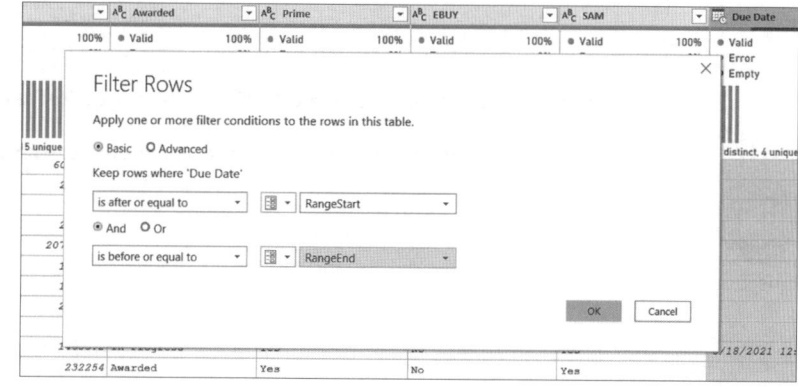

FIGURA 18-10: Filtrando linhas usando os parâmetros RangeStart e RangeEnd.

CAPÍTULO 18 **Soprando os Dados** 339

14. Clique no botão Ok.

15. Clique no botão Close & Apply para sair do Power Query Editor.

A política de atualização incremental

Sempre que coloca um filtro para uma atualização incremental, você precisa concluir mais uma etapa — para definir a política de execução. No exemplo apresentado, em que há uma coluna Due Date, na tabela Awards, você pode criar a política seguindo estas etapas:

1. Vá para o painel Fields, do Power BI Desktop, e clique com o botão direito do mouse na tabela que deseja atualizar incrementalmente.

2. Selecione Incremental Refresh no menu que aparece. Veja a Figura 18-11.

Certifique-se de selecionar a tabela correta no menu suspenso.

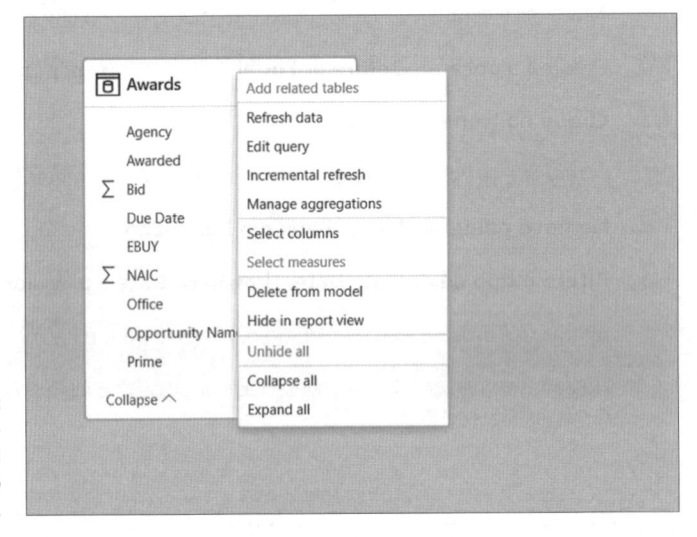

FIGURA 18-11: Configurando uma atualização incremental.

3. Na nova tela exibida, deixe o botão Incremental Refresh em On.

4. Selecione os períodos em que os dados devem ser armazenados e atualizados.

> **LEMBRE-SE**
>
> *Armazenar* dados significa mantê-los alojados permanentemente; atualizá-los para manter sua relevância é, como o nome sugere, uma *atualização*.
>
> Você pode selecionar as caixas de seleção para detectar alterações de dados ou apenas atualizá-los durante os dias determinados.

5. Selecione o botão Apply All quando o processo estiver concluído.

Tratando os Dados como Ouro

Você já esteve em uma situação em que trabalhou em um conjunto de dados por muito tempo e agora, quando está pronto para o show, quer anunciar aos quatro ventos? Claro, você não ganhará nenhuma medalha de ouro, prata ou bronze. Ainda assim, pode aumentar a visibilidade de seu conjunto de dados para que outros o acessem, por meio de técnicas de endosso.

Para um analista, um conjunto de dados é isso. Um analista quer ter certeza de que o conjunto é confiável, prático e preciso. Alguns conjuntos são criados como um teste, enquanto outros se destinam à produção e são fontes de verdade.

Os dados, no final, são traduzidos de volta em código quando são pesquisados, não importa qual ferramenta de business intelligence — incluindo o Power BI Desktop ou o Service — se use. É por isso que você impõe o uso de endossos de conjuntos de dados. Em outras palavras, informe ao criador do relatório quais conjuntos são confiáveis e estão prontos para consumo.

Você pode endossar vários ativos de conteúdo no Power BI, incluindo conjuntos e fluxos de dados, relatórios e aplicativos. Implemente endossos de duas maneiras:

» **Promoção:** Quando o conteúdo for designado como promovido, recebe uma marca significando que está pronto para uso por outros usuários. Colaboradores de um workspace que tenham acesso ao local do conteúdo podem promovê-lo. O objetivo da promoção de conteúdo é a reutilização.

» **Certificação:** Mostra que um conteúdo é recomendado para uso porque é altamente confiável, organizado e bem mantido. Um administrador do Power BI deve atribuir aos usuários a designação para certificar o conteúdo em um grupo.

Independentemente do tipo de conteúdo, o processo de endosso é o mesmo.

Para configurar um endosso, siga estas etapas:

1. **Vá para o Power BI Service.**

2. **Localize o workspace que inclua o ativo (conjunto de dados, fluxo de dados, relatório ou aplicativo) que deseja promover.**

3. **Clique nos três pontos verticais no lado esquerdo do tipo de conteúdo.**

4. **Escolha Settings.**

Um painel de configurações aparecerá do lado direito da tela,

5. **Role o painel para baixo até a seção Endorsement.**

Em Endorsement, há quatro opções: None, Promoted, Certify e Feature on Home, conforme mostrado na Figura 18-12.

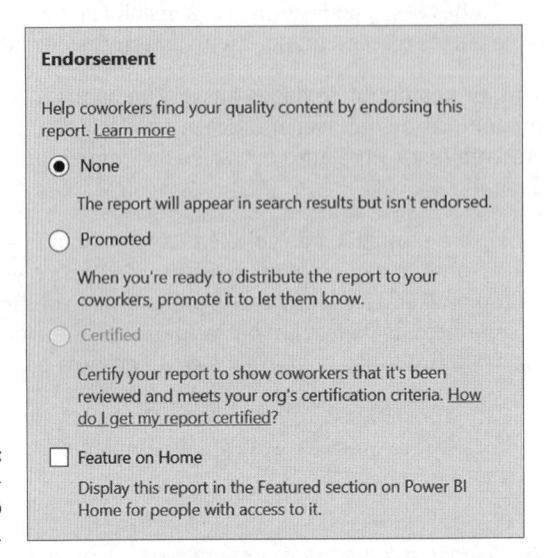

FIGURA 18-12: Configurando endossos.

6. **Escolha a opção apropriada para promover seus dados.**

Note, na Figura 18-12, a opção Certified acinzentada. Isso ocorre porque o administrador do sistema deve habilitar endossos para o usuário ou grupo específico antes de ter permissão para configurar qualquer conteúdo dentro de determinado workspace. Um exemplo de dois itens promovidos é mostrado na Figura 18-13.

FIGURA 18-13: Endossos listados em um workspace do Power BI.

Configurando para Big Data

Você consegue imaginar um conjunto de dados maior que 10 gigabytes (GB)? No mundo do Big Data, isso acontece diariamente. No entanto, a magia tornou-se real. Imagine um sistema de business intelligence de produção em execução que, de repente, um dia para porque atinge uma sobrecapacidade de kilobyte. Isso não dá certo. Os clientes corporativos que executam o Power BI Premium podem usar um recurso para estender a vida útil de um conjunto de dados, permitindo grandes formatos de conjuntos. Os benefícios são abundantes.

> » Os conjuntos de dados podem crescer além de 10 gigabytes.
>
> » Ao usar XML para análise (XMLA), as operações de gravação são mais rápidas. (Para mais informações sobre o XMLA, veja o Capítulo 5.)

Existem duas maneiras pelas quais os conjuntos de dados podem crescer usando esse método: individualmente ou como padrão no workspace Premium. Se decidir expandir um conjunto de dados individualmente, siga estas etapas:

1. **Vá para o Power BI Service.**

2. **Localize o workspace que inclui o conjunto de dados que deseja expandir.**

3. **Clique nos três pontos verticais no lado esquerdo do tipo de conjunto.**

4. **Clique em Settings.**

5. **Supondo que tenha uma licença Premium, role para baixo até a seção da página intitulada Large Dataset Storage Format.**

6. **Em Large Dataset Storage Format, defina como On e clique em Apply, conforme mostrado na Figura 18-14.**

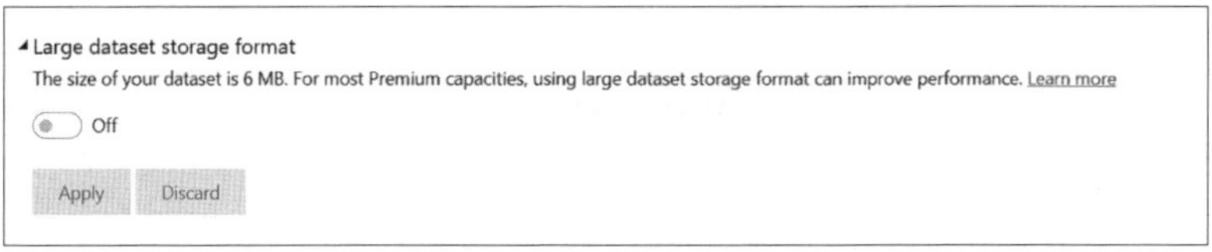

FIGURA 18-14: Configurando grandes formatos de armazenamento de conjunto.

LEMBRE-SE

Se vir o grande formato de armazenamento do conjunto de dados acinzentado, é por não ter a licença Premium ou a permissão para alterar a capacidade em seu ambiente.

As configurações em todo o workspace exigem uma abordagem ligeiramente diferente — siga estes passos:

1. **Vá para Settings, no workspace.**

2. **Localize a seção Premium.**

3. **Navegue até o menu suspenso License. (Veja a Figura 18-15.)**

4. **Dependendo do tipo de licença Premium, selecione Premium per User ou Premium per Capacity, no título License Mode.**

   Nesse caso, você seleciona Premium per User.

5. **Escolha Large Dataset Storage Format no menu suspenso Default Storage Format. (Veja a Figura 18-15.)**

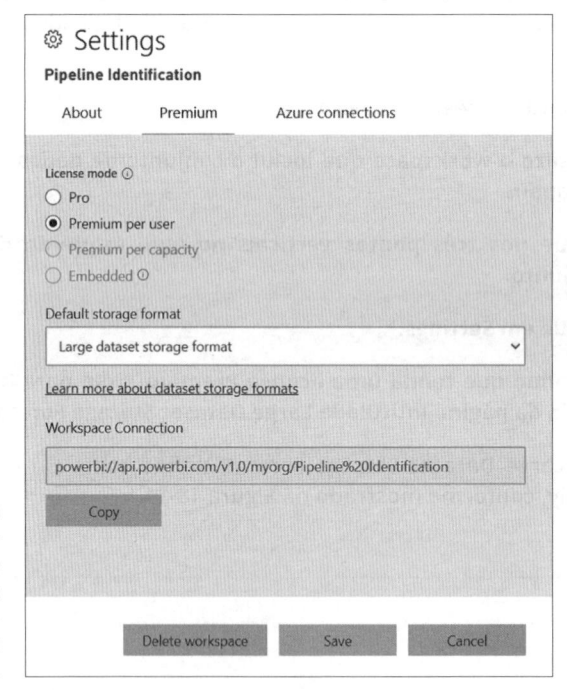

FIGURA 18-15: Configurando um conjunto de dados grande para um workspace.

6. **Clique no botão Save.**

Agora você configurou e está pronto para big data em todo o workspace.

PARTE 5 **Não É Ranger, mas Também É Power**

> **NESTE CAPÍTULO**
>
> » Integrando o Power BI a outros aplicativos da Microsoft
>
> » Explorando compartilhamento e colaboração de dados com usuários internos e externos do Power BI
>
> » Automatizando os recursos do Power BI com Power Platform

Capítulo **19**

Que o Power Esteja com Você!

Não é nenhuma surpresa que a Microsoft considera o Power BI como seu principal produto de business intelligence empresarial. O Power BI é uma grande parte do pacote de produtos Power Platform, um conjunto robusto de aplicativos que automatizam processos, constroem soluções, analisam dados e criam agentes virtuais. O Power BI vai fundo na análise de dados. Neste capítulo, você descobre como a Microsoft integrou fortemente recursos para uma boa colaboração e um excelente compartilhamento de dados entre recursos móveis, de colaboração, automação e gerenciamento de aplicativos com o Power BI.

Vinculando Power Platform e Power BI

O Microsoft Power Platform é um conjunto de aplicativos que permite que usuários como você automatizem processos, criem soluções, analisem dados e criem agentes virtuais. A Microsoft percebeu que os dados estão em todos os lugares. O Power Platform partiu da crença de que as organizações podem aproveitar e obter insights de seus dados de forma inteligente usando uma abordagem simplificada. Ele tem quatro componentes principais:

» **Power BI**: As ferramentas empresariais de análise de negócios.

» **Power Apps:** A solução de desenvolvimento de aplicativos para criar aplicativos de baixo a nenhum código, principalmente para consumo móvel.

» **Power Automate:** Anteriormente conhecido como Microsoft Flow, lida com automação de processos e geração de fluxo de trabalho.

» **Power Virtual Agents:** Ajuda os usuários a criar bots virtuais inteligentes.

LEMBRE-SE

Ao usar o Power Platform, você pode se vincular a mais de trezentos conectores de dados. (A Microsoft está constantemente adicionando conectores de dados à plataforma durante seus lançamentos trimestrais de produtos.) O Power Platform também suporta a ingestão de inteligência artificial (IA) para lidar com a lógica integrada para uso em conjunto com o Microsoft Dataverse, anteriormente conhecido como Common Data Services. O Dataverse é um repositório primário de coleta de dados para todos os aplicativos que usam o Power Platform. Como se vê na Figura 19-1, as oportunidades de conexão de dados no Power Platform são significativas.

FIGURA 19-1: Opções de conector de dados no Power Platform.

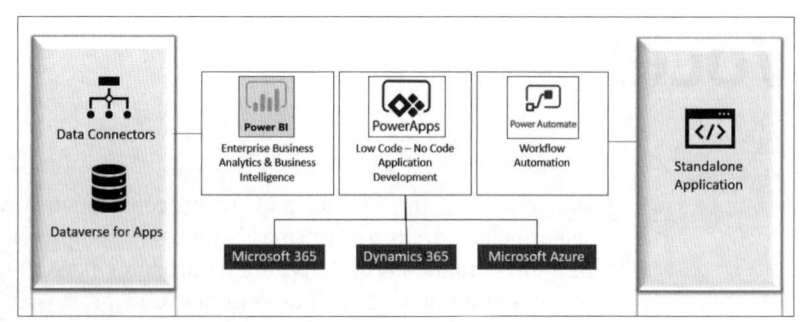

Atualizando com o Power Apps

Se gosta da ideia de criar aplicativos que não demoram meses ou anos para ser codificados, considere a solução de desenvolvimento low-code e no-code, conhecida como Power Apps. A plataforma Power Apps lhe permite criar um aplicativo altamente gráfico e centrado em dados que requer pouco ou nenhum código. Na verdade, mesmo um desenvolvedor iniciante pode construir um aplicativo altamente complexo e orientado por dados que inclua lógica para uma empresa que deseje integrar outras soluções do Power Platform em diferentes fatores de forma do dispositivo, incluindo smartphones e tablets.

Com o Power Apps, você cria aplicativos baseados em tela ou em modelos. Um aplicativo orientado por tela permite ao usuário projetar e desenvolver aplicativos específicos para tarefas com flexibilidade de design. Um aplicativo orientado por modelo, por outro lado, permite projetar e desenvolver aplicativos focados em componentes usando fontes de dados existentes com base em processos de negócios.

Não é nenhuma surpresa que a segurança seja parte do Power Apps e, além disso, do Power Platform também. Um usuário gerencia a segurança corporativa por meio do Active Directory do Azure para habilitar políticas, especialmente quando a autenticação multifator é necessária.

Quando as organizações exigem registros e análises de auditoria, incluindo políticas de perda e prevenção de dados de rastreamento, é preciso acessar todos os dados por meio dos controles de administração, que, é claro, exigem acesso por meio do centro de administração do Power Apps, agora chamado de Power Platform Admin Center. Ele fica onde todos os outros aplicativos são administrados no Microsoft 365, conforme mostrado na Figura 19-2. Uma vez lá, localize a lista de todos os ambientes de administração de aplicativos e clique no link do Power Apps. Em seguida, é apresentada uma lista de opções semelhantes à da Figura 19-3.

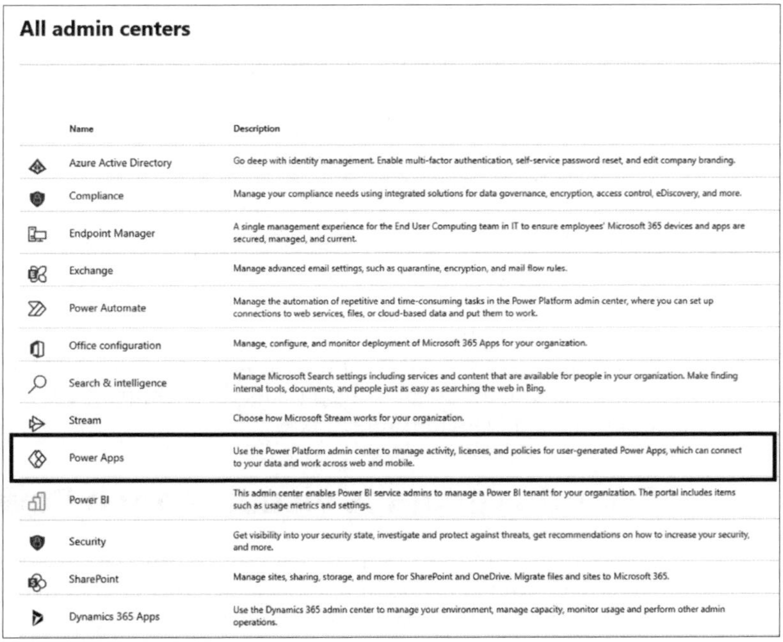

All admin centers

Name	Description
Azure Active Directory	Go deep with identity management. Enable multi-factor authentication, self-service password reset, and edit company branding.
Compliance	Manage your compliance needs using integrated solutions for data governance, encryption, access control, eDiscovery, and more.
Endpoint Manager	A single management experience for the End User Computing team in IT to ensure employees' Microsoft 365 devices and apps are secured, managed, and current.
Exchange	Manage advanced email settings, such as quarantine, encryption, and mail flow rules.
Power Automate	Manage the automation of repetitive and time-consuming tasks in the Power Platform admin center, where you can set up connections to web services, files, or cloud-based data and put them to work.
Office configuration	Manage, configure, and monitor deployment of Microsoft 365 Apps for your organization.
Search & intelligence	Manage Microsoft Search settings including services and content that are available for people in your organization. Make finding internal tools, documents, and people just as easy as searching the web in Bing.
Stream	Choose how Microsoft Stream works for your organization.
Power Apps	Use the Power Platform admin center to manage activity, licenses, and policies for user-generated Power Apps, which can connect to your data and work across web and mobile.
Power BI	This admin center enables Power BI service admins to manage a Power BI tenant for your organization. The portal includes items such as usage metrics and settings.
Security	Get visibility into your security state, investigate and protect against threats, get recommendations on how to increase your security, and more.
SharePoint	Manage sites, sharing, storage, and more for SharePoint and OneDrive. Migrate files and sites to Microsoft 365.
Dynamics 365 Apps	Use the Dynamics 365 admin center to manage your environment, manage capacity, monitor usage and perform other admin operations.

FIGURA 19-2: Uma lista de centros de administração no Microsoft 365.

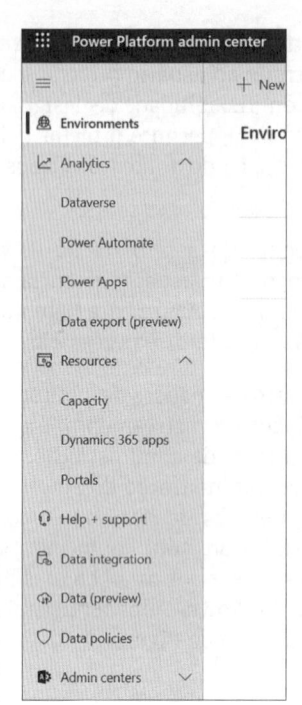

FIGURA 19-3: Opções para o Power Platform Admin Center.

PAPO DE ESPECIALISTA

Acredite ou não, o Power Platform Admin Center cobre as principais funcionalidades do Power Apps, Power BI e Power Automate. O Power Apps tinha seu próprio centro de administração, mas não mais! Não se confunda com a rotulagem — o Power Platform Admin Center tem exatamente o mesmo conjunto de ferramentas.

LEMBRE-SE

Você pode se conectar a praticamente qualquer fonte de dados no Power Platform e integrá-los em todos os sistemas existentes a serem estendidos em todas as soluções. No entanto, isso não requer o uso do Dataverse. Os dados podem permanecer nos próprios aplicativos. Por exemplo, você pode utilizá-los no SharePoint 365 ou no Dynamics 365 e conectá-los inerentemente a um aplicativo criado por você, para que as informações sejam consumíveis.

Criando recursos visuais com o Power BI

O Power BI permite insights de dados e tomada de decisões. Ao mesmo tempo, o Power Apps permite que os usuários criem e usem aplicativos que se conectem aos dados de sua empresa. Os usuários podem usar a função visual do Power Apps para passar dados sensíveis ao contexto para o aplicativo Canvas, que é atualizado em tempo real à medida que os relatórios são alterados. Para usar um Power Apps visual com o Power BI, siga estas etapas:

1. **Verifique se a versão do Power BI Desktop é a mais recente.**

   Por padrão, o Power Apps visual está disponível com o Power BI Service. Se estiver usando o Power BI Desktop, e ele não aparecer, atualize para a versão mais recente.

2. **Sempre que desejar integrar um elemento visual do Power Apps, adicione-o ao relatório e defina os campos de dados associados no painel Visualizations, conforme mostrado na Figura 19-4.**

   Escolha um aplicativo existente ou crie um novo com base na visualização do Power Apps que acabou de incorporar à página do relatório. Independentemente disso, o relatório deve ser publicado no Power BI Service e aberto no navegador.

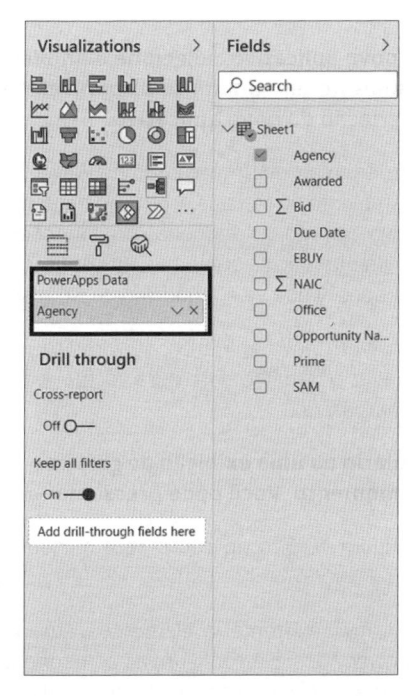

FIGURA 19-4: O campo Power Apps Data.

3. **Depois de clicar duas vezes no elemento visual do Power BI que foi incorporado ao relatório, selecione a opção desejada — Existing ou New —, conforme indicado na Figura 19-5.**

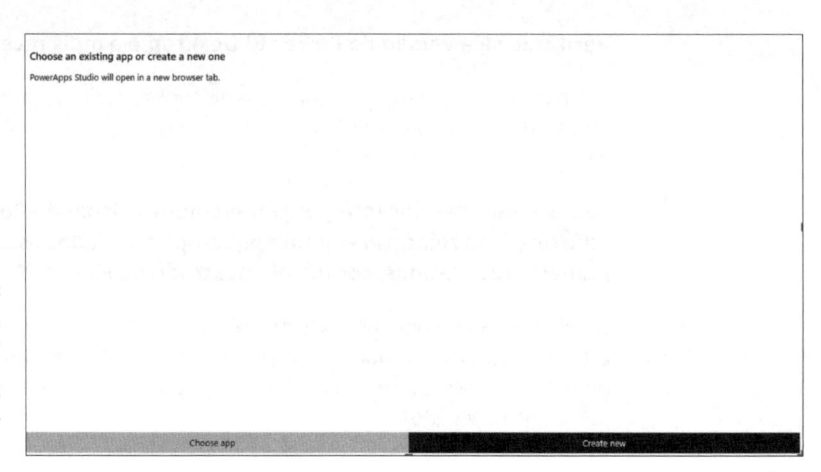

FIGURA 19-5:
Criando ou selecionando um ambiente do Power Apps.

4. **Se decidir criar um novo aplicativo, selecione o ambiente correto, supondo que haja mais de um ambiente disponível. Caso contrário, prossiga com a criação do novo aplicativo.**

   PAPO DE ESPECIALISTA

   Algumas organizações têm mais de um locatário do Power Platform, portanto, podem ter um ambiente de testes e produção do Power Apps e até mesmo do Power BI. No entanto, as pequenas organizações geralmente têm apenas uma. Geralmente, são as organizações que licenciam o Power BI para Premium per Capacity que se enquadram nesse caso.

   Se você optou por criar um novo aplicativo, será redirecionado para o Power App Studio, que faz o trabalho duro para você — portanto, pouco ou nenhum código é necessário.

5. **Selecione um formulário ou uma exibição de galeria — sua escolha não importa nesse momento. Você pode pressionar o botão Skip.**

   Como mostrado na Figura 19-6, o aplicativo recém-criado aparece no Power App Data Studio.

   Se selecionar um aplicativo existente, o elemento visual solicitará que abra o aplicativo no Power Apps. Ele configura os componentes necessários no aplicativo para que o Power BI se comunique com o Power App.

   Se decidir criar um novo aplicativo, o Power Apps o fará com todos os componentes pré-conectados — e o low-code estará pronto para agir. Sua única responsabilidade pós-criação é adicionar a fonte de dados externa, que é acessível no elemento visual do Power Apps usando o Power App Data Studio.

   PAPO DE ESPECIALISTA

   Se estiver criando um novo aplicativo ou usando um existente em um relatório do Power Apps, certifique-se de que a função `PowerBIIntegration.Refresh ()` aparece como parte do aplicativo.

PAPO DE ESPECIALISTA

Nem todos os aplicativos estão configurados da mesma forma nesse momento. Dependendo de como nomeou os campos de dados no Power BI e os rotulou no Power Apps, talvez você veja alguma variação. No exemplo, Agency Lookup aponta para uma fonte codificada de forma semelhante a esta:

```
LookUp(Agency,Agency _ Name=First(PowerBIIntegration.
Data).
   Agency _ Name)
```

Nesse ponto, o relatório do Power BI e a instância do Power App Studio que lançou compartilham uma conexão de dados ao vivo.

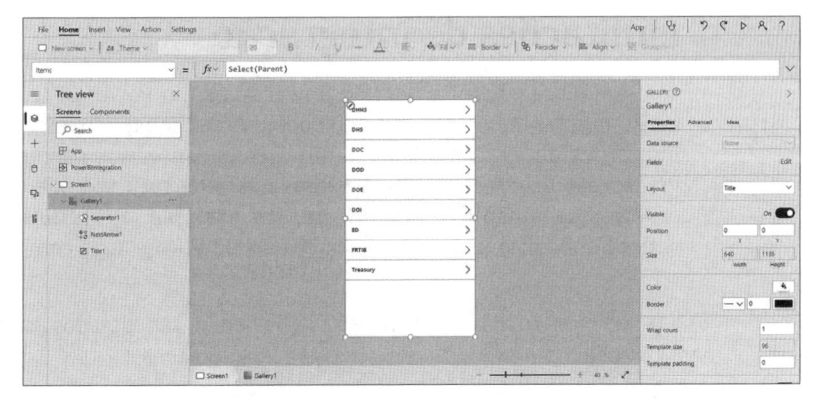

FIGURA 19-6: Um Power App recém-criado.

6. **Usando essa conexão aberta, você pode filtrar e alterar todos os dados em um relatório para ver como se refletem imediatamente no aplicativo no Power App Studio.**

7. **Escolha File ⇨ Save As, no menu principal, para salvar e publicar o aplicativo na instância do Power Apps em seu domínio de nível superior.**

8. **Na nova tela exibida, escolha The Cloud como local de salvamento, nomeie o aplicativo no campo Name e clique em Save.**

9. **Teste o Power App acessando o relatório do Power BI associado.**

Os usuários agora podem obter insights dos dados entre o relatório e a instância do Power App, conforme mostrado na Figura 19-7, selecionando o relatório que acabou de salvar e compartilhar — o Power App agora está incorporado ao relatório. Conclua um relatório detalhado dos dados dentro dele.

CAPÍTULO 19 **Que o Power Esteja com Você!**   351

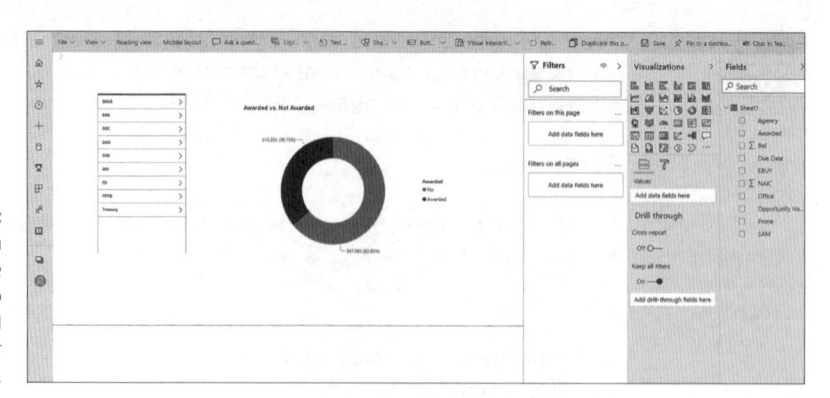

FIGURA 19-7:
Um exemplo de integração do Power BI e do Power Apps.

Limitações de integração

Se deseja integrar fortemente o Power Apps e o Power BI, considere primeiro o tamanho do conjunto de dados. Acredite ou não, essa solução tem limitações de escalabilidade significativas. Em várias condições, a integração não acontece. Há uma extensa lista de recursos que o Power BI e o Power Apps não têm atualmente. Por exemplo, as seguintes condições podem impedir o uso de recursos visuais do Power Apps com o Power BI:

» O número máximo de registros que podem ser passados usando o objeto `PowerBIIntegration` é limitado a mil.

» Os recursos visuais do Power Apps não oferecem suporte à incorporação de vários níveis, especialmente quando estão em uma configuração de nuvem secundária (SharePoint ou Teams, por exemplo) com o Power BI.

» Alterar um campo de dados com um elemento visual requer uma modificação dentro do Power BI Service. Se não atualizar o Service e não propagar a alteração para o Power Apps, o aplicativo responderá ao acaso.

» Embora você possa visualizar relatórios e aplicativos em uma tela juntos, seus dados do Power Apps devem permanecer fora da tela do relatório.

» O Power BI Report Server não suporta recursos visuais do Power Apps.

Apresentando o aplicativo móvel Power BI

O Power BI permite que os usuários consumam funções analíticas em praticamente qualquer dispositivo: desktop, smartphone, tablet e até smartwatch. Dependendo do sistema operacional, você pode se conectar e interagir com seus dados na nuvem ou no local de várias maneiras, como descrito na Tabela 19-1.

TABELA 19-1 Suporte Móvel do Power BI

Sistema Operacional	Capacidade
Telefone e relógio Apple iOS	O Power BI suporta layouts móveis específicos para iOS. Você também pode usar o assistente virtual de perguntas e respostas com essa edição.
Tablet Apple iOS	Ao usar o Power BI para iPad, o aplicativo móvel exibe mais do que os relatórios formatados específicos — oferece dashboards e relatórios da maneira como foram formatados no Service. Além disso, você pode visualizar os KPIs do Report Server e do Reporting Services com o iPad. Integrada ao aplicativo, está a capacidade de definir alertas de dados para notificar os usuários quando ocorrerem alterações no dashboard além dos limites definidos.
Telefone com sistema operacional Android	Semelhante ao iPhone, a edição para celular Android oferece visualizações exclusivas como parte dos relatórios móveis. Os usuários podem filtrar relatórios com vários filtros geográficos. Além disso, um recurso de QR code exclusivo para Android permite aos usuários relatarem dados no dashboard.
Tablet Android OS	Todos os recursos de tablet/iPad da Apple são comparáveis aos do Android. Um recurso notável é a capacidade de marcar dashboards e relatórios favoritos para que os usuários possam acessá-los rapidamente, com seus KPIs e relatórios favoritos do Power BI Report Server e Report Service.
Windows OS	O Power BI Mobile é executado em qualquer dispositivo móvel Windows, incluindo telefones Windows 10, tablets e dispositivos Surface. Como outras plataformas móveis, há funcionalidades específicas baseadas no Windows, como fixar dashboards no menu Iniciar do sistema operacional Windows no aplicativo Power BI Mobile. Você também pode executar o Power BI no modo de apresentação com o Surface Hub e o app móvel Power BI para Windows 10.

CUIDADO A Microsoft não oferece mais suporte ao Windows 10 Mobile desde março de 2021. O foco agora está na produtividade baseada no sistema operacional Windows, incluindo dispositivos inteligentes, como tablets e notebooks Surface. A Microsoft não pensa neles como dispositivos móveis, porque eles executam todo o sistema operacional Windows OS.

LEMBRE-SE Você sempre cria seus relatórios usando o Power BI Desktop. Esses relatórios são então enviados para o Power BI Service com a criação de dashboards.

Integrando o OneDrive e o Power BI

O OneDrive é uma plataforma de armazenamento online de documentos. Na verdade, é o mesmo repositório usado no SharePoint, mas com menos firulas. Com o OneDrive, o versionamento e o compartilhamento de arquivos são limitados à ideia do gabinete de arquivamento. O SharePoint está mais focado na colaboração para empresas no escopo de sites e intranets — o OneDrive está focado em arquivos e pastas. Muitos usuários podem colaborar simultaneamente, incluindo workflows complexos completos, auditoria, modelo e controles de auditoria em ambos os aplicativos. Com o OneDrive, você não pode criar sites ou soluções de colaboração social, e esse é o grande ponto de venda para o SharePoint. Para fins de Power BI, no entanto, o foco do OneDrive é perfeitamente bom. Às vezes, você precisa de um documento para residir em um repositório centralizado. Em outras ocasiões, ele pode simplesmente residir na área de trabalho de um usuário local.

Como o OneDrive não permite que documentos sejam publicados na web, como compartilhar um arquivo do Power BI? O truque é tornar o documento detectável para um público específico, fornecendo-lhe acesso a ele. Neste exemplo, você verá como conectar o OneDrive ao Power BI para compartilhamento de dados e consumo de arquivos. Siga estes passos:

1. **No navegador, vá para o local do OneDrive for Business.**

2. **Localize o arquivo Excel que contém os dados necessários.**

3. **Clique com o botão direito do mouse no arquivo e escolha Open in App ou Open in Browser no menu exibido, como mostrado na Figura 19-8.**

   O Open in App aproveita o conjunto de ferramentas do Desktop Client, enquanto o Open in Browser abre o OneDrive no navegador.

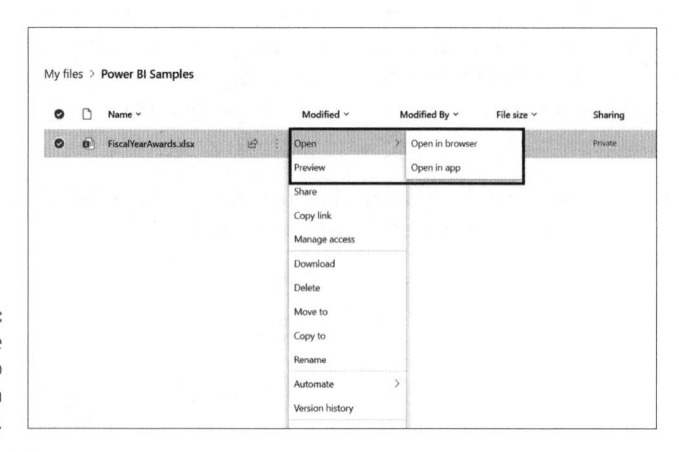

FIGURA 19-8: Selecione Open in App ou Open in Browser.

4. **No Excel, escolha File ⇨ Info.**

   O painel Info é exibido.

5. **Clique no botão Copy Path. (Veja a Figura 19-9.)**

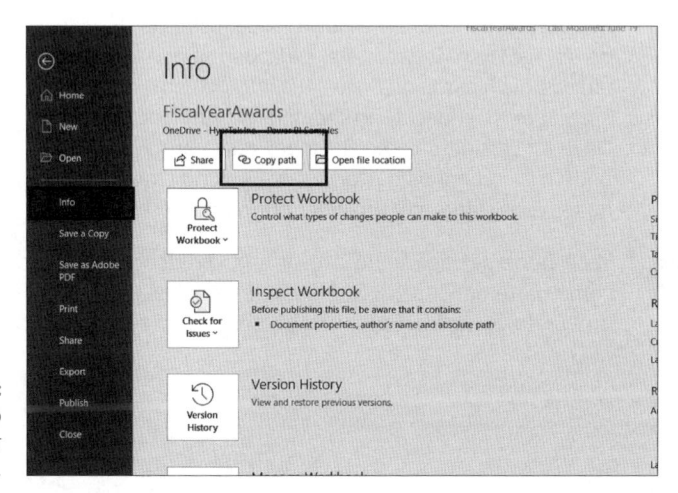

FIGURA 19-9: A opção Info para copiar o caminho.

6. **Abra o Power BI Desktop e clique na opção Get Data, em Home.**

7. **Escolha Web no menu que aparece. (Veja a Figura 19-10.)**

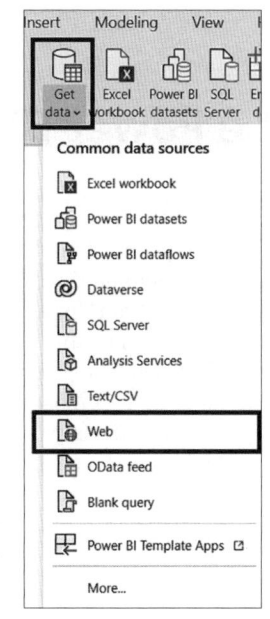

FIGURA 19-10: A opção Get Data, da Web.

CAPÍTULO 19 **Que o Power Esteja com Você!** 355

8. Na caixa de diálogo From Web, verifique se o botão Basic está selecionado e cole o link do Excel no campo de URL da caixa de diálogo. Você deve remover o ?web=1 string no final do link para que o Power BI Desktop vá até o arquivo, conforme mostrado na Figura 19-11.

Agora você conectou o arquivo à sua instância do Power BI. Uma caixa de diálogo do navegador é exibida, permitindo que selecione, na lista de tabelas, planilhas e intervalos encontrados no workbook do Excel ao qual acabou de se conectar no exemplo. Nesse ponto, você pode usar o OneDrive for Business como qualquer outro arquivo do Excel. Na verdade, pode criar relatórios e usar os arquivos no OneDrive para conjuntos de dados como faria com qualquer outra fonte.

DICA Você pode ser solicitado a usar suas credenciais do Active Directory como parte da Etapa 8. Não entre em pânico. Escolha suas credenciais do Windows para acesso local ao SharePoint ou à sua conta online do Microsoft 365.

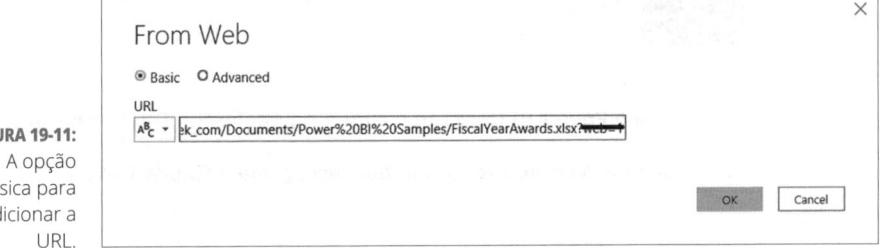

FIGURA 19-11: A opção básica para adicionar a URL.

Colaboração, SharePoint e Power BI

O SharePoint 365, que faz parte do conjunto de ferramentas do Microsoft 365 (anteriormente, Office 365), permite que os usuários colaborem com outros membros de uma organização por meio da criação de sites de intranet, páginas da web, bibliotecas de documentos e listas. Como parte da experiência do usuário, um usuário pode adicionar uma web part, que é um pequeno aplicativo autônomo, para fornecer conteúdo relevante e direcionado. O conteúdo pode executar a gama de recursos visuais, notícias ou comunicações. Uma dessas web parts disponíveis para os usuários para integração de dados é a web part do Power BI, dentro da experiência moderna do usuário do SharePoint.

Experiência clássica versus moderna do SharePoint

A Microsoft transformou a experiência do SharePoint em algo moderno e prático, exigindo modularidade, reutilização e mobilidade, em comparação com a mentalidade focada no código, o que significa que existem limites para os tipos de personalizações visuais que podem ser concluídos em toda a experiência do usuário.

Isso significa que a Microsoft abandonou a experiência clássica, não permitindo que os usuários codifiquem sites de intranet e páginas da web? Ainda não! Mas há, é claro, recursos que você não obtém com a experiência clássica, só na moderna. No entanto, com a troca de uma personalização menor, vem uma experiência de colaboração orientada por dados mais intuitiva. Um exemplo é a web part do Power BI. Esse recurso não está disponível nativamente com a experiência moderna; requer a clássica. Você precisa fazer uma quantidade significativa de codificação manual para integrar até mesmo recursos simples. Por outro lado, para a experiência moderna, adicionar uma web part do Power BI é tão simples quanto arrastar, soltar e clicar.

Integrando o Power BI ao SharePoint 365

Antes de fazer qualquer coisa no SharePoint, configure o Power BI para apresentar seus relatórios usando sua web part. Para concluir essas ações, abra o Power BI Service e, em seguida, vá para o relatório que deseja apresentar no SharePoint. Para concluir essas ações, siga estas etapas:

1. **Vá para o Power BI Service.**

2. **Localize o relatório que deseja apresentar no SharePoint Online.**

    Os relatórios são encontrados nos workspaces individuais.

3. **Acesse o relatório individual que quer incorporar selecionando Choose File ⇨ Embed Report ⇨ SharePoint Online no menu principal, como mostrado na Figura 19-12.**

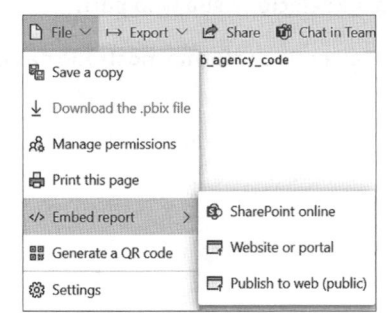

FIGURA 19-12: Configurando o Power BI para SharePoint Online.

4. **Copie o link que aparece na caixa de diálogo Embed Link for SharePoint.**

   Você usa esse link para incorporar seu relatório na web part do Power BI. (Veja a Figura 19-13.) Mostro exatamente como na próxima seção.

FIGURA 19-13: Link incorporado para SharePoint Online.

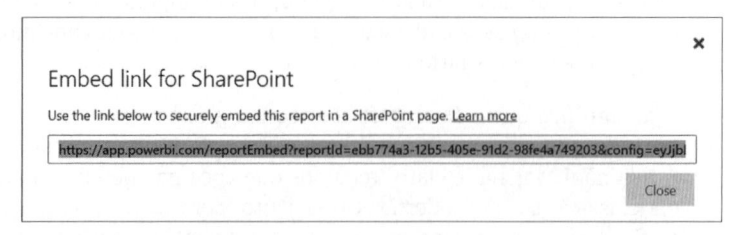

Visualizando relatórios no SharePoint

A próxima parte da experiência de integração do Power BI requer que você vá para a instância do SharePoint Online. Nas etapas a seguir, configure a web part do Power BI para exibir o relatório que acabou de configurar para o SharePoint Online:

1. **Acesse qualquer página da web do SharePoint que incorpore sua experiência moderna.**

2. **Localize o sinal de mais (+) (veja a Figura 19-14) na página em que deseja adicionar a web part do Power BI.**

FIGURA 19-14: Adicionando uma web part em uma página da web moderna do SharePoint.

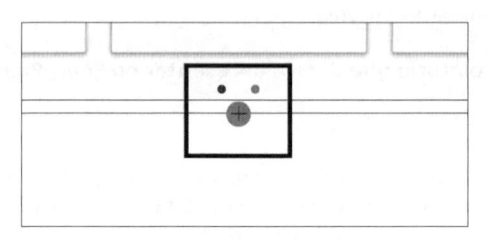

3. **Clique no sinal de mais e selecione sua web part.**

4. **Escolha a web part do Power BI, conforme mostrado na Figura 19-15.**

FIGURA 19-15: Um catálogo de web parts.

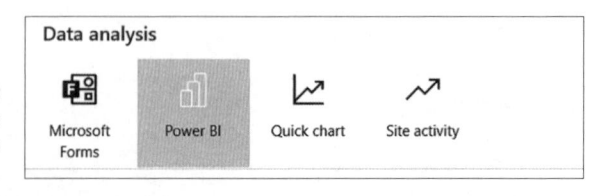

5. **Depois que a web part do Power BI for colocada provisoriamente na página do SharePoint, clique no botão Add Report. (Veja a Figura 19-16.)**

   Um dashboard aparece no lado direito da tela, como mostrado na Figura 19-17.

FIGURA 19-16: Inicialização da web part do Power BI.

FIGURA 19-17: O painel Report Configuration, do Power BI.

CAPÍTULO 19 **Que o Power Esteja com Você!** 359

6. Cole a URL que copiou do Power BI Service, na seção anterior, "Integrando o Power BI ao SharePoint 365", no campo Report Link, no Power BI.

7. Pressione a tecla Enter para que as alterações entrem em vigor.

Agora você vê o relatório incorporado ao SharePoint Online, como mostrado na Figura 19-18. Curiosamente, o nome de cada página é transferido do Power BI.

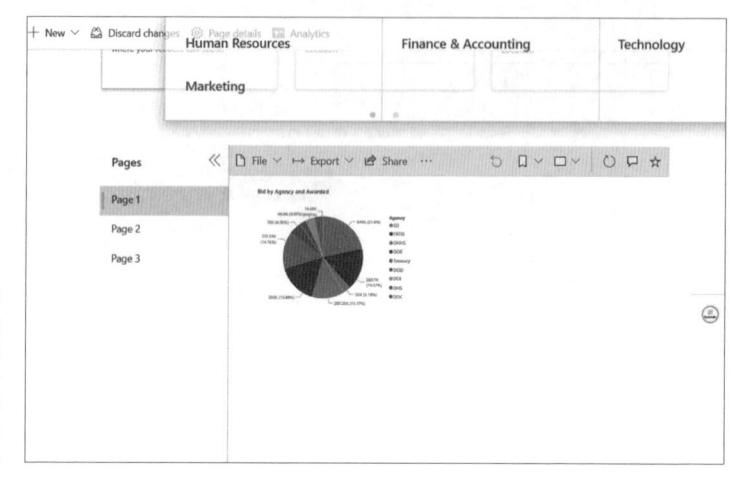

FIGURA 19-18: Um relatório do Power BI incorporado ao SharePoint Online.

Você pode configurar o layout, a página inicial (se houver várias páginas de relatório), a página de navegação, as opções de filtragem e a barra de ação para cada relatório na web part do Power BI do SharePoint Online.

Automatizando Workflows

O Power Automate, anteriormente conhecido como Microsoft Flow, ajuda as organizações a automatizarem processos. Algumas dessas tarefas podem até ser demoradas. Ainda assim, com um workflow automatizado, você pode reduzir erros e tarefas não essenciais. O Power Automate é o poderoso mecanismo de workflow que permite conectar não apenas sistemas baseados na Microsoft, mas também aplicativos de terceiros.

Com o Power Automate, há uma única fonte. Na verdade, você pode automatizar e construir processos de negócios em aplicativos e serviços implantados há muito tempo ou apenas concluí-los como parte de uma nova implementação de TI. Quando o Power BI faz parte da equação, os cenários variam de simples automação de dados a processos avançados que exigem ramificação e ações de gatilho. Por exemplo, com o Power

Automate, um workflow pode ser criado para estabelecer um processo de aprovação. Ou, talvez quando os dados são adicionados ao Power BI, os usuários possam ser notificados sobre tais alterações no sistema.

Configurando workflows pré-construídos para o Power BI

Nem todas as configurações para o Power BI realmente ocorrem nele. O trabalho árduo acontece no Power Automate. Você está simplesmente se conectando ao Power BI para as atividades configuráveis. Para começar a criar um workflow, inicie o aplicativo Power Automate, do Microsoft 365. (Veja a Figura 19-19.)

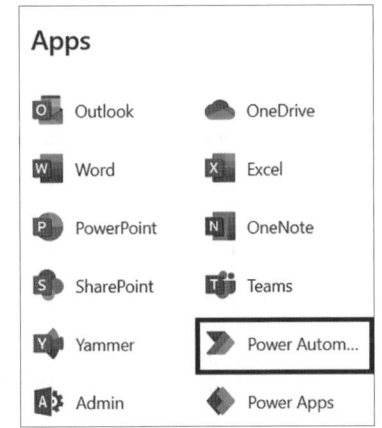

FIGURA 19-19: Acessando o Power Automate no console do Microsoft 365.

Assim que o Power Automate for lançado, você verá várias maneiras de criar um fluxo. A maneira mais eficiente de fazê-lo é digitando Power BI na caixa Search, no lado direito da tela, como mostrado na Figura 19-20.

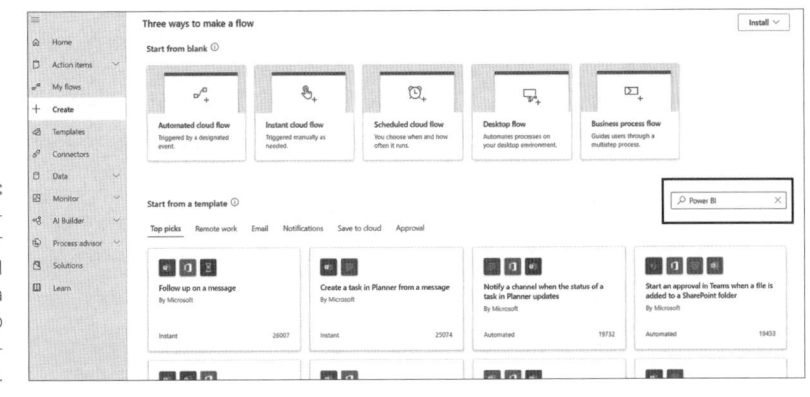

FIGURA 19-20: Pesquisando por Power BI na página inicial do Power Automate.

Após pressionar Enter, todos os modelos de Power BI pré-construídos são exibidos, conforme mostrado na Figura 19-21.

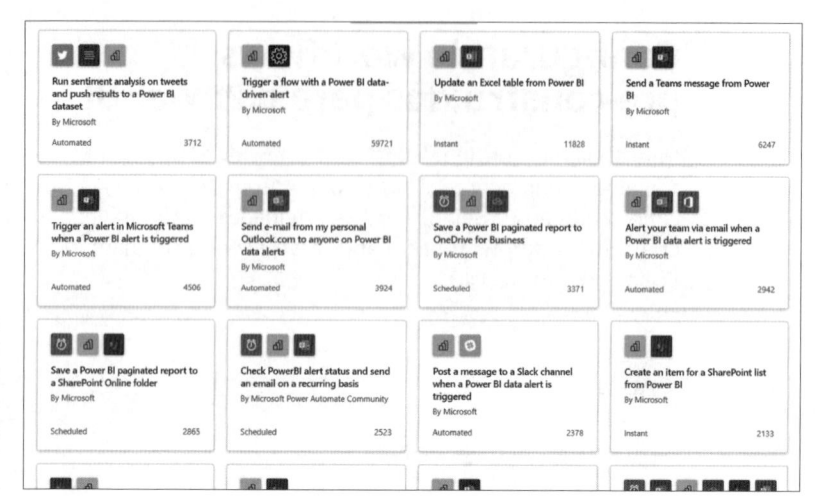

FIGURA 19-21: Os modelos Power BI pré-construídos do Power Automate.

> **DICA**
>
> A Microsoft tem mais de quarenta modelos pré-construídos (até o momento) para integração ao Power Automate.

Para configurar um exemplo de workflow pré-construído, siga estas etapas:

1. **Selecione o modelo do workflow Update an Excel Table (veja a Figura 19-22), um dos workflows mais procurados para o Power BI.**

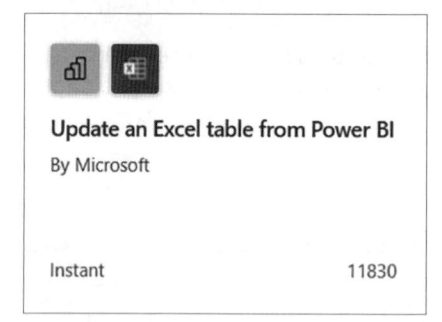

FIGURA 19-22: O modelo de workflow Update an Excel Table.

2. **Abra o modelo e clique na opção Flow.**

    Aparece uma tela para configurar todas as contas que você precisa autenticar.

    Nesse caso, autentique para Power BI e Excel.

3. **Depois de verificar se você tem as contas adequadas selecionadas, clique em Continue. (Veja a Figura 19-23.)**

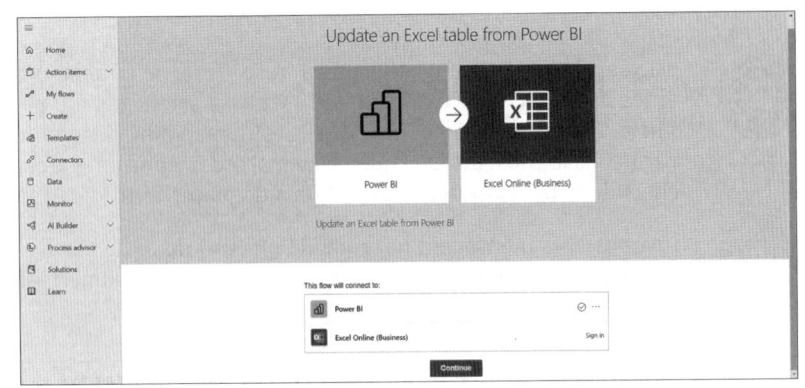

FIGURA 19-23: Configurando contas.

4. **Depois de pressionar Continue, você será solicitado a mapear os campos da fonte do Excel para a fonte de dados do Power BI.**

   Nesse caso, estou mapeando um arquivo encontrado no OneDrive, com dados relacionados ao usuário, no qual existe uma correspondência no Power BI para atualizar uma linha, como mostrado na Figura 19-24.

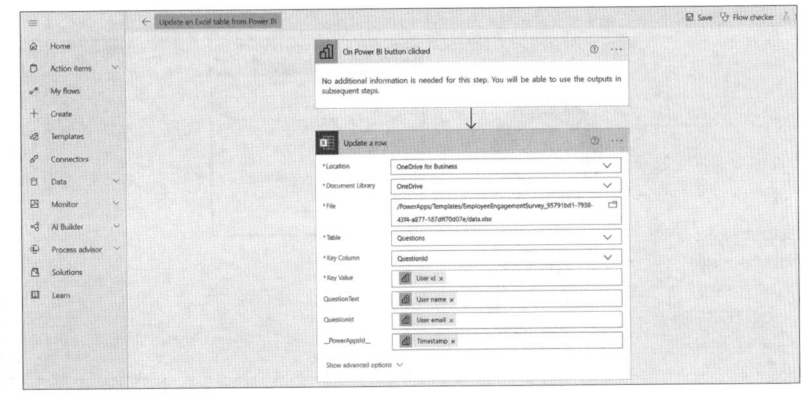

FIGURA 19-24: Campos de mapeamento para Power Automate Flow.

5. **Supondo que tenha configurado todos os campos e nenhum erro tenha aparecido após testar seu fluxo (pressione o botão Test primeiro — veja a Figura 19-25), clique em Save (novamente, veja a Figura 19-25) quando estiver pronto para concluir seu fluxo.**

CAPÍTULO 19 **Que o Power Esteja com Você!** 363

FIGURA 19-25:
As opções Test e Save.

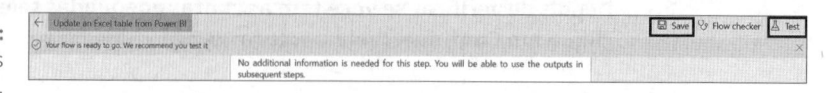

DICA

Não consigo enfatizar o suficiente a frase "teste seu trabalho com cuidado" antes de salvar seu fluxo para que ele possa ser executado ao vivo desde o início. A pior coisa são os erros, que resultam em atividades desnecessárias para os usuários. Afinal, quem quer acordar com uma caixa de entrada cheia de e-mails inúteis e mensagens de texto, certo?

LEMBRE-SE

Aparece uma mensagem informando que um fluxo foi salvo e que deve ser testado. Vá para o lado superior direito da tela e pressione Test para garantir que ele funcione corretamente.

Usando o Power Automate Visual com Power BI

No Power BI, você pode adicionar uma opção de visualização útil chamada Power Automate Visual. Veja como:

1. Com um relatório aberto no Power BI, selecione o visual desejado no painel Visualizations (veja a Figura 19-26) e arraste-o para a tela Services.

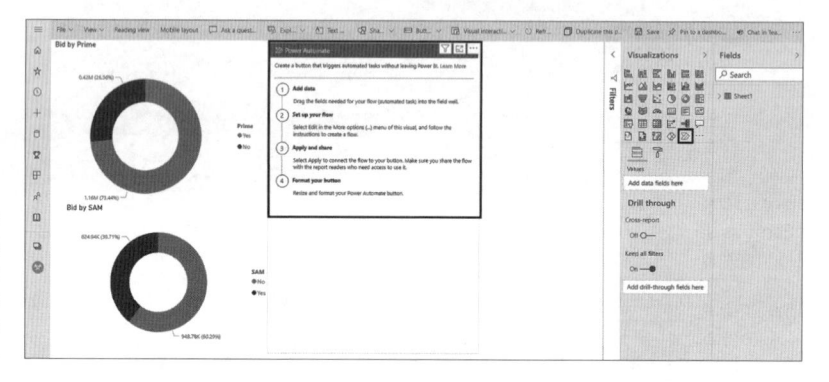

FIGURA 19-26:
Adicionando o Power Automate Visual à tela do Power BI.

2. Depois que o visual for adicionado à tela, selecione o campo que será o gatilho do Power Automate.

   Nesse caso, o gatilho é Awarded.

3. Depois que o campo for selecionado, clique nas três elipses (More Options), no canto superior direito da caixa de diálogo Power Automate, na tela, e escolha Edit no menu exibido.

   O Power Automate é iniciado no navegador.

Você tem a opção de usar um dos fluxos pré-construídos, procurar um fluxo ou criar o seu próprio.

4. **Para esse fluxo, crie um item de lista no SharePoint Online clicando duas vezes no fluxo pré-construído.**

5. **Depois de selecionar um fluxo pré-construído, clique em Create an Item para uma lista do SharePoint a partir do Power BI, como mostrado na Figura 19-27.**

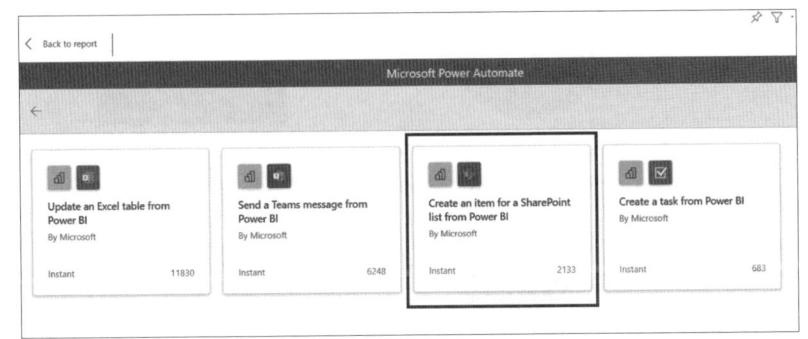

FIGURA 19-27: Criando um item do SharePoint para uma lista do Power BI.

6. **Na nova tela exibida, valide as credenciais de autenticação do Power BI e do SharePoint e clique em Continue.**

7. **Localize o conjunto de sites, o site ou o subsite do SharePoint junto com a lista para a qual deseja mapear seus campos. Quando terminar de mapear os dados da lista do SharePoint para o fluxo, clique em Save, conforme mostrado na Figura 19-28.**

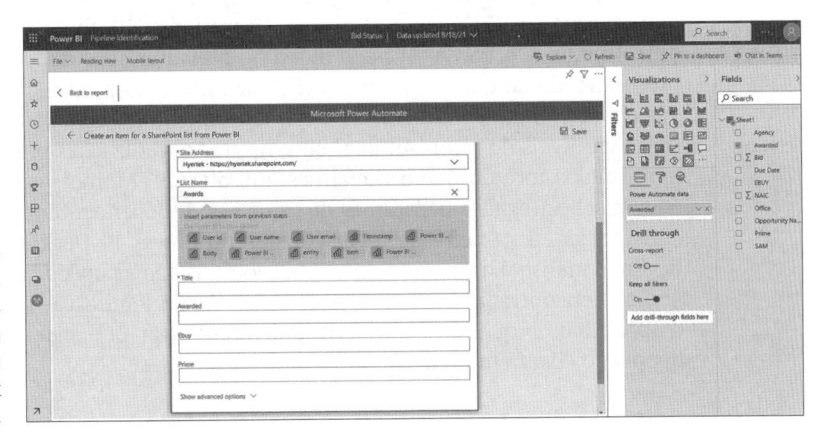

FIGURA 19-28: Mapeamento de campos para Power BI SharePoint Flow.

CAPÍTULO 19 **Que o Power Esteja com Você!** 365

8. Após clicar em Save, volte ao relatório selecionando Back to Report, no lado esquerdo.

Você verá que o botão Run Flow foi adicionado ao relatório, conforme mostrado na Figura 19-29.

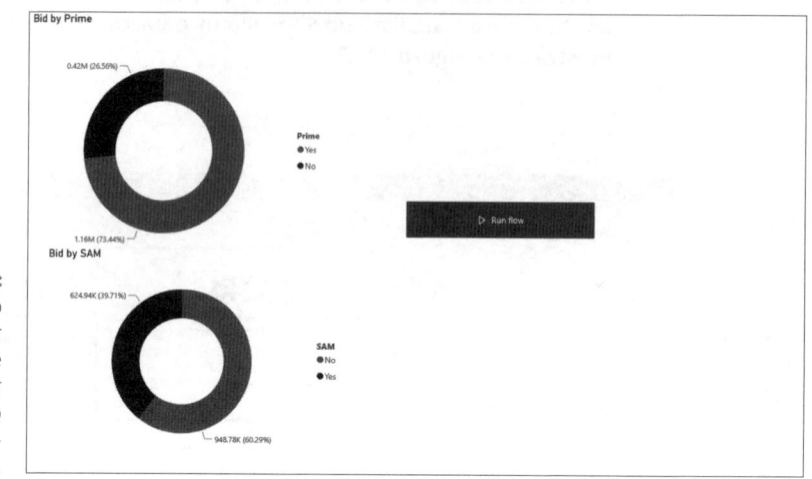

FIGURA 19-29: Um botão do Power Automate para Power BI anexado a um relatório.

Desencadeando o Dynamics 365 para a Análise de Dados

O Dynamics 365 é bastante, digamos, dinâmico. Se você for um usuário do Dynamic 365 CRM, Sales, Finance, Operations, HR, Business Central ou outro módulo, o Power BI pode ajudá-lo a avaliar seus dados com maior profundidade do que o Dynamics 365 sozinho. Incorporadas ao Dynamics 365 estão inúmeras maneiras de fatiá-los e dividi-los com base nas métricas disponíveis do setor. Ainda assim, muitas organizações precisam comparar dados fora do que o Dynamics 365 oferece. Muitas vezes, os dados devem ser agregados a sistemas de terceiros. Independentemente das circunstâncias, a maneira de ingerir dados no Power BI Desktop para avaliação e análise é a mostrada no Capítulo 6. Todas as opções do Dynamics 365 são encontradas em Services Online. (Veja a Figura 19-30.) Selecione o aplicativo do qual deseja ingerir dados no Power BI e siga as instruções depois de clicar em Connect.

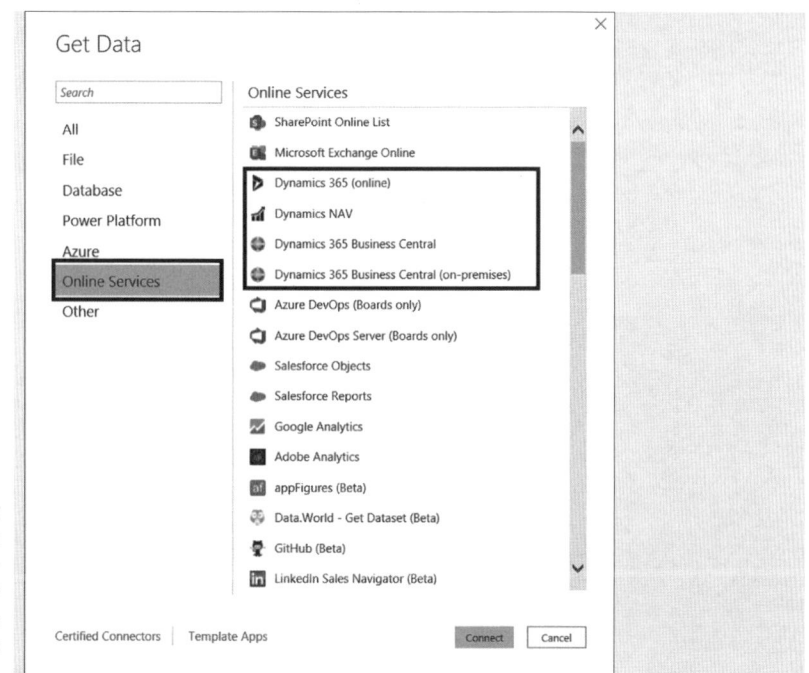

FIGURA 19-30:
O menu para selecionar uma Instância do Dynamics 365.

Veja o que acontece depois de selecionar um aplicativo específico do Dynamics:

1. **Você deve inserir a URL da instância do Dynamics CRM da sua organização ou fazer login no Dynamics 365 (todos os outros aplicativos).**

   Nesse caso, as credenciais de login são fornecidas.

2. **Depois de fazer login, selecione quais tabelas das instâncias de Production deseja transformar e carregar, verificando cada item à esquerda.**

3. **Quando estiver pronto, selecione Transform Data.**

4. **Seus dados do Dynamics 365 Business Central foram importados para o Power BI para avaliação usando o Power Query Editor.**

Agora você pode criar relatórios usando as tabelas e os dados importados para o Power BI sem precisar depender do Dynamics 365.

6
A Parte dos Dez

NESTA PARTE...

Torne suas visualizações, relatórios, dashboards e apps do Power BI acessíveis online e passíveis de impressão.

Descubra maneiras de aperfeiçoar seu código DAX para adoção com o Power BI.

> **NESTE CAPÍTULO**
>
> » Entendendo como focar a lógica, formatar o código e simplificar tudo
>
> » Vendo por que é crucial eliminar algumas funções e ter propósito
>
> » Lidando com repetições

Capítulo **20**

Dez Melhorias no DAX com o Power BI

O Data Analysis Expressions (DAX) é uma linguagem de expressão de fórmula usada em muitos produtos da Microsoft. Se você já usou produtos como Analysis Services, Power Pivot no Excel ou Power BI, já conhece um pouquinho o DAX. As funções, os operadores e os valores para realizar cálculos avançados e as consultas de dados em tabelas relacionais no Power BI são, em muitos casos, os mesmos usados em outros produtos da Microsoft. No entanto, para o Power BI, a Microsoft criou recursos DAX de nicho específicos disponíveis apenas para seu produto de business intelligence empresarial.

Neste capítulo, mostro como levar em consideração esses recursos especiais encontrados apenas no Power BI. Além disso, você vê algumas maneiras importantes de aperfeiçoar seu código DAX ao usar o Power BI.

Focando a Lógica

A otimização do desempenho é a chave para a modelagem e a extração de dados, e para a entrega de banco de dados. É por isso que, ao projetar uma camada de banco de dados de alta qualidade, você está, na verdade, definindo o caminho para um modelo de dados otimizado que viabiliza a eficiência de dados com DAX.

Ao criar o modelo de dados e a camada de banco de dados, concentre-se em garantir que os campos sejam mapeados corretamente, tenham uma finalidade pretendida e não tenham redundância. Isso não apenas ajuda a minimizar a necessidade de colunas calculadas, tabelas calculadas e métricas com o DAX, mas também fornece uma experiência de saída geral comumente mais rápida com o Power BI. Não seja afoito para desafios de desempenho calculando por meio de atividades mais complexas, o que resulta em um ambiente DAX lento.

O modo DirectQuery com DAX, por exemplo, tem alguns limites significativos. Certifique-se de que o modelo não tenha absolutamente nenhuma referência lógica. Se usar o DirectQuery, isso já significa um impacto no desempenho por causa da automação, portanto, adicionar expressões DAX cria um atraso significativo.

O modo Import Model, por outro lado, tem seus próprios desafios. Como oferece suporte a modelos na memória, você precisa evitar a lógica de negócios que alimenta um modelo de dados arbitrariamente. O uso aleatório de feeds apenas diminui a velocidade de processamento de um modelo. Você pode usar filtros em uma exibição, mas, se fizer isso, certifique-se de minimizar a lógica necessária ao implantá-los. (Nesse contexto, *minimizar a lógica do filtro* significa não implementar o mesmo filtro muitas vezes no mesmo ambiente.)

Esteja você seguindo o modo DirectQuery ou o Import Model, uma abordagem sólida para implementar a lógica é colocá-la em procedimentos armazenados que criam tabelas, permitindo que seus modelos a reutilizem. Ao fazer isso, é possível criar o mesmo conjunto de tabelas e uma única fonte de verdade. Além disso, você deve implementar índices — idealmente, armazenamentos de colunas em cluster — ao aplicar tabelas grandes.

Formatando o Código

Não é incomum que você tenha sua própria maneira peculiar de nomear o código. Todo mundo tem seus próprios sistemas. Se seu código for apenas para você, provavelmente não haverá problema em quebrar algumas regras aqui e ali. Observe que a palavra é *algumas*, não todas. Por quê? Só porque o código é para você agora não significa que não será compartilhado mais tarde com outra pessoa.

Ao longo deste livro, você notará que tudo o que cito mapeia uma tabela, coluna ou linha. Cada variável é significativa e relevante para o código de exemplo. A cortesia comum é garantir que outras pessoas não fiquem confusas ao tentar ler seu código DAX. Na verdade, você não quer abrir sua própria amostra de código um dia e coçar a cabeça enquanto se pergunta o que escreveu.

O primeiro objetivo é formatar todo o código de forma consistente e documentá-lo meticulosamente. Eis um exemplo de código bem documentado e formatado:

```
Total Orders =
  IF (ISFILTERED ('Date Ranges'[Date Range]),
    CALCULATE (COUNTROWS ('Order Data'),
      FILTER ('Order Table',
        'Order Table'[Submit Date] >= [Commit Date]
        && 'Order Table'[Submit Date] <= [Ship
        Date]) ),
      COUNTROWS ('Order Data') )
```

Seguir essas práticas recomendadas o ajudará a manter seu código limpo:

- » Sempre recue uma nova linha se fizer referência a uma nova função ou métrica.
- » Coloque espaços antes e depois de colchetes abertos e fechados para garantir que o contexto dos dados seja percebido.
- » Sempre coloque espaços ao redor de operadores como +, - e =, para facilitar a leitura.
- » Não complique demais seu código com variáveis, funções e fórmulas desnecessárias.
- » Nunca crie itens arbitrariamente ou dê a uma tabela o mesmo nome de uma métrica. Isso apenas confunde você e os outros desenvolvedores.
- » Nunca inclua nome de coluna, a menos que faça referência à tabela de origem.

Simplificando

A ideia de simplificar se aplica a tudo, inclusive ao Power BI e ao DAX: quanto mais complicadas forem as tabelas e colunas que criar, maior é a probabilidade de haver dois problemas. Primeiro, há um impacto imediato no desempenho quando se trata de obter resultados. Segundo, é difícil decidir o que são dados necessários versus o que são arbitrários.

Em suma, é importante incluir apenas as tabelas e colunas absolutamente necessárias em seu modelo para explorar um problema de negócios. Adicionar mais código do que o necessário causa um uso excessivo de memória e um aumento da complexidade para o usuário, e é provável que aumente o volume de dados. Todos esses itens levam à diminuição do desempenho. Você deve diminuir o número de colunas e de linhas em um modelo.

Menos é mais — seu objetivo é encontrar precisão e exatidão.

LEMBRE-SE À medida que trabalha na reengenharia de seus dados para obter simplicidade, provavelmente precisará retrabalhar as tabelas das quais as colunas foram removidas — elas precisarão ser reagregadas. Em quase todas as condições, quanto menor o modelo, melhor o desempenho.

Uma condição que tende a proibir a redução de dados envolve IDs exclusivos. Um exemplo é uma chave primária, como TransactionID ou ProductID, usada simplesmente para contar itens. Esses tipos de colunas criam circunstâncias proibitivas para a criação de modelos leves. A lição aqui é simples: pense duas vezes antes de usar dados exclusivos e DAX.

Livrando-se de Algumas Funções

Você já ouviu o velho ditado "Não cutuque a onça com vara curta", que se aplica a determinadas funções, porque o impacto no desempenho do Power BI e na saída de dados potencial pode ser prejudicial a seu conjunto de dados. Evite funções essenciais, como SEARCH, IFERROR, CONTAINS e INTERSECT. "Por quê?", você pergunta. Vamos entender.

Uma boa prática para garantir a eficiência em termos de custos e entendimento dos negócios é usar o Best Practices Analyzer (BPA) ao selecionar as funções DAX. À medida que utiliza o BPA, verifique o valor de usar essa mesma função, que muitas vezes não tem eficiência e tem um custo proibitivo.

SEARCH é uma das funções mais caras em termos de memória e carga de processamento, pois exige que o sistema verifique cada linha em busca de dado valor. Ou seja, não há atalhos. Uma forma de lidar com a pesquisa com o DAX com mais eficiência é criar uma coluna no banco de dados. Depois, leve a coluna para o modelo como uma coluna de dados. SEARCH deve realizar operações em tempo real, portanto, para funções, há uma necessidade de alavancar SEARCH ao usar métricas. Se não puder criar uma nova coluna em um banco de dados, considere criar uma coluna calculada. As métricas precisam se referir à coluna.

IFERROR é uma boa função no Microsoft Excel, no entanto, no Power BI, gera problemas de desempenho. Usar funções mais simplistas, como DIVIDE, que resolve erros de divisão por zero com mais facilidade, usando processos integrados sem erros, reduz muitos erros e viabiliza um desempenho mais rápido.

O uso de funções que exigem análise excessiva, especialmente ao mapear relações, é muito ineficiente. Mais uma vez, a preocupação aqui recai sobre o desempenho. Quanto mais se analisa os dados, maior a degradação do desempenho que aparece para o usuário. Não é incomum usar CONTAINS ou INTERSECT para relações virtuais. Ambos requerem forte interação entre as relações da tabela. Por isso, considere usar uma função mais ágil, como TREATAS. Enquanto com CONTAINS e INTERSECT você analisa todo o conjunto de dados, TREATAS os filtra da coluna para um conjunto finito de dados de um conjunto específico de colunas.

Dando Sentido às Métricas

Há uma hora e um lugar para usar recursos específicos do DAX, e com o uso de métricas não é diferente. Claro, você pode calcular colunas usando uma coluna calculada, mas não faz mais sentido procurar eficiência de dados? A introdução de métricas no mix não produz nenhum impacto negativo no desempenho de um modelo de dados. Considerando que não se podem manipular dados em alguns casos usando colunas calculadas por conta própria, as métricas são uma abordagem alternativa sólida. Muitos cálculos matemáticos, estatísticos e trigonométricos exigem métricas, porque não podem ser concluídos usando apenas uma tabela calculada.

Esteja você tentando trabalhar com funções DAX básicas ou criando código de função DAX complexo, deve entender que o Power BI permite que os usuários agreguem colunas implicitamente. No Power BI, as métricas implícitas são úteis para testar logo o desempenho de uma visualização. Outra opção é criar uma métrica explícita usando DAX. Em tal situação, a intenção é criar cálculos focados. Aqui estão os motivos pelos quais faz sentido criar métricas repetíveis para o DAX, mesmo que seja um pouco mais complexo. Considere o conjunto de dados aplicando uma das seguintes escolas de pensamento:

» **O Power BI deve se comportar como o Excel.** Isso significa usar métricas implícitas em conjunto com dados do workbook, ou seja, o uso intenso de duas funções: SUM para dados numéricos e COUNT para dados de texto. Quando você usa o Power BI Desktop, qualquer coluna numérica pode usar a propriedade Summarize By.

» **O Power BI deve definir explicitamente todas as métricas.** Ao definir métricas explicitamente, o modelo oferece suporte ao controle de dados, porque o desenvolvedor está codificando o comportamento. Embora esse método ofereça mais flexibilidade ao desenvolvedor, nem sempre produz os resultados exatos que se deseja inicialmente. Revisões são necessárias, mas produzem resultados significativos se aperfeiçoadas ao longo do tempo.

Filtrando com Propósito

A função FILTER é usada em excesso. Embora seu objetivo principal seja filtrar colunas com base em valores de métricas, pense muito sobre por que deseja usá-la. Se a filtragem for destinada apenas a um valor de coluna, não há necessidade de usar a função FILTER. Na verdade, o desempenho do Power BI diminui ao usar a função FILTER quando a finalidade não está claramente definida. Vejamos alguns exemplos, começando com algo que não se deve fazer:

```
BID = CALCULATE ([PROFIT], FILTER ('State', 'State'
  [Country] = "United States"))
```

Evite a lógica usada neste exemplo — você está filtrando cada linha desnecessariamente. Agora, aqui estão duas opções potenciais que são mais adequadas:

Opção n° 1

```
BID = CALCULATE ([PROFIT], 'State'[Country], "United
  States")
```

Opção n° 2

```
BID = CALCULATE ([PROFIT], KEEPFILTERS ('State'[Country] =
  "United States"))
```

Ambas as opções são sólidas, no entanto, os resultados são diferentes. Em comparação com a consulta original, a segunda opção funciona da mesma forma. A diferença é que o código é muito mais eficiente, porque o filtro é aplicado diretamente à coluna, e não à tabela inteira. Na primeira opção, o exemplo de código é estranho, porque mostra a lucratividade dos EUA em todas as áreas. Essa opção é útil em circunstâncias específicas, como quando você precisa que um valor seja exibido, independentemente de um filtro específico ter que ser aplicado.

Transformando com Propósito

DAX não significa expressões de *transformação* de dados — é destinado à análise. Mantenha os recursos do Power BI na raia adequada, o que significa que, se quiser transformar os dados, gaste o máximo de tempo possível fazendo isso no Power Query. Quanto mais tempo você gastar extraindo, transformando e carregando os dados no Power Query antes de importá--los para um modelo do Power BI, menos precisará fazê-lo mais tarde. Modelos que realizam tais atividades pesadas antes da importação levam a rápidos processamento e otimização de recursos.

Após seus dados serem transformados para o melhor estado possível em termos de preparação antes do carregamento e serem ingeridos no Power BI, você poderá analisá-los. Siga estas diretrizes antes de ingeri-los no Power BI, usando o DAX para transformar conjuntos de dados como utilitário principal. Os dados devem:

» Estar em um formato adequado para a análise.

» Estar totalmente carregados no modelo, cujo formato deve ser o ideal.

» Estar limpos, mesclados e divididos o máximo possível, porque deixar para fazer esse trabalho no DAX apenas adiciona etapas desnecessárias.

LEMBRE-SE

Não é problema gastar mais tempo preparando os dados do que os analisando, porque um melhor formato possível na transformação minimiza a análise posterior.

Aquele Esconde-esconde

Até agora, você provavelmente percebeu que filtrar uma tabela inteira tem implicações profundas no desempenho, não apenas com o Power BI, mas também ao implementar o DAX. A razão tem a ver com a análise de cada linha da tabela: é incrivelmente demorada e gera saídas marginais. Em vez disso, há uma forma melhor de gerenciar dados em tabelas, não apenas para o DAX, mas também para o Power BI em geral. Siga estas práticas recomendadas:

- » **Faça o que fizer, evite filtrar uma tabela inteira.** Há o risco de travar o desempenho. Suponha que você esteja pagando pela largura de banda do banco de dados usando Azure, AWS, GCP ou IBM Cloud. Nesse caso, se seu volume transacional for significativo, o produto não funcionará como o esperado.

- » **Remova todas as colunas que sabe que não usará.** Ter colunas em uma tabela "só por desencargo" adiciona uma carga desnecessária ao desempenho da consulta.

- » **Concentre-se na filtragem usando uma abordagem baseada em colunas.** Uma tática ainda melhor é filtrar apenas as poucas colunas que têm dados relevantes. Se puder remover as colunas restantes do conjunto de dados, faça-o. Você terá resultados de alto desempenho.

Usando Funções Fabulosas

Eu não teria gastado quase um capítulo inteiro descrevendo mais de 250 funções se elas não fossem um recurso fabuloso para Power BI e DAX. Elas são genuinamente um salva-vidas de redução de código, porque são fórmulas nomeadas dentro de uma expressão. Uma função, em geral, tem um parâmetro opcional obrigatório como entrada. Cada vez que uma função é executada, um valor é retornado. E essas funções exigem pouco ou nenhum código, diferentemente de outros esforços de desenvolvimento.

As funções DAX variam desde o cálculo de datas e horas até o cálculo de dados associados a strings, pesquisas e iteração em tabelas para realizar atividades de tabela recursivas. Com o DAX no Power BI, sua capacidade de codificar dados vai muito além do que o Excel oferece no suporte a cálculos matemáticos — a lista a seguir fornece algumas dicas:

- » Somente o DAX no Power BI permite fazer referência a uma coluna ou tabela completa — talvez você queira usar apenas valores específicos dessas colunas ou tabelas. Você pode aplicar uma função de filtro a uma fórmula.

- » Suponha que queira personalizar dados baseados em cálculo linha por linha. Nesse caso, certas funções DAX lhe permitem usar valores de linha atuais. Você também pode usar dados de linha como um valor de parâmetro.

» Somente as variáveis que você pode usar com o DAX permitem realizar cálculos que variam de acordo com o contexto.

» O DAX permite retornar uma função em uma tabela e seu conjunto de dados, não apenas um único valor. Embora a tabela não possa ser exibida em um cliente de relatório, ela fornece entrada para outras funções.

» O DAX tem um tipo de função específico para usuários de negócios, chamado de funções time intelligence. Essas funções são exclusivas, porque lhe permitem se aproximar de intervalos de datas selecionados e realizar cálculos complexos com base em uma série de datas, incluindo intervalos delas.

Em Time que Está Ganhando...

Funções e métricas lhe permitem ser incrivelmente eficiente quando se trata de escrever um código bem escrito. É por isso que não há razão para escrever longos blocos de código para realizar uma atividade básica. Por exemplo, você está tentando calcular um único valor. É melhor dividir seus cálculos em blocos menores do que criar uma equação longa — por dois motivos:

» A repetição ajuda a evitar erros de desempenho.

» A eficiência do código é aparente, porque você vê logo um padrão depois que algumas equações são escritas, já que a reutilização está viva e boa.

DICA

Uma forma de garantir que a repetibilidade e a consistência do código sejam seguidas é usando variáveis. Quando você usa variáveis, elas oferecem vários benefícios, como ajudar a garantir uma documentação robusta e evitar erros desnecessários ao repetir o ciclo de codificação.

> **NESTE CAPÍTULO**
>
> » Adaptando atalhos e leitores de tela
>
> » Facilitando tamanho, contraste e modos de visualização
>
> » Inserindo texto alternativo e mais

Capítulo **21**

Dez Formas de Simplificar Relatórios

A capacidade de ler relatórios e elementos visuais no Power BI não deve ser limitada às pessoas que conseguem distinguir cores ou têm a capacidade de ler sem ajuda. E os usuários que são daltônicos ou mesmo aqueles que precisam de tecnologias assistivas para ajudá-los a interpretar os dados? Eles não devem ser deixados de lado apenas porque têm um requisito único. Com o Power BI, você pode incorporar vários recursos perfeitamente com pouco esforço para tornar os relatórios acessíveis para vários tipos de público.

Neste capítulo, descrevo dez maneiras de acomodar públicos que têm necessidades especiais ao interpretar dados do Power BI usando métodos acessíveis.

Navegando pelo Teclado

Os autores de relatórios não devem se preocupar com o fato de os usuários estarem sujeitos a usar um mouse ou teclado para exibir dados no Power BI graças ao suporte interno para recursos ricos em acessibilidade. Os usuários de relatórios também podem percorrer pontos de dados em elementos visuais, alternar entre tabelas de páginas e revisar recursos interativos, incluindo dados de realce cruzado, filtragem e fatiamento de dados usando o teclado ou o mouse.

O usuário pode navegar em um relatório usando os atalhos de foco que aparecem para indicar onde o usuário está no relatório a qualquer momento. Dependendo do navegador usado, as habilidades de foco variam. Por exemplo, o uso do Apple Safari, Google Chrome e Microsoft Edge difere.

Para acessar atalhos de teclado usados com frequência, pressione a tecla de ponto de interrogação (?) no Power BI para exibir uma lista de atalhos.

Considerando um Leitor de Tela

A Microsoft viabilizou para os usuários que precisam de adaptações visuais o uso de um leitor de tela como companheiro. Cada objeto no Power BI com navegação por teclado também tem uma opção compatível alternativa para leitores de tela. Isso significa que os consumidores de relatórios podem navegar por todas as visualizações, incluindo títulos, elementos visuais, texto alternativo e qualquer informação textual integrada a elas.

Contrastando

O Power BI oferece suporte à integração de temas de alto contraste para a maioria, se não todas, de suas visualizações. O alto contraste permite um número limitado de cores, o que torna a interface mais fácil de usar para pessoas com desafios visuais. Aqueles com fotossensibilidade ou deficiências visuais se beneficiam significativamente do uso de modelos de alto contraste em seus computadores. Aqueles em ambientes com pouca luz também se beneficiam tremendamente, dado o esquema de cores limitado necessário para exibir as visualizações.

Ao usar recursos de alto contraste no Windows, o Power BI Desktop detecta automaticamente qual tema de alto contraste é utilizado e aplica a configuração mais adequada à visualização. Uma vez publicadas no Power BI Service, as cores de alto contraste são transferidas para o ambiente a seguir, conforme mostrado na Figura 21-1.

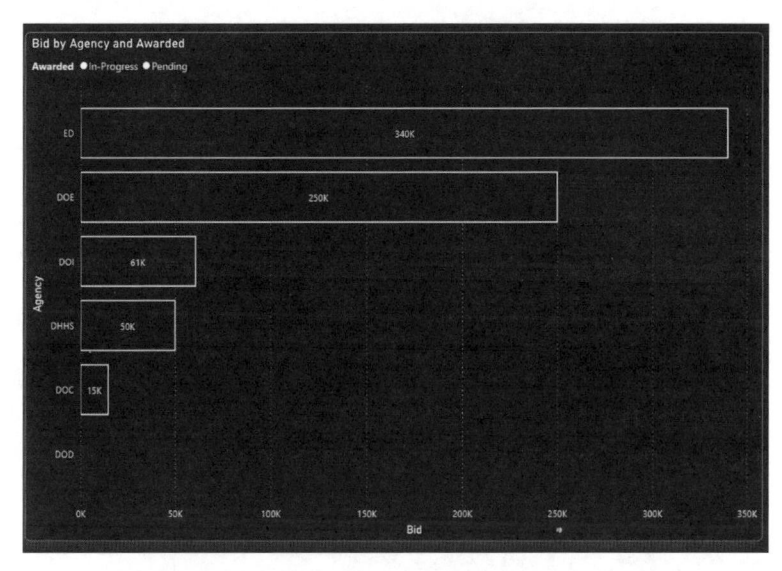

FIGURA 21-1:
Um tema de alto contraste no Power BI.

Diferentemente do Power BI Desktop, que detecta automaticamente as configurações de alto contraste, o Power BI Service faz o possível para detectar as configurações apropriadas com base no navegador utilizado. Você pode definir o tema manualmente acessando o Power BI Service no canto superior direito e escolhendo View ➪ High Contrast Colors no menu. Você pode então selecionar o tema de relatório aplicável entre as opções fornecidas

Quando Tamanho É Documento

Cada elemento visual é definido com um tamanho padrão quando gerado. Às vezes, você quer aumentar o tamanho para ajudar quem precise ver detalhes mais refinados, sejam pontos em um gráfico de plotagem, seja um texto menor. Para aumentar a legibilidade de um elemento visual em um dashboard, expanda-o para preencher mais espaço na tela clicando no ícone Focus Mode, no canto superior direito de um relatório, conforme mostrado na Figura 21-2.

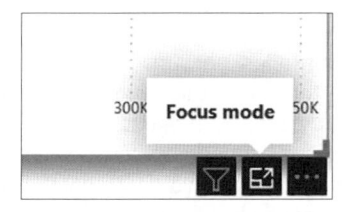

FIGURA 21-2:
Mudando o foco.

Alternando entre Tabelas de Dados e Visualizações

Às vezes, um indivíduo daltônico ou com outros problemas visuais não percebe nuances nos dados visuais. É bem mais fácil para eles entender diferenças aparentes usando dados textuais. Nesses casos, ter acesso a alternativas tabulares é o ideal. Você pode mostrar dados tabulares de duas maneiras: pressione Alt-Shift-F11 no teclado para exibir os dados da tabela ou clique em More Options e escolha a opção Show as a Table, encontrada no relatório. A única diferença entre as duas opções é que a opção baseada em teclado é amigável ao leitor de tela. A Figura 21-3 mostra um exemplo de saída de tabela.

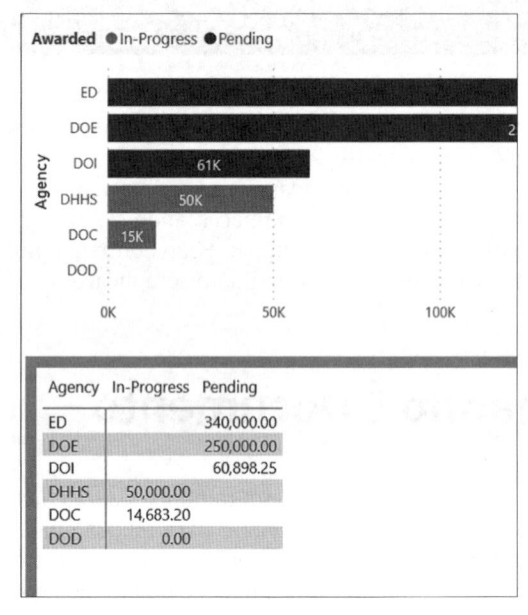

FIGURA 21-3: Saída da tabela de dados.

Descrição com Discrição

Nem todos os recursos implementados por um designer de relatórios podem ser lidos por um leitor de tela, sobretudo quando criados manualmente por ele. Quando elementos visuais e imagens são criados de forma manual, uma prática recomendada é adicionar descrições de texto alternativo (alt text). Fornecer um texto alternativo dá a qualquer pessoa que precise de assistência a oportunidade de interpretar elementos visuais, imagens, formas e caixas de texto usando descritores textuais.

Para fornecer esse texto alternativo, você precisa criar as descrições de cada item selecionando os objetos (no modo Design) usando o Power BI Desktop no painel Visualizations. Veja como:

1. **Clique em Format selection.**
2. **Expanda a aba General.**
3. **Role até a parte inferior e preencha a caixa Alt Text com o texto escolhido, conforme mostrado na Figura 21-4.**

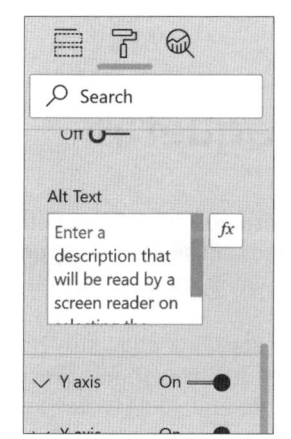

FIGURA 21-4: Adicionando texto alternativo.

4. **Ao terminar, pressione Enter.**

   Esteja ciente de que há um limite de caracteres para o texto alternativo: você não pode inserir mais de 250.

Seja o mais descritivo possível na caixa, mas saiba ser sucinto. Um recurso específico exclusivo do Power BI é que os dados de texto alternativo podem se tornar dinâmicos. Em particular, você pode incluir medidas DAX e formatação condicional. À medida que os valores mudam, o texto alternativo os reflete para descrever melhor as condições que o usuário final visualiza.

Classificando e Tabulando

Quando você não consegue visualizar itens em uma tela e depende de um teclado ou leitor de tela, o usuário final pode ficar à mercê da guia Report. É por isso que também é essencial que um designer de relatórios manipule a ordem de tabulação para corresponder à maneira como os usuários processam as visualizações do relatório. Uma prática recomendada é remover quaisquer elementos desnecessários, como formas ou imagens, que estão lá apenas para fins estéticos.

Para definir a ordem das guias, clique em Selection, em Show Panes, para exibir o painel Selection. Quando ele aparecer, mova cada item usando as setas para cima e para baixo, conforme mostrado na Figura 21-5.

FIGURA 21-5: Configurando a ordem de tabulação.

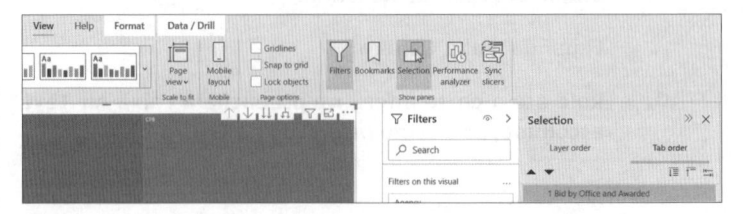

Lidando com Títulos e Etiquetas

Embora um elemento visual seja importante, o título e as etiquetas que o cercam são igualmente cruciais — são os sinais de trânsito que orientam o leitor descrevendo o contexto do conteúdo. Um excelente elemento visual nunca inclui linguagem confusa, como siglas ou jargões, mesmo em títulos de relatórios, legendas, cabeçalhos, rodapés ou etiquetas. No exemplo da Figura 21-6, o cabeçalho é explícito na medida em que descreve a finalidade do elemento visual. As etiquetas do gráfico de barras imitam o título que a unidade de medida indica, que é em milhares para cada lance da agência federal.

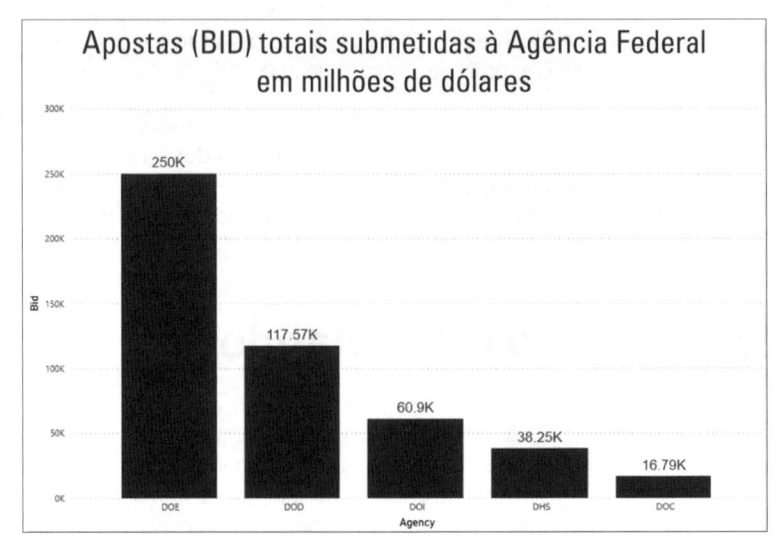

FIGURA 21-6: Títulos e etiquetas representativos para um elemento visual.

Um elemento visual pode ter algumas etiquetas ou muitas. Você tem a opção de ativar e desativar as etiquetas de cada série dele. Na verdade, pode até selecionar a posição de cada uma para que ele apareça acima ou abaixo da série. As etiquetas também podem ter cores e tamanhos diferentes, o que é essencial, considerando que você deseja que seja fácil ver se os dados são difíceis de ler, em primeiro lugar. A Figura 21-7 e a Figura 21-8 são exemplos de abordagens bastante diferentes.

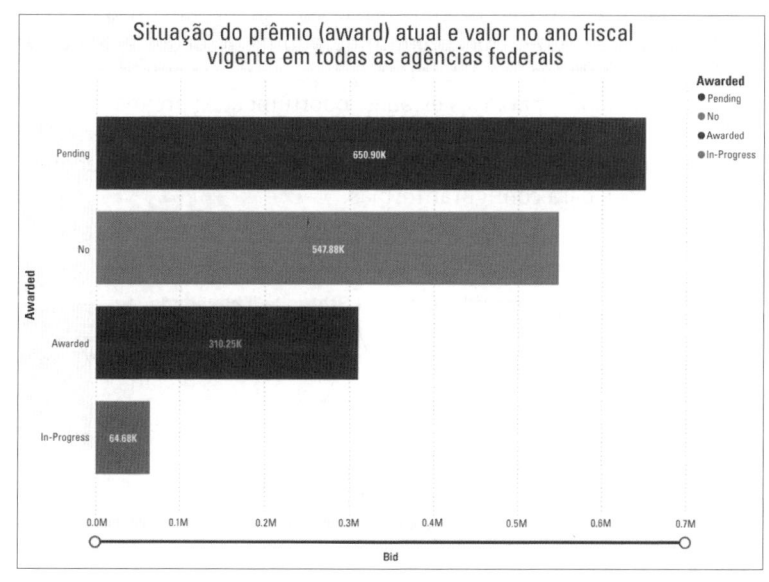

FIGURA 21-7: Título e etiquetas altamente configuráveis.

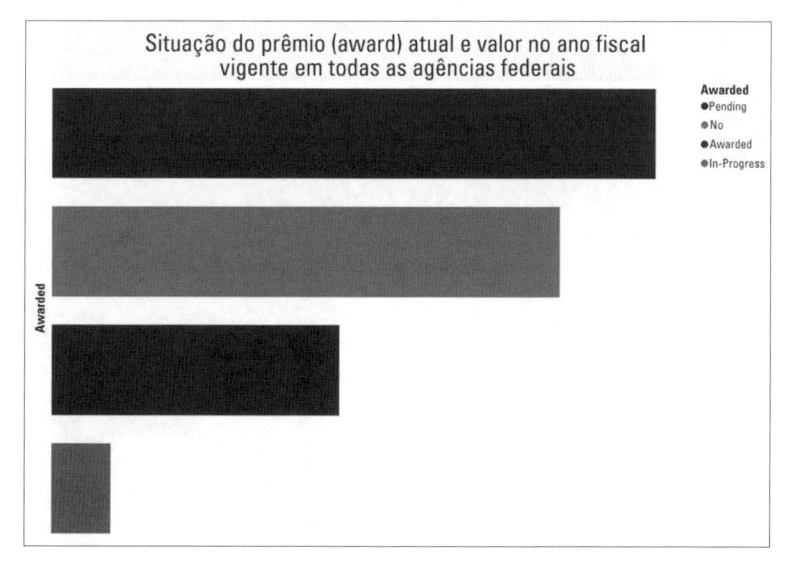

FIGURA 21-8: Título e etiquetas com configuração mínima.

CAPÍTULO 21 **Dez Formas de Simplificar Relatórios** 387

Deixando Sua Marca

Alguns de seus visualizadores de relatórios podem ser daltônicos. Nesses casos, evite usar cores para expressar a formatação condicional dos pontos de informação. Em vez disso, use marcadores para transmitir diferentes dados baseados em séries. Uma variedade de séries de dados, como elementos visuais de linha, área, dispersão e bolha, são todos marcadores que usam formas como parte de cada linha para dividir os pontos de dados em uma série. Um conjunto de pontos de dados ajuda a decifrar valores com facilidade. A Figura 21-9 fornece um exemplo de implementação de marcadores para três estados: oportunidades premiadas, oportunidades de licitação e oportunidades perdidas ao longo de sete meses. Na Figura 21-10, você vê como acessar a área de configuração de Marcadores junto com as opções para configurar formas.

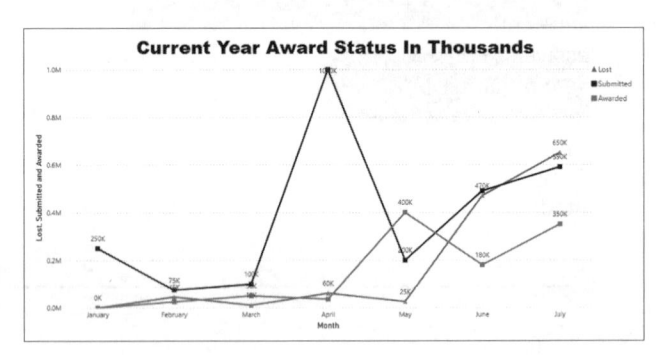

FIGURA 21-9: Trabalhando com marcadores.

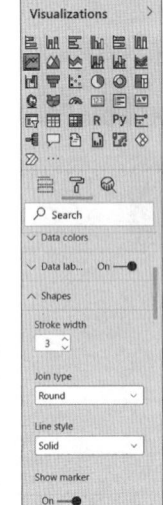

FIGURA 21-10: Configurando marcadores no painel Visualizations.

Definindo o Tema

Nem todos os temas oferecidos pela Microsoft ou projetados por um designer de relatórios são fáceis de usar. Às vezes, um consumidor de relatórios pode ver cores inversas (vermelho/marrom, verde/laranja, azul/roxo), enquanto outros podem ser daltônicos. Em outros casos, alguns usuários podem ter problemas com a decodificação do sombreamento, o que resulta em desafios de contraste entre as cores do texto e do plano de fundo. Suponha que você esteja familiarizado com a Section 508 Compliance; WCAG 2.0+, ou com as Web Design System Guidelines, dos EUA. Nesse caso, eles têm certos princípios que indicam algum nível de contraste que espelha uma proporção de 4:5:1. Várias ferramentas estão disponíveis gratuitamente na web para o público testar o contraste e a acessibilidade. Dito isso, há variação entre os revisores de relatórios quanto à deficiência de cor.

A melhor abordagem é minimizar o uso de cores. Por isso, a Microsoft desenvolveu temas específicos que ajudam a reduzir a criação de relatórios inacessíveis. Por exemplo, um usuário com problemas de visão terá dificuldade em distinguir entre verde e vermelho, verde e marrom, azul e roxo ou verde e laranja. (Lembre-se de que estes são apenas alguns pares de cores ruins; existem muitos mais.) Ao usar essas combinações, os dados provavelmente serão mal interpretados. Portanto, usar um esquema de cores limitado a uma ou duas cores altamente contrastantes, versus um esquema de cores bastante semelhantes, é a melhor abordagem.

Para acessar os temas predefinidos da Microsoft no Power BI (incluindo temas compatíveis com daltônicos), vá para a área Themes e clique na seta para baixo. Há várias opções para escolher, incluindo os temas do Power BI, galeria de temas, temas do navegador e personalização do tema atual, conforme mostrado na Figura 21-11.

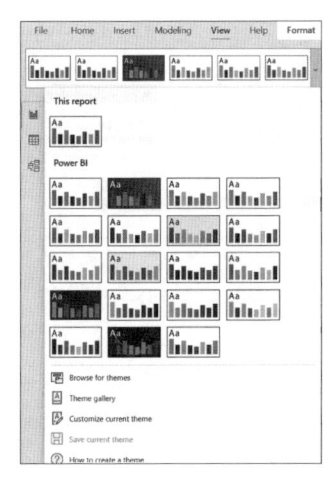

FIGURA 21-11: Opções de tema de relatório.

Índice

A

Abordagem low-code, 109
Acessibilidade
    Daltônicos, 389
    Descrições de texto alternativo, 384
    Leitores de tela, 382
    Modelos de alto contraste, 382
    Navegação, 382
Agregação, 175
Alternativas tabulares, 384
Análise
    Ciclo de vida, 33
    Cognitiva, 32
    Dados, 21
    Descritiva, 32
    Diagnóstica, 32
    Estatística adicional, 108
    Fundamentalista, 133
    Geoespacial, 202
    Preditiva, 32
    Prescritiva, 32
    Tendências, 195
Analista
    Dados, 24–25
    Negócios, 24
Apache Hadoop, 93
APIs, 125
Aplicativo, 315
    Modelo, 308
    Recursos de gerenciamento, 47
Aprendizado de máquina, 26, 211
    Quick Insights, 30
Armazenamento, 66, 80
    Conectividade, 79
    DirectQuery, 80, 175
    Dual mode, 80
    Live Connection, 80
    Local, 80
    Modelo composto, 80, 175
Arquivos de dados estruturados, 95
Assinatura do Software Assurance, 38
Atividades autodirigidas, 51
Ativo empilhado, 242
Atualização, 67
    Incremental, 337–338, 340
        RangeEnd, 337
        RangeStart, 337
Autenticação multifator, 347
Azure
    Active Directory, 14
    Analysis Services, 99
    Cloud, 46
    Cosmos, 55
    Data Lake, 16
    HDInsight, 55
    Machine Learning, 14
    Synapse, 46, 55
    Table Storage, 9
    Vínculo, 49

B

Banco de dados
    Entrega, 372
    Não relacionais, 94
    Relacionais, 55, 89–90
Big Data, 10, 343
    Manipulação, 176
Business intelligence, 7, 23, 57, 320, 341
    Definição, 20
    Escalabilidade, 46

C

Canvas, 18
Capacidade
    Compartilhada, 14
    Dedicada, 14
Cardinalidade, 135, 143, 172, 173

Ciência de dados, 25, 209
Código de linguagem natural, 243
Coerção, 264
Colunas
    Calculadas, 256

Common Data Services, 346
Condição
    Booleanas, 224
    Filtragem, 188

Connect Live, 100
Contexto, 305
Convenção de nomenclatura, 115
Conversão de tipo, 112
Coordenadas geoespaciais, 12
Correlação, 199
Correspondência difusa, 119
CRM, 60

D

Dados, 8–21, 55
    Agregação, 176–183
    Análise, 7–21
    Anomalias, 106
    Associação, 113
    Base geográfica, 154
    Brutos, 21, 24
    Carregamento, 81
    Categorias, 154, 163
    Ciclo de vida, 27
        Análise de dados, 30
        Gerenciamento, 31
        Modelagem, 29
        Preparação, 28
        Visualização, 29
    Conjunto
        Compartilhado, 77
    Conjuntos, 323
    Criação, 27
    Criação de modelos complexos, 132
    Dinâmicos, 85
    Endosso, 341
    Esquema, 9
    Estáticos, 85
    Estatísticas, 107
    Estruturação, 106
    Estruturados, 9
    Extração, 372
    Fluxos, 323
    Fonte externa, 36
    Fontes, 71–86
        Configurando, 76
        Erros de mapeamento, 102–103
        Importação direta, 101
        Importação fontes online, 96–98
        Não relacionais, 93
        Relacional, 92
    Granularidade, 145
    Ingestão, 27, 148
    Interpretação, 12
    Legados, 85
    Limpeza, 27, 105
    Linhagem, 320
    Mineração, 11
    Modelagem, 12, 131, 372
    Modelo, 24, 169–183
    Preparação, 81
    Problemas de desempenho, 176
    Relação, 113
    Semiestruturados, 9
    Tipos, 163
    Transformação, 15, 27, 105
    Validação, 27
    Visualização, 29

Dashboard, 14, 18, 36, 64, 234
    Conceitos importantes, 234
    Criação, 234–235
    Personalização, 240–242
    Tile, 58, 234

DAX, 12, 99, 109, 171, 249–264
    Best Practices Analyzer, 374
    Código, 373
        Melhores práticas, 299–306
    Compatibilidade, 263
    Conceitos importantes, 250
    Contexto, 252
        Filtro, 252
        Linha, 252
    Declaração, 263
    Eficiência de dados, 375
    Fórmulas, 171, 267
        Estrutura, 292–299

Funções, 253, 265
  Agregadas, 268-269
  Argumentos, 253
  Financeiras, 272-275
  Matemáticas e trigonométricas, 278-280
  Tipos, 268-290
  Lógica, 171
  Métricas, 171
  Operadores, 260
  Problemas de desempenho, 374
  Redundância, 372
  Sintaxe, 250
  Tipos de dados, 258-259
  Variáveis, 291
    Variáveis-chave, 292
  Variável, 171
Depuração, 172
Design em estrela, 132
Dimensionalidade, 133
Direção
  Filtro cruzado, 145
Distribuição
  Valores de coluna, 106
Dynamics 365, 11, 366

E
Editor de consultas SQL inteligente, 93
ERP, 60
Especialistas
  Administrador de banco de dados, 27
  Analista de dados, 24
  Analista de negócios, 24
  Cientista de dados, 26
  Engenheiro de dados, 25
Esquema
  Estrela, 133, 134
  Floco de neve, 135
  Plano, 132-133
ETL
  Estrutura, 148
  Mecanismo, 66
Experiência do usuário, 356

Expressões multidimensionais (MDX), 136

F
Faixa de opções, 187
Fatos, 8
Floco de neve, 132
Fluxo de dados, 15
Fórmula, 251
Função, 251
  Time intelligence, 379

G
Gateway, 331
  Dados, 331
Gerenciamento
  Cadeia de suprimentos (SCM), 89
  Linhas e colunas, 150
  Relacionamento com o cliente (CRM), 89
Google Sheets, 9, 16
Gráfico, 190-200
  Áreas, 195
  Barras
    Agrupadas, 192
    Empilhadas, 190
  Cascata, 197
  Colunas
    Agrupadas, 192
    Empilhadas, 190
  Dispersão, 199
  Faixa de opções, 197
  Funil, 198
  Linhas, 195
  Pizza, 200
  Rosca, 200
Granularidade, 146, 203, 305

H
Hierarquia, 139-141
  Achatar, 139

I

IBM DB2, 9
Implantação multigeográfica, 46
Indicadores
    Cartão, 204
    KPIs, 18, 20, 203, 244
    Medidor, 203
Informação, 8
    Coleta, 8
Ingestão
    Dados, 55
    Extensiva de dados, 36
Insights, 21
Integridade referencial, 143
Inteligência artificial (IA), 46, 346
Interações comerciais, 8
Internet das Coisas (IoT), 236

J

JavaScript, 95
    JSON, 95

L

Licença baseada em capacidade, 41
Linguagem
    Baseada em fórmulas, 165
    Expressão de fórmula, 249
    Programação, 26
        Python, 211
        R, 211
Live Connection, 100

M

M, 109
    Fórmula, 12
Machine learning, 14
Mapa de árvore, 201
Mapeamento, 202
MDX, 100
Medidas rápidas, 255-256
Metadados, 8, 9, 163

Métrica, 13, 55, 89
    Calculadas, 254
    Composta, 298
    Explícitas, 293-295
    Implícitas, 293-295
    Repetíveis, 375
Microsoft
    Access, 9
    Azure SQL, 27
    Azure SQL Server, 9
    Bing, 12
    Cosmos DB, 93
    Dataverse, 84, 346
    Excel, 9, 36
    Flow, 346, 360
    Power Platform, 345
    SQL Server, 9
    Teams, 65
Minimizar a lógica do filtro, 372
Modelo de dados, 57, 135
    Armazenar valores, 136
    Gerenciamento, 56
    Importação de arquivos, 150
    Importação de tabelas, 155
    Importação dos dados, 148
    Modelos adaptativos, 56
    Publicação, 168
    Reutilização, 56
    Variáveis, 171
    Velocidade de processamento, 372
Multidimensionalidade, 100
MySQL, 9

N

NoSQL, 94

O

OneDrive, 54, 88, 354
    Compartilhamento de arquivos, 354
    Integração, 354
    Versionamento, 354
Opção
    Redução de consulta, 175
Operadores
    Aritméticos, 260

Comparação, 260
Lógicos, 261
Operandos, 262
Precedência, 261
Texto, 261

Oracle, 9
Organograma, 208
Árvore de decomposição, 208

P

Parâmetros, 265
Prefixo, 266

Planejamento de recursos empresariais (ERP), 89
Plano de consumo, 45
Plataformas de e-commerce, 89
PostgreSQL, 9
Power
Map, 12
Pivot, 11, 56
Q&A, 13
Query, 11, 54, 74
View, 12

Power Automate
Visual, 364
Workflow, 360

Power BI, 9
Armazenamento, 44
Atualização, 330
Automate, 360
Colaboração, 335
Conjunto de dados, 134
Conjuntos de dados, 185
Desktop, 13, 39, 51
Data, 53
Model, 53
Report, 53
Desktop versus Service, 38-40
Embedded, 37
Ferramentas de diagnóstico, 83
Free, 37, 64
Glossário, 14
Licença, 37-38
Diferenças, 40-43
Linguagens, 122

DAX, 122
M, 122
Mobile, 37, 64
Online, 13
Premium, 37
Pro, 37
Problemas de desempenho, 82
Processo de atualização, 66
Boas práticas, 68
Tipos, 67
Relatórios, 61
Reports, 16
Report Server, 37
Script Python, 209
Script R, 209
Segurança, 333-335
RLS, 333
Service, 13, 39, 59
Colaboração, 65
Dashboard, 60
Workspace, 60
Website, 13
XMLA, 85-86

Power Platform, 84, 345
Integração, 352
Power Apps, 84, 346
Power Automate, 84, 346
Power BI, 346
Power Virtual Agents, 346

Power Query, 109
Associação, 112
Chave composta, 113
Explícita, 113
Implícita, 113
Tipos, 118
Chaves, 113
Codificação, 122
M, 122-124
Consultas (Queries), 117
Dados
Ciclo de vida, 109-112
DataQuery, 159
Estrutura de mesclagem, 117
Fontes de dados, 116
Inconsistências, 109
Relações, 113

Revisão de erros, 111
Propriedades de coluna, 143

Q
Query folding, 82

R
Relatórios, 14, 185, 217
  Configurações básicas, 224–225
  Exportação, 229
  Formatação, 216
  Publicação, 227
Requisitos técnicos, 10

S
Segurança, 55
  Credenciais, 55
  Infraestrutura, 81
  Rótulos de sensibilidade, 324
SharePoint, 11, 88, 354
  Experiências, 357
  Integração, 357
  Lista, 89
Símbolo
  fx, 222
  Sigma, 295
Slicer, 174, 306
Software as a Service (SaaS), 13, 38
SQL Server Enterprise Edition, 49
Sumarização, 154, 173, 254, 297, 298

T
Tabelas, 121, 155–160
  Agregar, 121
  Calculadas, 256–257
  Dimensões, 138
  Expandir, 121
  Fatos, 133, 138
  Propriedades, 141
  Relações, 161–163
Taxa de atualização, 67
Termos importante
  Conceitos, 14

Termos importantes
  Capacidade, 14
  Dashboard, 18
  Painel de navegação, 19
  Relatório, 16
  Workspace, 14
Tomada de decisão, 30
Transação, 8
Transformação de dados, 26

V
Valores
  Distintos, 173
  Exclusivos, 173
Versão e licença, 37
Visualização, 186, 217
  Configurações básicas, 217–222
  Filtrar dados, 188
  Matriz, 207
  Tabelas, 207

W
Web part, 357
Workbooks, 15
Workspace, 46, 307
  Configuração, 310–313
  My Workspace, 15
  Quick Insights, 318
  Relatórios, 318
  Tipos de conteúdo, 308

Projetos corporativos e edições personalizadas dentro da sua estratégia de negócio. Já pensou nisso?

Coordenação de Eventos
Viviane Paiva
viviane@altabooks.com.br

Contato Comercial
vendas.corporativas@altabooks.com.br

A Alta Books tem criado experiências incríveis no meio corporativo. Com a crescente implementação da educação corporativa nas empresas, o livro entra como uma importante fonte de conhecimento. Com atendimento personalizado, conseguimos identificar as principais necessidades, e criar uma seleção de livros que podem ser utilizados de diversas maneiras, como por exemplo, para fortalecer relacionamento com suas equipes/ seus clientes. Você já utilizou o livro para alguma ação estratégica na sua empresa?

Entre em contato com nosso time para entender melhor as possibilidades de personalização e incentivo ao desenvolvimento pessoal e profissional.

PUBLIQUE **SEU LIVRO**

Publique seu livro com a Alta Books. Para mais informações envie um e-mail para: autoria@altabooks.com.br

/altabooks /alta-books /altabooks /altabooks /altabooks

CONHEÇA OUTROS LIVROS DA **ALTA BOOKS**

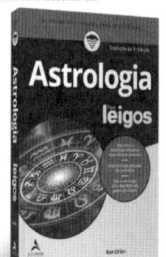

Todas as imagens são meramente ilustrativas.

- Antropologia para leigos
- Astrologia para leigos
- Canais do YouTube para leigos
- DBT (Terapia Comportamental Dialética) para leigos
- Depressão para leigos
- Judaísmo para leigos
- Psicologia para leigos
- Transtorno da Personalidade Borderline para leigos

ALTA BOOKS EDITORA | ALTA LIFE EDITORA | ALTA NOVEL | ALTA/CULT EDITORA

FARIASILVA EDITORA | Editora ALAÚDE | TORDSILHAS | ALTA GEEK

Este livro foi impresso nas oficinas gráficas da Editora Vozes Ltda.,
Rua Frei Luís, 100 – Petrópolis, RJ.